"Un guía espiritual, alguien que sabe e                    e
conoce los misterios del corazón huma                      s
habla a jóvenes y adultos de una forma                     e
prejuicios, accesible y enriquecedor".
                                                          4,
**cantante con varios discos de platino**

ELOGIOS PARA
*Ama de verdad, vive de verdad*

"[Ayuda] a las parejas a superar las inevitables dificultades y a mantener vivas sus relaciones . . . Habla de temas difíciles, como lidiar con los celos y desarrollar la autonomía. Uno de los mejores libros de su clase".
—*Library Journal*

"Directo, bien organizado y útil . . . Ayudará a identificar a un tipo de persona potencialmente compatible y a evitar las complicaciones típicas".
—*Publishers Weekly*

"Lleno de consejos de gran alcance y generalmente dirigidos a personas de todas las religiones".
—*Miami New Times*

"Ofrece prácticos consejos románticos desde, sí, el punto de vista de un sacerdote . . . usa ejemplos de la vida real".
—*The Miami Herald*

"[Sus] sabios consejos [atraen] a un público diverso y cada vez mayor . . . Tiene un componente espiritual, pero no es un libro de sermones. Cutié ofrece ejemplos de problemas y sugiere soluciones".
—*Houston Chronicle*

"Sería un excelente regalo de bodas".
—*The Seattle Times*

"Escrito con una voz juvenil y dinámica . . . Ofrece consejos prácticos . . . Con la sabiduría y la experiencia adquirida a través de su trabajo con miles y miles de parajas de todo el mundo, el Padre Alberto . . . comparte estrategias poderosas para ayudar a sus lectores . . . Una guía verdadera y práctica para las relaciones de parejas que busca conducir a sus lectores hacia la armonía y la felicidad . . . Un tesoro maravilloso . . . A quienes lo conozcan por primera vez, les encantará su estilo fresco, joven y dinámico".
—*TeleGuía de Chicago*

*Sigue en la próxima página . . .*

"Conocerlo es quererlo, y su amistad ha enriquecido mi vida. Ahora usted tiene la oportunidad de compartir su sabiduría sobre la vida".

—Cristina Saralegui, presentadora del programa de Univisión *El Show de Cristina*

"Este libro se dirige a nuestras necesidades intelectuales, físicas, emocionales y espirituales, y a nuestro deseo de ser buenos padres y madres, y de tener valiosas relaciones con los demás seres humanos. Si quieren respuestas genuinas, lean el libro del Padre Alberto, *Ama de verdad, vive de verdad,* y descubrirán esperanza, amor y justicia al final de su viaje".

—Eunice Kennedy Shriver, fundadora de las Olimpiadas Especiales

"Un libro muy inspirador escrito por un hombre sumamente inspirador". —Andy García, actor, director y productor

"No sólo beneficiará sus relaciones románticas, sino también todas las relaciones importantes de su vida". —*San Antonio Express-News*

"El Padre Cutié brinda orientación sensata y espiritual a un público cada vez más amplio, al tiempo que sigue rompiendo los estereotipos sobre el papel que juega la Iglesia Católica en la sociedad". —*Latino Leaders*

"[Para] quienes deseamos relaciones sólidas y duraderas . . . la sabiduría del Padre Alberto ha atraído a millones de personas a sus programas de radio y televisión. Este libro se convertirá de inmediato en un clásico; en la Biblia de las relaciones amorosas".

—Jueza Marilyn Milián, del programa de televisión *The People's Court*

# AMA DE VERDAD, VIVE DE VERDAD

# 7 *caminos*

# *para lograr una*

# *relación sólida y*

# *duradera*

BERKLEY BOOKS, NEW YORK

# AMA DE VERDAD, VIVE DE VERDAD

## Padre Alberto Cutié

UN LIBRO BERKLEY
**Publicado por The Berkley Publishing Group**
**Penguin Group (USA) Inc.**
**375 Hudson Street, New York, New York, 10014, USA**
Penguin Group (Canada), 90 Eglinton Avenue East, Suite 700, Toronto, Ontario, M4P 2Y3, Canada
(una división de Pearson Penguin Canada Inc.)
Penguin Books Ltd., 80 Strand, London WC2R ORL, England
Penguin Ireland, 25 St. Stephen's Green, Dublin 2, Ireland (una división de Penguin Books Ltd.)
Penguin Group (Australia), 250 Camberwell Road, Camberwell, Victoria 3124, Australia
(una división de Pearson Australia Group Pty. Ltd.)
Penguin Books India Pvt. Ltd., 11 Community Centre, Panchsheel Park, New Delhi—110 017, India
Penguin Group (NZ), 67 Apollo Drive, Mairangi Bay, Auckland 1311, New Zealand
(una división de Pearson New Zealand Ltd.)
Penguin Books (South Africa) (Pty.) Ltd., 24 Sturdee Avenue, Rosebank, Johannesburg 2196, South Africa

Penguin Books Ltd., Oficinas Registradas: 80 Strand, London WC2 ORL, England

Los sucesos descritos en este libro son experiencias verdaderas de personas verdaderas. Sin embargo, el autor ha modificado sus identidades y, en algunos casos, ha creado personajes compuestos. Cualquier semejanza entre un personaje de este libro y una persona de la vida real es, por tanto, completamente accidental.

Si bien el autor ha hecho todo lo posible para ofrecer los números de teléfono y las direcciones de Internet correctas en el momento de la publicación, ni la editorial ni el autor asumen ninguna responsabilidad por errores o por cambios que ocurran después de la publicación. Además, la editorial no tienen ningún control de, ni se responsabiliza con, los sitios web del autor ni de terceras partes, ni con su contenido.

Derechos de autor © 2006 por el Reverendo Padre Alberto Cutié.
Traducción: Omar Amador.
Diseño de la cubierta por Erica Tricarico.
Fotografía de Father Albert Cutié © Zayra Morales.

HISTORIA DE IMPRESIÓN
Edición en tapa dura de Berkley / marzo de 2006
Edición en rústica de Berkley / marzo de 2007

ISBN de la edición en rústica de Berkley: 978-0-425-21461-9

Este libro ha sido catalogado con la Biblioteca del Congreso.

IMPRESO EN ESTADOS UNIDOS DE AMÉRICA

10   9   8   7   6   5

La mayoría de los Libros Berkley están disponibles con descuentos de cantidades especiales por compras al por mayor para promociones de venta, primas, recaudación de fondos o usos educativos. También pueden crearse libros especiales, o selecciones de libros, para fines específicos.

Para más detalles, escriba a: Special Markets, The Berkley Publishing Group, 375 Hudson Street, New York, New York 10014.

Este libro está dedicado a las innumerables personas que me han abierto sus corazones y sus vidas a través de mi trabajo en la televisión, la radio y la prensa escrita, para pedirme consejos acerca de problemas en sus relaciones o, a veces, para buscar a alguien que escuche sus penas . . .

Este libro es para todos ustedes, sobre todo para aquéllos que me han dicho insistentemente "¡por favor, escríbalo!". ¡Aquí está!

# Agradecimientos

En 1998 recibí una llamada telefónica de una cadena internacional de televisión para invitarme a que fuera presentador de un programa de entrevistas —un típico "talk-show" —algo que un sacerdote nunca espera hacer en la vida. Fue allí donde descubrí lo que considero el verdadero "territorio de misión" del siglo XXI: los medios de comunicación.

Quiero agradecerle a Nely Galán, creadora y cerebro de mi primer programa de televisión, y a Rafael Bello, mi primer productor ejecutivo, por iniciarme en el mundo de la televisión y sacrificarse por este cura. Expreso mi más profundo agradecimiento a quienes me soportan diariamente en Pax Catholic Communications (Radio Paz y Radio Peace en Miami, donde trabajo como director general), a Enrique Duprat, de EWTN, "El Canal Católico", y a Servio Tulio Mateo, mi productor ejecutivo en el canal 48 de Honduras, por compartir esta misión de llevar al mundo un mensaje de fe y esperanza. Además, al equipo de trabajo de *El Nuevo Herald*, en Miami, donde se inició mi columna, que me ayudan a llegar a personas de todo el mundo con lo que espero son consejos inspiradores y prácticos. A todos mis colaboradores—mil gracias por su apoyo.

En este nuevo "mundo de los libros", mi gratitud especial se dirige a mis agentes literarios, Johanna Castillo y Jennifer Cayea, quienes creyeron en este proyecto y me han estimulado a lo largo del camino. Agradezco a Denise Silvestro y a Ed Myers por sus consejos editoriales y su paciencia.

Finalmente, una palabra especial de agradecimiento para mi familia espiritual en las diversas comunidades donde he tenido el privilegio de servir: Saint Francis de Sales y Saint Patrick (en Miami Beach), San Isidro (en Pompano), Saint Clement (en Fort Lauderdale) y Saint Mary Star of the Sea (en Cayo Hueso), así como a la familia biológica que Dios me dio, especialmente mis padres, Alberto y Yolanda, que me enseñaron el verdadero sentido del amor y de la fe.

*¡Que Dios los bendiga a todos!* Ad Multos Annos!

# Contenido

# Introducción

Una tarde, me quería desconectar del mundo y meditaba sentado en la playa cerca de la parroquia donde vivo, en Miami Beach. Faltaba poco para la puesta del sol. La playa estaba casi vacía; el mar se mostraba tranquilo. Yo había ido allí para rezar las Vísperas (la oración de la tarde) en este lugar lleno de serenidad. Esta oración sólo demora unos diez minutos y sabía que me quedaba bastante tiempo antes de que desapareciera el sol por completo. Respire profundamente y me pase un buen rato disfrutando del silencio. Me pareció un sitio ideal para orar.

Las pocas personas que allí se encontraban estaban en lo suyo: parejas que caminaban, gente que trotaba, un hombre de mediana edad que jugaba con su perro a tirarle algo para que éste se lo trajera de vuelta. Nadie hizo caso a lo que, por lo menos a algunos de ellos, debe haberles parecido una imagen ligeramente extraña: un sacerdote—con *cuello romano*—sentado en la playa.

Sin embargo, poco a poco empecé a notar a una persona en especial— una joven vestida con *shorts* y camiseta—que había pasado por mi lado en varias ocasiones. Cada vez que pasaba, se acercaba un poquito más. Continué con mis oraciones, evitando levantar la vista mucho hacia ella, pues lo que yo deseaba era estar solo y terminar mis oraciones sin que me notaran. Pero pronto me di cuenta de que era imposible y escuché una pregunta que me hacen con frecuencia y prefiero no escuchar: "¿Es usted el cura que sale en la televisión?"

"Me parece que sí", contesté.

"¿Podría hablar con usted un momento?"

"Por supuesto". En ese instante tuve que cambiar mis planes para poder escuchar lo que ella quería decirme.

Resultó que era muchísimo. "Tengo una relación con alguien por quien siento un gran afecto", me dijo la mujer, "pero estar enamorada parecer ser mucho más difícil de lo que yo creía. ¡Juan y yo discutimos por cualquier cosa! Queremos que la relación funcione. *Tratamos* de que funcione. ¡Pero es tan . . . *difícil*!" Daniela, así se llamaba esta joven, me explicó en detalle lo que la preocupaba. Con poco más de treinta años, ya había pasado por situaciones inestables en otras relaciones. Sentía una urgencia cada vez mayor de encontrar un hombre con quien pudiera desarrollar una buena relación matrimonial, tener hijos y compartir su vida. Estaba convencida de que estaba enamorada, pero aún no se sentía totalmente segura de si su novio era el hombre en quien podía confiar para mantener un compromiso perdurable.

Daniela y yo conversamos largamente acerca del significado de las relaciones y sobre la mejor manera de alcanzar la felicidad personal en su relación con el novio. Sobre todo, me dediqué a escuchar sus preocupaciones. También le ofrecí mis propias reflexiones acerca de lo que ella había dicho, y consejos sobre cómo podría fortalecer su relación con Juan. Hablamos durante largo rato, y luego nos despedimos. Me sentí satisfecho de haberla ayudado, y ella parecía complacida de haberse tropezado con un cura en medio de una playa pública. ¡La vida está llena de sorpresas!

Espero haberle dado consejos buenos y prácticos. Los detalles de lo que dije no tienen realmente tanta importancia con relación a lo que te digo ahora. Lo que quiero decir es, sencillamente, que cuando uno lleva sotana, muy a menudo le suceden incidentes como éste, los cuales, una y otra vez, me demuestran cuán necesitadas se sienten muchas personas mientras se enfrentan a los numerosos problemas de la vida; especialmente sus dificultades interactuando y tratando de convivir con quienes más quieren en este mundo.

## UN LIBRO SOBRE RELACIONES

Esto nos trae al asunto que nos interesa: el libro que tienes en las manos.

Como soy cura de parroquia, presentador de programas de orientación personal en la televisión y la radio, y autor de una columna de consejos en el periódico, me entero constantemente de las dificultades que confrontan los hombres y las mujeres en sus relaciones mutuas. Para mí, me imagino que por estar tan expuesto en los medios, escuchar sobre estos dilemas se ha vuelto "el pan nuestro de cada día". A veces, estas dificultades consisten en interacciones típicas y cotidianas que causan estrés o confusión. En otras ocasiones, las dificultades son conflictos y malentendidos más graves. No es un secreto para nadie que las relaciones exigen mucho tiempo, energía y atención. Ya sea como cura, anfitrión o escritor, veo la situación con claridad: el mayor conflicto que la mayoría de la gente enfrenta todos los días proviene de su relación con la persona a quien han escogido como pareja. De hecho, casi todas las personas luchan contra las dificultades y las diferencias de opinión que surgen de sus relaciones y después no saben qué hacer.

Los dilemas más comunes son:

- ❧ ¿Cómo conciliar las expectativas románticas acerca del amor que tiene nuestra sociedad y la realidad de la vida doméstica cotidiana en pareja?

- ❧ ¿Cómo sobrellevar las diferencias que se presentan en una relación en la que dos personas totalmente diferentes deben interactuar, comprometerse y vivir juntas?

∾ ¿Cómo comunicarse de manera efectiva (y afectiva) como pareja?

∾ ¿Cómo llegar a aceptar las diferentes expectativas culturales, familiares e individuales que tú y tu pareja pudieran tener?

∾ ¿Cómo hallar una solución a los problemas y resolver los conflictos que ocurren hasta en los matrimonios más felices?

∾ ¿Cómo puedes cultivar el amor a lo largo de los años de una relación larga—sobre todo si se consideran las presiones que el trabajo, las presiones económicas y la crianza de los hijos tienen en la vida de una pareja?

Éstos son sólo algunos de los temas fundamentales que dan pie a problemas en la pareja. Durante mi labor como sacerdote, veo banderitas rojas —señales— de estos problemas todos los días (¡y a veces hasta por hora!). Casi todas las preguntas que me hacen reflejan lo difícil que le resulta a la gente determinar el comportamiento, los cambios, las costumbres, las decisiones, las expectativas y los sucesos diarios que constituyen un matrimonio. Incluso en una relación feliz, los miembros de la pareja deben resolver todos estos problemas. En una relación conflictiva, los miembros de la pareja a menudo se sienten frustrados o sufren debido a que no saben "cómo manejar" las dificultades para poder vivir juntos y en paz. Esto sucede tanto en las nuevas parejas como en aquellas que llevan años de relaciones. Hasta en el matrimonio más feliz del mundo, los cónyuges van a enfrentar situaciones que requieren ajustes, compromiso, acuerdos y profundos exámenes de conciencia.

Como soy sacerdote, podría escribir un libro acerca de los muchos temas relacionados a la teología, o sobre tópicos espirituales. Por supuesto que pienso mucho en esos temas. Sin embargo, creo que los problemas que nos afectan a todos con más frecuencia, más intensamente y en todos los niveles de nuestra vida diaria —e incluso en el nivel espiritual— son los que tienen que ver con nuestras relaciones. También pienso que cuando alguien va a ver a su sacerdot, ministro, rabino, etc., o cuando acude a un profesional de ayuda personal, por lo general es para pedir ayuda con sus relaciones. Por esta razón he escrito *Ama de verdad, vive de verdad: 7 caminos para lograr una relacion sólida y duradera.*

## ¿POR QUÉ UN LIBRO SOBRE RELACIONES ESCRITO POR *UN CURA*?

Cuando la gente conoce un poco de mi procedencia, a menudo me preguntan: "¿Cómo fue posible que un tipo que ponía discos en fiestas de todo tipo se hiciera cura?"

Siempre respondo así: "Quizás deberías preguntárselo a Dios. Si yo fuera Dios, ¡no me hubiera elegido *a mí* para ser cura!"

Pero lo cierto es que Dios *sí* me llamó, y lo escuché claro y preciso, a pesar de todo el ruido que producía con mis amplificadores. Yo sabía que amaba a Dios por sobre todas las cosas. Y también sabía que amaba a la gente. Así que la vida de cura de parroquia me pareció lo más natural del mundo: servir a Dios y servir a la humanidad. Qué buena idea, ¿verdad? En poco tiempo, este cambio drástico en mis "planes profesionales" me llevó a un seminario.

Luego, tres años después de haberme ordenado como sacerdote, Dios volvió a darme *otra* sorpresa. Una cadena nacional de televisión en español me pidió que condujera un programa que sería visto en todo Estados Unidos y América Latina. Jamás había pensado salir en la televisión, y no creo haber visto un solo programa completo —aparte de las noticias— en los más de diez años que pasaron entre el comienzo de mis estudios en el seminario y la invitación a salir en la televisión. Pero las sorpresas seguían llegando. La televisión me condujo luego a la radio, cuando mi arzobispo me pidió que dirigiera las operaciones diarias de las estaciones de la Iglesia en Miami, Radio Paz y Radio Peace, y además me llamaban a diario de diversos medios de comunicación comerciales para todo tipo de entrevistas sobre dilemas familiares y de la sociedad, en general. Más tarde, la prensa escrita me pidió que me convirtiera en una especie de "Querida Abby con una onda espiritual". Hoy día, escribo seis columnas de consejos todas las semanas y recibo miles de cartas y correos electrónicos cada semana.

Otra pregunta que me hace la gente . . . es ésta: "¿Qué sabe un cura soltero de relaciones y de matrimonio?"

Es una pregunta lógica y que contesto con gusto.

En primer lugar: yo no nací cura. No crecí en otro planeta, ni me mandaron a la tierra en un rayo de luz como en el programa de ciencia-ficción *Star Trek*. Me crié en una familia como tantas. Toda mi vida he interactuado con parientes, amigos y conocidos, a lo largo de mi existencia he estado observando y tratando de entender qué sucede en relaciones de todo tipo.

Segundo, provengo de una familia donde crecí rodeado de tres matrimonios maravillosos. Mis abuelos maternos estuvieron casados durante cincuenta y ocho años antes de que mi abuelo falleciera. Mis abuelos paternos estuvieron casados durante cincuenta y cuatro años. Y mis padres estuvieron casados hasta que mi padre murió de cáncer cuando aún era un hombre joven. Soy el producto de esos tres matrimonios, y viví durante tantos años en el ambiente de vida familiar y matrimonial que llegué a entender lo bueno, lo malo y lo feo del matrimonio.

Tercero, mi preparación para el sacerdocio incluyó un cierto componente de orientación pastoral, y gran parte de ese entrenamiento se concentra en ayudar a las parejas a través de las diferentes etapas de sus relaciones. De la misma forma que un terapeuta matrimonial puede resultar considerado y efectivo como consejero lo mismo si es casado que si no lo es, creo que un sacerdote puede ayudar a las parejas a pesar de que no sea casado. (Resulta irónico que quizás los curas ven el matrimonio con *más* claridad —o al menos, con una especie de claridad diferente—

que la gente que está "dentro" de un matrimonio. Puede que los sacer-
dotes apreciemos la vida de casados mucho más que algunas personas,
precisamente *porque* somos solteros.) No considero que uno tenga que
vivir en medio de una situación específica para ayudar a quienes lidian con
esa situación. Por ejemplo, un sicólogo o un siquiatra no tiene que haber
sufrido personalmente problemas de salud mental para ayudar a las personas que sí los padecen a entender su situación. De hecho, es precisamente la *distancia* que el terapeuta tiene de estos problemas lo que hace
que su comprensión del asunto sea objetiva, lúcida y útil

Cuarto, por lo menos de un setenta a un ochenta por ciento de mi
ministerio pastoral se ha dedicado a tratar con parejas en cualquier etapa
de su experiencia matrimonial: las que se preparan para casarse, las que se
casan, las que ya están casadas, las que luchan con las diferencias personales, y a veces aquellas que piensan que la separación y el divorcio son la
única solución. Por eso una gran parte de mi trabajo cotidiano es ayudar
a personas que enfrentan una amplia variedad de dificultades conyugales
y en sus relaciones humanos de todo tipo.

Entonces, ¿qué demuestra todo esto?

Por supuesto que sé que tengo limitaciones personales y profesionales, y estoy consciente de que puedo aconsejar a la gente sólo hasta
cierto punto. Pero he dedicado mi vida a ayudar a las personas a hacer
frente a todo tipo de retos y crisis, incluidas las crisis que se manifiestan
en sus relaciones—que son las más comunes. He aprendido mucho sobre
las relaciones gracias a la experiencia personal y los conocimientos que he
adquirido luego de trabajar con miles de parejas. Y creo que la mayoría
de la gente que le pide consejo a un ministro, sacerdote o rabino lo
hacen, de hecho, porque quieren esa orientación especial, que va más allá
de la que ofrece un terapeuta. Cada problema tiene un aspecto espiritual
que no se puede ignorar. Somos cuerpo y alma. Por eso confío en que las
personas que recurren a este libro con el deseo de resolver sus problemas
con sus parejas, encuentren ese mismo tipo de ayuda.

## SIETE CAMINOS

Así es como yo veo las cosas:

Creo que todos los seres humanos tenemos un deseo innato de ser felices y de realizarnos, y las relaciones humanas son uno de los medios básicos a través de los cuales todos nosotros expresamos ese deseo. Por desgracia, nuestra sociedad y algunos de nuestros conceptos erróneos acerca de la vida tienden a hacer que ignoremos nuestras necesidades más profundas y las de las personas a las que queremos. En los tiempos en que vivimos, innumerables personas se sienten sumamente insatisfechas de sí mismas y de sus relaciones más importantes. A través de mi trabajo, conozco a mucha de esta gente—personas que expresan sus preocupaciones, ansiedades y temores acerca de los conflictos que llevan en el corazón, sin saber de dónde viene ese vacío que sienten por dentro. La mayoría de aquéllos a quienes les doy consejo no me hacen profundas preguntas teológicas sobre la naturaleza de Dios, la humanidad o el universo. Por el contrario, los problemas que los preocupan son los dilemas del corazón: ¿Cómo puedo encontrar el verdadero amor? ¿Por qué a veces las buenas intenciones no son suficientes para mantener viva una relación? ¿Qué puedo hacer para que mi matrimonio sea sólido y duradero? ¿Qué pueden hacer los cónyuges para llevarse mejor, para apoyarse mutuamente y ayudarse entre sí? ¿Cómo pueden los miembros de una pareja resolver sus problemas cuando no están de acuerdo en algo o tienen un conflicto? Éstos son los tipos de preguntas que preocupan a los hombres y las mujeres que vienen a pedirme consejo.

Yo jamás diría, en absoluto, que tengo todas las respuestas a estas preguntas. Nadie las tiene. Nunca aseguraría que tengo soluciones fáciles para lo que son, después de todo, algunos de los dilemas más intensos y complejos que enfrentan los seres humanos. Pero también creo que he aprendido unas cuantas cosas en mi labor de ayuda a las parejas. He escrito este libro como una contribución personal para ayudar a hombres y mujeres a resolver sus "problemas de relaciones" y a encontrar juntos la felicidad que se merecen.

He aquí lo que quiero ofrecer en este libro: los siete "caminos" que, según mi opinión, pueden ayudar a llevar a las parejas hacia el logro de mejores relaciones. Éstas no son panaceas que lo curan todo. Sin duda que no son soluciones definitivas a todas las dificultades que enfrentan las parejas. Pero creo que estos Siete Caminos son guías útiles que los ayudarán a explorar el "terreno" de su propia relación.

Éstos son los Siete Caminos:

- Camino Uno: Construyan cimientos sólidos
- Camino Dos: Respétense mutuamente
- Camino Tres: Aclaren sus expectativas
- Camino Cuatro: Sean honestos
- Camino Cinco: Comuníquense efectivamente y afectivamente
- Camino Seis: Aprendan a aceptar sus diferencias
- Camino Siete: Comprométanse a crecer y a madurar juntos

Explicaré estos caminos con más detalle cuando llegue a ellos en el transcurso de este libro. Pero por ahora, sólo diré que *los problemas de relaciones* son un verdadero síntoma—y tenemos que aprender a diagnosticarlos y enfrentarlos. Considero que suceden cuando no se presta atención a las reglas, a las normas y a los límites básicos que sirven para interactuar con los seres que amamos. Tengo la esperanza de que cada uno de los Siete Caminos que ofrezco en este libro los ayudarán a lidiar con los problemas de relaciones que tienen en sus vidas.

Este libro ha sido planeado para brindar el mismo enfoque directo y lógico a las relaciones entre parejas que he tratado de ofrecer en mi trabajo en los medios de comunicación y en el ministerio pastoral. He escrito este libro convencido de que los hombres y las mujeres pueden superar las numerosas frustraciones y dificultades que complican sus interacciones. Es cierto que las relaciones pueden ser muy difíciles. Además, pienso que las relaciones causan un gran estrés y siempre conllevan cierto riesgo. Somos humanos, y por tanto somos más vulnerables cuando nos relacionamos con otras personas que cuando nos mantenemos alejados y nos encerramos en nosotros mismos. Pero al abrirse y aceptarse el uno al otro totalmente y sin reservas, los miembros de la pareja toman un riesgo calculado que puede brindarles las satisfacciones más profundas que podemos esperar en esta vida. Te aseguro que vale la pena amar, por muy difícil que se pueda hacer.

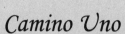

*Camino Uno*

# CONSTRUYAN CIMIENTOS SÓLIDOS

*Vivir es relacionarse*

No hay manera de evitarlo. Desde el momento en que sales del vientre de tu madre, tienes que interactuar con otros seres humanos. Los bebés dependen tanto de nosotros que no pueden sobrevivir ni siquiera unas cuantas horas si otras personas no les dan atención y sustento. Y desde el momento en que naces hasta el instante en que mueres, tienes relaciones con todo tipo de personas. Relacionarse es un aspecto de la condición humana tan crucial como respirar.

¿Cómo fue que llegamos a este *relacionamiento* tan profundo? No soy biólogo ni sicólogo, pero creo que los seres humanos tenemos una tendencia natural a conectarnos con los demás. Cada uno de nosotros tiene un deseo innato de llegar a otra persona—de ir más allá de nosotros mismos. Y pienso que esta experiencia de llegar a los demás, de conectarnos con ellos, es lo que, en última instancia, nos hace humanos. No vivimos solos en una isla. Tenemos que relacionarnos para desarrollarnos y autodescubrirnos. Como lo han dicho muchos sicólogos, filósofos y teólogos de muchas formas diferentes: ser humano consiste en cómo uno se relaciona—en cómo nos compartimos con otras personas. Tenemos necesidad de amar y de ser amados. Esto no significa que se trate de una interacción superficial, sino de llegar a conocer a otras personas a niveles más profundos y forjar relaciones importantes y duraderas.

Debido a estas razones, el primer camino que quiero discutir es el Camino Uno: *Construyan cimientos sólidos.* Establecer bases o cimientos sólidos quiere decir concentrarse en las ideas, las decisiones, los valores y las acciones que apoyan y fortalecen las buenas relaciones a largo plazo.

Es cierto que en la etapa adulta de la vida uno es mucho más independiente que cuando era joven. Uno mismo conduce su vida; vive solo, trabaja solo y se divierte solo. Pero hay que decir que, a pesar de tu independencia adulta, probablemente aún sientes grandes deseos de relacionarte con los demás. Tienes el ansia de conectarte con alguien que se convertirá en tu compañero o compañera para toda la vida, alguien que estará junto a ti en las buenas y en las malas, que compartirá tus sueños, que le dará un significado a tu existencia, la persona con quien compartirás el don de ser madre o padre durante los años de crianza de los hijos. Al igual que la mayoría de las personas, tú anhelas a esa persona especial que está ahí, en algún lugar. O tal vez ya la encontraste, y ahora tratas de fortalecer tu relación lo suficiente para que dure mucho, mucho tiempo.

Entonces, ¿cómo puedes edificar los cimientos sólidos que necesitará tu relación, si es que va a sobrevivir en este mundo tan cambiante? Eso es lo que este camino te explicará.

## Capítulo 1

# ¡Complicaciones, complicaciones!

Jenny es una mujer típica de su generación. Con veinticuatro años de edad, es una chica inteligente, ambiciosa, atractiva y está ansiosa por conocer todo lo que la vida tiene que ofrecerle. Su empleo como representante de mercadeo en una empresa farmacéutica le ofrece muchas oportunidades profesionales y sociales. Además de brindarle un buen estímulo a su carrera, el trabajo de Jenny la pone en contacto con muchos hombres jóvenes, interesantes y solteros. También conoce a otros en el gimnasio, por medio de un servicio de coordinación de citas románticas del que se hizo miembro, y a través de amigas a quienes les gusta hacer de casamenteras. Esta amplia gama de "alternativas románticas", como Jenny las llama, es algo importante para ella: además de desarrollar su carrera, ella quiere casarse y tener hijos.

Sin embargo, a veces la situación le resulta frustrante. "Conozco a muchos hombres", explica Jenny, "y salgo con ellos con frecuencia. Pero a veces me pregunto qué sentido tiene todo esto. Dedico tanto tiempo y energía a conocer a alguien, para que después no llegue a nada. Muchos de estos tipos sólo buscan tener relaciones sexuales—casi siempre en la primera cita. O si no, somos sumamente incompatibles y no tienen nada en la cabeza. Tampoco está muy claro qué es lo que se supone que suceda después de conocer a un buen hombre, porque parece que hoy día no existen reglas definidas. Por ejemplo, ¿quién llama a quien—el hombre o la mujer? Todo el mundo tiene expectativas y normas diferentes, y eso conduce a situaciones conflictivas. Las mujeres buscamos un alma gemela, no tan sólo una pareja para la cama. Pero es muy difícil llegar a un compromiso serio, cuando ni siquiera puedes ponerte de acuerdo con la otra persona acerca de *a qué* te estás comprometiendo".

En el pasado, las instituciones y los rituales de nuestra sociedad hacían más fácil la tarea de encontrar un compañero o compañera para toda la vida. Si te criabas en un pueblo o una barriada, conocías a varias posibles parejas de tu comunidad o tu iglesia. Los rituales bien establecidos del noviazgo brindaban un cierto grado de estabilidad al proceso mediante el cual los chicos y las chicas llegaban a conocerse mejor. Pero, evidentemente, las cosas han cambiado mucho a lo largo de las últimas décadas. Ahora las parejas tienen mucha más libertad para encontrarse, conocerse, casarse y hacer una vida en común. ¿Y es todo esto mejor? Casi todo indica que no. Inclusive, si hay más libertad, también los resultados son menos predecibles y hay menos estabilidad que antes. Al dejar atrás tantos aspectos tradicionales de nuestra sociedad, nos arriesgamos a abandonar las costumbres, instituciones y rituales que ayudaron a que la gente encontrara y desarrollara las relaciones que deseaban. Sin embargo, los seres humanos aún tienen las mismas necesidades afectivas que antes. La gente sigue con el deseo de conocer a la persona ideal —"mi compañero/a en la vida", "mi media naranja", "mi alma gemela"—, alguien que pueda ser un o una acompañante para toda la vida en su viaje por este mundo.

Tengo que admitir que cuando oigo a alguien decir en tono cariñoso "mi media naranja" o "mi alma gemela", estas palabras a menudo me suenan muy románticas, pero un poco idealistas. Pero créanme: debajo de ese idealismo está la genuina y básica necesidad humana de unirse a alguien para toda la vida. Las palabras que dice la gente quizás suenen fantasiosas, pero reflejan una verdad esencial: la gente busca una conexión, una relación con "el otro" o "la otra". El poeta inglés John Donne escribió: "Ningún hombre es una isla, algo completo en sí mismo". Pues bien, puede que haya *algunas* personas que son totalmente autosuficientes, pero no son muchas, y francamente, muchas de ellas no conocen sus propias necesidades, deseos y sentimientos. Todo el mundo necesita a alguien. Pero ahora la búsqueda de un alma gemela es, yo creo, más complicada que nunca.

Quiero compartir algunas de las complicaciones más comunes que son un desafío a tus esfuerzos por desarrollar tu relación sobre una base sólida.

## COMPLICACIÓN NÚMERO 1: CONFUSIÓN Y ANSIEDAD ACERCA DE LOS NUEVOS MÉTODOS PARA BUSCAR EL AMOR

La gente dice: "Quiero encontrar a mi alma gemela", o "quiero alguien con quien compartir mi vida". Pero, ¿cómo? ¿Cómo encuentras a esta persona en un mundo donde tantas estructuras sociales han desaparecido?

Es cierto que tenemos métodos nuevos que ayudan a que la gente se encuentre. Quizás hoy día ya no existan las casamenteras de aldea, pero tenemos nuevos medios para que las personas se reúnan y puedan llegar a conocerse mutuamente. Hombres y mujeres se encuentran a través de clubes sociales, servicios de citas románticas por la Internet, anuncios de solteros, fiestas, bares para solteros y solteras, eventos deportivos, y hasta en la iglesia. Algunos de estos arreglos funcionan mejor que otros. Cada uno de nosotros probablemente conoce alguna relación sólida que surgió de un servicio de citas románticas computarizado, el encuentro casual en una fiesta, o algún otro tipo de "emparejamiento" poco tradicional. ¿Son estos métodos de encontrar pareja más efectivos en cuanto establecer una buena relación, que los arreglos que se hacían antes? Bueno, sí y no. ¡Por supuesto que no sugiero que volvamos a los días de los matrimonios arreglados! Ese método tenía muchos inconvenientes, y creó una buena cantidad de desilusiones y hasta de grandes sufrimientos. Pero a menudo escucho a la gente quejarse de lo impredecible que es su búsqueda del amor—una sensación de que ya no quedan reglas básicas que respetar, ni patrones establecidos, ni un orden evidente en los pasos a seguir. Esta sensación de no saber dónde empezar produce una enorme ansiedad y mucha confusión respecto a los temas que las parejas siempre han enfrentado.

- ¿Cuál es la mejor manera de conocer a posibles parejas?

- Una vez que ya has conocido a alguien, ¿cuál es el comportamiento apropiado durante las primeras etapas de una relación?

- ¿Cómo sabes cuándo es el momento apropiado para aumentar la intimidad emocional y física mientras vas conociendo a alguien?

- ¿Cómo se decide cuál es el momento para pasar de una relación "casual" a una relación"seria"?

- ¿Cuándo —y cómo— debe explorar una pareja las posibilidades del matrimonio?

- ¿Cómo pueden las parejas llegar a un acuerdo respecto a tener hijos, cuántos tener y cómo criarlos?

Hoy día resulta más difícil que nunca dar una respuesta clara a estas preguntas. Y como muchos no sienten que tienen una fuente de información o autoridad más precisa, no es de extrañar que la gente recurra a los horóscopos, las listas de consejitos de las revistas y los cuestionarios en la Internet en su búsqueda del amor. ¿Es mejor seguir esas guías que no seguir ninguna? Sin duda que yo no te aconsejaría que basaras tu futuro en artículos con títulos como "Diez consejos calientes para ayudarte a atrapar al Sr. Perfecto". Cuando veo los dudosos resultados y las desilusiones que pueden producirse por confiar en estos métodos, a menudo siento que esas tácticas complican, más que facilitan, la tarea de encontrar y desarrollar buenas relaciones. Pero estoy consciente de que muchos hombres y mujeres avanzan a ciegas en busca de respuestas, y ciertamente simpatizo con su situación. Sin embargo, me preocupa que nuestra sociedad esté desarrollando estos noviazgos en la marcha y sin mucha orientación. Sin reglas, tropezamos, así que no es de extrañar que la gente se agarre de cualquier cosa que les ayude a no caerse.

He aquí un ejemplo de uno de los temas que me preocupan: los arreglos románticos a través de la Internet.

No es sorprendente que la gente recurra a estos servicios. Es fácil poner un anuncio que diga: "Joven apuesto y profesional busca bella señorita, así y así", o una variación de ese tema, y luego esperan que suceda lo mejor. Es práctico y conveniente dar con alguien que cumpla con ciertos criterios que has especificado. Y, sí, la Internet brinda un "estanque" mucho mayor en el que tirar el anzuelo. Puedes señalar las características que desees: edad, estatura, peso, color del cabello, procedencia étnica, profesión, aficiones, gusto musical, lo que quieras. ¿Significa eso que vas a conseguir la persona por la que te has ido de pesca? ¿Significa que realmente podrás exclamar, "¡Ésta es mi alma gemela!"? Bueno, yo creo que muy pocas veces se encuentra a la persona que se busca con sólo especificar tantas exigencias. ¿Por qué? Hay muchas razones, pero una de ellas es que la visión que tienes de tu pareja ideal tal vez no pueda hacerse realidad.

Para complicar aún más la situación, muchas personas que se anuncian en la Internet acaban siendo en la vida real muy diferentes a como se ven en la pantalla de la computadora. Algunas posibles parejas se describen de una manera que sólo puede ser calificada (para darles el beneficio de la duda) como pura ilusión. Algunas personas mienten descaradamente. Jessie, por ejemplo —una enfermera de veintisiete años del área de Boston— ha tenido varias "relaciones digitales" con posibles compañeros que ha conocido en la Web; se ha sentido fascinada con personalidades aparentemente atractivas que ha visto en la pantalla. Pero más de una vez ha descubierto que esos hombres no eran ni lo atractivos ni lo interesantes, y ni siquiera lo bienintencionados en persona que lo que parecían en el espacio cibernético. Varios de estos "jóvenes solteros" ¡no eran ni jóvenes, ni solteros!

Entonces, ¿cuál es el mensaje de esta historia? No digo que no se deba considerar servirse de las innovaciones recientes, entre ellas los servicios de citas románticas de la Internet, en la búsqueda del amor. Lo que *sí* digo es que estos métodos para encontrar pareja no siempre funcionan tan bien. Hasta puede que compliquen las cosas. De cualquier modo, debes usarlos con precaución . . . y con los ojos muy abiertos.

## COMPLICACIÓN NÚMERO 2: IMÁGENES DE LO QUE DESEAMOS

Otra complicación que encuentro a menudo es que las imágenes de lo que deseamos en una posible pareja han sido formadas —o más bien, deformadas— por Hollywood, por los medios de comunicación y por la poderosísima industria de la moda. Cuando pregunto a personas solteras qué es lo que buscan en un esposo o una esposa, oigo una serie de especificaciones asombrosamente claras en cuanto a cómo debe *lucir* el compañero o la compañera ideal. Un hombre me dijo, "Mi esposa ideal debe ser delgada, de cinco pies seis pulgadas, rubia y con ojos azules . . . y debería tener muy buen cuerpo". Una mujer joven me comentó, "El hombre que busco tiene que tener el pelo negro, ser musculoso, de facciones duras, y tiene que medir por lo menos seis dos". Otro hombre dijo, "Mi mujer ideal tiene que ser atlética, bailadora, de una estatura máxima de cinco cuatro, linda, ambiciosa, pero no *demasiado* ambiciosa, y no puede pesar más de ciento diez libras". Y otra mujer me aseguró, "Quiero un esposo atlético, que se vista bien y que gane buen dinero: un abogado, un médico o hombre de negocios exitoso".

¡La "lista de compras" de características indispensables puede ser aún más específica! A veces, me pregunto: ¿buscan un compañero o se van de tiendas?

También me pregunto de dónde vienen todas estas expectativas tan precisas. ¿Vendrán de lo más profundo del ser? ¿O son imágenes que hemos captado de la sociedad que nos rodea? ¡Quién sabe! Estoy seguro de que cada persona tiene inclinaciones y preferencias personales en lo que se refiere a posibles relaciones. Eso está bien. Pero me preocupa que las especificaciones detallistas y superficiales que la gente expresa acerca de sus parejas ideales puedan convertirse en obstáculos que les impidan conectarse con la realidad. Nadie puede formar una relación sólida basándose en la *imagen* que tiene de alguien—por lo menos no una relación duradera y que pueda traerle felicidad a largo plazo. Quizás te sientas atraído/a al principio de la relación por alguien que cumple esos requisitos, pero la atracción no siempre conduce a una relación larga o profunda. No se encuentra a un/a compañero/a para toda la vida como resultado *solamente* de una atracción inicial. En realidad, esa atracción casi siempre se reduce un poco cuando escuchamos o hablamos con las personas a medida que las vamos conociendo.

En nuestra sociedad tenemos la tendencia de juzgar al libro por su portada. En realidad, no sabemos cómo luce el libro por dentro. Hemos perdido parte de nuestra habilidad para reflexionar, analizar y discutir con profundidad los temas. Esta tendencia de quedarnos en la superficie afecta y perjudica nuestra habilidad para llegar a conocer a alguien a un nivel más profundo. Me atrevería a decir que muchas de las personas que establecen una relación seria con el matrimonio como meta —o que llegan a casarse—, se desilusionan o se desaniman en algún momento debido a que habían visto a la otra persona de una manera superficial. Me entero constantemente de casos así. La gente me dice cosas como, "Duermo junto a un extraño", "Ya no conozco a esta persona", "Ésta no es la persona con la que me casé", o "Ésta no es la persona junto a la que yo quería pasar mi vida". ¿Por qué se encuentran en esta situación? Generalmente se debe a que caen en la trampa de conocer a alguien sólo de manera superficial.

He aquí una historia que revela una actitud diferente. José, ciego de nacimiento, hace poco perdió a Sonia, su querida esposa, con quien había estado casado durante cuarenta años, luego de una prolongada lucha contra el cáncer. En una recepción para la familia y los amigos después del funeral, alguien le preguntó a José si alguna vez se había preguntado cuál sería la apariencia física de su mujer. De hecho, nunca había visto a Sonia en el sentido convencional, visual, de la palabra. Pero su respuesta demostró que la conocía mejor que nadie: "La belleza de mi esposa estaba en su alma", le contestó José a quien le preguntó. "Su alma estaba repleta de amor y generosidad. Sé todo de ella . . . no porque la viera, sino porque la quería. Y créeme, al conocerla de este modo, conocí su belleza mejor que cualquiera que pudiera verla".

Eso es amor verdadero. Ésa es la "cosa" verdadera de la que deberían estar hechas las relaciones: ver en el corazón de otra persona y encontrar el tesoro que se esconde en su interior—mucho más allá de su físico.

Creo que son demasiadas las personas que forman relaciones basadas en cualidades externas que tienen poco o nada que ver con lo que la persona realmente anhela y lo que necesita a lo largo de su vida. Éste es un aspecto en el que nuestra sociedad nos ha fallado—al animarnos a hacer nuestras decisiones basándonos en cualidades externas. La mujer se enamora de un hombre porque él tiene un tipo determinado de pelo, o porque se parece a alguien que puede volverla loca de amor. El hombre se enamora de una mujer debido a que ella tiene un cuerpo espectacular o porque se viste *sexy*. Pero quizás la imagen externa no refleja en realidad lo que hay en el interior. Tal vez el hombre no es alguien que la hará sentirse segura, que satisfará sus necesidades emocionales y que la apoyará en sus aspiraciones. Tal vez la mujer no es atenta con él, ni es paciente ni fiel. Tal vez esta pareja no puede realmente desarrollar un compromiso duradero y un verdadero sentimiento de fidelidad. Una relación que se basa en imágenes no tiene cimientos sólidos.

## COMPLICACIÓN NÚMERO 3:
## IMÁGENES DE PERFECCIÓN

A veces el problema de la imagen va aún más allá . . . hasta llegar a una fijación en la perfección.

Un día, un joven llamado Pedro se tropezó con Fernando, un amigo de la infancia. Luego de unos breves momentos de conversación intrascendente, surgió la inevitable pregunta cuando Fernando dijo: "Bueno, Pedro, ¿no te has casado todavía?".

"No", respondió Pedro. "Aún no he encontrado la mujer perfecta".

Fernando le contestó riéndose, "Bueno, pero la mujer perfecta ni siquiera existe, ¿verdad?".

A lo que Pedro respondió, "Sí existe . . . ¡Yo salí con ella durante tres años!"

Fernando parecía intrigado: "Pero y si era tan perfecta, ¿por qué no te casaste con ella?"

"Porque me dejó", dijo Pedro con un suspiro. "¡Dicen que se fue en búsqueda del hombre perfecto!"

Admítelo: las relaciones humanas perfectas no existen. Puede que algunas sean maravillosas, pero incluso ésas necesitan mucho esfuerzo, y les falta muchísimo para legar a ser perfectas. La definición misma de perfección —"no tener defectos" o estar "libre de error"— contradice una verdad esencial: a la larga, todos tenemos defectos. Todos estamos muy lejos de ser perfectos. Por esta razón, nuestras relaciones también son defectuosas e imperfectas. Está bien—eso es sólo parte de nuestra condición humana y limitada.

Sin embargo, no podemos negar la presión social de buscar la perfección. Muchas fuentes nos informan, por ejemplo, que mientras más joven se es, mejor—mejor para la apariencia personal, para los empleos, para la imagen, para todo. Una industria multimillonaria te dice que si tomas ésta o aquella pastilla, tendrás la piel más elástica y suave, que te arrugarás menos, y que tu vida será maravillosa. Muchísima gente vive a la búsqueda constante de la juventud externa. Algunas se someten a la cirugía plástica porque se imaginan que si se inyectan Botox, se quitan un pedazo del vientre o se estiran la piel del rostro, se sentirán mejor. Otras hacen dietas rigurosas y caras para perder peso con la esperanza de que una figura esbelta les garantizará una fantástica vida amorosa.

¿Influyen realmente estos cambios externos? ¿Nos darán las satisfacciones internas que tanto ansiamos? Sinceramente, creo que nos estamos engañando a nosotros mismos. Nuestra sociedad, orientada hacia la imagen, nos engaña al decirnos que nuestro valor depende de nuestra apariencia. Vales lo que otros *ven*. Bueno, puede que el aspecto externo sea parte de lo que nos hace lo que somos, pero sólo una parte. Y si prestas atención solamente a lo que está en el exterior, jamás descubrirás el tesoro que se encuentra adentro. Así que parte de una relación próspera es trascender constantemente el exterior y descubrir lo que hay en el interior. Ver mucho mas allá del cascarón.

Probablemente pasas muchísimo trabajo innecesario y sufres de ansiedad al imaginarte que vas a encontrar la perfección en tus relaciones con los demás. Esta expectativa conduce a muchas desilusiones y frustraciones—a tal grado, que algunas personas hasta comienzan a pensar en renunciar por completo a tener y a buscar relaciones que les puedan traer felicidad. Créeme, buscar la perfección en las relaciones no te va a llevar a la felicidad. Por el contrario, serás cada vez más infeliz si buscas lo imposible. Mi sugerencia: acepta lo que es real y lo que está verdaderamente a tu alcance. Aceptar la realidad humana imperfecta, en lugar de esforzarse por una perfección inexistente, es la única forma de comenzar a edificar una relación sobre cimientos sólidos.

# COMPLICACIÓN NÚMERO 4:
## APÚRATE APÚRATE APÚRATE

Una gran cantidad de personas me dicen que quieren una relación *¡ya!* Bueno, entiendo que hay muchos hombres y mujeres que se siente solos, y no hay dudas de que las relaciones son importantes. Pero a veces la urgencia que la gente siente parece un poco desesperada, y eso puede conducir a situaciones similares a cuando se hacen pedidos por la Internet . . . ¡como enviar a buscar una novia o un novio por catálogo! *No tengo tiempo de salir y enfrentarme de nuevo con el ambiente de las citas románticas. ¡Tengo tanto que hacer!* De verdad que la gente se siente obligada a establecer relaciones importantes *rápidamente*.

Éste es un ejemplo preocupante de este fenómeno: hombres y mujeres a veces se "entrevistan" mutuamente y se hacen una asombrosa cantidad de preguntas específicas —incluso durante su primera salida—, como si estuvieran examinando a personas que solicitan un empleo. No me refiero al proceso, necesario y apropiado, de llegar a conocerse mutuamente. Hablo de un proceso que más parece un interrogatorio. ¡Me contaron de un hombre que incluso usó una lista detallada para poder evaluar de manera sistemática las "virtudes y debilidades" de su posible pareja! ("¿Cuánto tiempo demoras en cocinar la cena cada noche? ¿Usas ingredientes frescos o comidas procesadas? ¿Qué estilos de cocina prefieres? ¿Usas libros de recetas o sencillamente 'te la inventas'?" La mujer seguramente se fue huyendo, pensando que ese tipo lo que buscaba era cocinera y no una novia.

Otra táctica del tipo apúrate-apúrate-apúrate llamada "citas a velocidad" (*speed dating*) se ha hecho popular en Nueva York y en otras ciudades grandes de Estados Unidos. En las citas a velocidad, un grupo de veinte o treinta personas solteras se reúnen en un lugar decidido de antemano; los hombres y las mujeres se colocan en parejas en un salón amueblado con dúos de sillas, el uno frente a la otra; cada pareja hombre-mujer se pasa cinco minutos exactos, contados por el reloj, para conocerse entre sí. Luego que termina el lapso de cinco minutos, los hombres se levantan y rotan al próximo "puesto" para entrevistar a la mujer que está sentada allí. El proceso continúa hasta que cada mujer ha tenido la oportunidad de conocer y conversar con cada hombre. Quienes proponen este método aseguran que, aunque no sea perfecto, hasta una rápida comunicación de cinco minutos frente a frente revela muchísimo más que las interacciones a través del correo electrónico o e-mail. Tal vez sea cierto. Pero esta táctica, como tantas otras experiencias en nuestra sociedad obsesionada con la velocidad, también corre el peligro de provocar juicios apresurados basados sobre todo en la apariencia física y en otros atributos externos.

Hay otro riesgo. Ya sea a través de las citas a velocidad, las citas románticas por la Internet, los servicios de casamenteros, los bares, o hasta por los medios más tradicionales para conocer posible parejas, es difícil conocer bien a otra persona, y determinar el lugar que él o ella ocupará en tu vida, si tus esfuerzos están *tan concentrados en encontrar pareja*. Estás tan apurada/o por hacer que la relación avance, que realmente nunca llegas a conocer a la otra persona. En lugar de entenderla de una manera total en sus propios términos, la presión que sientes quizás te lleve a verla con una óptica muy estrecha. Puede que no te sientas tan inclinada/o a aceptarla con toda su complejidad, su riqueza y sus contradicciones. Puede que sólo (o sobre todo) prestes atención a la belleza, a cuán "en onda" está, y a valores de riqueza o estatus social. ¿Cómo puede esa sensación de prisa conducirte a crear una base buena y sólida para tu relación? Desafortunadamente, no puede.

He aquí algunos de los problemas que veo a menudo en las parejas que se apuran:

- ∾ Apurarse significa que estableces la relación con demasiada presión, lo que puede conducir a que uno o los dos miembros de la pareja se sientan heridos, engañados o confundidos con respecto a la esencia o las "condiciones" de la relación.

∾ Apurarse significa que tienes más probabilidades de involucrarte profundamente antes de que sepas realmente si la otra persona es la pareja que buscas.

∾ Apurarse te pone en la misma situación que enfrentas cuando compras productos "sin pensarlo mucho" (ya sea en una tienda, de un catálogo, o a través de la Internet): puede que te comprometas y que luego descubras que lo que has "comprado" no era aquello que esperabas.

∾ Apurarse te hace más difícil a ti y a la otra persona llegar a conocerse más allá de un nivel preliminar y superficial, lo que puede conducir, a corto plazo, a malentendidos, desilusiones y resentimiento, y a largo plazo, a matrimonios inestables y hasta al divorcio.

## COMPLICACIÓN NÚMERO 5:
### DE PRISA HACIA LA INTIMIDAD

Para algunas personas, establecer relaciones a un ritmo veloz también puede precipitar un aspecto específico de este importante proceso: la expresión de la intimidad. No me malentiendas. La intimidad física, incluida la intimidad genital, es una parte hermosa e importante de la relación matrimonial, pero debería ser el resultado de haber establecido primero una cercanía *real* a otros niveles. En nuestra sociedad, sin embargo, muchas personas se conectan de una forma física muy íntima con parejas a quienes ni siquiera han llegado a conocer bien. Te aseguro que ese apuro no les ayudará a crear una base sólida para la relación a largo plazo. Algunos de los peligros de avanzar de prisa hacia la intimidad son:

∾ Pensar erróneamente que tu relación *física* es *toda* tu relación, o por lo menos concentrarte en la intimidad física a expensas de otras formas más profundas de intimidad.

∾ Dejar de conocer atributos no físicos de la otra persona: sus intereses mutuos, sus diferencias, sus ideas y convicciones, sus costumbres y caprichos, sus habilidades y excentricidades, sus talentos y placeres.

∾ Demorar el establecimiento de una profunda confianza y una comunicación real, como las que deben venir antes y no después de la intimidad física.

∾ Sentirse vulnerable a malentendidos o sentimientos heridos que pueden presentarse cuando la pareja siente las pasiones y explora las complejidades de una relación física.

Mi experiencia como consejero de muchas personas me enseña que tu relación será más rica, mucho mejor y mucho más profunda si te conectas con tu pareja a niveles más fundamentales, menos físicos, antes de ahondar en la intimidad sexual. Llega a conocer bien a tu pareja antes de dar comienzo a algo tan especial y exclusivo como lo es una relación íntima. Apurarse por llegar a la intimidad puede complicar una relación —y hasta ser una carga para ella—, en lugar de fortalecerla. Creo que la relación física de una pareja —una relación entre cónyuges que se aman, confían uno en el otro y se siente interconectados emocional y espiritualmente— es algo maravilloso. Pero hace falta tiempo para llegar a conocer a la otra persona y desarrollar una relación especial con ella, y cuando la intimidad física comienza demasiado temprano puede oscurecer tu juicio y dañar el proceso de llegar a conocerse mutuamente.

## COMPLICACIÓN NÚMERO 6: DEMORAS, Y LUEGO APUROS

Me preocupan muchas mujeres jóvenes del presente. Una gran cantidad de ellas demoran el matrimonio hasta cada vez más tarde en su vida. A veces tienen buenas razones para ello: quieren terminar su educación o establecerse profesionalmente. Otras personas, sencillamente, se demoran en decidirse a casarse. Pero sin duda que existe una sensación de obligación que puede aumentar debido a esa demora, y es así que muchas mujeres comienzan a preocuparse sobre cuándo es el mejor momento para dar ese paso. Algunas me dicen, "Mi reloj biológico está avanzando. Quisiera tener hijos, pero estoy envejeciendo y mi médico me aconseja que no debería esperar mucho más". Una de las consecuencias indirectas de esas demoras es que algunas mujeres se sienten obligadas a establecer una relación. Hasta cierto punto, la sociedad ejerce su presión, y a menudo también hay presión por parte de la familia.

También considero que mucha gente se presiona a sí misma porque sienten que no van a sentirse realizados si no dan los pasos para establecer una familia. Muchos se sienten incompletos. Sé de muchísimas mujeres entre los treinta y los cuarenta años de edad que ya están muy bien establecidas profesionalmente. Por desgracia, a menudo carecen de un elemento importante que desean tener en sus vidas: una relación que les dé hijos y una familia. La frustración se refleja hasta el punto de que algunas empiezan a explorar otras opciones de tener hijos sin un compañero. Buscan una recompensa inmediata a sus instintos maternales, sin pasar por todo el proceso de crear una familia.

Pero este enfoque tiene de por sí algunos riesgos considerables.

En primer lugar, no deberías apresurarte a tomar una serie de decisiones tan cruciales y personales como es tener hijos. El nacimiento de un niño debería ser el resultado de una secuencia de decisiones cuidadosamente pensadas —decisiones tomadas dentro del contexto de un matrimonio estable y lleno de amor—, no una meta que hay que lograr cueste lo que cueste. Muchas mujeres entienden lo que arriesgan, pero la urgencia que sienten las impulsa a hacer lo que sea para encontrar una relación (y a veces se conforman con una relación nada ideal) que hará posible la maternidad.

En ocasiones la situación resulta bien; pero a menudo, no. Es un verdadero riesgo poner la carreta delante de los bueyes.

En segundo lugar, esa situación ignora la realidad de que ser soltera/o no es un problema. Algunas personas solteras se sienten profundamente realizadas con su trabajo y sus relaciones, y tal vez decidan permanecer así durante toda su vida. Otras podrían encontrar un/a compañero/a de vida luego de varios años de soltería. ¿Hay alguna forma de saber qué es lo que más te conviene? Si el matrimonio y los hijos están entre tus objetivos, ¿existe alguna forma segura de lograrlos? Bueno, la vida es demasiado impredecible para este tipo de certeza. Aun así, creo que es un error suponer que demorarse es algo tan fatal que mejor corres a encontrar pareja, casarte y tener un hijo. Mi consejo: ve con cuidado y piénsalo bien. Por supuesto que tienes que aspirar a realizarte como cónyuge y como madre, pero no te precipites tanto que pongas en peligro tu felicidad a largo plazo —y la de tu hijo— al considerar la maternidad como tu meta, inclusive en lo que podrían ser circunstancias nada ideales.

## COMPLICACIÓN NÚMERO 7: EL "HOMBRE INDECISO"

Otra complicación que a menudo noto cada vez con más frecuencia en las parejas, es lo que llamo el "hombre indeciso"—el hombre que tiene miedo de comprometerse en una relación amorosa. Su novia o prometida lo ha instado a que haga un compromiso respecto al matrimonio. El joven, incluso, puede que haya respondido al entusiasmo de ella con una propuesta de matrimonio. No es que estén arrastrándolo a casarse. Pero, en cierta forma, el novio no se encuentra aún preparado desde el punto de vista "emocional". Esa situación es muy común. La mujer está lista desde el punto de vista afectivo para comenzar una vida junto a otra persona, pero el hombre se muestra reticente o indeciso—no se decide a comprometerse.

¿Por qué sucede esto tan a menudo?

Una explicación parcial pueden ser las actitudes cambiantes en nuestra sociedad respecto a las relaciones sexuales antes del matrimonio. Como el hombre ya ha obtenido alguna recompensa, entonces —si ése su objetivo primordial— se imagina que ya no tiene que preocuparse tanto por comprometerse. Antes, las parejas salían juntas, estaban de novios un tiempo, se casaban y sólo entonces comenzaban sus relaciones sexuales. Cada día es más evidente que ya no es así en nuestra época. Un amplio porcentaje de parejas tienen relaciones íntimas desde el principio del proceso en que empiezan a conocerse—¡y en ocasiones, cuando casi no saben nada el uno del otro . . . ni el nombre! Debido a que muchos hombres consideran la relación sexual como uno de los objetivos primordiales en sus relaciones —con frecuencia, *el* objetivo primordial—, con la intimidad sexual al principio de la relación se "consigue la mercancía" sin tener que comprarla.

Otra explicación de que el fenómeno del "hombre indeciso" ocurra con frecuencia es que muchas mujeres jóvenes tienen un concepto claro de lo que necesitan y de cuáles son sus objetivos en la vida, mientras que los hombres jóvenes a menudo se sienten todavía inseguros y necesitan *más tiempo*. Digámoslo sin darle la vuelta al asunto: los hombres jóvenes son menos maduros. La mujer quiere ser compañera, esposa y madre. Quizás él tenga, o quizás no, una idea precisa de lo que desea o de qué es el matrimonio. Por eso las cuestiones de desarrollo personal son un aspecto tan importante de esta situación.

El tipo de padres que han tenido los hombres también influye en el problema. Nuestra sociedad tiene una inmensa generación que es, esencialmente, huérfana de padre. ¡Hay tantas mujeres solteras que están criando ellas solas a sus hijos varones sin ninguna ayuda por parte del padre! Si los chicos no tienen una figura masculina que les sirva de guía, ¿qué concepto de la paternidad tendrán estos hombres cuando crezcan? Muy poco o ninguno. Cuando se casen, ¿quién va a ser su figura modelo a seguir para lo que supone ser la experiencia matrimonial? Nunca tuvieron un padre en casa, y por lo tanto no tienen buenas imágenes de responsabilidad paterna o de lealtad. Por el contrario, todo lo que conocen es la imagen *hollywoodense* del macho apuesto que va a la conquista del mundo. ¿Cómo se promueven los valores de la paternidad y la fidelidad en alguien que nunca los ha experimentado?

Todas estas diversas complicaciones influyen en la habilidad de la pareja para establecer cimientos sólidos. Tal vez te afectan algunas o todas estas complicaciones; tal vez no. Pero vale la pena considerarlas. Si sabes qué puede complicar tus opciones y tus decisiones, estarás mejor preparada/o para formar la relación que verdaderamente deseas.

Vamos ahora a examinar la naturaleza de las relaciones, cómo nos afectan y qué nos dicen las diferentes clases de relaciones sobre la naturaleza del amor verdadero.

## Capítulo 2

# Los dos tipos básicos de relaciones . . . y por qué importan

Entonces, ¿en qué posición te deja esta situación? Si la vida moderna complica de tal manera la búsqueda del amor, ¿cómo se supone que encuentres a alguien a quien amar, alguien con quien puedas forjar una relación sólida, satisfactoria y para toda la vida?

Voy a utilizar todo este libro para contestar esa pregunta. Pero antes de avanzar hacia los detalles, quiero tratar de dos temas que considero esenciales. Uno es la importancia de reconocer dos tipos de relaciones —*heredadas* y *adquiridas*—, y también reconocer las diferencias entre ellas. Voy a comenzar con este tema inmediatamente. Además, quiero discutir el tema del *centro sagrado*. Ambos tópicos nos ayudarán a entender en qué consiste una buena relación.

## RELACIONES HEREDADAS Y ADQUIRIDAS

Las *relaciones heredadas* son aquéllas que ya tienes al nacer —relaciones familiares en su mayoría—, las cuales son importantes debido a que son las primeras relaciones e interacciones humanas en nuestras vidas.. Éstas son las relaciones que a menudo poseen un poderoso sentimiento de conexión afectiva, y una obligación o compromiso básico. Las llamamos "lazos de sangre". Por otro lado, nos encontramos con las *relaciones adquiridas,* que no tienen ese sentido básico de estar atados desde siempre, pero tienden a ser importantes debido, precisamente, a que son producto de nuestra voluntad—son las relaciones que tú *escoges.* El hecho mismo de tú las hayas escogido te compromete más. Puede que tengas que esforzarte más en mantenerlas. Tienes que pensar más detenidamente por qué, en principio, escogiste estas relaciones. Tienes que darles forma y requieren mucho esfuerzo. Ellas son el resultado de decisiones, no la consecuencia de eventos que están fuera de tu control, como nacer en una familia específica.

## RELACIONES HEREDADAS

Nosotros no escogemos a nuestros padres, abuelos, hermanos y hermanas, tíos y tías, ni a los otros parientes. Sin embargo, éstas son las primeras relaciones que tenemos, y a menudo las más importantes, ya que crean fuertes lazos afectivos entre nosotros. Estas relaciones pasan a ser parte de nuestras vidas a través de lo que llamamos "familia", y afectan profundamente la forma en que nos relacionamos con el resto del mundo. Es aquí donde nos encontramos por primera vez con la *otredad,* aquello que no somos nosotros mismos y que es distinto de nosotros. Hasta se podría decir que la familia es la primera "escuela de relaciones"—un concepto que confirma la psicología moderna. Sabemos, por ejemplo, que el modo en que nos relacionamos con nuestras madres y nuestros padres tendrá una influencia perdurable en la forma en que nos llevamos con nuestro cónyuge y también con otras personas. Por esta razón, las relaciones heredadas tienen un impacto duradero en nuestras relaciones a lo largo de la vida.

¿Significa esto que nuestras personalidades, nuestros comportamientos y nuestras elecciones están completamente determinados por estas relaciones heredadas? No, porque somos seres únicos e irrepetibles. Además, somos capaces de cambiar. Es cierto que muchas personas pasan años sometidas a terapia intentando entender cómo sus relaciones heredadas (sobre todo con su familia de nacimiento) han confundido o arruinado sus vidas. Pero también es cierto que los adultos son capaces de llegar a tener una comprensión profunda de las cosas y cambiar su propia existencia. Aunque las relaciones heredadas nos afectan en muchos sentidos, no deben decidir nuestro destino. Somos capaces de tomar decisiones y de ejercitar nuestro libre albedrío. Podemos sobreponernos a nuestros orígenes y superar cualquier dificultad.

## RELACIONES ADQUIRIDAS

A diferencia de lo anterior, las *relaciones adquiridas* son aquéllas que nosotros seleccionamos y cultivamos porque así lo queremos, sin compromisos ni lazos de sangre. Estas relaciones adquiridas son las que desarrollamos a lo largo de nuestras vidas. Aquí es donde se incluye a las amistades y los compañeros/as de vida—la gente que nosotros *escogemos* para compartir la vida junto a ellos. Este libro enfatiza sobre todo las relaciones adquiridas.

El afecto que sientes en las relaciones adquiridas puede ser tan intenso, o a veces más, que el que sientes hacia tu familia. ¿Por qué? Pues porque es más espontáneo y selectivo, mientras que las relaciones heredadas tienen más sentido del deber. Por ejemplo, piensa en la diferencia entre ser buena/o con tu madre y tu decisión de ser buena/o con un anciano vecino tuyo que se siente solo. La primera interacción está basada en una expectativa (tus vínculos familiares de sangre), mientras que la otra es algo que ofreces libremente y que decides hacer debido a una atracción entre personalidades diferentes, o hasta por un sentimiento de compasión. No digo que las relaciones adquiridas sean más fuertes, mejores o más especiales que las relaciones heredadas. Los vínculos entre tú y tus padres, tus hermanos y otros parientes con los que te unen lazos de sangre, son intensamente poderosos e importantes. Tus relaciones heredadas te dan forma, influyen en ti y ayudan a establecer tus fundamentos como ser humano: tu personalidad, tu carácter, tus intereses. Si tienes relaciones heredadas sólidas y positivas, tendrás más autoconfianza y serás más creativa/o a medida que creces y comienzas a interactuar con el mundo. Si tus relaciones heredadas son turbulentas y negativas, te sentirás más vacilante e insegura/o al enfrentarte a los retos y las oportunidades de la vida. De cualquier modo, es probable que tus relaciones heredadas sigan teniendo una influencia considerable por el resto de tu existencia. Entonces, sí, las relaciones heredadas son inmensamente poderosas.

En realidad, lo que tenemos que entender es que, precisamente porque podemos escogerlas, las relaciones adquiridas tienen un tipo especial de poder y un tipo especial de relevancia. No puedes decidir quiénes serán tus padres, hermanos u otros parientes consanguíneos; no tienes otro remedio que lidiar con los que te tocaron. Tus amigos y tus parejas románticas son parte de tu vida porque tú decidiste que eran importantes para ti. Esta situación te brinda muchísima más libertad. Pero con la libertad viene la responsabilidad. Justamente porque puedes escoger, es necesario que tengas cuidado al hacer tus selecciones.

¿Por qué la diferencia entre las relaciones heredadas y las adquiridas es un factor importante en nuestra discusión? Es cierto que *todas* las relaciones importan. Por supuesto que te exhorto a que honres y cultives tus relaciones heredadas—tus vínculos con tus padres, tus hermanos y tus otros familiares. Pero precisamente porque las relaciones adquiridas dependen de tu voluntad —algo que tú escoges—, son esenciales en nuestra discusión sobre las relaciones de las parejas y en la tarea de establecer cimientos sólidas.

Y esto, a su vez, nos conduce a un tema importante que es parte esencial de lo que recomiendo respecto a las relaciones de parejas.

## LA IMPORTANCIA DEL CENTRO SAGRADO

Los seres humanos tenemos un *centro sagrado*: el punto más profundo de nuestro ser. El centro sagrado es un pozo muy hondo donde están nuestros sentimientos más fuertes, nuestras creencias más intensas, y lo que más apreciamos en nuestra vida: nuestros temores, esperanzas, sueños, deseos y debilidades. Es el lugar donde reside el verdadero amor, y es la morada que alberga nuestras relaciones íntimas. Y debido a que es una parte tan personal y profunda de nuestro ser, el centro sagrado es, idealmente, un sitio que deberíamos proteger, un lugar donde sólo deberían penetrar las personas en las que verdaderamente confiamos—sólo aquellas personas que consideramos más dignas de nuestras emociones y pensamientos más profundos. El centro sagrado es la parte de nuestro ser que tratamos de proteger de las vueltas y giros que da la vida, entre ellos las traiciones, las mentiras y otras situaciones que nos lastiman. A veces cometemos el error de permitir que otras personas entren en el centro sagrado antes de tiempo. Si lo hacemos, y si alguien se aprovecha de nosotros o traiciona nuestra confianza, sentimos que nos han hecho un daño psicológico o espiritual, y eso nos duele. Por eso es importante proteger este centro sagrado, precisamente porque a menudo hemos sido heridos a manos de gente que fácilmente lastiman nuestros sentimientos y emociones. Pero, por supuesto, todas las relaciones conllevan un elemento de riesgo. Entonces, ¿cómo podemos decidir a quién dejar entrar en este centro sagrado, este lugar tan especial de nuestro ser?

No es una pregunta fácil de contestar. A lo largo de la vida, desarrollamos relaciones diferentes, relaciones que varían en intensidad e importancia. Al principio nos relacionamos con los demás de formas relativamente superficiales —no les permitimos entrar a nuestro centro sagrado—, hasta que nos sentimos seguros y capaces dejarlos entrar. Cada persona concibe de manera diferente el ritmo de este proceso. Algunos son más cautos y, por tanto, demoran más en arriesgarse. Otros, bajan la guardia más a prisa. (Probablemente todos conocemos a alguien que dice: "Yo llevo mi corazón en la mano".) ¿Cómo decidimos cuándo (y cuánto) abrirnos? Yo diría que cada persona responde esta pregunta de acuerdo a su temperamento y a sus experiencias previas. Pero tanto quienes se toman su tiempo como quienes son más impulsivos, tienden a menudo a echarle la culpa a la otra persona cuando sienten que los han traicionado. Pocas veces estamos dispuestos a aceptar la responsabilidad por nuestras propias acciones. Sin embargo, en última instancia somos nosotros los únicos responsables de nuestras decisiones y por la manera en que estas relaciones se desenvuelven.

Veo dos extremos peligrosos en la situación que he descrito.

Un extremo es la persona que no es selectiva en cuanto a quiénes permite entrar a su centro sagrado. Un caso típico de lo que digo son los hombres y las mujeres que están tan necesitados de afecto, tan desesperados por tener una relación, o que son tan susceptibles a la presión que otros ejercen sobre ellos, que bajan la guardia antes de tiempo. Este estado mental es con frecuencia típico de las personas que tienen poco amor propio o que padecen de un profundo sentimiento de soledad. Es cierto que abrirse rápidamente no significa necesariamente que "te vas a quemar"; a veces las otras personas respetan ese tipo de vulnerabilidad y no se aprovechan de ella. Pero, de todas formas, pienso que es muy riesgoso permitir el acceso al centro sagrado sin examinar cuidadosamente a quién dejas entrar.

El otro extremo resulta evidente en la persona que edifica una fortaleza alrededor de su centro sagrado y en contadas ocasiones, o nunca, permite que alguien penetre en él. Las personas de este tipo sienten un profundo temor de que las hieran o, si no, tienen una necesidad extrema de ser autosuficientes. Los hombres y las mujeres que viven de una manera tan cautelosa a menudo ya han sufrido serios conflictos interpersonales. No es raro escuchar a estas personas decir cosas como, "Ya me han engañado demasiado, y no voy a dejar que me engañen otra vez".

En cierta forma, esta actitud es comprensible: no quieren que los lastimen más. Pero esta extrema cautela es algo lamentable. Al no tener un sentido de verdadera sanación afectiva, a estas personas les resulta difícil ser francos con los demás y dar inicio a nuevas e importantes relaciones. Para algunas, el centro sagrado llega a hacerse casi impenetrable y se convierte en una barrera contra cualquier posible ataque futuro. Éstas pueden ser personas indiferentes, afectivamente frías o completamente incapaces de intimidad. Es una situación desafortunada. La confianza y el amor van de la mano. Quien no puede confiar en los demás, jamás se sentirá libre para amar—libre para abrirse a otra persona a este nivel profundo. La confianza es uno de los riesgos fundamentales de la experiencia humana. Debemos permitirnos tomar ciertos riesgos calculados para dejar que otros penetren en las áreas más sensibles de nuestra vida. Para tomar este riesgo hace falta fe y confianza en la otra persona—y también exige que aceptemos la posibilidad de fracasar y ser lastimados.

¿Qué significa esto? En pocas palabras, significa que, aunque necesitamos ser cuidadosos, también tenemos que estar dispuestos a abrirnos y ser francos con los demás.

## ¿A QUIÉNES DEJAMOS ENTRAR?

Las relaciones son algo clave en la experiencia humana. Formar una relación sólida satisface muchas de tus necesidades básicas. Esa misma relación también ayuda a beneficiar y satisfacer a la otra persona, así que hay ventajas mutuas en aquello que ambos están creando juntos.

Pero enseguida surgen algunas preguntas. ¿A quiénes dejas entrar al centro sagrado? Y ¿cómo decides quién es leal y digno de que le des permiso para entrar? Sin duda que conoces gente en el trabajo, en las reuniones sociales y en el mundo en general. Ése es el proceso externo. Pero, ¿cuál es el proceso *interno* para hacer contacto con los demás? ¿Cómo decides quién es la persona verdaderamente adecuada para que la dejes entrar en ese nivel de intimidad afectiva y física? ¿Cómo decides quién es la persona adecuada para ti—y adecuada como para que la dejes entrar en tu centro sagrado?

Pues bien, ésa es una pregunta decisiva. En el nivel más básico, la persona tiene que ser alguien en quien confíes. ¿Te respeta? ¿Te escucha con la mente y el corazón abiertos? ¿Aprecia tus opiniones? ¿Respeta tus sentimientos? Si la actitud de esta persona a lo largo del tiempo justifica tu confianza, entonces él o ella tiene que ser alguien a quien la vida no ha dañado o lastimado mucho, que no tiene problemas serios de amor propio y cuyo sentido de autoseguridad no es extremadamente cauteloso— alguien a quien no le va a ser difícil dejarte entrar a ti. A su vez, tu comportamiento y tu actitud —tu respeto hacia la otra persona, tu franqueza, la apreciación que tienes de sus opiniones y tu respeto hacia sus sentimientos— serán la evidencia de que él o ella pueden confiar en ti y permitirte penetrar en ese centro sagrado.

Yo creo que la mayor parte de nosotros toma estas decisiones con cuidado. La mayoría pasamos mucho tiempo interactuando con otras personas antes de permitirles llegar a nuestro centro sagrado. Una gran cantidad de parejas se dan vueltas alrededor el uno de la otra, tratando de decidirse. Se tienen cariño, pero se preguntan: *¿Es ésta mi alma gemela? La pasamos bien juntos, compartimos muchos valores. Pensamos que a ambos nos gustaría formar juntos una familia. Pero ¿es él [o ella] la persona adecuada?* Aún sigue allí la cautela acerca de si abrir todas las puertas y ser absolutamente vulnerable y confiada/o ante esta persona.

Entonces, ¿es correcto ser un poco cautelosos respecto a ese proceso? Si vas a forjar una relación lo bastante sólida como para que dure cuarenta, cincuenta, sesenta años, ¿no deberías tener cuidado de asegurarte de que tu futuro cónyuge sea honesto?

¿De asegurarte de que él o ella tenga todas las probabilidades de cumplir el compromiso del matrimonio? ¿Es apropiada esta cautela?

Lo es. Si vas a permitir que alguien penetre en tu centro sagrado, tienes que garantizar que esa persona posee las cualidades que te indico a continuación, las que le permitirán satisfacer tus necesidades más esenciales.

∾ Esta persona muestra siempre un comportamiento respetuoso hacia mí como ser humano.

∾ Esta persona también muestra siempre un comportamiento de respeto hacia los demás, en general.

∾ Esta persona comparte mis valores y mis conceptos éticos.

∾ Esta persona es verdaderamente afectuosa —no es indiferente ni arrogante ni abusadora conmigo—, y su afecto proviene de un compromiso mutuo duradero, no de un capricho pasajero.

∾ Esta persona trata de comprenderme y de entender mis necesidades, y él/ella sabe que en nuestra relación no hay cabida para el egoísmo.

∾ Esta persona es honesta y sincera, y él/ella tiene un fuerte sentido de integridad.

¿Cómo decides si estas cualidades existen en esa persona? Bueno, no hay prueba infalible. Es fácil decir, "Confía en tu intuición", pero la intuición, aunque sin duda es valiosa, no siempre es la mejor forma para juzgar las intenciones o el carácter de los demás. (No es raro, por ejemplo, que alguien se involucre una y otra vez con parejas románticas que parecen encantadoras y bienintencionadas, pero que resultan ser todo lo contrario y hasta abusadoras.) Yo recomiendo que, además de evaluar a posibles parejas con la lista anterior, te mantengas al tanto de señales de peligro, como éstas:

∾ Falta de respeto hacia ti, tus creencias y tus sentimientos.

∾ Comportamiento egoísta en lugar de generosidad y un sentido de esfuerzo en pareja.

∾ Mentiras o ambigüedades

- ✿ Comportamiento manipulador.

- ✿ Frialdad emotiva y negación de afecto.

- ✿ Un patrón de impaciencia, o de actitudes de menosprecio o de comportamiento ofensivo hacia lo que tú valoras o hacia ti como persona.

- ✿ Abuso verbal o físico de cualquier tipo.

Además, te exhorto a que des los pasos siguientes para proteger tu seguridad física, emocional y espiritual:

**No te apresures demasiado.** Ya he tratado este tema anteriormente, pero lo mencionaré otra vez. Si aceleras demasiado el proceso de llegar a conocer a la otra persona, te arriesgas a formar juicios apresurados y a exponerte a que te lastimen. Tómate tu tiempo. Tienes poco que perder y mucho que ganar si avanzas reflexiva y cuidadosamente.

**Evita hacerte ilusiones.** Debido al ansia por encontrar el amor, resulta tentador pasar por alto los defectos de la otra persona y las incompatibilidades que tiene contigo. También es tentador ceder en temas fundamentales, engañarte a ti misma/o acerca de la naturaleza de la relación, o ver a tu posible pareja como alguien cuyas costumbres o carácter tú puedes cambiar o mejorar.

**Mantente firme en tus principios, valores y conceptos morales.** Sé honesta/o, directa/o y fiel con respecto a tus creencias más profundas. Encontrar el amor es importante, pero no a cambio de lo que más aprecias.

**Comunícate.** Para llegar a conocer a otras personas —y, sobre todo, para permitirle entrar en tu centro sagrado—, tienes que discutir de manera abierta y total las cosas que son importantes para ti. Para llegar a un acuerdo sobre temas básicos, tienen que hablar entre ustedes acerca de eso.

Te repito, no hay caminillos rápidos ni respuestas fáciles cuando se trata de lidiar con estos temas. Pero si puedes seguir estos principios, avanzando con cuidado y permitiendo que cada uno entre en el centro sagrado del otro, habrá muchas más probabilidades de que todo salga como ambos lo desean.

## ¿Y QUÉ PASA SI SE HAN HERIDO LAS EMOCIONES?

La gente que se siente lastimada por la forma en que los han tratado anteriormente —ya sea por su propia familia de origen o por otros—, a menudo se aíslan, o guardan mucha distancia con los demás. No se sienten muy a gusto de que otras personas penetren en su centro sagrado. Se sienten indecisos de *relacionarse*.

Ante estas situaciones, mi instinto inmediato es creer que existe una necesidad esencial de sanación afectiva y espiritual. Si tus relaciones más importantes te han hecho daño, y si eres incapaz de sanar ese dolor, no podrás avanzar. Si no enfrentas los demonios de tu pasado, no puedes vivir sanamente desde el punto de vista de tus emociones, ni en el presente ni en el futuro.

Sin embargo, hay algo que puedes hacer, y creo que esto funciona con cualquier fe religiosa, tradición o cultura. Si crees en un poder superior —y si crees que Dios tiene la habilidad de intervenir en tu vida—, eres más capaz de sanarte y de que tu problema no te siga agobiando. Si te sientes cerca de Dios y hay en tu vida un verdadero sentido de espiritualidad, tienes muchas más probabilidades de abrirte a la sanidad—de creer que no tienes que llevar sobre tus hombros esta carga para siempre. Muchas personas viven con la carga de su pasado. No saben cómo dejarlo ir. Necesitan que venga otra persona y corte el lazo y les diga *Déjalo ir. Ahora puedes avanzar.* Eso puede ser esencial para aprender a abrirte de nuevo a los demás.

Pero, ¿y si a pesar de que tienes fe en la posibilidad de redención, has pasado por una experiencia tan dolorosa que perdonar no es suficiente? ¿Y si te sientes violada/o, traicionada/o o despreciada/a de una manera muy profunda? ¿Qué pasa entonces?

Aunque la fe es una relación constante que puede desarrollarse a lo largo de la vida (de acuerdo a la capacidad para franquearse y la espiritualidad de la persona), tal vez también necesites atención terapéutica. Muchas personas necesitan atención tanto espiritual *como* sicológica. Estos métodos no son excluyentes; por el contrario, se complementan el uno al otro. La atención terapéutica puede ser decisiva. Ambos elementos pueden ayudarte a vivir tu vida de la manera más plena posible. Respecto a esto, el elemento más importante cuando tratas de sanar el pasado y de avanzar es tu decisión de sanar tu pasado. Tienes que aceptar un sentimiento de perdón y seguir. Un buen sicoterapeuta o consejero puede ayudarte en ese proceso.

## DEJA QUE LAS PERSONAS SABIAS ENTREN AL CENTRO SAGRADO

Todos necesitamos en nuestra vida a personas que sean faros de luz en momentos de oscuridad. Todos necesitamos a aquéllos que son más sabios que nosotros—personas que puedan ser nuestras guías, que puedan darnos consejos sobre qué hacer cuando confrontamos problemas o preocupaciones. Esa persona puede ser un ministro, un sacerdote o un rabino. Puede ser un buen terapeuta. Puede ser un profesor de una universidad de tu ciudad. Puede ser un consejero del sitio donde trabajas. Mientras más objetivas sean estas personas, mejor. Para algunos, puede ser el padre o la madre—pero ten en cuenta que cualquiera de los dos a menudo es demasiado allegado a ti para brindarte ideas objetivas. En ocasiones, necesitas a alguien que no esté tan próximo a ti.

A nuestro alrededor ya tenemos a muchas personas juiciosas, pero puede ser que no las hayamos notado, o que no confiemos en ellas lo suficiente. Quizás hay personas mayores que están dispuestas a ayudarte y a guiarte. Puede que sean profesionales entrenados. Y tienen mucha experiencia. Sólo tienes que identificarlos y decir, "Oye, ¿puedes ayudarme?"

He aquí algunos breves ejemplos de cuándo y cómo podrías dirigirte a una de estas personas en busca de ayuda o de ideas:

**Transición de la vida.** El cambio es inevitable y a menudo muy difícil. Situaciones tales como un nuevo empleo, la pérdida del trabajo, una boda, tener hijos, mudarse y sufrir pérdidas personales te enfrentan a nuevas experiencias y retos importantes. Nadie puede pasar estas situaciones por ti—pero eso no significa que debas enfrentarte a ellas sola/o. Por ejemplo, Esteban se sintió cada vez más y más ansioso a medida que se aproximaba el día de su boda. Amaba a su prometida, Celeste, pero le preocupaba "decepcionarla" porque tal vez él no era "lo bastante bueno" para ella. Pero sus conversaciones con su tío favorito, Alan, le proporcionaron un lugar seguro para expresar sus temores de incompetencia y para escuchar el punto de vista de un hombre maduro. La opinión de Alan: lo único que Esteban sentía era el nerviosismo propio de la situación—nada que le impidiera convertirse en un magnífico esposo.

**Confusión respecto a las relaciones.** Muchas mujeres buscan las opiniones de sus amigas o parientas cuando se sienten confundidas respecto a sus conflictos familiares, cuando tienen problemas con el novio, y otros tipos de contratiempos con sus relaciones. Me encantaría que los hombres tuvieran la sensatez de buscar consejos de forma parecida—pero eso no sucede a menudo. Las mujeres son mucho más propensas que los hombres a buscar ayuda profesional, como es discutir sus relaciones con un sacerdote, un ministro, un rabino o un consejero. Algo típico de esto es lo que le sucede a Emilia, quien se preocupaba cada vez más de cómo Beto, su esposo, la trataba. Durante años, ella había sabido que Beto era posesivo y temperamental, y se había casado con él con total conocimiento de cómo era su personalidad; sin embargo, en los últimos años su malhumor se había convertido en ataques repentinos y abusivos. Finalmente, Emilia le pidió consejo a un sacerdote, quien le hizo ver que la pareja necesitaba con urgencia orientación terapéutica para evitar una catástrofe aún peor entre ellos.

**Estrés y ansiedad.** La vida es difícil—eso lo sabe todo el mundo. Pero es terrible que tantas personas compliquen sus problemas e intensifiquen sus penurias al sufrir en silencio. ¿De verdad que piensan que a nadie le importa? Por el contrario, lo cierto es que a menudo tenemos a nuestro alrededor muchas personas que con gusto nos brindarían su apoyo si tan sólo supieran que necesitamos ayuda. Tú puedes aliviar el estrés y la ansiedad de la vida diaria si confías en un/a guía que te inspire confianza. Un ejemplo: cuando se siente abrumada por el trabajo y los problemas familiares, Lillian habitualmente busca a Marie —una antigua maestra, ya jubilada, que también es su amiga íntima— para que le sirva de consejera y de "caja de resonancia." Sus conversaciones con Marie ayudan a Lillian a desahogarse, a entender otros puntos de vista acerca de su situación y a sentirse menos atormentada que si no lo hiciera.

**Crisis personales.** Un/a amigo/a sensato/a puede brindarte orientación y estabilidad cuando estás en medio de cualquier tipo de crisis personal. Por ejemplo, luego de la muerte súbita de su madre, Angie, de veinticinco años, se sintió abrumada por la intensidad y persistencia de su pena. Dora, una compañera de trabajo de mediana edad, empleada en la misma oficina donde Angie trabaja, tranquilizó a la joven al decirle que su profunda pena era normal y que, con el tiempo, pasaría. Dora, con su experiencia más amplia de la vida, le proporcionó un sentido de perspectiva que consoló a Angie. Otras personas encuentran un consuelo semejante a través de la guía de un pariente preocupado, un consejero o un miembro del clero.

Debería mencionar que se pudiera llegar a usar de manera equivocada las relaciones de este tipo, o confiar demasiado en ellas. Ante todo, con las relaciones de este tipo tienes que ser tan cuidadosa/o como lo serías con cualquier clase de relaciones. Asegúrate de que la persona cuya orientación e ideas buscas se merece tu confianza. ¿Cómo? Llegando a conocerla/o a lo largo de un período de tiempo y observando su comportamiento para detectar su integridad y sus demostraciones de buen carácter. Recuerda también que no necesitas a alguien que te diga lo que tienes que hacer. Más bien, lo que buscas es la "visión de la realidad" que tiene esa otra persona y su claridad mental cuando pasas por situaciones que parecen demasiado complejas o cargadas de emoción como para que puedas tomar decisiones lúcidas. Sin embargo, si lo haces cautelosamente, dejar que una persona sensata entre en tu centro sagrado puede servirte de enorme ayuda mientras avanzas por la vida.

## ¿QUÉ TIENE QUE VER EL AMOR CON TODO ESTO?

El amor es la base de cualquier relación significativa y auténtica entre los miembros de una pareja. Por supuesto que hay muchos tipos de relaciones importantes, y cada una de ellas se basa en una clase de amor diferente. El amor entre una madre o un padre y su hijo, entre hermanos, y entre amigos son sólo tres de los ejemplos más obvios. Lo que quiero decir es, sencillamente, que sea lo que sea que haga falta en otras relaciones, una relación de pareja se mantendrá o se vendrá abajo de acuerdo a cuán sólido sea el amor entre sus miembros. Y estoy convencido de que demasiadas parejas sufren debido a que comienzan su relación sin una base de verdadero amor. Por ejemplo, ¿cómo explicamos a las personas de nuestra súper erotizada sociedad que la lujuria realmente no es amor? Una potente atracción física y la compatibilidad son, sin duda, aspectos importantes de una buena relación sexual, pero eso no debe confundirse con una relación amorosa duradera e incondicional. Observo esta situación constantemente, sobre todo en personas que no toman buenas decisiones en cuanto a quiénes dejan entrar en sus vidas. Las relaciones firmes, buenas y duraderas deben basarse, por encima de todas las cosas, en el amor.

Entonces, nuestra primera tarea es definir el amor, ya que la palabra ha perdido su definición clara. En última instancia, ¿qué es el amor?

Me gustaría sugerir una manera fácil de comprender lo que quiero decir cuando utilizo la palabra *amor*. He aquí lo que yo considero que se supone que haga el verdadero amor:

- El verdadero amor te impulsa a ofrecer tu corazón con una entrega absoluta —no tímida ni cautelosamente, sino por completo—, con un profundo interés en el bienestar de la otra persona.

- El verdadero amor te concede el potencial de ver más allá de los aspectos superficiales y llegar a los aspectos más profundos de la personalidad (bondad, lealtad, paciencia, fuerza de carácter y capacidad para amar).

- El verdadero amor te da la fortaleza para mantener este compromiso en las malas y en las buenas.

- El verdadero amor te inspira a compartir todo tu ser sin considerar el costo.

- El verdadero amor te enseña a ver la perspectiva a largo plazo de tu relación en vez de concentrarte solamente en las satisfacciones a corto plazo.

∾ El verdadero amor te desafía a ir más allá de ti misma/o —a trascenderte, a convertirte en más de lo que pensabas que eras—, y no deja espacio para el egoísmo.

Cuando piensas sobre estos puntos, ¿qué imagen producen en tu mente? Estoy seguro de que puedes pensar en parejas que conoces —*espero* que conozcas por lo menos un par de ellas— en las cuales el amor del uno por el otro parece profundo, duradero, paciente y considerado, y cada uno de sus miembros está primordialmente preocupado por el otro y por ella misma o él mismo. De manera parecida, estoy seguro de que te acuerdas de parejas en las que el amor de un miembro por el otro luce superficial, frágil, impaciente y desconsiderado, y cada uno de sus miembros está preocupado sobre todo por él mismo o ella misma. Desde afuera, nadie puede realmente saber o entender qué hay en el corazón o la mente de otra persona, e igual sucede con lo que sabemos acerca de otra pareja. Aun así, también es cierto que a veces puedes llegar a conocer a una pareja cuyo amor parezca especialmente poderoso y desinteresado. Y parejas de este tipo nos dicen mucho acerca de la naturaleza del amor.

Éste es un ejemplo —tomado de mi propia experiencia— de lo que puede ser el amor verdadero.

Cuando era seminarista, a menudo llevaba a mis abuelos al supermercado, y lo que presencié cuando estaba con ellos, me afectó profundamente. Llevaban cincuenta y ocho años de casados cuando mi abuelo murió, pero parecían una parejita de adolescentes enamorados. Ya tenían más de ochenta años . . . ¡y aún se tomaban de la mano! Esa cercanía tan estrecha no se ve muy a menudo. Y con frecuencia todavía me pregunto: ¿por qué *no* vemos eso muy a menudo? ¿Es porque no hay muchas parejas que comenzaron su relación de ese modo? No lo creo—porque una gran cantidad de parejas se sienten locas de amor al principio de su relación. ¿Es porque la gente se enreda con tantas otras cosas que se desenamoran? Tal vez. ¿Es porque los miembros de la pareja piensan demasiado en sí mismos y no lo suficiente en la otra persona? Creo que esto está más cerca de la verdad. Cuando observaba a mis abuelos y los veía en el pasillo de los cereales, por ejemplo, mi abuelo le preguntaba a mi abuela, "Mi amor, ¿cuál tú quieres?" Y mi abuela siempre respondía, "Ay, el que *tú* quieras." Y así una y otra vez.

Este incidente en el mercado es sólo un ejemplo. Allí y en todas partes, cada uno de ellos demostraba un deseo constante de satisfacer al otro. Muchas parejas serían mucho más felices, estarían más satisfechas de sus matrimonios, si se concentraran de este modo en la otra persona—eso es lo llamamos *entrega,* darse a sí mismo, desinterés. ¿Cómo puedo satisfacerte *a ti*?

El amor consiste en esa entrega desinteresada—la habilidad de sacrificarte por la persona amada. No se trata de esperar que esa persona te dé algo a cambio. Eso sí, yo sería el primero en afirmar que puede haber expresiones enfermizas de autosacrificio. Si alguien ha sufrido una experiencia sicológica dolorosa —como abuso a manos de uno de sus padres, otro familiar, o el cónyuge—, su sentido de sí misma/o se habrá dañado y él o ella se sentirá despreciable como persona, pero el sacrificio que proviene de allí no tiene nada que ver con el verdadero amor. Lo que describo no es un deseo de darle a la otra persona porque tú te sientes vacía/o, sino, por el contrario, un deseo de dar porque te sientes llena/o. Das porque quieres hacerlo, no por obligación.

Ésta es la pregunta más importante que tenemos que enfrentar cuando lidiamos con las relaciones humanas: ¿están o no están basadas en un amor genuino? ¿Es realmente el amor un componente de tu relación? ¿Cuánto de lo que haces en tus relaciones más importantes refleja claramente el amor, libre de cualquier huella de egoísmo?

## HACIA UNA VISIÓN MADURA DEL AMOR

Sabes, a menudo hacemos las preguntas equivocadas. Si la pregunta fundamental en el matrimonio es, "¿Cómo puedo *yo* satisfacerme, y cómo obtengo lo que deseo?," entonces no sirve. Esta situación sugiere dependencia y una orientación completamente egocéntrica. Es posible que alguien con esta actitud básica pueda sentir una especie de amor, pero no es un amor maduro. Una visión madura del amor consiste en *dar sin medidas*. Y si ambos miembros de la relación se sienten de la misma forma —si ambos cumplen este deseo de dar y amar sin límites—, hay una corriente constante y mutua de generosidad, bondad y amabilidad. Hay un deseo constante de complacer al otro o la otra. Eso funciona bien en muchos aspectos del matrimonio: en las conversaciones, en el dormitorio, en el tiempo que pasas con tus hijos. Serán capaces de compartir toda clase de asuntos. Habrá una verdadera intimidad en la pareja.

Esta acción de dar da vida y no *extrae* vida. ¿Por qué? Pues porque si le das a tu pareja libremente, de manera espontánea y generosa, él/ella se dará cuenta de tus buenas acciones y de tu expresión de amor; tu pareja se sentirá renovada, fortalecida y llena de energía debido a tu generosidad; y entonces él o ella te reciprocará con otras buenas acciones, con acciones amables y expresiones de amor. Las acciones generosas, abiertas y amorosas de tu pareja a su vez fortalecerán aún más y aportarán más energía, lo que te animará a realizar más acciones de generosidad y amor. Todo esto tiene una fuerza interna que lo mueve, un círculo de generosidad que no se detiene. Esto es lo ideal para la relación amorosa de una pareja. Tal vez has estado cerca de parejas así—parejas en las cuales sus miembros casi sin esfuerzo se cuidan uno al otro. Incluso estar en compañía de ellas puede ser una experiencia positiva, repleta de buen humor y ternura.

Entonces, he aquí la que yo considero la gran pregunta. Para entender si el amor será duradero, maduro y basado en una profunda comprensión del compromiso, la primera pregunta que deberías hacerte es: *¿Cuánto de mí misma/o estoy dispuesta/o a dedicar a esta relación?*

Durante muchos años, he oído decir a la gente que un matrimonio es un arreglo a partes iguales. Yo creo que esta afirmación es una de las mentiras más grandes de nuestra sociedad. El matrimonio no puede ser a partes iguales. Cuando dices "a partes iguales," dices que darás de ti hasta la mitad, pero que no estás dispuesta/o a ir más allá de eso. Si eso es lo que dices, realmente no estás hablando de amor. Hablas de un acuerdo de negocios. Dices: "Te daré tanto *si* tú me das lo mismo a cambio". Ésta no es una interpretación correcta del amor. Para que el amor sea genuino, tienes que darte *totalmente*. El verdadero amor consiste en darte por completo a la otra persona sin considerar el costo—sin esperar una recompensa específica. Es lógico tener ciertas expectativas. Todos nosotros, al comenzar una relación, queremos saber que se trata de un compromiso sólido y honorable, y que será reciprocado. Pero no se vale decir: "Voy a darme hasta aquí nada más". Si la relación implica un verdadero compromiso de amor perdurable, estás dispuesta/o a darle todo de ti. El verdadero amor no es "a partes iguales"—es a todo dar.

Entonces, ¿cómo deberías distinguir entre el amor superficial y un tipo de amor profundo? La respuesta es: estableciendo cuánto de ti estás dispuesta/o a poner en esa relación. ¿Estás dispuesto/a a darte toda/o?

*Capítulo 3*

# Cómo construir cimientos sólidos

Hasta ahora hemos discutido muchos de los problemas que las parejas enfrentan cuando comienzan y tratan de hacer crecer sus relaciones. A lo largo de estas páginas he comentado acerca de cómo puedes construir sólidos cimientos que te ayudarán tanto a ti como a tu pareja a largo y a corto plazo. Ahora me gustaría extender y expandir este proceso de una manera más sistemática.

## NUEVE TAREAS PARA AYUDARTE A CONSTRUIR CIMIENTOS SÓLIDOS

¿Puede una serie de sugerencias garantizar la durabilidad de tu relación amorosa? Por supuesto que no. No hay nada que sea *tan* seguro en el amor. Pero aquí te doy nueve tareas que fortalecerán la relación que quieres fomentar.

## Tarea #1
## Esfuérzate por lograr un equilibrio

¿Qué tipo de equilibrio puedes alcanzar en tu vida? Por ejemplo, a menudo la gente dice que no tiene tiempo para hacer ejercicios. Trabajan muchas horas, el tráfico es horrible, están cansados . . . tienen todo tipo de excusas. Bueno, aquéllos que me aseguran que no tienen tiempo para hacer ejercicios lo que me dicen básicamente es que no organizan muy bien su tiempo. ¿Cuánto demora hacer un poco de ejercicio? Ésta es una necesidad humana bastante fundamental—sencillamente, una de las cosas indispensables para mantenerte saludable. Con el nivel de estrés que se vive hoy, el que no hace algún tipo de ejercicio físico o mental corre el peligro de volverse loco.

Y una de las otras necesidades fundamentales es tener relaciones satisfactorias. Tienes que buscar el tiempo —o hacer el tiempo— para descubrir la amistad y el amor, y para cultivar esas relaciones. Si ignoras tu necesidad de relacionarte con otras personas, te arriesgas a convertirte en una persona incompleta. Te conviertes en un *hacer* humano y dejas de *ser* humano.

Debido a esto, es necesario que separes el tiempo y que hagas un esfuerzo para adquirir un sentido de quién eres. Si te sientes incapaz de crear las relaciones que considerarías que te harían feliz, tienes que hacerte éstas y otras preguntas:

- ¿Qué quieres y que esperas de esta vida?

- ¿Cuáles son tus necesidades afectivas e interpersonales?

- ¿Qué necesitas de los demás—y qué eres capaz de ofrecerles a los demás?

- ¿Cuánto estás dispuesta/o a esforzarte para conseguir lo que buscas?

ॐ ¿Cómo encajan en tu vida las relaciones íntimas y a largo plazo?

ॐ Si las relaciones de este tipo son importantes para ti, ¿has dado pasos específicos y bien pensados para hallar a alguien compatible—alguien junto a quien puedas vivir tu vida?

ॐ Si has dado esos pasos, ¿parecen conducirte en la dirección correcta?

ॐ Si no has dado esos pasos, ¿por qué no lo has hecho?

ॐ Específicamente, ¿qué cosa hay en tu vida que no te permite conectarte con alguien con quien podrías compartir tu vida?

El asunto de las relaciones es fundamental. Para la mayoría de las personas, no son solamente un lujo; son una necesidad. Y si sientes que no avanzas —estás bloqueada/o o estancada/o en tu búsqueda—, la queja de que no tienes tiempo es probablemente tan sólo una excusa. ¡En nuestra época *nadie* tiene suficiente tiempo! La falta de tiempo es algo que todos enfrentamos. Así que pienso que este asunto es sobre todo un problema de prioridades y de autodisciplina.

## Tarea #2
### Reduce la velocidad del proceso

Anteriormente mencioné que demasiadas parejas apresuran el proceso de llegar a conocerse mutuamente, y luego apresuran el proceso de tener relaciones íntimas. Este sentido de prisa hace muchísimo daño. ¿Cómo puedes ir más despacio y más cuidadosamente?

Creo que todo es cuestión de reflexionar. Es importante reflexionar, observar tu vida y mirarla con una perspectiva muy general. Es importante aclarar cuáles son tus metas y en qué empleas tus recursos. Si tu única meta es convertirte en un/a profesional de éxito, eso probablemente afectará tu vida personal. Si tu única meta es ganar un montón de dinero, eso probablemente va a afectar tus relaciones. Si todo tu enfoque está en tener el apartamento ideal o el auto deportivo ideal o los juguetes que más deseas, eso va a afectar tu relación.

Cuando se es joven y ambicioso, es fácil olvidarse de que esta vida es un gran viaje. Llegará el día en que no vas a tener toda esta energía —y cuando no vas a querer gastar todo lo que tienes en lograr éxitos en el trabajo o en adquirir posesiones materiales—, cuando no serás el/la mejor profesional del mundo, cuando no vas a poder mantenerte al nivel de tus vecinos. ¿Qué sucederá cuando no tengas tantas posesiones materiales . . . ni tampoco juventud, ni energía, ni siquiera salud? ¿Cuál es tu plan a largo plazo para tu vida, un plan que satisfaga no sólo tus necesidades materiales, sino también tus necesidades afectivas y espirituales? Tienes que evaluar tus prioridades, pensar acerca de lo que vas a necesitar y querer en veinte, treinta, cuarenta años, y planear ciertos aspectos de tu vida. He aquí algunas preguntas que te recomiendo que te hagas:

- ¿Sientes que te aman lo suficiente como para satisfacer tus necesidades afectivas?

- ¿Eres capaz de amar a alguien tú también?

- ¿Tienes una persona especial para ti con quien compartes tu vida?

- Si es así, ¿te dejas "llevar por la corriente" o te esfuerzas en crear la relación que necesitas y deseas?

- Si no tienes a nadie con quien compartir tu vida, ¿estás buscando a esa persona?

- ¿Estás dándole a los aspectos personales/afectivos de la vida (en contraposición a los aspectos laborales/de ocio) el énfasis que consideras adecuado?

∾ Si no, ¿qué significa para ti el "déficit" en la parte personal/afectiva, y qué deberías pensar y hacer?

∾ ¿Dónde deberías dirigir tu energía, tus habilidades y tu talento?

∾ ¿Tienes un plan a largo plazo para alcanzar tu satisfacción personal y afectiva?

∾ Si no, ¿qué harás para planear detenidamente un proyecto como ése?

∾ ¿Qué pasos específicos necesitas dar para alcanzar la satisfacción que contemplas en tu futuro?

Al hacerte estas preguntas, puedes aclarar tus metas fundamentales y luchar por conseguirlas a un ritmo lúcido y no con una prisa impulsiva.

## Tarea #3
### Cultiva el amor y el compromiso a largo plazo

Una gran cantidad de las parejas jóvenes que conozco se muestran muy consideradas entre sí al principio de su relación—¡casi al punto de fundirse como si fueran una sola persona! Pero luego de un tiempo, comienzan a irritarse y a molestarse el uno con el otro. Sobre todo escucho a mujeres jóvenes que se quejan de sus maridos. "Ya no me presta atención" o "Antes me decía lo bonita que era, pero ahora no me dice nada" o "No me aprecia." Recuerdo una carta de una de mis lectoras, una mujer que había tenido tres años de relaciones con su prometido, y llevaba sólo un año de casada. Se sentía absolutamente frustrada debido a que su esposo ya no le demostraba el mismo tipo de cariño de que había dado muestra antes de casarse. Su pregunta era: "Padre, ¿por qué él cambió tanto después que nos casamos?"

He aquí mi problema con esta pareja—y con muchas otras que

conozco. Al principio, ¿qué concepto tenían ellos —o, más específicamente, qué concepto tenía el esposo— de la naturaleza de su relación, de
su amor y del cariño que sentían el uno por el otro con el paso del
tiempo? ¿Entendía él todas las cosas lindas que le decía a su prometida—
acerca de tener hijos, y nietos, y de estar juntos para siempre? Si escuchas
detenidamente los ritos de la ceremonia de una boda religiosa, te darás
cuenta de que se habla de tus descendientes y de envejecer juntos. ¿Sentía ese joven que la relación iba a cambiar alguna vez en su vida?

Muchas parejas que no se han casado creen que tan sólo porque
tienen relaciones íntimas, también deben ser íntimos desde el punto de
vista espiritual y que están totalmente comprometidos el uno con el otro.
Piensan que tener una relación sexual significa que se conocen mutuamente y que han llevado su relación lo más lejos que puede llegar. La
relación es una gran aventura, llena de emociones. Pero después, luego
de la boda, la situación cambia. De pronto, el sentido de aventura disminuye—y a veces se desvanece por completo. Los cónyuges están ahora
comprometidos en una relación, una relación que se caracteriza no tanto
por las cenas a la luz de la velas y las salidas románticas, como por pagar
las facturas, fregar los platos, lavar la ropa y hacerse cargo de mil otras tareas cotidianas. Incluso si la pareja ya vivía junta antes de casarse, algo
cambia. Finalmente, ambos se dan cuenta —poco a poco o súbitamente—
de que su relación ya no consiste sólo en pasarla bien. Ahora hay responsabilidad. Hay tiempos malos y buenos. Hay enfermedad y también hay
salud. Hay períodos de escasez y períodos de abundancia. Ahora, se trata
de una relación a largo plazo, no de jugar a las casitas. Esto es un compromiso de amor.

Entonces, ¿qué cambió para el hombre cuya esposa me escribió esa
carta? Tal vez él no entendió que hacía un compromiso perdurable—que
ya no se trataba solamente de un jueguito. Ahora, era la vida verdadera.
¿Cómo lo afectó esto? Bueno, lo afectó de una manera obviamente negativa. No fue capaz de transferir al matrimonio mismo el dinamismo, el
gozo y el amor que él y su pareja sintieron antes del matrimonio. Ahora

ya llevan un año de casados y su mujer pregunta: "¿Por qué ha cambiado? ¿Por qué se muestra frío?"

Aquí sucede otra cosa que me parece interesante. Parecía que ella era capaz de comunicar de manera convincente sus necesidades y deseos en la carta que me escribió, pero me yo pregunto si era capaz también de comunicarse con su marido. Quizás el esposo ni siquiera se haya dado cuenta de su nueva frialdad. De hecho, no me sorprendería si, cuando ella finalmente lo confronte acerca de esa situación, él le dijera que no nota ninguna diferencia. Así que, tal vez, en este matrimonio existe un problema de comunicación por ambos lados. (Más adelante, nos concentraremos más en los problemas de comunicación.)

Al principio, cuando una pareja acaba de unirse, todo es nuevo y maravilloso—es la etapa de la luna de miel. Pero finalmente, a medida que pasa el tiempo, la luna de miel se termina y la realidad toma posesión. En este momento, mucha gente se aterroriza ante la magnitud de su compromiso. El miedo y la ansiedad nublan el entusiasmo de los primeros tiempos, y la pareja no sabe realmente cómo mantener la emoción ni la novedad. Por esto es, precisamente, que el amor es mucho más que sólo, "¡Mira eso, estamos viviendo juntos!" Ésa es la parte fácil. El problema es la otra parte. ¿Cómo se sostienen y se dan ánimo el uno al otro? ¿Cómo mantienen la novedad y la frescura del matrimonio? Algunas parejas lo hacen muy bien, pero otras no tienen la más mínima idea de cómo lograrlo.

El amor no se basa en una reacción inicial o en amor a primera vista. Eso es fantástico al principio —para el primer chispazo—, pero no va a mantenerlos unidos a largo plazo. Lo que los mantendrá juntos con el paso de los años es aprender a desarrollar el aprecio del cónyuge—llegar a conocer sus cualidades y sus dones. Si se presta atención, se descubren cosas nuevas cada día. Descubrirás que hay algo que no sabías hasta ahora acerca de esta persona, y ahora te das cuenta de eso. Mira a tu pareja, mira tu relación y valora el amor que comparten—y la persona con quien lo compartes.

## Tarea #4
## Mira adelante—Un chequeo de la realidad

Resulta revelador conversar con las parejas durante el período de orientación antes del matrimonio. Cuando las escucho —y déjame decirte que un noventa por ciento de los comentarios provienen de la novia—, casi todo lo que oigo tiene que ver con detalles acerca de la boda. No del *matrimonio*, sino de la *boda*. Se concentran en la ceremonia de una hora, no en las décadas de vida marital que vienen después. ¡Muy pocas parejas están dispuestas a hablar acerca del matrimonio!

Sencillamente, no se ocupan de los temas realmente importantes. Por lo general, el novio se sienta frente a mí, callado e indiferente. A veces intento que participe y que hable, pero casi siempre dice, "Pregúntele a ella. Ella lo sabe todo." Pero ella no lo sabe todo. Ella no habla de las cosas importantes. ¿Y qué pasa con los años por venir? Quisiera decirles: "¡Olvídense por un momento de la ceremonia! ¿Y qué pasará en los veinte, treinta, cuarenta, cincuenta años de vida de casados que vienen después?" ¿Cómo pueden avanzar juntos hacia el futuro si nunca han hablado de a dónde se dirigen? ¿Cómo pueden conocer realmente a alguien si no han discutido sus objetivos? Muchas parejas jóvenes pierden más tiempo en decidir las servilletas que van a usarse en la recepción de la boda que en hablar sobre sus necesidades, sobre lo que desean y sobre lo que esperan de la relación matrimonial a largo plazo.

Por esta razón, la Tarea número 3 es un chequeo de la realidad—una serie de preguntas que te ayudarán a aclarar cómo contemplas la relación a largo plazo. Yo utilizo un ejercicio parecido con las parejas a quienes oriento. He aquí algunas preguntas que pueden dar inicio al proceso:

- ¿Cómo serás cuando tengas treinta años? ¿Cuarenta? ¿Cincuenta? ¿Más que eso?

- ¿Cómo esperas que será tu cónyuge a esas edades?

   &#10070; ¿Cómo esperas que cambie tu apariencia física? ¿Serás tan delgada/o como ahora? ¿Tan bonita, o tan bien parecido? ¿Estarás tan en forma como ahora?

   &#10070; ¿Cómo cambiará la apariencia física de tu cónyuge?

   &#10070; ¿En qué estará basada la relación de ambos a medida que los dos envejezcan y cambien?

   &#10070; ¿Cuáles son los valores en los que ambos se basan para forjar su relación?

   &#10070; ¿Cómo sientes que tu amor cambiará —y cómo se mantendrá igual— mientras pasan los años y envejeces?

Es necesario que avances imaginariamente en el tiempo y pienses en qué temas te interesarán a los cuarenta, a los cincuenta y a los sesenta años de edad. No quiero sonar negativo, pero tienes que entender que casi todo respecto a tu estado físico cambiará, y que muchas de las circunstancias de la vida también cambiarán. Se presentarán dificultades, y hasta crisis: enfermedades, pérdida del empleo, hijos enfermos. Pueden pasar tantas cosas. ¿Estás dispuesta/o a amar a tu cónyuge a través de todo esto?

En el Camino Siete de este libro —Comprométanse a crecer y a madurar— examinaremos de qué formas en específico puedes examinar los aspectos a largo plazo del matrimonio. Por ahora, lo importante es tan sólo realizar este chequeo de la realidad y mirar hacia adelante.

## Tarea #5
## Crea una relación sexual basada en el respeto y la comprensión

Antes, las parejas comenzaban a practicar la intimidad sexual sólo después haberse casado. Pero hoy día a menudo las parejas tienen relaciones sexuales y viven juntas antes del matrimonio. Me atrevería a decir que la mayoría de los jóvenes del presente tienen actividad sexual desde que son adolescentes.

Debido a esta situación, veo que muchas parejas jóvenes ya se consideran expertas en la sexualidad. Durante varios años ya han practicado las relaciones sexuales íntimas, y realmente no quieren que nadie los aconseje sobre nada que tenga que ver con este tema. Sin embargo, casi siempre las opiniones que tienen con respecto al sexo en una relación a largo plazo y comprometida, no son muy realistas. Puede ser que estén recibiendo su información sobre lo que *debe ser* una relación sexual influenciados por la imagen que captan del cine, la pornografía (que cada día es más asequible) y la letra de las canciones populares—ya que muchas están saturadas de mensajes sexuales. Tal vez no tengan la paciencia para considerar el largo proceso que conlleva formar una buena relación sexual. Quizás sus expectativas son, sencillamente, demasiado grandes. O puede ser que los cónyuges no sean lo suficientemente bondadosos el uno con el otro, o no entiendan las necesidades de cada uno. Esta "desconexión" entre sus expectativas y la realidad trae como resultado una insatisfactoria relación física. Toda la imagen fantasiosa de la sexualidad que promueven los medios de difusión de nuestra cultura —y que las parejas jóvenes a menudo aceptan sin poner en duda—, no es lo más apropiado para la realidad de la vida marital.

Es difícil explicarle a las parejas lo importante que son los *cimientos* mientras se preparan para el matrimonio. Durante el noviazgo, pones los cimientos, la base sobre la que se levanta un edificio. Establecer tus cimientos te ayuda a construir algo sólido y destinado a durar. Pero si no sabes lo que estás edificando, o si no plantas una base sólida, no puedes sentirte segura/o y confiada/o más adelante mientras desarrollas el resto de la relación.

¿Cómo afecta esta relación la relación sexual de la pareja? Una pareja que enfrenta dificultades en el futuro —ya sean físicas, afectivas o ambas—, estará más segura si ha colocado unos cimientos sólidos para su relación en general. Estarán mejor preparados para resolver sus dificultades si sienten un afecto profundo el uno por el otro. Si tienes que superar cualquier disfunción, represión o frustración en los aspectos sexuales de tu relación, tu profundo amor e interés en la otra persona será la base para poder entenderse, ayudarse y trabajar con él o ella. Puedes superar los problemas y las crisis mucho mejor si ya has colocado sólidos cimientos de amor y aceptación mutua.

Yo creo que debes comenzar tu relación con la comprensión clara de que tu relación sexual con tu pareja existe tanto (o más) en los niveles afectivos y espirituales, como en el nivel de la intimidad física. La intimidad física es maravillosa, pero por encima de todas las cosas, es el resultado de una buena intimidad espiritual y afectiva. ¿Por qué? Pues porque cada ser humano ha sido creado no sólo con un cuerpo, sino también con una mente y un alma. Si te concentras sólo en la intimidad física, te ocupas de las necesidades del cuerpo, pero ignoras las de la mente y el alma. Este desequilibrio está destinado a crear, con el tiempo, un desequilibrio en tu relación.

Pero si has alcanzado un estado de equilibrio entre tus necesidades físicas, sicológicas y espirituales en el contexto de una relación comprometida y duradera, entonces entregarte a tu cónyuge en el acto sexual crea más que puro placer fisiológico. Con ello, también fortaleces una relación unificadora a largo plazo que está basada en la consideración y el afecto. Con cada acto de intimidad sexual, ustedes renuevan su amor mutuo.

Éstos son algunos pasos que te insto a dar y que pueden ayudar a establecer cimientos sólidos para tu relación sexual.

## ❖ *Paso 1:* ACLARA TUS ACTITUDES

Igual que sucede con todo el mundo, tus actitudes son en parte el resultado de los valores y mensajes que recibiste al crecer. La familia donde nos criamos es la que, sobre todo, determina nuestras actitudes acerca de la sexualidad. Pero como a numerosas familias les resulta incómodo tratar los temas de la sexualidad, muchas personas llegan al matrimonio con "lastres" o ideas preconcebidas acerca de las relaciones sexuales. Si de niño o niña te enseñaron a hablar sin trabas acerca de la sexualidad como una parte normal de la vida, probablemente tratarás este aspecto de la vida con mucha más facilidad que si vivías en un hogar donde tus padres te enseñaron que la sexualidad es algo sucio y malo. Sé de personas cuya sexualidad las hace sentirse incómodas, avergonzadas o tensas. También cada vez más me entero de personas que dicen haber sido víctimas de abuso en algún momento de su niñez o su adolescencia. Tal vez un tío o un vecino actuó de manera impropia, o quizás un compañero de clase se aprovechó de ellas. El resultado de éstas y otras experiencias negativas es que la gente llega con un gran sufrimiento al matrimonio, que, a no ser por eso, podría ser una relación marital positiva; si esas heridas no se sanan, eso puede afectar a la pareja durante el noviazgo y el matrimonio.

¿Cuál es la consecuencia de esta situación? Bueno, si tienes sentimientos encontrados acerca de tu comportamiento sexual, o si tus sentimientos son absolutamente negativos, esas preocupaciones pueden, desafortunadamente, influir en tu matrimonio. Pudieran convertirse en problemas y obstáculos para relacionarte con tu cónyuge. Según las estadísticas, esta situación es muy común.

Sea como sea, es importante aclarar tus actitudes acerca de la sexualidad. Y es importante que tu cónyuge entienda también sus propias actitudes. Al aclarar estos temas, individualmente y en pareja, ustedes darán un paso crucial hacia el fortalecimiento de su relación.

He aquí algunas preguntas específicas que te ayudarán a aclarar tus actitudes básicas acerca de la sexualidad:

- ❧ ¿Cuál es tu reacción en general hacia ti como ser sexual? ¿Te sientes cómoda/o, incómoda/o, complacida/a, disgustada/o, etc. con tu propia sexualidad?

∾ ¿Qué has oído acerca de la sexualidad por parte de tu madre, tu padre, tus maestros, u otras personas que han sido las más cercanas a ti? Los mensajes que has oído sobre la sexualidad, ¿son positivos, negativos o una mezcla de ambas cosas?

∾ ¿Cuáles son las imágenes que tienes sobre la intimidad sexual, y cómo te hacen sentir esas imágenes? Es decir, estas imágenes, ¿te deleitan, te inquietan, te preocupan, o incluso te disgustan?

∾ ¿Son esas imágenes típicas de lo que ocurre en las verdaderas relaciones entre hombres y mujeres, o son más exóticas, más ilícitas, más agresivas, más violentas, más adúlteras o más "prohibidas" que lo que ocurre en las relaciones afectuosas y cotidianas?

∾ ¿Cuáles son los aspectos de la sexualidad que más valoras?

∾ ¿Puedes ver la sexualidad no sólo como expresión física, sino también afectiva y espiritual?

Las respuestas a estas preguntas pueden proporcionar un buen punto de partida para el proceso de aclarar tus valores respecto a la sexualidad. Y este proceso de aclaración puede, a su vez, ayudarte a entender las imágenes y expectativas que llevas a tu relación.

### ✤ *Paso 2:* SEPARA LA FANTASÍA DE LA REALIDAD

Otro paso que recomiendo es considerar con detenimiento las muchas formas en que nuestra sociedad influye en las percepciones que uno tiene de la realidad. Después, hasta donde sea posible, tratar de separar la realidad de la fantasía.

Todos estamos influenciados por imágenes creadas por los medios de difusión. Muchas personas con las que converso creen que sus relaciones sexuales deberían parecerse a las imágenes que ven habitualmente en el cine o la televisión. Si no, hacen lo posible (consciente o inconscientemente) para emular las vidas amorosas de las estrellas del rock, de las supermodelos o de otras celebridades. En muchos sentidos, este tipo de imitación es lamentable. Ante todo, resulta difícil —si no imposible— que la gente normal pueda imitar los estilos de vida de los ricos y famosos. Además, hay problemas de contenido. Las películas y los programas de televisión destacan un comportamiento promiscuo que tiene pocas probabilidades de fomentar la felicidad o la realización plena en la vida de alguien. La música popular, por ejemplo, a menudo incluye letras que expresan emociones violentas, hostilidad hacia las mujeres y otros conceptos negativos. La mayor parte de los medios de difusión presentan una imagen para nada realista de qué es la intimidad sexual. La televisión, las películas, los vídeos de rock y la industria de la música presentan a la sexualidad como algo ocasional e informal, y con un propósito totalmente individual, en vez de tener como meta un compromiso de por vida con otro ser humano. ¿Cuál es el resultado? Muchos jóvenes se casan pensando que la sexualidad es sólo un juego —un juego con un tono arriesgado, prohibido, agresivo.

En estas circunstancias, ¿por qué nos sorprende que en las relaciones de la vida real surjan problemas a largo plazo?

He aquí una evaluación más realista de la situación.

Cuando vives con alguien y haces un compromiso a largo plazo con esa persona, hay una genuina y legítima necesidad de que exista la atracción sexual y el deseo mutuo. Es una parte normal y buena de ser humano. También es parte de algo que puede fortalecer y profundizar una relación. Pero es un error depender de los aspectos exóticos y prohibidos del sexo para preservar un matrimonio comprometido. Si tú y tu cónyuge se aman, se acostumbran el uno al otro y se apoyan mutuamente como pareja, la relación sexual de ambos puede ser mucho más poderosa e intensa que un encuentro pasajero.

Sin embargo, sí tienes que esforzarte para mejorar tus relaciones sexuales a medida que tu matrimonio se desarrolla y cambia. Tienes que aceptar que tu relación sexual no consiste en tus antiguas imágenes fantasiosas sobre el sexo. Lo que has visto en los cines o en la televisión, y lo que has oído en las canciones de rock y otros tipos de música, es una realidad alternativa que no guarda mucha semejanza con la vida real.

Éstas son algunas situaciones poco realistas que veo que algunas parejas tratan de evocar—ambientes del cine, la televisión y la música popular que complican el esfuerzo de la pareja para forjar una sólida relación sexual.

**La situación de "Fueron felices y comieron perdices".** Ésta es una fantasía antiquísima que influye en muchas personas—la creencia de que una vez que cruzas el umbral de la vida marital, todos tus problemas de relaciones se resolverán para siempre. Vivirás en perfecta felicidad y armonía matrimonial. Tu vida sexual será constantemente maravillosa, y mantenerla así no requerirá atención ni esfuerzo.

**La situación de "Eres mi trofeo".** Los medios de difusión también popularizan otro ambiente fantástico, en el cual un cónyuge es, esencialmente, otra propiedad u objeto entre los demás bienes de consumo que se adquieren para la buena vida. Esta descripción puede sonar dura, pero por desgracia la actitud que describo es bastante común. La ves en el comportamiento de muchos hombres de mediana edad, por ejemplo, que se divorcian de su primera mujer para casarse con una "esposa trofeo" más joven. También se manifiesta en el comportamiento de algunas mujeres que "se casan con dinero" para obtener un cierto estilo de vida.

**La situación de "Eres mi objecto de placer".** En buena parte de la música popular —en algunos géneros más que en otros— se manifiesta una enorme hostilidad hacia las mujeres y se pone énfasis en la subyugación de ellas. Esta visión muestra a las mujeres poco más que como objetos para el placer masculino—objetos que el hombre usa, y no seres humanos con quienes él comparte su vida. Por desgracia, muchos hombres jóvenes de nuestra época están influidos por este conjunto de actitudes.

Respecto a éstas y otras situaciones nada realistas referentes a las relaciones y la sexualidad, te invito a que abandones las imágenes promovidas por los medios de difusión que nos rodean y que, en lugar de eso, mires al sexo como una expresión de amor mutualmente satisfactoria y mutualmente respetuosa. No se trata sólo de que tú logres placer o de que alcances ciertas metas en el dormitorio. Es una profunda forma de intimidad que es esencial al matrimonio. Es otro ladrillo en los cimientos de un matrimonio sólido.

### ❖ *Paso 3:* NO USES LA SEXUALIDAD COMO UN CASTIGO O UNA RECOMPENSA

Al cimentar sólidamente tu relación sexual, es importante que tu reacción a tu cónyuge surja siempre del amor y el respeto, nunca de la manipulación. La base de una buena relación es sensibilidad mutua, preocupación por la otra persona y compromiso. En una relación sexual amorosa no hay lugar para el comportamiento manipulador.

Por desgracia, algunos cónyuges tienen la tendencia de usar el sexo como un castigo o una recompensa. Puede que los miembros de la pareja no estén conscientes de lo que hacen, pero, de todos modos, a veces lo hacen. Otros, se sirven del sexo, a propósito, como parte de un sistema de "pago" o de ajuste de cuentas. De hecho, he escuchado a algunas mujeres hablar de esta forma: "Bueno, él no ha sido muy agradable conmigo últimamente, así que por seguro no le voy a dar nada esta noche". Cuando uno escucha declaraciones como éstas, se da cuenta de que la pareja ha establecido un sistema de recompensa/castigo—una especie de economía en la cual el afecto sexual es una "moneda" que se puede entregar o retener. Esta actitud me parece alarmante y dañina. En lugar de tratar el deseo sexual como una parte integral de una relación afectuosa—una forma de amor que se da sin nada a cambio—, estas parejas lo tratan como si fuera una mercancía que el compañero o la compañera tiene que ganarse. Quizás la gente hable de la situación en un tono de broma, como una gracia, pero la realidad es la misma. Si te portas bien, "te doy un poco". Si no te portas bien, "no te doy nada". Cuando una pareja recurre a esta especie de sistema de recompensa/castigo, ya su relación ha llegado al punto donde casi por seguro existe un problema.

Mi recomendación: rechaza por completo esta actitud. No trates la intimidad física como si fuera una estrella dorada en la tabla de buen comportamiento de tu cónyuge. Si sientes que tu cónyuge te inspira amor y deleite, expresa eso con el corazón. Si sientes frustración, ira o descontento, discutan el asunto *en pareja* para identificar la causa de tus emociones negativas, y luego resolver juntos su problema. No involucres tus deseos sexuales en este proceso—a menos, naturalmente, que tus deseos sexuales *sean* el problema, y en este caso deberías discutirlos con el mismo espíritu de franqueza y generosidad mutuas.

Por supuesto que existen muchos otros aspectos importantes de la sexualidad que contribuyen a la relación marital de una pareja. Precisamente debido a la gran importancia que tienen estos aspectos, vamos a examinarlos en detalle más adelante en este libro—sobre todo en el Camino Cuatro y el Camino Siete.

## *Tarea #6*
## Acepta tus propios defectos, y los de tu cónyuge

Es necesario entender las limitaciones de la otra persona. No subestimes ni sobreestimes a tu pareja. Mucha gente tiende a crearse una imagen falsa de quién es la otra persona . . . o a proyectar sus propios deseos para lo que quieren que su compañero/a sea. ¡Pero quizás esa persona no sea así en absoluto! Hay que ser realista. Por lo menos, hazte estas preguntas . . . y disponte a que tu pareja también se las haga con respecto a ti:

ॐ ¿Hasta qué punto está dispuesta esta persona a satisfacer tus necesidades?

ɞ ¿Hasta qué punto puedes satisfacer las necesidades de él/ella?

ɞ ¿Qué "visión" tienes de la pareja o cónyuge ideal?

ɞ ¿De qué modos esta visión modifica o distorsiona tus expectativas acerca del ser humano real con quien piensas pasar el resto de tu vida?

ɞ ¿Cuántas de las imperfecciones de la otra persona estás dispuesta/o a aceptar?

ɞ ¿Cómo esperas que la otra persona acepte tus propias imperfecciones?

La aceptación es un tema esencial, ya que es realmente cuestión de si puedes amar a esa persona como él o ella verdaderamente es, o si amas la imagen que tienes en la mente de cómo debería ser esa persona. Cuando la gente se enamora de una *imagen* de alguien y no de la persona real, el resultado es una gran desilusión y mucho sufrimiento.

## Tarea #7
### Evalúa tus valores y tus metas

Siempre les pregunto a las parejas cómo se conocieron. He oído todo tipo de respuestas: en un bar, a través de la Internet, en el trabajo, haciendo ejercicios—todo lo habido y por haber. Todas esas experiencias me parecen fascinantes, ya que, no hay duda, la pareja encontró allí un cierto tipo de conexión. Pero lo que sí me preocupas es, *¿qué pasó después de la conexión inicial?* Desde una perspectiva espiritual, yo creo que Dios puso en nosotros esa atracción inicial —ese deseo por la otra persona— para que pudieran ocurrir cosas diferentes y más profundas. La atracción es la chispa que enciende la relación. El hombre mira y descubre a la mujer de sus sueños, y piensa: *Caramba, ésta es la mujer perfecta para mí.* O la mujer conoce al hombre y decide: *Él es el hombre por el que he estado esperando*. Y así comienza una relación, y si hay algo más que ese chispazo inicial, entonces llegan a conocerse mejor, empiezan a entenderse y avanzan aún más profundamente.

Por desgracia, algunas personas *no* van más profundamente. Algunos sólo logran relaciones en los niveles más superficiales. Si se miran las estadísticas de divorcio, se tiene la sensación de que eso es cada vez más y más común.

Así que comienzo a hacer algunas preguntas fundamentales: "Cuéntenme acerca de los sueños que tienen en común. Díganme algo acerca de sus metas".

Por lo general, las parejas desean una relación duradera, amorosa, dedicada, fiel y exclusiva. Sin embargo, muchas veces no preguntan lo esencial. Por eso una de mis metas cuando brindo orientación durante la fase de preparación para el matrimonio es intentar ayudarlos a tratar esos temas. ¿Cuáles son sus metas como pareja? ¿Qué valores comparten? ¿Qué valores son diferentes—o, inclusive, están en conflicto?

¡No son preguntas fáciles de hacer! Me doy cuenta de que examinar estos asuntos puede resultar estresante, dificultoso y hasta amenazador. Muchas parejas se preocupan de que si examinan a fondo las cosas en las que creen, quizás descubran discrepancias que pudieran crear tensión en su relación. No pretendo que esa posibilidad no exista. No resulta nada fácil hacer un examen profundo de conciencia. Es preocupante descubrir divergencias que uno ni siquiera sabía que existían. Pero ésta es la verdad: esas divergencias van a salir a la luz con el tiempo. Cualquiera que sea el problema ahora, se amplificará luego del matrimonio. Es mucho mejor enfrentar ahora estas situaciones que pretender que no existen y luego sorprenderse cuando surgen más adelante.

Si el novio no tiene reparos en vivir en una casa móvil, pero ella quiere vivir en una mansión, tienen un problema. Si él quiere tener seis hijos, pero la novia desea uno sólo, tienen un problema. Si ella quiere conducir un Lexus, pero él se conforma con un Toyota de segunda mano, tienen un problema. Por eso parte del proceso es lograr que cada miembro de la pareja ponga sus cartas sobre la mesa. ¿Qué es lo que realmente les importa? ¿Cuáles son sus sueños, sus metas verdaderas, sus ambiciones verdaderas? Porque, incluso si se aman, si intentan serse fieles y quieren pasar juntos el resto de sus días, si no hablan de las cosas que más les importan, habrá problemas de todo tipo que pueden separarlos. Tienen que conectarse con sus propias realidades. ¿Qué es lo que cada uno realmente quiere de esta vida?

## Tarea #8
## Sé realista acerca de las etapas y los cambios en tu relación

A menudo la gente se siente insatisfecha con los cambios que afectan su matrimonio, pero ésta es la verdad: todos los matrimonios pasan por diversas etapas. Las parejas serán más felices si pueden aceptar los cambios que vienen con el tiempo . . . y si maduran como resultado de esos cambios. Las parejas felices son aquéllas que aceptan que todo en la vida tiene su momento. Algunas etapas son fáciles; otras son difíciles. La luna de miel no te va a durar para siempre. Pero el que ya haya pasado la luna de miel no significa que tu vida va a ser un desierto espiritual y afectivo. Si puedes tener una perspectiva más amplia del ciclo de la vida, y una perspectiva más amplia de tu propia vida, tu existencia será más plena, no más limitada.

Quizás no te sientes satisfecha/o con algunos aspectos de tu relación. Bueno, sin duda que ocurren insatisfacciones. Pero necesitas preguntarte *por qué*. Y tienes que preguntarte qué vas a hacer respecto a tu insatisfacción.

En específico, te insto a que te hagas estas preguntas . . . y que las discutas abiertamente con tu pareja:

~ ¿Cuáles son tus expectativas y modos de pensar acerca del cambio en tu relación, sobre todo del cambio a largo plazo de un matrimonio que tiene posibilidades de ser duradero?

∾ ¿Esperas que la naturaleza de tu relación permanecerá más o menos igual, o que habrá transformaciones, sucesos y hasta crisis que harán necesario que tú y tu cónyuge se adapten a las circunstancias con el paso del tiempo?

∾ ¿Estás dispuesta/o a modificar tus expectativas, comportamientos y actitudes con los años si las circunstancias lo exigen?

∾ ¿Esperas que la vida marital sea siempre algo fácil y divertido?

∾ Hayas contestado que sí o que no, ¿cuántas dificultades, retos y hasta privaciones estás dispuesta/o a a aceptar a lo largo de tu matrimonio?

∾ Si tu cónyuge se enfermara, quedara incapacitado/a o desempleado/a, o si fuera víctima de alguna otra penuria, ¿serías capaz y estarías dispuesta/o a poner a un lado tu propia felicidad para ayudar a tu compañero/a en los tiempos difíciles?

∾ ¿Hasta qué grado eres capaz y estás dispuesta/o a discutir problemas con tu esposo/a como un medio para lidiar con los retos, las dificultades y las penurias?

∾ ¿Estarías dispuesta/o a buscar ayuda externa (como un consejero, un ministro, un sacerdote o un rabino) para que los ayude a ambos a enfrentar una situación problemática?

∾ ¿Qué otros pasos estás dispuesta/o a dar que podrían ayudar a tratar situaciones o a resolver problemas que enfrentes a lo largo de tu matrimonio?

∾ Si en tu matrimonio algo anda mal, o si algo no es apropiado para esta etapa de tu vida, ¿qué estás haciendo para mejorarlo?

∾ ¿Qué estás haciendo desde el punto de vista físico, afectivo y espiritual para darle más valor a tu matrimonio?

## *Tarea #9*
### Piensa en buscar orientación

Algunas parejas son capaces de enfrentarse solas a sus problemas y situaciones—entre ellas algunas situaciones muy complicadas, tales como la responsabilidad de la crianza de los hijos, el cambio de empleo o los conflictos maritales. Pero encuentro, que la mayoría de las parejas, tienen la necesidad de buscar ayuda externa. Tienen la necesidad de buscar ayuda externa. Eso está bien. No hay nada de malo en buscar ayuda. De hecho, es un indicio de madurez y flexibilidad. Muchos matrimonios se beneficiarían si tuvieran una actitud más abierta respecto a la búsqueda de ayuda.

Cuando una pareja atraviesa por una crisis en su relación —tristeza, estrés, la sensación de que se están alejando uno del otro, o cualquier otra cosa—, es correcto buscar ayuda. Pero muchas parejas *no* lo hacen. ¿Por qué? Porque admitir que se tiene un problema es un paso inmenso. Da miedo. La gente piensa enseguida: *divorcio*. Sin embargo, enfrentar un problema no conduce, por fuerza, al divorcio. Pero *no* enfrentarlo, a menudo sí. Cuando no confrontas tus problemas directamente, el matrimonio es infeliz durante mucho tiempo antes de que alguien trate de buscar ayuda. El resultado de esta vacilación para buscar ayuda es que el daño va empeorando y empeorando. Es como si supieras que tu auto necesita un cambio de aceite, pero no lo haces. Dejas que el auto siga y siga. Con el tiempo, los daños son enormes. Es el mismo tipo de situación. Sabes que hay un problema. Ves los síntomas. Te sientes frustrada/o y no sabes exactamente qué es lo que tienes que hacer. Pero si de verdad te sientes comprometida/o con la otra persona, si realmente estás enamorada/o, tienes que hacer lo que sea para mejorar la situación. Y el primer paso para eso es admitir que hay un problema.

(Para obtener información sobre asesoramiento y orientación, mira la Guía de Recursos en el Apéndice de este libro.)

## A LA BÚSQUEDA DEL TESORO

A través de esta sección hemos examinado los problemas de establecer cimientos sólidos. El problema es justamente lo que parece: construir la base de todo lo demás en tu relación. Pero quiero, por un momento, pasar a un tema un poco menos práctico, y un poco más exótico.

Las relaciones son como tesoros ocultos que esperan ser descubiertos. Pero los tesoros no se aparecen por sí mismos en cualquier parte. Para hallarlos hace falta paciencia, lucidez y mucho esfuerzo. Cada uno de los miembros de la pareja debe echar a un lado sus prejuicios, permanecer accesible mental, emocional y espiritualmente al otro, y tenderle la mano con profunda generosidad. Para forjar una relación sólida, debemos ignorar muchos de nuestros propios impulsos egoístas y, en lugar de eso, concentrarnos en la otra persona. Pero el esfuerzo que eso requiere no te deja vacía/o. Por el contrario, nada te enriquece más —ni te da tantas bendiciones— como tu habilidad para descubrir los tesoros que una buena relación puede ofrecerte.

Tales de Mileto, el pensador griego del siglo V anterior a la era cristiana (A.C.), era considerado uno de los siete grandes sabios de la antigua Grecia. Una vez, alguien le preguntó cuál pensaba él que era la tarea más difícil de la vida humana. Él contestó: "Conocerse a uno mismo". No hay dudas de que el autoconocimiento es una tarea difícil. Pero si este nivel de conciencia se alcanza con gran esfuerzo —y estoy de acuerdo en que es así—, también resulta difícil conocer a otra persona. Para llegar a conocer verdaderamente a otra persona —para aceptarla sin nociones preconcebidas y para valorar el tesoro que esa persona ofrece—, debemos estar dispuestos a abrir las puertas de nuestras mentes y nuestros corazones. Esas personas a las que dejas penetrar en el centro sagrado de tu ser serán un reto para ti, pero también te darán los mejores regalos de tu vida en la tierra.

El deseo humano de amar y ser amado es esencial, y mientras más rápidamente todos aprendamos esto y lo apliquemos a nuestras relaciones cotidianas, más felices seremos. Por eso es que el amor debe ser el verdadero cimiento de cualquier relación humana importante. El amor tiene que estar en la base misma de nuestra vida y en el centro de nuestro ser. Sólo seremos totalmente humanos cuando aprendamos a encontrar y a compartir el amor—cuando aprendamos a ir más allá de nosotros mismos.

*Camino Dos*

# RESPÉTENSE MUTUAMENTE

Escucha estas cuatro declaraciones, cada una dicha por un miembro de una pareja a su cónyuge:

*"No entiendo muy bien lo que sientes, pero aceptaré lo que me dices acerca de que estás enojada. ¿Puedes explicarme un poco más lo que pasa? Te escucho, créeme. Voy a tratar de ver las cosas a tu manera. No te aseguro que voy a entenderlo todo, pero lo intentaré."*

*"¿Qué sentido tiene pedirte ayuda? ¡Es preferible que lo haga todo yo sola! ¿Es que ni siquiera puedo confiar en ti para que hagas los mandados? ¡La mitad de las cosas que compraste en el mercado ni estaban en la lista! ¡Apuesto a que ni siquiera la leíste!"*

*"No estoy de acuerdo contigo. Si compramos el auto ahora en vez de esperar un año, vamos a acabar dando menos de entrada, pero el pago mensual será más alto. Eso no nos conviene. Vamos a buscar una tasa de interés más baja, discutamos la situación y veamos si podemos ponernos de acuerdo."*

*"Es que tú no entiendes, ¿verdad? ¡Claro, eso es típico! Jamás te tomaste el trabajo de intentar comprender lo que trato de decirte. ¡Me parece que hasta tratar de explicártelo es una enorme pérdida de mi tiempo!"*

Estas citas provienen de cuatro parejas que discuten un problema al cual se enfrentan. Cada pareja de marido y mujer está en desacuerdo. Los que hablan en las citas 1 y 4 son los esposos de cada matrimonio; quienes hablan en las citas 2 y 3 son las esposas. Pero no cito a estas parejas para señalar los problemas de hombre y mujer y sus distinciones. En realidad, lo que me interesa es la diferencia en el *tono*. Aunque las cuatro parejas están en desacuerdo, las citas 1 y 3 revelan un sentido básico de respeto— un estado en el que los miembros de la pareja se demuestran respeto mutuo, incluso cuando no están de acuerdo. Pero en las citas 2 y 4, ¡qué diferencia! Los miembros de estas parejas se humillan y se desprecian entre ellos. Las implicaciones de estos dos tonos diferentes —y de sus dos actitudes fundamentalmente distintas— nos conduce a la discusión del Camino Dos: Respétense el uno al otro.

## Capítulo 4

# La primacía del respeto

El respeto es un componente necesario de tus relaciones con las personas que te dan entrada a su centro sagrado—ese sitio esencial donde las relaciones serias se desarrollan y maduran con el tiempo. Cuando abres tu corazón a alguien y esa persona también te abre el suyo, es imposible que la relación prospere y te traiga felicidad si no existe un profundo sentido de respeto mutuo. De hecho, si no existe el respeto, un matrimonio, con el paso de tiempo, puede convertirse en una relación amarga y desagradable, incluso desastrosa.

Entonces, en sí, ¿qué es el respeto? Para una pareja, el respeto en una relación es la habilidad y la buena disposición para aceptarse y entenderse mutuamente. Es ser capaz de ver tanto lo bueno como lo malo en las cualidades personales de cada uno, y aún así aceptar el equilibrio de esas dos cosas. Es ser capaz de entender las diferencias fundamentales que existen entre los dos—no sólo las diferencias hombre/mujer, sino también las diferencias particulares de personalidad, y el compromiso de darse mutuamente validez por quiénes son, en vez de obligarse el uno al otro a ser quienes no son.

# EN EL CENTRO DEL RESPETO: LA COMPASIÓN

Es necesario que existan ciertas actitudes y comportamientos para fomentar el respeto en una relación. Algunas de estas actitudes son, sencillamente, el resultado del sentido común y los buenos modales. Otras, son virtudes que se crean y se mantienen sólo si ponemos atención en ellas. En el centro de estas virtudes —en el meollo vital del respeto mutuo en la relación de la pareja— está la compasión.

*Compasión* es una de esas palabras que todos decimos aquí y allá sin prestarle mucha atención. Cuando somos compasivos (raíz latina: "sentir con"), somos capaces de llegar a los sentimientos de otra persona. ¿Alguna vez has visto que cuestionas el comportamiento de tu pareja? ¿Alguna vez te has sentido frustrada/o e incapaz de entender por qué él o ella se niega a tomar decisiones que a ti te parecen perfectamente lógicas? Pues bien, si puedes comenzar a ver las cosas con los ojos de la otra persona y a sentir con el corazón de esa persona, tal vez descubras las razones de un comportamiento que, de otra manera, puede parecer extraño y hasta incomprensible. Con un poco de compasión, puedes comenzar a entender la verdadera situación de tu cónyuge. Y hacerlo es, casi siempre, una experiencia conmovedora. Es aquí donde la compasión y el respeto van de la mano.

La mayor lección que se aprende acerca del respeto es, sencillamente, ésta: te casas con alguien que es radicalmente diferente a ti. Te entregas a alguien que es un ser diferente con una conciencia diferente. A lo largo de la vida, esa persona pasará por situaciones difíciles, altibajos emocionales y retos. Como buen/a compañero/a, tu labor es tratar de averiguar y entender por lo que esta persona está pasando. Es ahí donde la compasión y el respeto van al unísono. Estás tratando de abrirte a las necesidades de la otra persona.

¿Cómo puedes llevar a cabo la difícil tarea de ver la vida a través de los ojos de otra persona? ¿Cómo puedes pensar con la mente de otra per-

sona? ¿Cómo puedes sentir con el corazón de otra persona? Para entender ciertos comportamientos es esencial que te pongas en la situación de
la otra persona—para tratar de sentir lo que siente ese ser distinto y penetrar en el mundo misterioso de sus pensamientos más íntimos. No me
cabe la menor duda de que la compasión es la clave para cumplir esa tarea.
A través de la compasión puedes comenzar a ver la verdad de la otra persona y conectarte con su realidad. La compasión te ayuda a "leer" a la
gente a un nivel más profundo y a entender realmente cómo son. Pero,
¿cómo puedes alcanzar un nivel más elevado de compasión? ¿Cómo
puedes llegar a tener esa compresión profunda que conduce a sentir un
mayor respeto por otras personas, entre ellas tu cónyuge?

No hay una respuesta fácil para esta pregunta. Sin embargo, creo que
hay ciertos pasos que puedes dar que fomentar la compasión y la convertir
la en una parte más importante de tu vida. Éstas son algunas sugerencias:

**Evita juzgar a los demás.** Todos tenemos muchísimas opiniones y
certezas. Todos sentimos la tentación de expresar juicios sobre otras personas. Debido a estas tendencias, es fácil no prestar atención a lo que
otros piensan y sienten, y concentrarnos solamente en nuestra propia
"versión" de la realidad. Pero si hacemos eso, nos resulta más difícil ser
compasivos. Mi recomendación: en vez de juzgar a los demás y sus acciones, trata de tener una actitud mental y emocional más receptiva.

**Escucha y observa atentamente.** Ser receptivo de mente y de corazón es,
en parte, una consecuencia de la percepción. Es asombroso lo poco que
realmente escuchamos y observamos a las personas que nos rodean—¡y
hasta a aquéllos más cercanos a nosotros! A menudo nos concentramos
más en la "charla" que se desarrolla en nuestras mentes que en quien tenemos frente a nosotros. Es muchísimo más constructivo escuchar atentamente lo que te dice la persona y tratar de detectar indicios de su
experiencia vital. La percepción atenta de los demás es una de las claves
de la compasión.

**Comunícate.** Además de lo anterior, es crucial comunicarse con las personas con quienes tenemos relaciones más cercanas. Ésta es una tarea absolutamente esencial para los cónyuges. ¿Cómo puedes saber realmente por lo que está pasando tu pareja si no se establece un diálogo directo y franco? Hacer preguntas con toda franqueza y dar respuestas sinceras es la forma más decisiva para que un esposo o una esposa pueda entender por lo que está pasando su pareja. (El tema de la comunicación es tan crucial y complejo que le he dedicado el Camino Cinco más adelante en el libro.)

¿Dar estos pasos nos garantizará que logremos fomentar la compasión? Por supuesto que no—no es seguro que alcancemos esa meta. Pero es esencial que luchemos para conseguirla. Si ni siquiera haces el esfuerzo de entender la situación de tu cónyuge, es poco probable que veas o sientas las cosas desde su punto de vista. Y al hacer ese esfuerzo, es mucho más probable que desarrolles una compasión más profunda que se convierta tanto en una habilidad como en una costumbre.

He aquí un ejemplo de una pareja cuyos distintos enfoques de la vida los condujeron a serios malentendidos—y cuya creciente compasión los ayudó a evitar una seria ruptura matrimonial.

Marissa, de treinta años de edad, a veces se sentía frustrada por la tendencia de su esposo a trabajar en exceso. Ella sabía que su marido, Jerry, de treinta y dos años, la amaba y le era totalmente fiel. Pero con frecuencia se pasaba más tiempo en la oficina del que parecía necesario, y después de cuatro o cinco años de matrimonio, Marissa se preguntó si su esposo la estaría evitando. Se sintió desdeñada y hasta rechazada de pensar que eso pudiera ser cierto. Y aunque ése no fuera el caso, el comportamiento de él parecía desconsiderado—un enfoque irreflexivo y excesivo en los asuntos de negocio hasta tal punto de excluir las necesidades afectivas de ella.

Finalmente, Marissa confrontó a Jerry respecto a esta situación y le dijo, "Creo que, en realidad, prefieres la oficina a tu propia casa, y te gusta más estar con tus compañeros de trabajo que conmigo".

Jerry se quedó pasmado. "¡No puedo creer que me digas eso!", exclamó.

Ahí se desencadenó una discusión desgarradoramente emotiva—un momento de grave crisis en su matrimonio. Pero esa conversación en la que se dijeron todo lo que pensaban y sentían los ayudó a entender cuál era la causa verdadera de la adicción al trabajo de Jerry. Resultó ser que el padre de Jerry no había sido un buen sostén para su mujer y sus hijos; Jerry, sus hermanos y su madre habían sufrido muchísimo debido a la falta de un buen ingreso doméstico por culpa de la torpeza laboral de su padre, y la madre de Jerry a menudo lo había reprendido por su ineptitud. Ya puede imaginarse el impacto que esto tuvo en Jerry a lo largo de su infancia. Una de las preocupaciones mayores de Jerry, en su papel de joven esposo, era que él también se convirtiera en un irresponsable como su padre. Su esperanza más arraigada era no desilusionar jamás a su esposa y a sus futuros hijos de la misma manera en que su propio padre había decepcionado a su familia. De hecho, Jerry era un empleado talentoso y trabajador. Pero su próspera carrera no era lo suficiente como para aliviar sus temores. Su estado mental —no una falta de amor ni de consideración por Marissa— era lo que lo empujaba a trabajar tantas horas.

Cuando Marissa entendió la situación, pudo sentir compasión por las preocupaciones de su marido y contribuir a aliviarlas. Y cuando Jerry se dio cuenta de dónde provenían su propio comportamiento y las frustraciones de su mujer, pudo comenzar a relajarse, a esforzarse por alcanzar un equilibrio entre su vida y su trabajo, y a responder mejor a las necesidades de atención y afecto de su esposa.

Algunas personas son compasivas por naturaleza. Todos hemos conocido a niños que, inclusive cuando están todavía en el preescolar o en la primaria, eran excepcionalmente compasivos, generosos y se preocupaban por los demás. (Un amigo me dice, por ejemplo, que su hija de cuatro años, cuando oye llorar a un pequeño —y esto sucede hasta en el supermercado o en las tiendas— a menudo pregunta: "¿Puedo ir a ayudar al bebé?") Probablemente también conoces a adultos que hacen constantemente buenas obras, "gallinas cluecas" o "seres angelicales" que se ponen a la disposición de los demás y brindan orientación, apoyo y consuelo. Si eres una persona de suerte, tienes amigos o familiares —y, si eres verdaderamente dichoso, un esposo o una esposa— que son básicamente buenos, que te dan apoyo y no te juzgan. ¿Por qué son estas personas tan compasivas—y, al parecer, de manera tan natural? Tal vez sus actitudes y comportamientos son en parte el resultado de sus personalidades innatas. Quizás esa compasión proviene de la buena crianza que recibieron desde la más tierna infancia. De verdad que no puedo contestar esta pregunta, pues no soy sicólogo. Supongo que lo más importante es reconocer a esas personas, valorarlas y aprender de ellas.

Vale la pena señalar que hasta las personas compasivas por naturaleza en ocasiones pasan por alto ciertas cosas en el apuro de la vida diaria. La fatiga, el estrés, las numerosas exigencias y las apretadas agendas tienen un precio. Los seres angelicales y las gallinas cluecas pueden tener días malos igual que los demás. (¡Es justo decir que tal vez eso mismo les sucede a los santos!) Y como la compasión es un proceso que se aprende con el tiempo, no algo que se alcanza por completo de una vez por todas, todo el mundo puede fallar cuando se trata de responder a las necesidades de los demás. El más generoso de los maridos, a veces puede ser un cascarrabias; la más tierna de las esposas a veces puede sentirse agotada emocionalmente. Somos humanos, ¿no es cierto? Somos criaturas falibles. En el matrimonio, como en otros aspectos de la vida, hasta las personas compasivas pueden cometer errores o ser víctimas de impulsos egoístas. En ocasiones, también cónyuges que anteriormente habían demostrado ser esposas o esposos devotos pasan por un desgaste gradual de su compasión que con el tiempo afecta su unión. He conocido parejas que han comenzado como cónyuges amorosos y considerados, pero que se volvieron mutuamente impacientes e irritables a medida que pasaron los años. ¿Por qué? Es difícil de decir. Es tentador mencionar el cliché de que "la familiaridad crea desprecio", lo que a veces es cierto. Pero en ocasiones la familiaridad crea un respeto más y más profundo—también he visto eso a menudo entre las parejas. Por desgracia, hasta los cónyuges que se pre-ocupan el uno por el otro pueden aflojar su atención y olvidarse de notar (o de valorar) por lo que está pasando su pareja. La disminución de la compasión no significa que estos cónyuges no se quieran. Es demasiado fácil extenuarse con el estrés, complicarse con las necesidades personales y no prestarle atención a lo demás.

Para la mayoría de la gente, dominar el arte de la compasión es una tarea que dura toda la vida. Éstos son algunos temas que recomiendo es-pecíficamente para las parejas en su lucha por forjar y mantener el respeto en su relación:

**Presten atención.** La mitad de la compasión es tan sólo mantenerse al tanto de los demás. Sobre todo en el matrimonio, resulta fácil acostum-brase de tal forma a la presencia del cónyuge en tu vida que dejas de prestarle atención. Trata de mantenerte al tanto de tu pareja—de sus pen-samientos, sus sentimientos, sus necesidades y sus preocupaciones.

**Recuerden sus diferencias.** Independientemente de cuán unidos tú y tu cónyuge puedan estar, ustedes son dos seres diferentes. Son diferentes en muchos sentidos. Si puedes recordar que tu cónyuge tiene necesidades distintas a las tuyas, puedes ser más perspicaz y compasiva/o cuando res-pondas a esas necesidades, lo que contribuirá a que tu relación prospere y madure.

**Recuerden lo que tienen en común.** De la misma manera que tienen dife-rencias, tienen intereses, compromisos y tareas comunes. Si cada uno se recuerda a sí mismo lo que comparten y a lo que aspiran como pareja, pueden fortalecer su sentimiento mutuo de compasión hacia su cónyuge.

**Sean conscientes de que el tiempo puede influir en su compasión.** Muchas personas se vuelven más compasivas con los años, ya que adquieren más experiencia y aprenden más acerca de las debilidades humanas, lo que puede conducir a una actitud menos crítica e indulgente hacia los demás. Sin embargo, me parece que ciertos cónyuges se vuelven más impacientes y *menos* compasivos entre ellos con el transcurso del tiempo. Tal vez es una consecuencia de la acumulación de los años de desgaste. O quizás es más fácil ser compasiva/o al principio, cuando los cónyuges ponen más esfuerzo en la relación. Mi sugerencia: a medida que pasan los años, trabajen activamente en estar al tanto el uno del otro.

**Vayan despacio.** La compasión toma tiempo—tiempo para observar, tiempo para escuchar, tiempo para considerar lo que ves y lo que oyes, tiempo para percibir claramente a la otra persona. Si vives tu vida con prisa constante, tendrás menos oportunidades y menos energía para entender a tu cónyuge y compartir los pensamientos y sentimientos que hacen posible la compasión.

## ¿Y LAS DIFERENCIAS ENTRE HOMBRE Y MUJER?

Un sabio y viejo sacerdote me dijo una vez, "Sabes, Alberto, Dios debe tener un gran sentido del humor. Primero creó al hombre y a la mujer— y los hizo completamente diferentes. Y después, para animar la función, lo puso a vivir juntos".

Paso horas escuchando hablar de los temas y los problemas que enfrentan las parejas, y las preocupaciones que escucho tienen que ver a menudo con la perspectiva de los hombres y la de las mujeres. ¡La perspectiva masculina y la perspectiva femenina pueden ser tan radicalmente diferentes en tantas cosas! A medida que nuestra sociedad se hace más compleja, y a medida que lidiamos con numerosos problemas relativos a la igualdad de los sexos, solemos ignorar algunos aspectos fundamentales de quiénes somos. Los hombres todavía son hombres y las mujeres siguen siendo mujeres. Las parejas siguen enfrentando los mismos temas que han surgido durante décadas (o hasta siglos)—temas como la división del trabajo, las prioridades de la vida y la comunicación. ¿Son biológicas las diferencias entre los hombres y las mujeres? ¿Son el resultado de las diferencias culturales? ¿O tal vez, como parece más probable, de una mezcla de biología y cultura? No soy biólogo, sicólogo ni antropólogo, así que no estoy en condiciones de contestar estas difíciles preguntas. Pero sea cual sea la panorámica general respecto a los hombres y las mujeres, estoy seguro de que todos estamos de acuerdo en que *hay* algunas diferencias entre hombres y mujeres individuales. Y para nuestros propósitos, lo más importante es reconocer que los cónyuges deben reconocer y lidiar con sus propias diferencias si es que desean respetarse mutuamente.

A fin de cuentas, el problema central en una pareja no son las diferencias entre los hombres y las mujeres. Lo que realmente importa son las diferencias entre *un hombre individual* y *una mujer individual*—un esposo específico y una mujer en específico. Sobre todo, lo que importa es cómo esta pareja *hace frente* a sus diferencias.

Yo lo veo de esta forma:

Un marido inteligente debería hacer todo lo posible para entender cuál es la visión que su mujer tiene de la vida. Puede que esta visión incluya o no las tradicionales actitudes y enfoques "femeninos" hacia muchos temas —trabajo, equilibrio familia/trabajo, comunicación, labores domésticas y muchos otros tópicos— que a menudo difieren de las tradicionales actitudes y enfoques "masculinos". ¿Entender los puntos de vista de su esposa significa que el marido tiene que estar de acuerdo con ella en todo? Por supuesto que no. Pero él debería permanecer abierto a las ideas de ella y de esta forma demostrar su respeto; debería discutir los problemas con la mejor buena voluntad; y debería estar dispuesto a llegar a un compromiso. Personas diferentes tienen opiniones diferentes sobre muchos temas. La familia donde naciste, tu procedencia étnica, tu educación, y tus talentos e intereses personales influirán en tus metas y en los medios para alcanzar esas metas—la carrera profesional, la familia, el tiempo libre, el confort material, etcétera. A tu esposa le sucede lo mismo. Si un marido quiere entender a su mujer, entonces el secreto es escucharla detenidamente como *persona*.

De la misma forma, una esposa debería tratar de entender a su esposo independientemente de lo que ella considere "el punto de vista del hombre". Es cierto que la forma en que los hombres perciben el mundo a menudo les resulta desconcertante a las mujeres. Considera, por ejemplo, los temas de orgullo y trabajo. Con frecuencia los hombres se inquietan al pensar en lo que sus empleos —ya sea su éxito o su fracaso— dice acerca de ellos. El sentido que un hombre tiene de sus logros profesionales puede ser devastador o muy reconfortante. Muchos hombres también basan su autoestima en la cantidad de dinero que ganan. A pesar de todo lo que se habla en nuestra cultura acerca de cuánto han cambiado los modelos de conducta familiares —incluso la mayor participación de los hombres en la crianza de los hijos—, lo cierto es que parece que la mayoría de los hombres desean un papel tradicional de principal proveedor de ingresos y cabeza de familia. ¿Significa esta situación que todas las parejas deberían adaptarse al patrón de hombre-como-sostén-del-hogar/esposa-como-ama-de-casa? No. Las parejas deben examinar las situaciones con franqueza y buscar el arreglo que más les conviene. Pero si la mujer puede estar consciente de las ideas del esposo respecto a estos temas, podrá entender mejor cuáles son las motivaciones de él, y su compasión contribuirá enormemente al matrimonio.

Lo mejor que pueden hacer con relación a esto es aceptar que *ustedes son diferentes aunque estén juntos*. ¿Cómo se ajusta la compasión a la vida moderna y a sus cambiantes roles sexuales? Pues bien, la respuesta es que la compasión es más importante que nunca a medida que cambia la dinámica masculino-femenina. Debido a que más y más mujeres han comenzado a trabajar y se han destacado de forma excelente en su labor, por ejemplo, muchas esposas son ahora el principal sostén de sus familias. Mientras, más y más hombres participan de manera extraordinaria en la crianza de los hijos. Muchos cónyuges desempeñan funciones múltiples. ¿El resultado? Se hace cada vez más imposible retomar los estereotipos sexuales del pasado. Cada vez es más esencial que un cónyuge perciba al otro como una persona individual, no encasillado/a en el papel de esposo o esposa, cada uno con un rol predeterminado. Consecuencia de esto es que cada cónyuge debe esforzarse más para percibir la realidad del otro en sus propios términos. Quien eres como esposo o esposa no es algo que está "grabado en piedra" sólo porque eres hombre o mujer.

La compasión también es esencial cuando las parejas avanzan por el ciclo de la vida. Las etapas por las que atraviesa una pareja ya no son tan claras como lo eran antes. Puede que un hombre de mediana edad espere con ansia su jubilación, mientras que una mujer de la misma edad quizás mira hacia ese momento como la oportunidad para buscar un trabajo, regresar a la escuela, reinventarse, ahora que ya no tiene hijos que criar. Estas y otras diferencias casi siempre dificultan que los cónyuges puedan verse el uno al otro claramente y responder de manera imaginativa a sus diferentes necesidades. Por ejemplo, la jubilación de un hombre o una mujer altera a menudo la dinámica con su esposa o su esposo. Digamos que el esposo cumplió los sesenta y cinco años y decide jubilarse. Quizás su mujer ve este suceso como una oportunidad para que puedan pasar más tiempo juntos y recobrar el mismo nivel de intimidad que tenían antes. Pero puede que el esposo tenga una visión diferente de esa situación de su vida; tal vez la ve como una oportunidad para tener más tiempo para sí mismo, para "hacer lo suyo". En ésta y otras diversas ocasiones, los cónyuges tienen que ser compasivos el uno con el otro, trabajar para lograr una mejor comprensión de las necesidades de ambos en nuevas etapas de la vida, y ayudarse entre ellos para satisfacer esas necesidades, satisfacer sus deseos, llevar a cabo sus sueños y aliviar sus temores a medida que los años pasan y la relación se desarrolla.

Entonces, si el respeto y la compasión son tan importantes, ¿qué puede hacer una pareja para llegar a ser más respetuosa y compasiva? ¿Sencillamente, confiar en que no habrá problemas? ¿O hay maneras específicas para poder aprender a contribuir más a la relación en ese respecto? Puedes dar diversos pasos para promover el respeto, y hablaremos sobre esos pasos en el próximo capítulo. Pero antes de continuar, deberíamos examinar la importancia de los límites, y cómo establecer y respetar los límites de cada uno es fundamental para fomentar el respeto en una relación marital saludable.

# LA IMPORTANCIA DE TENER BUENOS LÍMITES

En cualquier relación de pareja, es crucial que se establezcan y mantengan límites razonables. Tener estos límites —y respetarlos— hace mucho menos probable que tú o tu esposo/a violen el respeto que es tan esencial para la felicidad a largo plazo de ambos. El respeto mutuo fortalecerá estos límites, y los límites fortalecerán el respeto. ¿Por qué? Pues porque sin límites claros, a ti y a tu cónyuge les resulta más difícil definir sus expectativas mientras interactúan el uno con el otro.

## ¿QUÉ SON LÍMITES?

La palabra *límites* significa diferentes cosas en diferentes circunstancias. He aquí algunos ejemplos que ayudarán a aclararlo.

De niños, nuestros padres nos decían: "No hables con extraños". Esta frase sencilla ofrecía un límite, ya que establecía expectativas de nuestro comportamiento. Las indicaciones eran directas y claras. Estoy seguro de que todos entendíamos lo que nos querían decir. Esta declaración de los padres es uno de los mejores ejemplos de un límite serio y categórico. Sirvió sobre todo para protegernos de daños durante la infancia. Sin embargo, también contenía otro mensaje oculto: *No todo el mundo es bueno. Tienes que andar con cuidado.* Al crear límites, nuestros padres nos protegieron de personas potencialmente dañinas —y se suponía que nosotros no cruzáramos esas líneas divisorias.

Como persona adulta, tal vez no creas que estás rodeado de límites, pero sí lo estás. Las expectativas sociales son un ejemplo de ello. Algunas de estas expectativas son fundamentales, pero otras son más superficiales. Tú conoces la mayoría de estas regulaciones, aunque no pienses en ellas.

Por ejemplo, sabes que se supone que tienes que detener el auto frente a un letrero que dice PARE. También sabes que se supone que tomes la sopa con cuchara, no con las manos. El primer límite evita accidentes graves; el otro, sencillamente, señala el comportamiento correcto. Pero los dos son medios en que la sociedad moldea nuestro comportamiento para el beneficio de todos. (Llevarse una señal de PARE puede provocar un accidente mortal. Tomar la sopa con las manos no va a matar a nadie, pero te aseguro que va a molestar a tus compañeros de cena.)

En nuestras relaciones prestamos atención a los límites porque ellos nos ayudan a mantener el comportamiento que más corresponde a la cercanía o la lejanía que establecemos con cada persona que conocemos. Un ejemplo sencillo: se supone que les demos la mano a los asociados de negocios, pero es correcto abrazar a los parientes y posiblemente también a algunos amigos. Si abrazas a alguien en una reunión de negocios, quizás te busques un problema. Prestar atención a estos y otros límites nos ayuda a evitarnos problemas en nuestras relaciones.

## ¿CUÁLES SON LOS LÍMITES CORRECTOS?

Al iniciar relaciones, todos sabemos que hay algunas reglas básicas no escritas. Están reglas existen tanto en las relaciones con miembros de la familia como con amigos o personas que no pertenecen a nuestro círculo social más allegado. Y algunas de esas reglas tienen que ver con los límites.

Una gran cantidad de situaciones relativas a los límites tienen que ver con el respeto mutuo y con la relación. ¿Qué esperas de la otra persona? ¿Qué es aceptable? ¿Qué es inaceptable? Algunos límites son obvios y han sido aceptados por casi todo el mundo. Por ejemplo, la mayoría de las parejas definen su relación como un vínculo sexual exclusivo. La fidelidad se da como algo establecido. ¿Por qué? Pues porque está casi universalmente establecido que la relación sexual fuera del matrimonio daña la relación marital. Sin embargo, es posible, y hasta deseable, que cada cónyuge mantenga algunas relaciones que no son de naturaleza sexual. Por ejemplo, la esposa puede tener amigas o amigos en el trabajo o en la escuela, y estas relaciones pueden constituir para ella una importante fuente de apoyo emocional. El esposo podría tener el mismo tipo de amistades. Además, puede que los cónyuges tengan amistades comunes— otras parejas conocidas, amigas/os solteras/os con quienes tienen una buena amistad, etcétera. Los consejeros matrimoniales consideran que la mayoría de las parejas *se benefician* si tienen un círculo de amistades que les brinde apoyo. Si los cónyuges están de acuerdo, es conveniente que cada miembro de la pareja pase algún tiempo con sus amigas/os. La clave es que estas otras relaciones tengan la aprobación de cada cónyuge, que sean honestas, equilibradas y que sean capaces de mejorar el matrimonio y no de perjudicarlo.

Uno de los problemas mayores que noto en las parejas que se casan demasiado jóvenes es que tal vez sus miembros no han superado ciertas etapas de la vida, o actividades típicas de esas etapas. La esposa puede pensar, por ejemplo, que es normal ir a clubes nocturnos con sus amigas el sábado por la noche. Pues no lo es. Si estás casada, has comenzado una nueva relación—y si vas a un sitio como un club nocturno deberías estar en compañía de tu esposo, no de otra persona. O el marido tal vez crea que no hay nada de malo en irse de tragos con sus amigos a un bar para solteros un par de noches a la semana. Pues no es así. Ya él no es un estudiante universitario. No es un espíritu libre. En parte esta situación proviene de no saber cuál es la forma adecuada de socializar —que no es el caso cuando un hombre casado se divierte en un bar de solteros—, pero sobre todo se trata de entender la necesidad de concentrarse en el cónyuge como centro de tu vida. A veces la situación es muy evidente; a veces no lo es. Por ejemplo, pasarse la noche en un bar de solteros es inadmisible. Esta situación tiene demasiados detalles peligrosos para el bienestar de la pareja. Por el contrario, si el esposo se va a jugar golf de vez en cuando con sus amigos, parece una diversión buena y sana. Pero inclusive algo tan inocente como el golf pudiera violar el límite. ¿Cómo?

Bueno, si el esposo pasa tanto tiempo jugando golf con sus amigos que su esposa se siente aislada, abandonada y sola, entonces ya él ha ido demasiado lejos.

Es importante que tú y tu cónyuge se hagan a sí mismos, y también uno al otro, preguntas acerca de las numerosas situaciones que definen los límites en tu matrimonio—preguntas acerca del tiempo que pasan juntos, del equilibrio entre el trabajo y las actividades del hogar, la participación de los suegros, la participación de otros parientes, y otros temas. ¿Qué tipo de cercado vas a poner alrededor del área que quieres proteger de tu matrimonio? ¿Cómo creas los límites para ambos? Éstas son algunas de las preguntas que tú y tu pareja deberían hacerse y discutir para establecer los límites correctos:

- ¿Crees que todos los límites son absolutamente claros e inviolables, o que algunos de ellos son flexibles y discutibles?

- ¿Qué situaciones son absolutamente claras?

- ¿Cuáles son flexibles y discutibles?

- ¿Es aceptable que tú (o tu pareja) tenga amistad con un/a ex novio/a (es decir, en una relación platónica)?

- ¿Es aceptable que tú (o tu pareja) tenga amistades del sexo opuesto?

- ¿Cuándo deberías discutir los límites en éstas y otras situaciones, y cuándo deberías, sencillamente, darle la razón a tu pareja?

- Si necesitan discutir entre ustedes sobre este tema, ¿cómo lo harán (ustedes dos solos, con el consejo de un amigo, con la participación de un pastor o consejero, etcétera.)

- ¿Cómo responderás si uno de ustedes se enoja con respecto a una diferencia de opiniones sobre los límites (por ejemplo, si uno de los cónyuges cree que una cierta amistad es inaceptable, mientras que el otro piensa que esa amistad no debería considerarse problemática)?

∽ ¿Es lo más importante respetar los deseos de tu cónyuge, incluso si lo que él o ella prefiere es algo absurdo?

## ¿CÓMO ACLARAS LOS LÍMITES?

Los límites son tan importantes que tú y cónyuge deben aclararlos lo más posible. Sabemos que todos necesitamos una cierta cantidad de respeto y de espacio personal, pero no hacemos distinciones claras para definir cuánto espacio ni cuánto respeto. No establecemos claramente la *definición* de lo que esperamos de la otra persona. No definimos lo que sería malo para nosotros y lo que sería dañino para nuestra relación.

A todos nos resulta difícil aclarar los límites, sobre todo en una sociedad donde las costumbres y las expectativas cambian constantemente. Sin embargo, en muchas situaciones la incertidumbre respecto a los límites puede conducir a malentendidos, discrepancias o hasta conflictos. Ahora nuestra sociedad es mucho menos tradicional que antes, cuando las expectativas eran mucho más definidas. La interacciones sociales durante gran parte de la historia de Estados Unidos —y hasta el presente, en muchas partes del mundo— solían concentrarse en interacciones entre personas del mismo sexo basadas en el trabajo fuera del hogar (para los hombres) y dentro del ambiente doméstico (para las mujeres). Hoy día los hombres y las mujeres interactúan en muchas situaciones y a través de una extendida red de relaciones. Debido a esto es necesario que la pareja, para beneficio de ambos, aclare los límites.

También es cierto que los límites cambian y se desarrollan a medida que la relación cambia y se desarrolla. Eso es natural e inevitable. En la mayoría de los matrimonios hay muchos límites que se sobreentienden y que ni siquiera se discuten. (¿Cuántos cónyuges han discutido entre ellos sobre exactamente qué tipos de amistades extramaritales son aceptables?) Y no es raro que estos límites cambien hasta cierto punto con el paso del tiempo. Esto es lógico, y a menudo no crea problemas. Pero yo creo que si los límites cambian de una manera radical —y si se hacen menos definidos—, es necesario que los cónyuges se pongan de acuerdo acerca de la naturaleza y la profundidad de los cambios. Si no, la situación provocará mucha tensión. A la pareja no le conviene ignorar las reglas fundamentales que han establecido. Nada que aleje a los miembros de la pareja, que provoque desacuerdos, tensión, falta de tranquilidad o falta de estabilidad en el hogar, es bueno.

Esto nos trae de vuelta a los problemas de comunicación. Juntos, tú y tu cónyuge deberían aclarar enérgicamente —y con regularidad— sus límites. Deberían ayudarse mutuamente a entender qué cosas son buenas para ambos *individualmente* y *en pareja*, y también qué cosas no son tan buenas para ambos individualmente y en pareja. Con la experiencia y la madurez, empezarán a entender qué cosas pueden ayudarlos y qué cosas pueden separarlos.

Para que una relación sea sólida, debes dar dos pasos con respecto a los límites: primero, aclara tus límites; y segundo, protege los límites.

### ❖ *Paso 1:* ACLARA TUS LÍMITES

He aquí algunas preguntas que te ayudarán a aclarar tus límites:

- ¿Cuánta libertad necesito (para las actividades independientes, aficiones, actividades sociales, etc.)?

- ¿Cuánta libertad necesita mi cónyuge?

- ¿Cuánta es la cantidad adecuada de "descanso" para cada uno de nosotros?

- ¿Qué actividades podemos disfrutar juntos?

ꝏ  ¿Qué actividades podemos o deberíamos realizar por separado?

ꝏ  ¿De cuánto tiempo libre debería disponer un cónyuge para compartir con sus amigos/as?

ꝏ  ¿Cuáles son las expectativas que cada uno de nosotros tenemos respecto a los límites?

Al contestar y discutir estas preguntas, es importante distinguir entre situaciones *que fortalecen el matrimonio* y situaciones que *no fortalecen el matrimonio*. Si una relación o actividad extramarital fortalece la unidad del matrimonio, sabes que es sana, y los ayudará a largo plazo. Si una relación o actividad externa viola los límites de manera que *no* fortalece el matrimonio —o si lo debilita, lo agobia o causa tensión en el matrimonio—, entonces no se trata de una relación o actividad saludable. (Es cierto, algunas situaciones son neutrales. El caso que mencioné anteriormente —en el que un esposo juega al golf con sus amigos—, sería neutral si a la esposa no le importan sus salidas ocasionales; no tiene una influencia positiva ni negativa en el matrimonio. Pero si el hombre se va a jugar golf con tanta frecuencia que sus ausencias hacen que su mujer se sienta ofendida y sola, entonces esta misma actividad, aparentemente inofensiva, podría crear una situación negativa para el matrimonio.)

¿Cómo se determina cuál es cuál? Creo que es relativamente fácil. Cuando algo o alguien llega a tu relación y no es bienvenido, sabes que tienes un problema. A veces la situación consiste en una "intrusión" tradicional en el matrimonio. Por ejemplo, una esposa que dedica atención de índole romántica a una mujer que no es su esposa, tiene una relación que hará más mal que bien al matrimonio. Lo mismo sucede si la esposa tiene una relación romántica con un hombre que no es su esposo. Pero a veces la situación es difícil de definir.

Por ejemplo, Jonathan pasa muchas horas a la semana dedicado a un juego de fantasía a través de la Internet. Durante un tiempo, su esposa, Estela, se sentía tranquila al pensar que este juego de computadoras no era ilícito: su marido no visitaba sitios de pornografía ni de otros tipos que ella pudiera considerar muy ofensivos. Pero aun así, Jonathan mostraba muchísimo más interés en los orcos, elfos y guerreros que el que le dedicaba a su mujer en la vida real. El mundo de fantasía computarizada de Jonathan lo distraía, sacaba a su mujer de su centro de atención, hería los sentimientos de Estela y creaba tensión en el matrimonio.

Sólo tú y tu cónyuge pueden decidir qué actividades fortalecen tu relación y cuáles son dañinas. Tienen que conversar —y, sobre todo, tienen que escuchar— para aprender cómo se siente el otro o la otra. Si crees que una amistad que valoras o un pasatiempo es inofensivo, pero le produce a tu cónyuge sentimientos negativos, es necesario que tomes en cuenta seriamente esos sentimientos. Es esencial que examines la situación. Averigua qué es lo que molesta a tu cónyuge de lo que haces. ¿Qué provoca los sentimientos de tu cónyuge? ¿Es lo que tú haces (como pasar el tiempo con una amistad que hace que tu cónyuge se sienta amenazado/a)? ¿O es algo que tiene que ver con algo que le haya sucedido a tu cónyuge (como haber sido menospreciado/a o ignorado/a por sus padres, sus parejas anteriores, u otra persona)? Es de trascendental importancia llegar al punto clave de la cuestión.

¿Y qué sucede si tu pareja no se muestra razonable? Es una situación frustrante, pero un motivo de más para tratar de llegar al fondo del problema. Hablen, hablen y hablen aun más.

El siguiente es un ejemplo de lo anterior. Julio, un taquígrafo del tribunal, dedica los sábados a salir con un club local de ciclismo. Después de pasarse cinco días de cada semana encerrado en el tribunal de su ciudad, siente una gran necesidad de salir al aire libre y hacer un ejercicio agotador. Pero Anna, su esposa, se siente molesta de que Julio no se quede con ella en casa y prefiera salir. Durante meses las tensiones han ido aumentando debido a esto. Durante una fuerte discusión, Anna acusó a Julio de que no le prestaba atención, y por su parte Julio acusó a Anna de no comprender cuán desesperadamente él necesitaba "soltar un poco de vapor" después de su larga y aburrida semana de trabajo. La discusión condujo a un nuevo arreglo: Julio pasaría las mañanas de los sábados con sus amigos ciclistas; luego, él y Anna saldrían como siempre el sábado por la noche y pasarían juntos tranquilamente la mañana del domingo.

## ✤ *Paso 2:* PROTEGE TUS LÍMITES

Siempre les digo a las parejas que el matrimonio hace del hogar un templo. Tu hogar se convierte en un lugar sagrado, un sitio donde pueden cultivar y proteger lo más valioso de su vida en común: su amor mutuo, su intimidad, sus valores en general y sus valores morales, su futuro. Tienes que tener cuidado de lo que dejes entrar en tu hogar. Y cuando digo "cuidado", no quiero decir sólo tener cuidado de amenazas obvias, como personas desconocidas. También quiero decir tener cuidado de medios de difusión perturbadores (ciertos programas de televisión, vídeos o sitios Web) y personas perjudiciales ("amigos" manipuladores o malintencionados, relaciones inapropiadas). La nueva unidad familiar que ambos han establecido se expone a un daño si permites que influencias nocivas lleguen al lugar donde ustedes maduran como esposos y padres. Parientes, amigos, vecinos, colegas del trabajo y otras personas que ayudan a fomentar la unión entre tú y tu cónyuge —quienes fortalecen el amor entre ustedes— son bienvenidos a este lugar sagrado. Pero aquéllos que influyen negativamente en tu matrimonio —quienes limitan o dañan el amor entre tú y tu cónyuge— no deberían ser bienvenidos.

He aquí un ejemplo. Martín, que tiene veintiocho años de edad, se casó hace poco con Jacqueline, de veintisiete. Se aman profundamente y están encantados con su matrimonio. Pero Jacqueline se siente frustrada con las constantes visitas de Nick y Ernie, dos antiguos amigos de Martín. Los tipos no son mala gente, pero vienen con demasiada frecuencia, se quedan muchísimo tiempo y resulta irritante la forma en que influyen en Martín. Lo que casi siempre sucede es que Nick y Ernie llegan sin avisar, plantan un par de cajas de seis cervezas en la meseta de la cocina, abren unas cuantas latas, vacían el refrigerador, encienden el televisor y, alegremente, interrumpen cualquier cosa que estaba sucediendo en la vivienda. Jacqueline sabe que a Martín no le gusta mucho que estos tipos se instalen allí otra vez, pero no se decide a echarlos—después de todo, son amigos de la infancia. Y cuando Nick y Ernie empiezan a ver un juego de béisbol y a gritar, Martín se les une. Jacqueline se siente marginada e ignorada. ¿Hay algo inmoral en que su marido disfrute de la compañía de sus amigos? No. Pero Jacqueline tiene razón en pensar que estos visitantes sin invitación violan un cierto tipo de límite en su matrimonio. Martín debería ser más directo en proteger la privacidad de la pareja. No sería un problema que se reuniera con Nick y Ernie de vez en cuando, pero dejarles que invadan el hogar de los recién casados y que perturben la atención mutua entre la pareja pudiera, si se permite que continúe, dañar realmente este matrimonio.

Para esto es que existen los límites: para proteger el matrimonio de influencias externas que puedan debilitar, agotar o dañar el crecimiento y la intimidad de la pareja. Es correcto y es conveniente establecer límites. Pero, además, hay que protegerlos. Tienes que trazar una línea y decir, "Este espacio es nuestro", y entonces dejar entrar sólo a ciertas personas a tu refugio privado. Al seleccionar cuidadosamente a quienes dejas entrar, protegerás tus límites y cultivarás la intimidad y el respeto en tu relación.

¿De qué formas pueden proteger sus límites? Éstas son algunas sugerencias:

- **Sean justos.** Asegúrense de que sus límites se aplican a ustedes dos. Aplicar una ley para uno y para el otro no, tendrá resultados negativos y provocará resentimiento.

- **Confíen el uno en el otro.** Un espíritu de confianza mutua conducirá a más, no menos, respeto entre los cónyuges.

- **Estén alertas.** Al mismo tiempo, estén al tanto de cuando uno de los dos inconscientemente viola un límite—lo más probable es que sea a consecuencia de un juicio equivocado, pero aun así es un riesgo para la relación.

ᴥ **¡Comuníquense, comuníquense!** No hay nada mejor que la comunicación honesta y directa sobre estos temas.

En este capítulo hemos discutido la primacía del respeto y cómo los buenos límites ayudan a la pareja a establecerlo y conservarlo. Para algunos cónyuges el respeto mutuo es algo natural—son aquellos esposos y esposas que poseen una habilidad fácil y casi intuitiva para respetarse mutuamente. Otros tienen que aprender a respetarse y a practicar el respeto antes de comprender su importancia. Creo que todas las parejas, más tarde o más temprano, se tropiezan con algunos problemas de respeto, ya sea como resultado de malentendidos, de diferencias de temperamento, de la fatiga cotidiana, de las presiones externas o por otras influencias. Así que si tienes uno o más de estos problemas en tu relación, ¿qué deberías hacer para resolverlos?

De eso trataremos a continuación.

## Capítulo 5

# Cómo resolver los problemas de respeto

El respeto no es sólo una actitud, aunque tu actitud es una parte esencial de él. El respeto es también un *modus operandi*—una forma de proceder. Es las acciones que realizas y las palabras que dices. Es también lo que *no* haces y lo que *no* dices. Si dices exactamente lo que piensas cuando estás agotada/o o enojada/o, es fácil faltarle el respeto a tu cónyuge. Si te dejas llevar por cada impulso que sientes, es fácil ignorar la necesidad de respeto que tiene tu cónyuge. La impulsividad también puede conducir al abuso verbal, que sucede cuando un cónyuge es tan desgraciada/o consigo misma/o que se humilla voluntariamente y se deshonra ante el otro. En su punto más extremo, este tipo de cólera y desdicha afectiva puede conducir a la violencia doméstica. De hecho, la violencia doméstica es la mayor violación del respeto—alguien que daña físicamente a su pareja porque no puede controlar sus propios impulsos. Otra violación extrema del respeto ocurre cuando alguien se somete a un estado de adicción—ya sea a las drogas, al alcohol o a otra cosa. Por lo general esto lleva a perder el equilibrio, a perder de vista las prioridades, a perder el sentido del compromiso con el cónyuge. Así que eso, también, expresa una profunda falta de respeto.

Entonces, si el respeto supone no sólo *lo que ves*, sino también *lo que sientes*, ¿hay prácticas o hábitos que puedan ayudar a resolver los problemas de respeto? La respuesta es breve: ¡absolutamente! En realidad, existe todo tipo de técnicas para resolver los problemas de respeto. Veamos algunas de esas técnicas y cómo pueden contribuir a tu relación.

## *Tarea #1*
## Cuando se perturbe el respeto, vuelve a equilibrarlo

A veces ambos miembros de la pareja tienen la culpa de permitir que el respeto se deteriore. Pero a menudo hay un desequilibrio de comportamiento . . . y puede que un cónyuge tenga más culpa que el otro. Por ejemplo, conozco a un esposo que habitualmente trata a su mujer de una forma autoritaria y degradante, casi como si ella fuera su doncella personal y no su compañera en la vida. Él no solía comportarse así antes, pero por alguna razón el respeto que sentía por su esposa, una mujer cariñosa y que lo apoya, ha disminuido con los años hasta llegar a este deplorable estado. Otro ejemplo es Sally, quien solía tratar a su esposo con respeto, pero ahora lo molesta con frecuencia, lo critica constantemente y lo menosprecia en público. ¿Por qué? Es difícil de decir. Pero estos dos matrimonios tienen obvios problemas como resultado de un desequilibrio del respeto.

Respecto a éstos y otros casos parecidos, quiero aclarar de inmediato que ese comportamiento es inapropiado. Las expresiones de falta de respeto, de desprecio y de impaciencia violan aquello que se supone que sea el matrimonio. Una pareja cuyo respeto mutuo se ha deteriorado debería enfrentar junta la situación y entender lo que está sucediendo. Si no se modifica esta clase de comportamiento, se seguirá lastimando al cónyuge y se llegará a dañar el matrimonio. Por eso es que hay que tomar una decisión para cambiar. Tal vez haya que recurrir a la ayuda externa, como es la terapia de orientación sicológica. Quizás se necesite algún tipo de programa de tratamiento si hay problemas de alcoholismo, abuso de drogas u otras adicciones.

## SI TÚ ERES LA VÍCTIMA

Debido precisamente a que la falta de respeto es un patrón de comportamiento que se desarrolla con el tiempo, puede que ni siquiera estés totalmente consciente de lo que sucede. Por tanto, el primer paso para lidiar con la falta de respeto es reconocer que existe. He aquí algunas de las formas más comunes de falta de respeto en un matrimonio:

- **Irritabilidad crónica**—comportamiento brusco, malhumorado o desdeñoso

- **Estereotipar a la otra persona**, sobre todo mediante clichés sexuales—"¡Todos los hombres son iguales!"; "¡Actúas como todas las mujeres!"

- **Comportamiento condescendiente o despectivo**—tratar al cónyuge como a un/a niño/a y no como a una pareja adulta

- **"Estrategias" verbales hostiles o dominantes**—uso manipulador de las palabras o del "tratamiento de silencio"

- **Abuso verbal**—insultos, amenazas o acusaciones

- **Abuso físico de cualquier tipo**—golpes, bofetones o dominación sexual (incluida la violación marital, por supuesto, pero también la exigencia de cualquier acto sexual a un cónyuge que no quiere hacerlo o que no está interesada/o en hacerlo)

Si eres víctima de cualquiera de estos comportamientos por parte de tu cónyuge, no hay dudas de que existe un desequilibrio en tu matrimonio. Debes confrontar la situación lo más pronto posible y, si es necesario, buscar ayuda externa. Ignorar estos tipos de falta de respeto no va a hacer que desaparezcan; por el contrario, ignorarla probablemente conducirá a que empeoren a largo plazo. También es importante reconocer que el cónyuge que falta al respeto es el principal responsable de lo que sucede. Por ejemplo, algunas mujeres tienden a pensar que el tratamiento irrespetuoso que reciben en su matrimonio es parte, o en su totalidad, culpa de ellas ("Si yo no fuera tan exigente, él no gritaría tanto"). Pero es erróneo adoptar esta actitud de autorreproche. Cada cónyuge tiene el derecho de que la/lo traten dignamente, con respeto y amabilidad. Aunque tú y tu cónyuge van a tener que resolver sus problemas en pareja, nada justifica que un esposo o una esposa degrade, menosprecie, amenace o abuse de su compañera o compañero. Mi recomendación: acepta el hecho de que existe un problema, busca ayuda externa si te es posible y enfrenta tus dificultades lo más pronto que puedas y con la mayor determinación de que seas capaz.

### ¿Y SI NO ERES TÚ LA VÍCTIMA?

Resulta difícil admitir que tú misma/o puedas estar faltándole el respeto a tu cónyuge. Primero, porque la falta de respeto es a menudo una costumbre, y por ello se convierte en parte de tu comportamiento cotidiano minuto a minuto, lo que hace posible que uno, como se dice, "viva en el pueblo y no vea las casas". Segundo, porque es penoso, y hasta puede resultar un peligro para tu estado mental, darse cuenta de que tu comportamiento le está causando daño a otra persona. Tercero, porque admitir que le faltas el respeto a tu cónyuge significa que tendrás que cambiar—y todo cambio es un reto. Entonces, ¿cómo resuelves este problema si tú misma/o estás atrapada/o en él?

El primer paso es reconocer lo que sucede. Lee toda la lista de comportamientos irrespetuosos que te di. ¿Ves tus propias actitudes y acciones reflejadas en esa lista? Si es así, no ganarás nada —y perderás mucho—

con ignorar la situación. Por el contrario, puede que haga un daño ir-reparable a tu matrimonio y que te arriesgues a perder una relación muy valiosa. Mucho mejor es admitir que, por alguna razón, te has descarri-ado, y tomar la resolución de enfrentar el problema y cambiar tu actitud y tu comportamiento.

Lo otro que hay que hacer es dar pasos específicos para rectificar la situación. Lo más pronto posible, habla francamente con tu cónyuge sobre lo que está pasando. Aunque los hábitos de comportamiento no se pueden cambiar de la noche a la mañana, puedes decidirte a comenzar. Si es necesario, solicita la ayuda de un miembro del clero, de un terapeuta de parejas o de un consejero psicológico que te ayude a entender mejor las cosas y que te proporcione las "herramientas" específicas que te ayu-darán a recobrar el respeto y a aprender mejores formas de comunicación.

## Tarea #2
### Expresa tu aprecio

Muchísimos cónyuges ni siquiera se dan cuenta de que el otro o la otra existe. Bueno, yo sé que se ven mutuamente en el sentido visual. Pero, ¿de verdad que *se ven*? ¿"Verse" en el sentido de apreciarse mutuamente? Con mucha frecuencia no lo hacen

Te sugiero que mires a tu alrededor. Abre los ojos. Mira detenida-mente tu realidad. ¿Quién gana el dinero que te mantiene? ¿Quién te cuida cuando estás enferma/o? ¿Quién te cocina la comida? ¿Quién limpia la casa? ¿Quién friega los platos y se ocupa en tu lugar de las cosas de la casa? Luego de ver todo esto, ¿has apreciado realmente a tu cónyuge? ¿O te has mostrado un poquito descuidada/o—un poquito de-sagradecida/o? Abre los ojos y mira todo lo bueno que tienes a tu alrede-dor y todo el amor que has recibido.

Está bien, admito que reconocer lo que vale tu cónyuge no conduce automáticamente a un cambio instantáneo y total. No es que te despiertes una mañana y digas, "Caramba, de verdad que lo/la aprecio". El aprecio es una tarea en la que hay que trabajar. Tienes que tratar de entender el aporte de tu cónyuge al matrimonio y a la familia. Pero eres tú quien tiene que tomar esa decisión. ¡Te insto a que la tomes!

¿Cómo? En parte *expresando* tú aprecio. Quienes tienen matrimonios felices a menudo tratan de expresar su aprecio de formas que hagan sentir bien a su pareja. A veces estas expresiones no son más que gestos muy sencillos. A veces se trata solamente de ofrecer un cumplido. A veces significa dar las gracias por las tareas cotidianas que realiza la otra persona— como cocinar una comida, hacer un mandado, llamar por teléfono. Significa no tomar a tu compañero/a a la ligera.

Una tarea importante es prestar atención a lo que necesita el cónyuge para sentirse apreciado/a. Quizás en tu mente aprecias a tu cónyuge, pero no expresas ese aprecio directamente. No "dices lo que hay que decir". Entonces, ¿qué deberías hacer? Es necesario que de algún modo u otro aprendas formas de decir palabras estimulantes que expresen tu apoyo. Conozco muchas parejas que, al lidiar con este problema, han aprendido las habilidades básicas de prestar atención a las necesidades afectivas de la otra persona.

## Tarea #3
### Contrarresta la "sequedad" afectiva y espiritual

Hay ocasiones en que la gente pierde capacidad de mostrar aprecio cuando se "secan" afectiva y espiritualmente. Pasan por un período de sequía, de vacío, y se olvidan de ver y disfrutar de todo lo bueno que hay en sus vidas. El consecuente estado de sequedad afectiva y espiritual puede crear sentimientos de depresión, desesperación o falta de ánimo, lo que a su vez puede dar lugar a que algunas personas se alejen de las actividades y de los demás. Si percibes una sequedad en tus emociones,

¿cómo puedes combatirla? ¿Cómo puedes contrarrestar la forma en que este estado mental afecta tu relación?

La mayoría de las veces, lo que ha ocurrido es que te sientes mal internamente porque crees que lo que debería haber ocurrido externamente *no* ha sucedido. Tal vez has tenido frustraciones en el trabajo. Tal vez tienes conflictos con tu familia de origen. Tal vez tienes problemas de salud. Tal vez no sientes que tu matrimonio mismo es satisfactorio. Quizás piensas que nadie te ha demostrado su reconocimiento desde hace tiempo. Quizás te preguntas si eres una buena persona, o puede que sientas que tu cónyuge no te aprecia. Puede que sea un problema básico de comunicación. Posiblemente el problema es más grave que todo lo que dije antes.

Esto es lo que sugiero con respecto a la sequedad afectiva y espiritual: tienes que encontrar algo que te sustente. Igual que la sed física significa que necesitas agua, la sed de estos otros tipos significa que necesitas algo que te llene nuevamente de sustento. Tal vez eso consiste en buscar ese sustento en tu relación y pasar más tiempo juntos o con menos tensiones (pueden dedicar un tiempo a relajarse, a recrearse o a otras actividades que promueven la tranquilidad). Tal vez es cuestión buscar el consejo de una persona sabia y confiable, del tipo que mencioné en el Capítulo 2: un consejero, un terapeuta, un sacerdote, un ministro, un rabino, un amigo, un pariente o un compañero de trabajo. De cualquier modo, te insto a que busques la ayuda de una persona sagaz y que no intentes ir por la vida en ese estado de vacío. Si lo haces, te perjudicarás—y perjudicarás también tu relación.

Tú puedes contrarrestar el problema de la sequedad afectiva y espiritual por otros medios. Sentirse vacío es un riesgo que, tarde o temprano, todos corremos. No ignores el problema—busca algún tipo de remedio para lo que te angustia. ¿Cómo? He aquí una breve lista de respuestas a esta situación que pueden ayudarte a encontrar consuelo y a llenar tu vacío.

∽ **Lleva un diario para examinar tus pensamientos y sentimientos.** Un diario puede ser un buen medio para dar rienda suelta a tus emociones y desahogarte de tensiones. Es económico, seguro e inofensivo para contigo misma/o y para los demás. No censures nada, sobre todo los sucesos y los sentimientos que te hacen sentir mal. Todo lo que tienes que hacer es "verter tu alma" en el papel.

∽ **Oye música, canta o toca tu instrumento favorito.** Durante miles de años, los seres humanos han expresado sus emociones —placer, temor, nostalgia y dolor— a través de la música. No importa qué tipo de música te gusta, ella puede ser una fuente de enorme alivio y liberación.

∽ **Practica algún otro arte.** El arte puede ser un medio maravilloso para expresar tus emociones. No tienes que ser un Rembrandt o un Picasso para experimentar algo que valga la pena.

∽ **Lee.** Poesías, novelas, biografías y libros devocionales pueden ofrecerte ideas, inspiración, distracción y placer, todo lo cual puede alimentar tu mente y tu alma.

∽ **Busca consuelo en la espiritualidad.** Las oraciones, la meditación y los rituales litúrgicos de tu religión pueden convertirse en un manantial que sacie tu sed.

∽ **Date un poco de amor y ternura.** Las satisfacciones afectivas y de los sentidos pueden recargar tus baterías. Vete a ver una película. Date un baño prolongado en lugar de una ducha rápida. Busca otras formas de darte gusto de una manera fácil, segura y asequible a tus medios.

∽ **Haz un poco de ejercicio.** Si te sientes vacía/o, con frecuencia hacer ejercicios te proporciona energía en vez de agotarte más. Practica un deporte que te guste. Corre o nada. Sale a caminar.

Casi cualquier tipo de ejercicio placentero puede recargar tus baterías.

◦ **Busca consuelo en la naturaleza.** ¡Disfruta del aire libre! Muchas personas hallan consuelo en el mundo natural—ante la presencia de la vida salvaje, del viento en los árboles, del juego de las luces y las sombras, de las nubes en el cielo, del cambio de las estaciones.

## *Tarea #4*
## Ocúpate de los conflictos de tu relación

Quisiera poder decirte que los cónyuges siempre se esfuerzan por respetarse mutuamente. Quisiera poder decir que las parejas mantienen los límites necesarios, y que esos límites hacen que sus relaciones sean exitosas y significativas. Por desgracia, no siempre sucede así. Un montón de esposos y esposas *no* ponen todo su esfuerzo en ello, y surgen muchos problemas debido a que las parejas ignoran los límites necesarios o no los mantienen. ¿Qué sucede entonces? Bueno, pues que cuando los cónyuges no definen bien sus prioridades y se ignoran los aspectos más importantes de la vida, más tarde o más temprano van a tener conflictos.

Por supuesto que hay diferentes tipos de conflictos. Están las presiones externas que pueden inmiscuirse en tu relación, y están también las presiones, las actitudes y los comportamientos internos que, si no se vigilan, pueden dañar tu matrimonio.

Comencemos con las presiones externas: problemas con los suegros; con amistades inapropiadas; con las finanzas; con cambios temporales, como un nuevo empleo o el traslado a otra ciudad. Estos eventos son relativamente temporales—sucesos que disminuirán o se terminarán (incluso si a veces piensas que no tendrán fin). Podemos aprender a lidiar con problemas como ésos. Ésas son las pequeñas batallas, no las grandes. Por lo general tenemos que concentrarnos en las soluciones a corto plazo, tales como adaptarse a un empleo o sobrellevar a una suegra. Al hacerlo, se alivia la presión y disminuye el conflicto marital. Además, es bueno saber que tu cónyuge y tú no están enfrentados entre ustedes; los dos están tratando de resolver el mismo problema. Si pueden luchar juntos en un frente unido (por ejemplo, ayudándose mutuamente a adaptarse al traslado a otra ciudad o al comienzo en un nuevo empleo), acelerarán el proceso de superar la situación que enfrentan.

En comparación, las presiones internas pueden convertirse en grandes batallas. Ejemplos de ello son los cambios de actitud que impulsan a un cónyuge a decir, "Ya no te amo", "No siento por ti lo mismo que antes", "No sé si deberíamos seguir juntos" o "Me he enamorado de otra persona". En muchos casos, frases como éstas —que reflejan cambios trascendentales en el afecto de un cónyuge— son el resultado de que los cónyuges se hayan ido alejando entre sí a medida que ha pasado el tiempo (como cuando pierden poco a poco el sentido de las cosas que los unen) o de una ruptura más súbita entre ambos (como cuando uno de los dos es sorprendido en una aventura adúltera). Las presiones internas más fuertes provienen, según he observado, de la infidelidad. Sin embargo, hasta problemas que parecen menos serios que el adulterio pueden conducir a presiones internas muy dañinas luego de un tiempo. Un ejemplo de esta situación es el marido que deja la ropa sucia tirada por toda la casa, y que se niega a compartir las tareas domésticas. ¿Es este tipo de desconsideración tan mala como la infidelidad? Claro que no. Pero en ciertas circunstancias puede hacer un daño enorme al matrimonio. Estos comportamientos en sí mismos no constituyen el problema esencial, sino que es la interpretación que hace la esposa de estos comportamientos lo que crea las dañinas presiones internas. La ropa sucia en el piso tal vez represente para ella una falta de respeto del esposo hacia sus esfuerzos diarios por mantener la casa limpia. Negarse a compartir las tareas domésticas puede ser un símbolo de egoísmo y falta de consideración. El resultado: poderosas fuerza negativas que conducen a una "guerra" marital. Y una pareja no puede avanzar hasta que encaren los problemas que los están llevando a un conflicto. Tienen que ocuparse de eso; tienen que pasar por un complejo proceso para entender lo que está sucediendo en sus vidas—qué sentimientos son reales y cuáles son ilusorios.

Para enfrentar los conflictos en una relación, lo primero que tienes que hacer es aceptar dos realidades: primero, la realidad de que *sí habrá* conflictos, y segundo, la realidad de que hay medios para resolverlos. Algunos de estos medios para resolver los conflictos requieren utilizar habilidades básicas: comunicación, paciencia y compasión. Pero en cualquier caso, esforzarse para solucionar estos conflictos significa pasar por un proceso.

Para los problemas relativamente menores, tú y tu cónyuge pueden efectuar solos el proceso de solucionar los conflictos. Pueden discutir sus diferencias, hallar asuntos en los que puedan estar de acuerdo o en desacuerdo y llegar a un compromiso. Más adelante en este capítulo brindaré algunos recursos para aprender cómo discutir y llegar a un compromiso.

Sin embargo, realmente no se pueden resolver problemas maritales serios sin la ayuda de una orientación profesional. ¿Por qué? Pues porque las parejas no tienen una perspectiva imparcial de la situación cuando están en medio de ella. Además, muy pocas parejas hoy día tienen las habilidades para resolver de verdad una crisis grave sin el apoyo de otra persona ajena a la pareja que esté entrenada para ayudarlos a analizar problemas, trabajar con ellos y resolver los conflictos. La orientación de las parejas resulta efectiva debido en parte a que proporciona estrategias probadas y "herramientas" para ayudar a sanar las heridas de la pareja.

Entiendo que muchas parejas se resisten a la idea de ese tipo de orientación. En especial los hombres, a menudo se muestran renuentes a aceptar la necesidad de la ayuda profesional. Alrededor de un noventa y cinco por ciento de las mujeres están más dispuestas a la orientación marital que los hombres. Muchos hombres dicen: "No quiero que un cura, ni un sicólogo ni un terapeuta me diga lo que tengo que hacer", o "¿Qué sabe un terapeuta de mi problema?" Comprendo de dónde proviene esta actitud: del orgullo masculino. No están dispuestos a aceptar un proceso que muchos hombres podrían interpretar como una debilidad. La mayoría de ellos sienten que ya tienen el control de la situación: "Dicen que me van a ayudar, pero no van a decirme nada que yo no sepa ya".

Ésta es una actitud desacertada. ¡Es el equivalente sicológico y marital de negarse a preguntar cómo se llega a un lugar! Por desgracia, es sumamente común. La realidad es que todos podemos beneficiarnos con las ideas, la inspiración y las percepciones objetivas de los demás. Todos necesitamos apoyo en algún momento de nuestras vidas. Permíteme ofrecerte esta comparación: ¿si estuvieras enfermo del corazón, dirías, "Está bien, mi corazón no funciona bien, pero no voy a ir a ver a un cardiólogo—voy a enfrentar este problema yo solo"? Naturalmente que no. Irías a ver a un experto. Averiguarías qué tipo de problema cardiaco tienes. Aceptarías la necesidad de tener un diagnóstico profesional y un tratamiento médico adecuado. Tú no puedes tratar de resolver tú solo una enfermedad del corazón. La verdad es que también los matrimonios pueden llegar a tener problemas del corazón—trastornos que pueden ser dañinos, y hasta mortales, si no se les presta atención. Puedes sentir la tentación de ignorar los síntomas, pero aparentar que no hay problema enfermará tu relación . . . y tal vez liquide tu matrimonio.

## Tarea #5
### Aprender a "negociar"

Otra habilidad que considero esencial cuando se trata de resolver un conflicto es la "negociación."

Cuando pensamos en negociaciones, casi siempre pensamos en lo que sucede en el sector de los negocios. Pero la negociación es realmente una parte esencial de todas las relaciones humanas. Todos somos diferentes, ¿verdad? Todos tenemos percepciones diferentes de la realidad. Tenemos a nuestra disposición una enorme variedad de enfoques para resolver los dilemas que se nos presentan en la vida diaria. Como consecuencia, la negociación es una de las habilidades más importantes que puedes aprender y practicar en tus relaciones, incluida —especialmente— tu relación de pareja.

Aprender a negociar es también una buena forma de practicar el intercambio típico de la comunicación: yo te escucho y trato de comprender tus necesidades, y tú me escuchas y tratas de entender las mías. Esto es muy importante en todas las relaciones, pero sobre todo si crees que estás atravesando una situación conflictiva. No hay razón para que una persona tenga que perder y la otra tenga que ganar. ¡Las relaciones no son un deporte competitivo! Si puedes aprender el valor de la negociación, te es mucho más fácil crear una situación en la que todos salen ganando.

Mi función como pastor, así como mi trabajo en mis programas de televisión y radio, con frecuencia incluye ayudar a las parejas con sus problemas de negociación. Ésta es una situación que observo a menudo: Una pareja viene a verme en busca de ayuda. Llevan dos, cinco, diez años de casados—no importa. Son buenas personas, muy cariñosas, pero notan que ya comienzan a surgir muchas pequeñas diferencias. Así que una de las preguntas que estas parejas me hacen frecuentemente es si sus problemas son conflictos independientes que ellos pueden resolver uno por uno; o si esas dificultades reflejan un alejamiento mutuo mayor y más grave—un cambio más total de sus actitudes. El marido presenta su lista de preocupaciones, y la mujer trae la de ella. Obviamente, los esposos tienen puntos de vista distintos. Él cree que algunas de las quejas de ella no tienen tanta importancia, y ella considera que las quejas de él no son tan serias. Pero, sea lo que sea, algo está causando conflictos entre ellos.

En un caso como éste, he aquí lo que le pregunto a la pareja:

∽ ¿Están dispuestos a cambiar?

∽ ¿O no van a variar sus actitudes de ninguna manera?

∾ ¿Están dispuestos a cambiar los comportamientos que realmente frustran al cónyuge?

∾ ¿Están dispuestos a lograr que los conflictos se resuelvan?

∾ ¿Están dispuestos a hacer todo lo humanamente posible para lograr que su matrimonio sea lo que debe ser: una relación vivificadora y amorosa donde la felicidad no es inalcanzable, sino un estado en el que ambos pueden vivir?

A veces los cónyuges responden de una manera que sugiere que la relación ha llegado a un punto muerto, pero a menudo las preguntas pueden ayudarlos a encontrar ideas en común y resolver sus diferencias. Si ustedes enfrentan conflictos de este tipo, los insto a que se hagan estas mismas preguntas a sí mismos, y que usen las respuestas para poder restablecer una conexión entre ambos.

Cuando una pareja viene a pedirme ayuda, les digo, "Vamos a ver, ¿cómo se enfrentan a este problema y cómo afecta su relación? Me dicen que se quieren, ¿verdad? Desean estar juntos. Bueno, si se aman mutuamente y quieren seguir juntos, tienen que llegar a un acuerdo para poner a un lado mucho de lo que los molesta. Tienen que negociar. Tienen que ponerse de acuerdo en que van a permitir la presencia de algunas cosas en sus vidas, pero van a excluir otras. Tienen que aprender a ponerse de acuerdo en eso y a apoyarse el uno al otro respecto a esta cuestión".

¿Difícil? Claro que sí. ¿Un proceso agotador? Casi siempre lo es. Para llegar a un resultado en el que el los dos salgan ganando, ambos cónyuges tienen que sacrificar algo. O, si no, tienen que comprometerse a desarrollar nuevas habilidades (como aprender a comunicarse con franqueza) y a perfeccionar juntos esas habilidades. Sea lo que sea, ambos tienen que estar de acuerdo en que si desean que el matrimonio sobreviva y prospere, tienen que enfrentar juntos los problemas. Si se aman, no pueden permitir que nada ni nadie destruya lo que han construido. Y es ahí donde entra en juego la negociación.

Es necesario que repita lo que dije anteriormente: ¡la negociación no se trata de que gane uno de los dos! La negociación consiste en entender que ambos ganan si funcionan al unísono. Por desgracia, el medio ambiente en que vivimos tiende a ver muchos compromisos y negociaciones como situaciones en las que uno gana y el otro pierde. Es cierto que jamás se logra una negociación sin sacrificar algo. Pero a largo plazo, se aseguran un futuro feliz. Ponen a un lado algo que pueden pensar que es muy importante para poder desarrollar una relación fundamental en sus vidas. La habilidad de negociar es lo que les permite forjar un matrimonio sólido con el paso de los años.

## *Tarea #6*
## Comprende las consecuencias de no negociar

Uno de los problemas que veo es que muchas parejas se acostumbran a ser infelices en su matrimonio. Sencillamente, aceptan su infelicidad como algo dado—como un estado de ser que es inevitable. Y la gente tiene la costumbre de decir: "Bueno, mi matrimonio no es lo que debería ser, pero así son las cosas". Sin embargo, esa conformidad da pie a todo tipo de situaciones dañinas. Si eres infeliz en tu matrimonio, abres la puerta a la posibilidad de irte a buscar la felicidad en otra parte, de buscar la intimidad en relaciones que no son tan prometedoras como el matrimonio: la comunicación con otras personas a través de la Internet, y hasta la infidelidad. Tratas de llenar el vacío que sientes.

¿Estás lista/o y dispuesta/o para hacer lo que sea necesario para cambiar tu matrimonio? ¿Está tú cónyuge también listo/a y dispuesto/a? Si uno de ustedes o los dos responden "no", casi no importan cuán grandes o pequeños sean sus problemas. Si no están dispuestos a cambiar y aceptar sus diferencias, si no están dispuestos a comprometerse y negociar, es muy poco probable que lleguen a alcanzar un consenso como pareja.

A decir verdad, yo afirmaría que muchas parejas buscan excusas para terminar sus matrimonios. Están más interesadas en escabullirse del matrimonio que de resolverlo. Si dedicas a la crisis más energía de la que dedicas a la solución, siempre vas tener un problema. Y muchísimas parejas dedican más energía a gritar y a pelear acerca de la crisis que á tratar de solucionarla. Muchas parejas también ponen demasiada energía en acusarse: "¡Él es el problema—no yo!", o "Ella es la que tiene el problema—no soy yo!" Pero la verdad es ésta: cuando estás casada/o, todo lo que sucede entre ustedes se convierte en un problema de *ambos*. Es una propiedad en común. No puedes, sencillamente, echarle la culpa a tu cónyuge y lavarte las manos respecto a toda la situación.

Mi firme recomendación: comprendan las numerosas y negativas consecuencias de no negociar. Es cierto, negociar no es fácil. Pero tampoco lo es pasar por el sufrimiento de un matrimonio infeliz—o ver cómo tu matrimonio se desmorona.

## *Tarea #7*
## Evita o lidia con el abuso

Si en un matrimonio hay abuso físico, entonces el respeto ha caído tan bajo que no sólo ha disminuido—ha desaparecido por completo. Es una situación espantosa. En primer lugar, ningún cónyuge debería ser víctima de abuso. Segundo, el abuso físico es un síntoma de profundos problemas afectivos en el matrimonio. En una situación como ésta, ¿qué se debería hacer? ¿Ya no tiene remedio el matrimonio?

Christina y Rob, por ejemplo, han batallado mucho con estas preguntas. Si se mira de cierta forma, podría decirse que se aman. Disfrutan juntos de numerosas actividades; tienen una apasionada vida amorosa; y ambos son padres dedicados. Pero por razones que ninguno de los dos puede entender, las frustraciones que Rob siente ante ciertos aspectos de la vida a veces estallan en forma de una cólera salvaje y caótica. Le dan lo que Christina llama berrinches, y a veces arremete contra ella—le grita, la insulta, la amenaza con golpearla, y hasta llega a pegarle. Christina se aterroriza cuando su esposo cae en uno de esos estados de profunda alteración. Rob parece transformarse en una persona completamente diferente, un hombre capaz de cualquier cosa. Entonces, cuando se le termina el "berrinche", Rob parece despertar de un estado mental de perturbación. Se da cuenta de lo que ha hecho, se echa a llorar y pide perdón. Promete que nunca va a volver a lastimarla. Sin embargo, más tarde o más temprano, le da otro berrinche y se repite la situación. Ambos cónyuges están confundidos y asustados acerca de todo esto.

Como sugiere el dilema de esta pareja, hay que hacer un esfuerzo enorme e intenso para enfrentarse al abuso marital. No es una tarea que se debe emprender sola/o. Si te encuentras en esta situación —y si tú y tu pareja están dispuestos a hallar una salida a sus problemas—, es necesario que soliciten la ayuda de un buen terapeuta matrimonial. Tienen que pasar por el proceso que permitirá detectar qué ha fallado en su matrimonio y cómo enfrentar los problemas. ¿Cómo llegaron a este punto muerto? ¿Qué sucedió que creó una atmósfera en la que uno de los cónyuges o ambos se expresan mediante la violencia física? ¿Qué pueden hacer para volver a interactuar de una manera más respetuosa? Para contestar éstas y otras preguntas tal vez sean necesarias una serie de sesiones de terapia antes de que puedan determinar cuáles deberían ser los próximos pasos a dar.

Algunas parejas se resisten a este proceso. Cuando planteo la necesidad de ayuda terapéutica, la mayoría de la gente ve subir una bandera roja de peligro que dice *Divorcio*. Los cónyuges empiezan a imaginarse cómo serían sus vidas si dan este paso, y lo que se imaginan los llena de ansiedad. Eso se entiende, pero es una pena que suceda. ¿No sería más lógico imaginarse cómo sería la vida si empezaran a *resolver* algunos de estos problemas? Eso es más fácil y menos traumático que el divorcio. En realidad, muchos problemas maritales tienen solución. Es verdad que ciertos tipos de daños causados a un matrimonio son irreparables. Pero en la mayoría de las situaciones hay suficiente buena voluntad y amor para guiarlos hacia una solución más positiva. Quedan suficientes sentimientos buenos en los corazones de ambos cónyuges que los impulsan a permanecer unidos. Estas emociones e intenciones positivas harán posible un proceso de orientación o terapéutico que permitirá que los miembros de la pareja adquieran los medios y las habilidades que necesitan para solucionar los conflictos de la relación.

A veces las situaciones drásticas exigen remedios drásticos. En ocasiones el cónyuge abusador necesita un "tratamiento de impacto" matrimonial. No me refiero a *electroshocks*, por supuesto. Más bien me refiero a una separación temporal, una amenaza de divorcio, un ultimátum para cambiar el comportamiento o, sencillamente, una simple declaración en la que un miembro de la pareja le diga al otro: "No podemos vivir juntos hasta que dejes de conducirte como lo haces". Entonces, la decisión depende de la otra persona.

Si enfrentas esta clase de situación extrema, no esperes una solución inmediata; sin embargo, estas medidas pueden servir como un llamado de alerta que haga que el cónyuge abusador entienda la necesidad de cambiar y tomar acción. Desafortunadamente, hay ocasiones en las que estos métodos no funcionan en absoluto. Puede que no sólo necesites *amenazar* con separarte, sino separarte de verdad. ¡No continúes una relación en la cual tu salud, tu seguridad y tu vida misma puedan estar en peligro! Nunca se sabe qué puede pasar en un matrimonio donde hay abuso físico. A veces la persona abusadora enfrentará su otro problema, buscará ayuda y cambiará. Pero si la falta de respeto y el abuso siguen —y si el cónyuge abusador no parece tener intenciones de solucionar los problemas—, es hora de que la pareja ponga en duda la posibilidad de que su matrimonio continúe. Si la persona abusadora asegura que tiene deseos de cambiar, pero no da los pasos necesarios, sugiero que su compañera/o se separe de él/ella hasta que haya una señal evidente de que ha mejorado. No esperes confiada/o en un cambio si esa espera te pone en peligro a ti o a tus hijos.

## Tarea #8
### Practica el perdón

Sin perdonar, es imposible tener una buena relación. Y creo que aprendemos a perdonar únicamente *practicando* el perdón. Y tarde o temprano vas a tener que aprender a hacerlo. Si quieres tener una relación exitosa, no hay otra manera de lograrlo.

Por desgracia, muchas personas se niegan a perdonar a los demás. Esta resistencia no es un reflejo de dureza o frialdad; más bien, me parece que los seres humanos que no pueden perdonar a los demás lo hacen porque ellos mismos no se han sentido perdonados. Tal vez sus padres los criticaban cuando se equivocaban—o, peor aun, los castigaban, se burlaban de ellos o no les dirigían la palabra como castigo. Lamentablemente, esto que describo es una situación común en muchas familias. Otras familias fomentan una atmósfera en la cual los hijos crecen con la idea de que el conflicto no es ambiente para hallar soluciones y perdonar a los demás, sino más bien un campo de batalla en el que sólo importa ganar— y donde siempre hay un ganador indiscutible y un perdedor evidente. En estas circunstancias, conceptos como el perdón, los puntos en común y la negociación son totalmente ajenos. Y es imposible entender que el perdón es una virtud si no puedes desvincular el perdón del ganar o perder una batalla o una competencia.

Si de niña/o o adolescente no recibiste una buena cantidad de perdón, tendrás que esforzarte más para practicarlo de adulta/o. He aquí una verdad: el perdón no tiene nada que ver con la competencia. El perdón ni siquiera tiene que tener razón o no tenerla. El perdón consiste en ser capaz de decir, "Te perdono porque el amor que siento por ti es más grande que cualquier otra cosa". Por eso es que yo creo que el perdón es mucho más que una cualidad meramente humana. Como dijo el poeta Alexander Pope, "Equivocarse es humano; perdonar, divino". Si desde una perspectiva espiritual puedes entender que Dios es misericordioso y lo perdona todo, y si eres capaz de sentir en tu vida la salvación y el perdón de Dios, probablemente podrás ver cómo esto se aplica a tu vida matrimonial, y estarás dispuesta/o a perdonar como una manera de seguir adelante con tu existencia. Perdonar a tu cónyuge es una forma de aprender a vivir bien juntos.

Así que si tienes problemas para perdonar, ¿qué puedes hacer? ¿Deberías obligarte a pronunciar las palabras "te perdono", con la esperanza de que eso siente un nuevo precedente de conducta? ¿Cómo puedes iniciar este proceso? A continuación, algunos pasos que recomiendo:

### ❖ *Paso 1:* ENFRENTA LA SITUACIÓN

En los tipos de situaciones que describo, tú y tu cónyuge están sufriendo por lo que ha sucedido. Pero si no puedes perdonar, vas a seguir sufriendo—y el dolor puede ser aun mayor. Por tanto, el primer paso para resolver el problema es reconocer que te encuentras en un aprieto y admitir que si no haces nada el problema empeorará.

### ❖ *Paso 2:* ACEPTA LA NECESIDAD DE DEJAR IR

Es difícil olvidarse de los sucesos traumatizantes de un matrimonio y hacer como que no ha pasado nada. Pero no sugiero que te olvides de lo que sucedió. Más bien, te recomiendo que *dejes ir y que avances* en vez de quedarte constantemente *aferrada/o a algo y mirando al pasado.* Avanza.

### ❖ *Paso 3:* CONFÍA Y ARRIÉSGATE

Por lo menos uno de los dos miembros de la pareja tiene que jugársela y decidirse a perdonar. ¿Tomar este riesgo a base de confianza resolverá todos tus problemas? Por supuesto que no, pero tal vez abra una puerta que ha permanecido cerrada hasta ahora. He visto muchas relaciones en las cuales la habilidad de uno de los dos para perdonar al otro permitió que la relación prosperara y se fortaleciera aún más. Para tomar un ejemplo extremo: he orientado a parejas en las cuales ha ocurrido un adulterio, y el marido —quien fue infiel— se asombra de la habilidad de su mujer para perdonarlo, seguir adelante y comenzar a rehacer el matrimonio. La esposa, confiada en los esfuerzos de su esposo para comenzar de nuevo en respuesta a su perdón, a su vez se dedica a reparar la relación. Cada uno inspira al otro a esforzarse más. Debido a esto, creo que el perdón puede tener un enorme impacto en ambos miembros de una pareja.

Claro que es mejor si los dos han adquirido esta habilidad para perdonar y seguir adelante. Si no es así, cuando ocurre una trasgresión, la relación no puede continuar prosperando. Pero si cada uno de ustedes puede aceptar que su cónyuge puede cometer errores, tu perdón ayudará a sanar la herida que sientes.

### ✤ *Paso 4:* HAZ UN ESFUERZO PARA EXPRESAR EL PERDÓN

No es suficiente sentir el perdón en tu corazón. Ni siquiera es suficiente decir, "Te perdono". Tienes que ser capaz de proyectar que realmente perdonas y que vas a superar esa situación desde el punto de vista afectivo. Si continúas echándole a la otra persona a la cara su falta, entonces no has perdonado de verdad. Realmente no has dejado ir. Cualquier acción de perdón, de misericordia o de bondad que brindas de manera genuina, enseña una gran lección y afecta enormemente a la otra persona.

### ✤ *Paso 5:* PON A TRABAJAR TU NUEVO CONOCIMIENTO DEL PERDÓN

En cualquier matrimonio se producen sucesos que lastiman. Tarde o temprano, todo cónyuge dirá algunas palabras hirientes. Pero, ¿es que debes guardar rencor contra tu cónyuge por algunas acciones y palabras hirientes que se han producido de forma inevitable? ¿Deberías darles a todas el mismo "peso"? ¿Es que el comentario irritante que hace un cónyuge luego de un duro día de trabajo tiene la misma importancia que si él o ella hubieran cometido una infidelidad? Naturalmente que no. Todos estamos de acuerdo en que existen distintos tipos de trasgresiones, algunas más graves que las otras. Es apropiado evaluarlas de acuerdo con el verdadero impacto que han tenido en el matrimonio. También es apropiado perdonar esas trasgresiones—practicar el perdón y ver sus resultados en la vida diaria.

## Tarea #9
### Aprende a decir las palabras mágicas: "Lo siento"

Hay un asunto específico situado dentro del tema más amplio del perdón, y el cual quiero resaltar por sí mismo. Se trata del acto esencial de aprender a decir "Lo siento".

¿Por qué nos resulta tan difícil pedir disculpas? Decir *Lo siento* es algo que no podemos tomar a la ligera. Tenemos que aprender a decirlo a menudo, sobre todo cuando esas palabras se dicen realmente con el corazón. Si le has faltado el respeto a tu pareja, pedir perdón sinceramente puede ser el mejor remedio. Y si logras comprender la sabiduría que hay en esta acción, comenzarás a observar el gran poder del perdón.

Por desgracia, una gran cantidad de personas *no* entienden el impacto de una disculpa sincera—o al menos les cuesta trabajo aceptarla. "Hablar no cuesta nada", dice mucha gente. Pero no siempre eso es verdad. A veces una disculpa sentida es el regalo más valioso que puedes dar, sobre todo si es un regalo para alguien a quien has lastimado.

Admitir que has actuado mal es una condición necesaria para pedir perdón y decidir mejorar tu vida. Peso eso es sólo el comienzo. No es suficiente decir "Lo siento" al patrullero que te detiene por haberte llevado una luz roja. Lo cierto es que violaste la ley, y ahora hay consecuencias.

Cuando violas la ley en tu relación, también hay consecuencias, y tienes que enfrentarlas antes de recibir el perdón y poder seguir adelante.

Siempre que haya amor en una relación y el deseo de mejorar las cosas, muchos cónyuges aceptarán una petición de perdón y mirarán hacia el futuro y no hacia el pasado. Debido a esto, decir *Lo siento* y vivir realmente con esas palabras en nuestros corazones y nuestras mentes puede ayudarnos a ser más consciente de cómo nuestras acciones pueden promover la curación en las situaciones dolorosas por las que hemos pasado. Pero hay una trampa: las disculpas genuinas deben ir acompañadas siempre de un deseo de cambiar los malos hábitos y de reponer el respeto que ustedes dos se merecen. Debes renovarte —y tu relación debe renovarse— para sobrevivir, crecer y prosperar.

Resolver los problemas de respeto es más fácil si tú y tu cónyuge pueden dominar las tareas que he descrito en este libro. Lograrás una mejor "caja de herramientas" de percepciones, ideas y habilidades que te ayudarán a enfrentarte a los numerosos problemas que surgen durante la vida matrimonial.

Pero tengo que regresar a algo que discutimos al comienzo del Camino Dos. Puede que el respeto sea, en parte, una cuestión de habilidad, pero es por encima de todas las cosas un asunto de compasión. Incluso si llegaras a adquirir todas las habilidades que hemos discutido —aprecio, negociación, resolución de conflictos, perdón, lo que sea—, no puedes realmente respetar a tu cónyuge si no sientes compasión (o la habilidad de "sentir con") en tu corazón. ¿Quién es la persona con la que compartes tu vida? ¿Quién es la persona que se sienta frente a ti durante la cena? ¿Quién es la persona con quien compartes tu cama matrimonial? Puedes decir, "Ése es mi esposo", o "Ésa es mi esposa"—pero, ¿puedes *sentir realmente* lo que siente esa persona mientras él o ella vive y respira y se ocupa de los cientos de actividades que conforman tu vida? Tristemente, muchos esposos no tienen la menor idea de lo que piensan y sienten sus esposas, y muchas esposas no tienen la menor idea de lo que piensan y sienten sus maridos. Y lo peor de todo es que muchos cónyuges de verdad que ni siquiera tratan de averiguarlo.

Por esto es que el Camino Dos es tan importante. Si ustedes pueden, sencillamente, respetarse el uno al otro —y si pueden tan sólo esforzarse por tener la compasión que da energía al respeto—, entonces ya están encaminados hacia una vida verdadera y un amor verdadero.

# ACLAREN SUS EXPECTATIVAS

Tengo un gran amigo a quien no le gustan las montañas rusas. A pesar de ello, un buen día su prometida y yo decidimos montarlo en una. Le dije que parte de su tarea de preparación para el matrimonio era montarse en la montaña rusa varias veces, dado el gran parecido entre esa experiencia y la vida cotidiana. Luego entendió perfectamente. La montaña rusa subía y bajaba, tiraba de un lado a otro, reducía velocidad y aceleraba, atravesaba tenebrosos túneles y luego salía a la luz del día.

¿Te suena familiar? Las relaciones también suben y bajan, dan tirones de un lado a otro; aminoran su marcha y luego se aceleran; atraviesan momentos difíciles, seguidos de momentos de felicidad y calma. No importa lo estable o feliz que sean, las relaciones conllevan todo tipo de altibajos, igual que una montaña rusa. Habrá momentos en que nos sentiremos tristes, y otros en que estaremos felices y llenos de esperanza. Llegarán los problemas y retorcerán nuestras vidas, y hasta quizás nos lleven donde jamás hubiésemos pensado llegar. Estaremos ocupados, con la vida a todo dar—y de repente, nuestras relaciones confrontan algún tropiezo, tal como una enfermedad o la pérdida de un trabajo. Habrá momentos de penumbra, pero resurgiremos hacia la luz. Si te comprometes con la amistad, el matrimonio o cualquier otra relación importante, seguramente te encontrarás como en una montaña rusa. La vida, sencillamente, es así.

¿Qué tiene que ver esto, entonces, con tus expectativas? Simplemente esto: si esperas que la vida matrimonial va a ser fácil y tranquila, te sentirás desencantada/o, frustrada/o o las dos cosas a las vez. No obstante, si logras aceptar que el matrimonio será como una montaña rusa, podrás afrontar con mayor facilidad todos los cambios que te traerá ese compromiso. Tus expectativas serán suficientemente realistas, pues toman en cuenta lo impredecible que es la vida de casados.

Por todas estas razones, el Camino Tres hacia una buena relación consiste, primero, en aprender a lidiar con las expectativas, y luego, realizar una serie de tareas para aclararlas.

## Capítulo 6

# Aprende a lidiar con las expectativas

El camino de aclarar las expectativas parece sencillo, casi simplista, pero es sorprendentemente difícil y constituye un proceso que muchas parejas desatienden o ignoran deliberadamente. Muchas veces puedo comprobar esta situación en mi quehacer pastoral. Muchos matrimonios (quizás la gran mayoría de ellos) comienzan sin que los cónyuges tengan una idea muy clara —bien sea juntos o por separado— de lo que esperan el uno del otro, o de la vida en común. Incluso matrimonios de muchos años quizás no hayan conversado sobre sus expectativas. Aunque no tengo datos concretos, estoy convencido de que la mayoría de las parejas basan sus relaciones en nociones vagas y fantasiosas de lo que es el matrimonio, en vez de basarlas en un claro sentido de lo que serán sus vidas compartidas.

¿Cuál es el resultado de este enfoque romántico y basado en esperar que suceda lo mejor? Pues bien, no es un secreto que más del cincuenta por ciento de los matrimonios en Estados Unidos terminan en el divorcio. Son muchas las razones que conducen a esta triste estadística, pero una de ellas es la "desconexión" que existe entre las expectativas que se tienen del matrimonio y lo que presenta la realidad de la vida de casado.

Los cónyuges a menudo esperan que la vida matrimonial sea fácil, tranquila y consistentemente (o constantemente) divertida; no pueden aceptar ese trayecto en la montaña rusa que es muchísimo más impredecible.

Veamos cuáles son las expectativas, y luego consideremos cómo puede una pareja aclararlas para fortalecer su relación.

## ¿QUÉ FACTORES INFLUYEN EN NUESTRAS EXPECTATIVAS?

Cada persona llega a su matrimonio con una gran variedad de expectativas. Estas expectativas tienen que ver con temas tales como el papel del marido y el papel de la mujer, los papeles que ambos han de desempeñar respecto al trabajo, la comunicación conyugal, las finanzas del hogar, las relaciones sexuales y las tareas relativas a la crianza de los hijos. ¿De dónde provienen esas expectativas? En cierta medida, sus orígenes son familiares y culturales. Cada uno de nosotros se ha criado en una familia cuyas experiencias ejercen gran influencia sobre lo que esperamos que suceda en el matrimonio—quién ganará los ingresos, cómo criar a los hijos, cómo deberán tratarse los cónyuges entre sí, por mencionar algunas. Además, la comunidad local (el barrio, el pueblo o ciudad) y la comunidad más amplia (la sociedad en su totalidad) también ejercen influencia sobre lo que esperamos del matrimonio. También los medios de comunicación — las películas, los programas de televisión, los libros y revistas, la música popular— tienen un gran impacto sobre lo que consideramos que debe suceder en el transcurso de un matrimonio.

En general, estas expectativas tienden a ser demasiado idealistas. Piensa en todas las imágenes mágicas que se emplean, por ejemplo, al referirse uno a las bodas y a los recién casados: "Son la pareja perfecta", "Es su príncipe azul", "Parece una princesa salida de un cuento de hadas", "Son una pareja hecha en el cielo". El idealismo es maravilloso en algunos de sus aspectos, pero el matrimonio también requiere de una buena dosis de realismo. Este tema ya lo tratamos en el Camino Uno—cómo las imágenes de perfección influyen (y probablemente distorsionan) nuestra habilidad para enfrentarnos con las complejidades de la vida cotidiana. Si te casas en busca de la perfección y con la esperanza de encontrarla, indudablemente terminarás por sentirte defraudada/o. Todos somos seres humanos imperfectos. Tú eres imperfecta/o, y tu cónyuge también. Después del noviazgo, el compromiso y la boda, tendrás que aceptar la enorme tarea, a veces maravillosa y siempre compleja, de convivir con otro ser imperfecto.

## EXPECTATIVAS REALISTAS E IRREALISTAS

Independientemente de lo que hagas, es necesario que distingas entre las expectativas realistas y las que no lo son. Esto conlleva dos esfuerzos muy distintos.

Uno de ellos es aprender lo que realmente implica el matrimonio. Dada la gran cantidad de falsas ilusiones y desinformación propagadas en programas de televisión, películas y demás medios de difusión acerca de la vida marital en nuestra sociedad, puede resultar difícil obtener una impresión más precisa del matrimonio. Si aún no te has casado, te exhorto firmemente a ti y a tu pareja a que asistan a algún tipo de orientación prenupcial, por medio de tu iglesia o templo u otra institución. Las sesiones de orientación o talleres de esta índole pueden ayudarte a entender mejor la naturaleza del compromiso que estás a punto de asumir y de la vida conyugal cotidiana. Además, la orientación prenupcial puede ofrecerte un "juego de herramientas" (tales como habilidades para comunicarte mejor y para resolver conflictos, entre otras cosas) que podrás aplicar a las situaciones de la vida real después de la boda. ¿Ya estás casada/o? Pues bien, aun las parejas que lleven muchos años de matrimonio pueden beneficiarse de los "encuentros matrimoniales", que consisten en talleres en los que un/a facilitador/a capacitado/a enseña a las parejas a comunicarse mejor y a profundizar su comprensión del compromiso conyugal.

El otro esfuerzo es nuestro objetivo más importante en el Camino Tres: aclarar las expectativas. Cada hombre y cada mujer es un mundo aparte, y existe un amplísimo rango entre lo que uno y otra necesita y desea obtener de la vida conyugal. Si no sabes lo que esperas del matrimonio, ni sabes lo que quiere tu cónyuge, ¿cómo vas a encontrar lo que ambos tienen en común? No van a saber de dónde vienen, y mucho menos adónde van. Por lo tanto, sea como sea, tienes que definir los temas que te interesan, entender lo que es importante para la otra persona y, entonces, hallar cómo y dónde hay margen para transar. Gran parte del Camino Tres tiene que ver con este proceso. Todos los temas que trataremos pueden aplicarse tanto a las parejas que apenas comienzan su matrimonio, como a las que llevan muchos años casados.

## ENTIENDE TUS EXPECTATIVAS

Mientras más realista seas al afrontar los problemas de tu matrimonio —incluido el tema de las expectativas— te irá mucho mejor. Para emprender este proceso, tendrás que identificar tus expectativas y compararlas con las de tu cónyuge. Tienes que realizar un "chequeo de la realidad" y ver si dichas expectativas se ajustan al mundo real.

Una de las tareas más críticas al comenzar una relación es asegurarse de que los dos entiendan sus propias expectativas. Esto es de particular importancia para las parejas que piensen casarse, ya que se supone que sus integrantes basarán su vida juntos en lo que convengan que es lo más importante. También resulta de particular importancia para los cónyuges que quieran cultivar su matrimonio según éste cambie y evolucione a través de los años. En ambas situaciones, los integrantes de la pareja tienen que saber *lo que esperan el uno del otro y de la relación*. ¿Qué esperas de tu pareja? ¿Cuáles son tus necesidades afectivas? ¿Cuáles son tus necesidades físicas, financieras y domésticas? Al contestar cada una de estas preguntas, no sólo deberías hacer una lista, sino que también debes considerar *por qué* crees que tal o más cual necesidad te resulta importante. ¿Necesitas que tu cónyuge sea de apariencia atractiva para sentirte mejor sobre ti misma/o? Bueno, quizás sea así. Pero no te detengas ahí. ¿Por qué esa necesidad te resulta importante? ¿Será posible que estés concentrándote en una cualidad que, después de todo, no es realmente tan importante? Albergo la esperanza de que el examen de estos temas conduzca a cierto grado de introspección con respecto a ti misma/o y a tu pareja.

En parte, lo que digo es que no hay nada de malo en que estés abierta/o a las expectativas que tienes de la relación. ¿Significa esto que podrás tener todo lo que quieres en tu matrimonio? No—la vida no funciona así. Pero sí, desde los primeros pasos de tu relación, tienes que identificar cuáles son tus necesidades y expectativas y "comparar notas" con tu pareja a medida que pasa el tiempo y las expectativas de ambos cambien y evolucionen. Si no expresas con franqueza lo que necesitas de parte de tu pareja, va a ser mucho más difícil para ambos comprenderse claramente. Las expectativas reales sólo se pueden cumplir si somos francos y honestos respecto a nuestras necesidades.

## ENTIENDE LO QUE ESPERAS DE UNA PAREJA

La franca aceptación de la pareja es inalcanzable, salvo que comiences por entender las cualidades que viste en la persona cuando te enamoraste o cuando la consideraste como tu pareja idónea. Si eres como la mayoría de las personas, seguramente tiendes a aceptar a los demás tal cual. Luego, según se ahonda un poco más, empiezas a encontrar imperfecciones o incompatibilidades que te llevan a pensar, "Ay, esto podría convertirse en un gran problema. Quizás esta persona no es la idónea para mí". Lo cierto es que hay muchos temas en los que jamás estarás ciento por ciento de acuerdo con cualquier otra persona. Entonces, ¿qué puedes hacer al respecto? Simplemente, tenemos que aprender a convivir con las diferencias de carácter, gustos, preferencias, maneras de hacer las cosas e idio-sincrasias personales. Después de todo, contamos con diversas procedencias y trayectorias. Por eso, la aceptación radica en que se entiendan dos personas muy diferentes que se han unido—pero que no siempre están de acuerdo en todo.

La tarea consiste en comprender que *sí* se han unido dos personas diferentes, sin que ninguna pierda su individualidad cuando establecen una relación. Cada cual sigue siendo el mismo o la misma, con sus características positivas y negativas, sus virtudes y sus vicios, sus puntos débiles y fuertes. La otra persona también tiene sus puntos débiles y fuertes. Para algunas personas, esto es algo relativamente fácil de aceptar—no tienen problema alguno con esto. Para otras, resulta siempre más difícil.

Si comienzas una relación sin entender de lleno lo que la otra persona puede darte a largo plazo, te sentirás frustrada/o. ¿Por qué? Porque con el tiempo descubrirás que necesitabas mucho más de lo que pensabas. Y es por eso que algunos matrimonios llegan a frustrarse o a marchitarse—porque, antes de la boda, a ninguno de los dos se le ocurrió comunicar abiertamente sus necesidades, sus deseos, sus sueños, sus ambiciones. Las parejas se separan porque sus necesidades no son satisfechas. Terminan por encontrar a otra persona o alguna actividad distinta para llenar el vacío, y esto generalmente los aleja. Uno de los cónyuges toma un sendero en busca de la vida que sueña, y el otro toma uno distinto en pos de otro sueño diferente. ¡Se olvidan de soñar los dos juntos! ¿Por qué? Porque nunca se comunicaron lo que necesitaba el uno del otro.

Ni contar puedo las veces que alguien me ha dicho, "Sabes qué, las cosas no andan muy bien que digamos, pero sé que, con el tiempo, todo va a mejorar". Pues bien, no estoy tan seguro de que con el tiempo las cosas vayan a mejorar. Ninguna situación mejora a menos que se haga algo concreto para mejorarla. ¿Cómo se va a arreglar un problema si no se sabe a ciencia cierta cuál es? La tarea esencial que aquí se enfrenta es definir las expectativas de ambos, compartir las ideas entre sí y aclarar lo que quiere el uno del otro. Conversen sobre la situación. Compartan sus esperanzas, sus temores, sus preocupaciones, sus preferencias y sus aspiraciones. Si tienen dudas, exprésenlas, confróntenlas y hagan lo posible por disiparlas. De no hacerlo, se exponen a ser víctimas de lo podrían ser sólo ilusiones infundadas.

## LA IMPORTANCIA DE LA AUTONOMÍA

Necesito poner énfasis en otro aspecto muy importante de esta situación. Cuando afirmo que hay que aclarar bien lo que necesitan, no quiero decir que toda necesidad identificada tenga validez. Por ejemplo, digamos que necesitas que tu cónyuge llene tu soledad. Pues bien, uno de los posibles beneficios del matrimonio definitivamente es que puede llenar la soledad. Pero esperar que tu cónyuge llene todos tus momentos de soledad cada vez que te sientas sola/o, no es una expectativa realista. La soledad forma parte de la condición humana. El alivio de tu soledad no es un peso que tu cónyuge podrá sobrellevar por sí solo/a. Es necesario que busques diversas maneras de abordar este tema: por supuesto, debes fomentar tu matrimonio, pero también debes formar fuertes nexos de amistad, mantener buenas relaciones con tus familiares y encontrar consuelo en tu fe en Dios.

Igualmente, no es razonable que esperes que tu cónyuge llene ciertas otras necesidades que son tu propia responsabilidad. Tu cónyuge no puede hacerse responsable de tu amor propio, de tu autoaceptación ni de tu sentido general de propósito en la vida. Tu cónyuge puede ayudarte a afrontar estos temas, pero no puede hacerse cargo totalmente de ellos en tu lugar; éstas son, más bien, necesidades que dependen de tu propia autonomía, tu fuerza de carácter y tu desarrollo psicológico o espiritual.

## COMPARTAN SUS EXPECTATIVAS Y CREZCAN A LA PAR

Muchas personas tienden a sufrir en silencio en sus relaciones porque son incapaces de comunicar adecuadamente lo que sienten, necesitan y desean. Les sugiero que se comuniquen abiertamente y con toda franqueza para transmitir sus pensamientos. Manifiesten sus expectativas—pero sean realistas al respecto.

La mayoría de las buenas relaciones generalmente tardan en desarrollarse y madurar antes de que empiecen a prosperar. Existe un período necesario de descubrimiento —del proceso de conocerse, de encontrar afinidades— que es imposible de pasar por alto. Es en esa primera fase donde comienzas a entender el tipo de apoyo que necesitarás en tu vida matrimonial. El aclarar este tema de las expectativas es el tipo de tarea que tú y tu pareja deberían emprender con toda franqueza antes de casarse. Conózcanse profundamente.

La situación es diferente para la pareja que aún no se ha casado, comparada con la de las que ya están casadas.

### PARA LAS PAREJAS QUE ESTÁN POR CASARSE

No te cases con alguien que no posea el tipo de cualidad que deseas que tenga quien será tu compañero/a para toda la vida. Puede que esto te parezca muy fácil, pero seleccionar la pareja idónea es más de la mitad de la batalla. Si necesitas a alguien que te afirme y que continuamente se muestre afectuoso/a contigo, no te cases con una persona distante, introvertida e inexpresiva. Si tu novio no te envía flores antes de la boda, es poco probable que lo haga cuando ya estén casados. Si no le presta mucha atención a los detalles durante el noviazgo, será mucho menos atento después del matrimonio. ¡Te lo garantizo! No te hagas ilusiones. Date suficiente tiempo y así permite que tus expectativas queden claras. El precipitarse al matrimonio no resolverá los desacuerdos.

¿Eres realista sobre las personas que admiras y amas? Quizás lo seas—pero la mayoría de las personas no lo son. De hecho, con frecuencia admiramos y hasta idolatramos a ciertas personas de tal manera que nos exponemos al desengaño. Es muy fácil esperar de los demás más de lo que ellos nos pueden dar realmente. El ser demasiado idealistas o soñadores puede resultar algo arriesgado. Gran parte de tener expectativas realistas acerca de las relaciones es el poder aceptar esta gran verdad. Mientras más te conectes a esta realidad, mejor te irá a la larga. La aceptación de las diferencias y los retos según surgen día a día, forma parte de vivir en una relación.

## PARA LAS PAREJAS CASADAS

Compartir y aclarar las expectativas no son tareas únicamente prenupciales, sino que deben realizarse permanentemente. ¿Por qué? Ante todo, porque entenderás tus propias necesidades y las de tu cónyuge cada vez mejor, según se profundice la relación. Luego, porque tus necesidades cambiarán con el tiempo. Tendrán que discutir toda una gama de temas según ustedes atraviesen las diferentes etapas del matrimonio en el transcurso de los años.

Por ejemplo, Marilú y Ted habían logrado tener un buen sentido de sus necesidades mutuas durante los primeros cinco años de su vida matrimonial. Entonces Marilú quedó embarazada. Los dos estaban encantados con esta buena nueva, pero confrontaban toda una nueva etapa de su relación: la de ser padres de familia. No habían conversado mucho sobre los cambios enormes que enfrentarían al tener un hijo, ni sobre cómo los manejarían. ¿Qué haría Marilú, dejar de trabajar o tomarse un tiempo libre después de dar a luz? ¿Pediría Ted licencia por paternidad para prestar ayuda? ¿Cuánto participaría Ted en las tareas a largo plazo del cuidado cotidiano del bebé? ¿Contratarían a una niñera en algún momento, o velarían ellos por el desarrollo de su hijo/a? Éstas y muchas otras cuestiones surgieron y dieron lugar a discusiones sobre las expectativas de los cónyuges según se aproximaba la fecha del parto.

La crianza de los hijos es el más drástico de los sucesos que deben impulsar a la pareja a discutir sus necesidades y expectativas en el transcurso de los años. Los temas con respecto al trabajo, el ocio, las relaciones sexuales, la comunicación, la salud y el retiro son sólo algunos de los otros temas que la mayoría de las parejas tendrán que examinar y discutir según evolucione y cambie su matrimonio. No podrán sostener apenas una o dos conversaciones al respecto, y luego esperar que sus necesidades y expectativas se mantendrán estables por el resto de los años que pasen juntos. Tal como el matrimonio en sí va cambiando continuamente, igual cambian las necesidades y expectativas de los cónyuges.

La base de este proceso siempre es la buena comunicación. No puedes esperar que tu cónyuge sea clarividente. Tienes que hablar de estos temas franca y frecuentemente.

## APRENDE A ESPERAR LO INESPERADO

Aun cuando tus expectativas sean razonables, tal vez consideres que no han sido satisfechas tan sólo debido a los sucesos impredecibles de la vida. (El viejo dicho lo afirma: "La vida es lo que sucede mientras estás ocupado haciendo planes".) Algunos de los sucesos seguramente serán negativos. Tú o tu cónyuge podría perder el trabajo. Podrían tener que afrontar algún otro tipo de penuria, o bien alguno podría sufrir un accidente o enfermedad grave. Algún miembro de sus familias podría atravesar dificultades personales y necesitar de la ayuda de ustedes. Podrían padecer alguna pérdida o algún pesar. Pero hasta los sucesos positivos pueden causar estrés. Por ejemplo, la oportunidad de un gran trabajo podría presentarles grandes desafíos. El nacimiento de un hijo les traerá grandes alegrías junto a grandes responsabilidades. La compra de una casa les dará más espacio para criar a su familia, pero también resultará en mayores gastos y más labores domésticas que realizar. Todos los cambios que trae la vida, tanto negativos como positivos, exigirán flexibilidad, imaginación y esfuerzo.

Para ser realista, deberás aprender a esperar lo inesperado. Muchas parejas piensan que pueden planificarlo todo por anticipado —o bien trazar un mapa bien claro del destino de su relación—, más este tipo de expectativa te expondrá a grandes sorpresas. Claro que sí podrás predecir en cierta medida y planificar ciertos aspectos de tu relación. Por supuesto que es muy positivo que tú y tu pareja se relacionen bien mutuamente y se esfuercen encarecidamente por entenderse. Pero lo cierto es que, si van a tener expectativas realistas, tendrán que estar preparados para lo que venga. ¿Es ésta una actitud pesimista? Para nada. Las personas que tienen expectativas realistas pueden prepararse para los desafíos que inevitablemente trae la vida—y les puedo asegurar que los desafíos llegarán. La llave del éxito al confrontar estas situaciones es aprender a aguantar el temporal cuando la vida no se ajuste a tu "plan".

## CÓMO COMPRENDER EL PAPEL DEL CAMBIO

Esto nos trae a un punto crucial: dónde encaja el cambio en la vida de casados.

¿Qué pasa si tienes necesidades y expectativas que tu cónyuge no puede satisfacer? ¿Significa esto que tienes el derecho de obligar a tu cónyuge a cambiar su comportamiento o actitudes? Es más, ¿sería posible este tipo de cambio? Y si el cambio no es factible o deseable, ¿cómo manejas la situación que a la que te enfrentas?

Este tema surge en muchos matrimonios. Aun parejas que responden generalmente a sus necesidades y expectativas mutuas podrían fallar en algunos respectos, o bien podría haber "puntos ciegos" en su atención recíproca. Cuando esto ocurre, es muy tentador para alguno de los cónyuges el sentir la necesidad de cambiar al otro, lo que constituye una reacción comprensible, pero potencialmente problemática. Estudiemos cada uno de los diversos aspectos de este tema.

## LOS RIESGOS DE INTENTAR CAMBIAR A TU CÓNYUGE

Martina es una joven vivaracha y sociable. A sus veintisiete años, trabaja en la industria de la moda, le gusta reunirse con sus colegas de trabajo, disfrutar de sus amistades y compartir con su marido, Héctor, con el que lleva un año de casada. La pareja es muy unida y están profundamente enamorados. Pero aún en su primer año de matrimonio, han confrontado un problemita traicionero: a Martina le gusta disfrutar de muchas más actividades de interacción social que a Héctor. Fiestas, reuniones relacionadas con el trabajo, cenas con amistades en restaurantes, almuerzos con las amigas—todas estas actividades le encantan. Mientras que Héctor, por el contrario, prefiere cenar en casa con Martina o visitar a sus amigos más allegados. La pareja empieza a sentir una creciente tensión en torno a sus diferentes actitudes ante sus actividades sociales.

Martina propone esta solución: "Héctor tiene que soltarse un poco. Es un hombre estupendo y le cae muy bien a la gente. Pero tiene que salirse de su cueva. Me parece una verdadera pena que se esconda como lo hace". Por lo tanto, Martina se ha propuesto convencer a su marido a que "salga de su cueva" y lo impulsa a reunirse con gente que a él realmente no le interesan, tales como los amigos del trabajo de ella, y se lo lleva a actividades sociales que lo aburren, como son los eventos del mundo de la moda. Está convencida de que su "campaña", como ella la llama, convertirá a su marido en un ser tan sociable como lo es ella.

Mi opinión es que los esfuerzos de Martina, a pesar de sus buenas intenciones, son equivocados. Martina es fiestera. Héctor es un tipo hogareño que prefiere el confort de su casa. Sinceramente, no creo que este hombre introvertido cambiará—y si lo hace, no será porque su mujer lo *obligue* a hacerlo. ¿Podrá esta pareja llegar a un compromiso y hallar un punto afín respecto al aspecto social? Creo que sí pueden. Héctor no es un antisocial; sólo que no es el tipo fiestero que Martina quiere que sea. Tal como Héctor acepta el carácter sociable de Martina, ella debería aceptar el carácter menos sociable de él. De lo contrario, Héctor podría acabar por resentir el empeño en "convertirlo" que tiene Martina, quien más bien logrará alejarlo. Su plan tendría entonces el efecto opuesto al que pretendía alcanzar.

Lamentablemente, este tipo de situación que describo sucede con gran frecuencia. Cuando un cónyuge siente que sus necesidades no son satisfechas, surge la tentación de tratar de cambiar a la otra persona. Algunas mujeres que conozco aparentemente tienen todo un programa para "reformar" a los hombres de sus vidas. Esto a veces significa que se practiquen cambios relativamente superficiales, tales como convencerlo a hacerse un recorte de pelo más atractivo, o comprar ropa más moderna o bien que mejore sus modales. Mas a veces significa una serie de objetivos mucho más amplios y ambiciosos, tales como alentarlo a buscar un trabajo diferente. He conocido a hombres que toman un enfoque similar con las mujeres de sus vidas—e intentan cambiar a su pareja y convertirla en alguien que se asemeje más a un conjunto de expectativas predeterminadas. Esto podría ser que presionen a sus novias o esposas a interesarse por los deportes, los automóviles o la política, o bien podría significar que intenten cambiar sus personalidades o apariencia física. El tema central es el mismo, aunque difieran los "programas".

¿Por qué se convierte esta situación en un problema? Primero, la persona que se intenta "reformar" podría no tener interés alguno en el programa. Segundo, el programa podría fallar, o incluso ser contraproducente. Tercero, la mayoría de las personas resienten que se les "reacondicione". Cuarto, este tipo de empeño genera poco más que resentimiento en la persona que se esfuerza por crear el cambio. No digo que todos los esfuerzos por cambiar a la pareja estén equivocados—existen algunas excepciones. No obstante, por lo general ninguno de los integrantes de una pareja tiene el derecho, la sabiduría ni la claridad mental para emprender la tarea de transformar al otro. ¡Cambiar a tu compañero/a puede ser muy arriesgado!

## CUANDO EL CAMBIO ES APROPIADO . . .

Entonces, ¿existe la ocasión en que resulta apropiado y hasta necesario tratar de animar o incluso forzar a tu cónyuge a cambiar? Sí—cuando el comportamiento, actitud o rasgo de personalidad que se intenta cambiar es dañino para ti, tu cónyuge o tu relación. (Ejemplo: cuando el comportamiento del cónyuge forma parte de alguna adicción. Abordaré ese tema en unos momentos.) ¿Pero qué hubo de esas aparentes pequeñeces que, sencillamente, te enloquecen? He aquí algunos ejemplos para contrastar y comparar cuando consideres a cambiar a la otra persona.

Primero, supongamos que tu marido canta mucho, pero no muy bien que digamos. Es más . . . ¡desafina como nadie! Es un fastidio que se la pase cantando y desafinando—y, lo que es peor, ¡en público! Sin embargo, lo que él hace no es en realidad un pecado mortal. No te hace daño; él no más se da gusto de manera inofensiva. No vale la pena cambiar ese hábito de tu marido, aunque te resulte algo molesto.

Ahora considera un segundo ejemplo, que tampoco es un gran pecado, pero que sí podría llevar a la discordia conyugal. Digamos que tu esposo deja su ropa sucia tirada por toda la casa. Tú tratas repetidamente de convencerlo de que debería ponerla en la cesta. Ni caso te hace. Piensas que lo justo sería que él colaborara un poco más, y que no debería hacerte la vida más difícil al dejar tirada su ropa por todas partes. Estás harta de sentirte como su criada. El desorden de tu marido no es un pecado mortal, pero tampoco es tan inocuo como desafinar al cantar. ¿Sería justo que le dijeras: "Mira, no estoy tratando de cambiarte, pero quiero que recojas tus cosas y que seas justo conmigo". ¿No te parece razonable?

Lo que pides es una expectativa realista. Existen buenas razones para que tu marido sea más ordenado. ¿Cómo le comunicas a tu cónyuge que su comportamiento te molesta muchísimo? ¿Cómo le explicas que hay aspectos que de veras te molestan, que algunas cosillas que parecen ser pequeñeces de veras te duelen y podrían llegar a dañar la relación? Aunque no sea fácil, es importante intentarlo. Tu cónyuge necesita saber cómo te afectan sus acciones. Quizás no sea desconsiderado intencionalmente, pero el efecto final es la desconsideración. Su desorden te desmoraliza y te agobia, y tienes que hacérselo saber.

El punto que describo se resume en equilibrar la aceptación y la consideración. Sí, debes aceptar que tu cónyuge es diferente. Si a ti te complace tener la casa ordenada, a él le complace la comodidad y la despreocupación. Tras un largo día en el trabajo, sólo quiere llegar a casa y ponerse cómodo. Se cambia y ahí mismo deja la ropa tirada en el piso. Por supuesto que tenía la intención de recogerla, pero se distrajo y se le olvidó. La conclusión de esto es que tú y tu cónyuge tienen diferentes maneras de pensar y de actuar, y diferentes preferencias. Entonces hay que equilibrar la situación. ¿Qué es más importante, tu necesidad de orden o su necesidad de comodidad? ¿Deberías aceptar su estilo particular y soportar el desorden temporalmente hasta que a la larga él recoja la ropa? ¿O debería ser él más considerado ante tus necesidades y demorar un poco su descanso mientras recoge lo que dejó regado?

No hay una respuesta exacta. Lo que sí es de crucial importancia es que tú y tu pareja aclaren su posición en situaciones como ésta. Cada pareja llegará a una conclusión diferente según confronten este tipo de dilema. Para que tú y tu pareja puedan llegar a su propia conclusión, deberán discutir sus necesidades y sentimientos individuales y aprender a ser considerados entre sí.

## ¿Y QUÉ PASA CUANDO EL CAMBIO PARECE NECESARIO?

Algunas veces, los cónyuges se enfrenta a situaciones que no son meros caprichos, cuestiones de preferencia o estilo personal—situaciones que presentan mayores desafíos y peligros para el matrimonio. Algunas de estas circunstancias podrían hacer que esperaras y hasta que exigieras que tu cónyuge cambie su comportamiento.

Digamos que tu esposo es un jugador compulsivo. Su obsesión con los juegos de azar te frustran, pero también es un asunto que va más allá de la mera frustración, pues pone en riesgo el bienestar de los dos por botar el dinero en cartas y dados. Es un adicto. No es drogadicto, pero padece de adicción al juego, lo cual puede acarrear graves consecuencias tanto para el individuo como para la familia entera. ¿Cómo encarar esta situación? ¿Será esta obsesión de tu marido con el juego uno de esos casos en que se justifica —y hasta es necesario— que exijas que cambie su comportamiento? ¿Podrías no más decirle, "O dejas de jugar, o terminamos nuestro matrimonio"?

El juego compulsivo no es tan sólo una peculiaridad personal ni un hábito excéntrico, como el del marido que desafina al cantar. Y ni tampoco es algo meramente injusto, como el caso del marido que dejaba la ropa tirada en el piso. Se trata de un problema muchísimo más grave— un problema que puede tener consecuencias devastadoras para el marido, su mujer, sus hijos y hasta sus demás familiares. Entonces, sí, es razonable confrontar este asunto. Es lógico —diría que hasta crucial— exigir que el marido cambie sus costumbres.

Una de las situaciones más difíciles que necesariamente debe confrontar cualquier relación es la adicción. Ya es malo de por sí que un hombre soltero o una mujer soltera estén atrapados en el ciclo de la adicción, pero el problema es aún mayor si la persona está casada. El posible estrés que afecta la vida en familia y los riesgos a los que se expone al otro cónyuge y a los hijos constituyen un peligro para todos los involucrados. La adicción en particular puede ser el alcohol, los narcóticos, el juego, el sexo—lo que sea. Los problemas son casi iguales en cualquiera de esas situaciones. En cualquiera de estos casos, el comportamiento adictivo rara vez se mantiene bajo control. Las adicciones, por naturaleza, causan daños de manera progresiva. De no tomar al toro por los cuernos y lidiar con el problema, y pasar por el proceso de rehabilitación, la adicción sólo empeorará.

Si dijeras, "Voy a aceptar este comportamiento", no le harías ningún favor a tu compañero. Por el contrario, tu aceptación constituiría una negligencia. Sería una codependencia, que es un tipo de colaboración con la persona afectada que produce el comportamiento problemático. Lamentablemente, muchos cónyuges aceptan comportamientos que no deberían aceptarse con tanta facilidad—y estos comportamientos deben abordarse profesionalmente y ser eliminados.

Numerosas parejas tienen que lidiar con el tema de la adicción, pero muchas no lo hacen hasta que se les presenta alguna crisis—un arresto por conducir bajo los efectos del alcohol, o por posesión de drogas o por llegar a la ruina financiera. Sólo entonces encaran el problema. A veces la gente dice, "No quería confrontar el problema para no provocar una crisis". Pues, discúlpenme, pero la crisis ya existía. Sencillamente estaban tratando de ignorarla o de barrerla debajo de la alfombra.

Vuelvo y lo repito: hay que confrontar este tipo de problema y lidiar con él de forma directa. En el segundo capítulo del Camino Tres, explicaré los pasos que hay que tomar.

## EL RIESGO DE LA ILUSIÓN INFUNDADA

Hay algo indudable: el cambio y el compromiso en el matrimonio no son el resultado de las ilusiones infundadas. Desafortunadamente, muchas personas recurren a ellas en vez de aprender a llegar a un acuerdo mediante la consideración mutua, de escucharse el uno al otro y del esfuerzo.

Por ejemplo, ustedes ni se imaginan cuántas veces hablo con mujeres que se preocupan por el comportamiento o la actitud de sus prometidos, pero viven convencidas de que "cambiará una vez que estemos casados". Lo siento mucho, pero no siempre sucede así. Es más, no hay nada más lejos de la realidad. Más bien, la situación empeora. Los problemas, fallas y defectos que son patentes antes de la boda no se esfuman después; más bien se multiplican y expanden. El intercambio de esos anillos de desposados no solucionará, como por arte de magia, aquellos conflictos que estén presentes en la relación antes de la boda.

Mi recomendación: no se cieguen con ilusiones infundadas. Aclaren cuáles son sus necesidades y expectativas. Entiendan las necesidades y expectativas de su pareja. Luego, colaboren franca y consideradamente para llegar a un arreglo y adaptarse mutuamente.

## LAS GRANDES LECCIONES QUE TRAE EL SUFRIMIENTO

Nuestras discusiones sobre el cambio, lo impredecible y los problemas de las relaciones nos conducen a un tema difícil: el sufrimiento.

Mientras más años uno viva, más ocasiones habrán de confrontar desafíos, penurias y dolor. A nadie le gusta pensar en este aspecto de la vida, pero resulta inevitable. Cada uno de nosotros tendrá sufrimientos en la vida—bien sean de carácter físico, causados por enfermedades o accidentes; de carácter emotivo, causados por pérdidas o por amor no correspondido; o bien de carácter espiritual, tales como la lucha interna con dudas de fe, sentimientos de culpabilidad o angustia y desesperación.

También, de seguro, sufriremos por nuestras relaciones. Ninguna relación se libra de algún elemento de conflicto, y éste invariablemente causará angustias o dolor. Los matrimonios difíciles o infelices acarrean mucho dolor. Aún los matrimonios felices atraviesan por eventualidades que causan infelicidad, dolor y tristeza: dificultades con los hijos, malentendidos entre los cónyuges, crisis financieras, accidentes y enfermedades.

Lo cierto es que aún los matrimonios más felices y duraderos algún día llegarán a su punto final. Nadie, ni relación alguna, queda exento del sufrimiento.

¿Por qué existe el sufrimiento? Cada una de las grandes religiones del mundo ha luchado para hallar una respuesta a esa pregunta. A partir del Libro de Job, nuestro legado judeocristiano ha brindado consejos y el consuelo a aquéllos que intenten buscarle el sentido al sufrimiento humano. Mi propósito al escribir este libro no es el de abordar este inmenso y complejo tema en términos generales. Pero ya que el sufrimiento sí afecta nuestras relaciones día a día, creo que es de radical importancia que exploremos cómo podría afectarte este asunto según desarrolles tu relación de pareja. Confrontar la realidad del sufrimiento es el primer paso que debes dar si tú y tu pareja quieren aprender a unirse más, en vez de alejarse el uno del otro cuando atraviesen por momentos en que los agobie el sufrimiento.

## ¿DE QUÉ SE TRATA EL SUFRIMIENTO?

No creo que fuimos creados para sufrir, pero por supuesto que reconozco que la vida puede llegar a ser difícil y hasta dolorosa. ¿Estamos obligados a que nos guste este factor de nuestra existencia? Claro que no. Mas el resentirlo no hará que se disipe. Si no reconocemos la realidad del sufrimiento, viviremos en un estado de negación permanente. Al rechazar el reconocimiento del sufrimiento, nos hacemos aún más, no menos, vulnerables a sus consecuencias en nuestras vidas.

En uno de mis libros favoritos, *The Road Less Traveled* (El camino menos andado), su autor, M. Scott Peck, escribe, "La gran mayoría de las personas no ve esta verdad de que la vida es difícil. En vez de eso, gimen y se lamentan de manera más o menos incesante, con sutileza o con grandes alaridos, de lo enormes que son sus problemas, sus pesares y las dificultades de su vida, como si la vida generalmente fuera fácil, como si la vida debiera ser fácil". Pero la vida no es fácil. Ni lo son nuestras rela-

ciones. Si lo que esperamos es que todo se nos dé en bandeja de plata—
y con ello, que no exista el sufrimiento en nuestras relaciones más
importantes—, entonces sin duda nos sentiremos defraudados o dolidos
por nuestra desconexión de la realidad. No podemos escondernos de esta
verdad: la vida se conforma de altibajos, de lo impredecible y del dolor a
flor de piel, sobre todo cuando, por amor, nos entregamos a otra persona.

## ENTONCES, ¿CÓMO DEBERÍAMOS RESPONDER?

En nuestra cultura contemporánea, tendemos a intentar escaparnos de lo
que nos pueda causar dolor. No más fíjate en la farmacia de tu localidad—
hallarás cientos de remedios a la venta, sin necesidad de receta médica,
para aliviar cualquier tipo de dolencia. Huimos del dolor y lo consideramos como algo de lo que debemos escapar a toda costa. Y no sólo se
trata del dolor físico, sino del emocional también. Es cierto que muchos
padecen de depresión clínica, y esas personas deben recurrir a un
tratamiento, o hasta a un medicamento de ser necesario, para remediar
este mal; pero también hay una creciente tendencia a tomarse una pasti-
llita antidepresiva ante el más mínimo indicio de la más común de las tris-
tezas. Pues bien, creo que el dolor emotivo —incluido el dolor causado
por la disfunción de las relaciones— no se disipará con tomarse una pasti-
llita. No existe la varita mágica que arregle toda una serie de experiencias
humanas que incluyen su buena dosis de sufrimiento. Entre esas experiencias se puede incluir al divorcio, la separación, las enfermedades, la pérdida de un empleo, la inestabilidad económica, los problemas de familia,
las adicciones, el envejecimiento, la pérdida de un ser querido y muchísimas otras dificultades.

¿Cómo, entonces, deberíamos reaccionar ante el sufrimiento que con-
frontemos—incluido el sufrimiento que forma parte de nuestras relaciones?

Pienso que la respuesta no radica en *cómo evitar el sufrimiento*, ni
siquiera en *cómo deshacernos del sufrimiento*, sino más bien en *cómo de-*

*beríamos reaccionar ante el sufrimiento que nos trae la vida.* ¿Cómo interpretar las múltiples situaciones en la vida que nos traen luchas, dificultades y dolor? ¿Cómo reaccionar de manera que esos sufrimientos no sean sólo una pena, sino que también se conviertan en útiles lecciones que nos hagan más profundos y nos ayuden a cambiar y a madurar? ¿Cómo nos adaptaremos al sufrimiento de manera que la experiencia nos ayude con respecto a todas nuestras relaciones? ¡Estas preguntas son difíciles, y sus respuestas no son fáciles ni claras! Sin embargo, mientras mejor las abordemos, mejor podremos lidiar con el sufrimiento que a la larga nos llegará en la vida.

Lo cierto es que, si prestamos suma atención, el sufrimiento encierra grandes lecciones de vida. Benjamín Franklin escribió que "lo que duele, instruye". El gran San Agustín también sostenía que un ser humano que no haya sufrido es como una catedral no bendecida. El sufrimiento no sólo forma parte de la condición humana, sino que es también un gran maestro. Entre otras cosas, a los que no han sufrido les cuesta trabajo ser realistas en la vida y sentir compasión al lidiar con el dolor propio y el ajeno. Resulta irónico que las luchas y dificultades causadas por nuestras relaciones humanas más significativas podrían tener el extraño poder de hacernos más humanos y compasivos.

Cuando pienso en las pruebas y las tribulaciones de la vida, casi siempre recuerdo un libro que considero uno de los mejores testimonios sobre el tema del sufrimiento: *When Bad Things Happen to Good People* (Cuando a la gente buena le pasan cosas malas), del rabino Harold Kushner. Si bien el libro no hace un comentario directo sobre las relaciones de pareja, mucho de lo que relata es relevante de todas formas, por lo que quiero referirme a él como parte de nuestra discusión.

El rabino Kushner narra cómo él y su esposa se enteraron de que su pequeño hijo padecía de una enfermedad incurable llamada *progeria* (conocida también bajo el nombre de "enfermedad de envejecimiento acelerado"). Su testimonio es especialmente conmovedor pues, por medio de su propio sufrimiento y su cuestionamiento interno, el rabino

Kushner ha ayudado a millones de personas a entender que hasta a las personas más buenas les suceden cosas malas. Helo aquí, un rabino que hace lo que es bueno ante Dios, y sin embargo sentía que Dios había sido injusto con él. ¿Cómo pudo pasar esto? A través de su propia lucha interna con estos problemas, el buen rabino nos ha enseñado que debemos ser realistas en cuanto a nuestras expectativas. Tenemos que aceptar las limitaciones de la condición humana si de veras pretendemos comprender esta vida que nos tocó vivir.

Comprendo profundamente los pensamientos del rabino Kushner, sobre todo en lo que respecta a cómo lidiar con el sufrimiento, y muchas veces recomiendo este libro a las personas que me escriben o me consultan personalmente. También me siento compenetrado con el rabino, pues su experiencia me ha ayudado a lidiar con ciertos acontecimientos en mi propia vida. Cuando a mi padre le diagnosticaron un cáncer mortal, yo también me sentí confundido. Pensaba que yo era una persona bastante buena y que ni mi padre ni mi familia se merecía este dolor. Como sacerdote, hasta le había entregado mi vida a Dios, así que, seguramente, ¡tenía que estar de mi parte! Jamás se me ocurrió que perdería a mi padre a tan temprana edad. Este acontecimiento fue, sin duda alguna, un enorme giro en mi vida—algo que no me esperaba. ¿Cómo entonces podría afrontar esta situación y sacarle algún sentido?

Pues bien, luché con estos temas durante largo tiempo. No puedo decir que haya encontrado la respuesta perfecta—para nada. Pero sí creo haber llegado a cierto entendimiento de lo que padeció mi padre en su enfermedad y muerte, y también creo que tengo un mejor sentido de lo que yo pasé, al experimentar la pérdida de mi queridísimo padre. He aquí lo que pienso.

Todos tenemos la tendencia de culpar a otra persona por nuestros sufrimientos. Para los creyentes, ¡la persona idónea a quien culpar es Dios! ¿Dónde está Dios en medio de todo este sufrimiento? Al enfermarse mi padre, ¿no es porque Dios no estaba de su parte? Al yo perder a mi padre, ¿no es porque Dios no estaba de mi parte? Cuando tú matri-monio o tu relación no anda bien, ¿no es porque Dios no está de tu parte?

Pues lo cierto es que Dios no es el causante de todo este sufrimiento y dolor. El sufrimiento y el dolor, sencillamente, forman parte integral de la vida misma. Tenemos que aprender a vivir con el sufrimiento y el dolor, y tenemos que aprender a sobrellevar los momentos difíciles que aca-rrean. Tenemos que confiar en que cada momento de oscuridad en nues-tras vidas puede transformarse en luz. La perseverancia siempre será bien recompensada cuando tratamos de hallar el sentido de cualquier dilema. Lamentablemente, muchas parejas pierden la batalla por falta de perseverancia—no pueden confrontar el sufrimiento y el dolor que les traen los problemas de la vida. La sociedad "libre de dolor" en la que vivi-mos nos ha acostumbrado a eliminar todo tipo de dolor—aún antes de que comience. Esa mentalidad, desafortunadamente, puede destruir las relaciones.

## ¿QUÉ SIGNIFICA EL DOLOR PARA LAS PAREJAS?

En las relaciones, al igual que en la vida en general, hay días soleados, días lluviosos y hasta días tormentosos. Puede que vivas una vida feliz en gene-ral, pero tus relaciones atravesarán por algunos momentos de infelicidad. El sufrimiento, simplemente, forma parte de la condición humana. El mero hecho de estar vivo crea la posibilidad de experimentar todo tipo de sufrimiento. Así que aquí estamos, lo cual es maravilloso, mas eso no quiere decir que todo será color de rosa, por toda la eternidad. En algún momento tendrás que afrontar algún sufrimiento.

Claro que tampoco ayuda que las imágenes del sufrimiento que vemos en las películas y los programas de televisión sean casi siempre sim-plistas. El dolor en la pantalla grande y la chica se presenta de manera es-tilizada y siempre se resuelve con facilidad. Las tramas explotan los accidentes y enfermedades por su contenido dramático, pero no muestran las esperas agonizantes, las batallas físicas y la paciencia que usualmente exige el proceso de recuperación. Aun las escenas en el momento final de la muerte tienden a ser demasiado ordenadas, sin muchos desajustes, y su desenlace es nítido para lograr la mayor intensidad posible y así beneficiar la trama. Como televidentes, queremos que el sufrimiento de los personajes los ennoblezca y no nos amedrente demasiado. Todos los problemas deben resolverse de manera agradable y, de ser posible, es idóneo que el desenlace sea feliz justo antes de que pasen los créditos de participación. Aun los programas de entrevistas que abordan temas de la vida real se mantienen alejados de la ambigüedad y de la gravedad del verdadero sufrimiento humano. Dan fe de la disfunción, del dolor y de los conflictos familiares, pero el anfitrión generalmente resuelve los problemas de los invitados, les ofrece algún que otro indicio útil para arreglar años de desconfianza, infidelidad y demás, y concluye el programa con una amplia sonrisa y un movido tema musical.

Como resultado de estas imágenes sanitarias de los medios de difusión, nos acostumbramos a la idea de que el sufrimiento partirá rápidamente, así que no nos tenemos que preocupar mucho. Lo cierto es que gran parte del sufrimiento en nuestras vidas perdurará, y muchas de nuestras batallas nos acompañarán a largo plazo. Los residuos de las situaciones pasadas nos acompañan en nuestras relaciones futuras. Aún las batallas que hayas librado y ganado en las primeras etapas de tu relación, perdurarán. Los conflictos, el dolor emotivo y la confusión que experimentan las personas en una relación no desaparecerán convenientemente de la noche a la mañana tras una sola conversación, por muy franca y sincera que sea. Sí, hablar y escuchar son pasos esenciales para reparar la relación, pero las parejas generalmente deben trabajar arduamente para solucionar sus problemas, y el proceso para crecer y alcanzar la comprensión mutua casi siempre tarda mucho, mucho tiempo.

En un matrimonio, las parejas deben estar preparadas para afrontar todo tipo de sufrimiento—sufrimientos que pueden ser el resultado de situaciones laborales, de hijos que crecen y se convierten en personas muy distintas a las que esperabas que fueran, de conflictos familiares, de desavenencias, desengaños y conflictos conyugales. ¿Podría ser que estos diversos tipos de sufrimiento inevitablemente menoscaben tu relación? No necesariamente. Es cierto que algunos matrimonios se deshacen como resultado de algún sufrimiento; hay ciertas crisis que afectan de tal manera a la pareja que las pone en peligro de separarse o divorciarse. Mas el sufrimiento puede llegar a fortalecer una relación. Por ejemplo, he visto a parejas que han tenido que afrontar el sufrimiento de la enfermedad de un hijo—lo cual supone una gran batalla para cualquier familia. Es algo muy difícil de por sí, y también causa grandes estragos en el matrimonio. Muchos matrimonios se han deshecho porque, como padres, no han podido lidiar con una crisis de tal gravedad. El sufrimiento es demasiado intenso, el dolor destruye a uno o a ambos padres y se abre una vasta brecha entre los dos. Sin embargo, el sufrimiento a veces fortalece a algunos matrimonios, en vez de debilitarlos. Los cónyuges se apoyan mutuamente y se ayudan a atravesar esos momentos difíciles. Ese apoyo mutuo los fortalece e intensifica su amor.

Conozco a una pareja extraordinaria que afrontó grandes desafíos en su relación y se fortaleció no sólo a pesar de los sufrimientos, sino gracias a ellos. Adrián era doctor en medicina, y por su profesión había vivido las dificultades y las batallas de salud de otras familias. Luego, a su único hijo se le diagnosticó un cáncer—una enfermedad mortal en un joven adolescente. Fui testigo de las batallas médicas que libraron juntos Adrián y Lisa, su mujer. Anteriormente, había habido muchas fricciones en la familia a causa de los suegros, de asuntos monetarios y de estilos de crianza. Mas recuerdo un Día de Acción de Gracias en que los visité en el hospital. Estaban cortando el pavo sobre la misma cama de hospital de su hijo, mientras conversaban. Los miré y pensé, "¡Qué familia tan unida!" Qué lazo de amor tan fuerte los unía, aun en medio de su gravísima crisis.

Finalmente, el hijo falleció. Asistí a la misa fúnebre. Miré a la pareja, y pensé en cómo habían luchado con tanto sufrimiento. El padre, Adrián, había sido preso político en Cuba durante muchos años, y ciertamente cualquiera podría imaginar que algo así habría podido destruir su matrimonio. Pero había sobrevivido, es más, había triunfado, y toda su familia había salido adelante con él de aquella crisis. Y ahora luchaban juntos de nuevo, tras la larga y dolorosa enfermedad de su hijo, y aún su muerte la pudieron sobrellevar. El dolor que padecieron los podía haber destruido, mas su amor y apoyo mutuo los sostuvieron y fortalecieron aun más su matrimonio.

Uno se pregunta, por supuesto, por qué la gente tiene que padecer tanto sufrimiento. Pero ésas son preguntas que no podemos entender. La pregunta que debemos hacer no es por qué, sino cómo. ¿Cómo afrontamos esta situación? ¿Cómo proseguimos con la vida misma? ¿Cómo hallamos lo que nos fortalece? Por eso creo firmemente que, para lograr una comprensión realista del sufrimiento, tenemos que considerarlo no una maldición, sino una oportunidad para crecer y evolucionar, y para tratar de estar más atentos unos a otros. Si lo logramos, entonces el sufrimiento tendrá algún significado. Más si el sufrimiento se considera un castigo —si lo ves como mera privación— limitarás tu habilidad de sobrellevarlo.

Como dije anteriormente, todos sufrimos en cierta medida en esta vida. La pregunta no es si vamos a sufrir. Seguro que sí. La pregunta es cómo sobrellevar el sufrimiento que nos depare la vida. Y creo que si una pareja está dispuesta a esperar lo inevitable del sufrimiento, estará más preparada para lidiar con las luchas propias de la vida.

## "EN LO BUENO Y EN LO MALO"

En general, la generación actual se ha escapado de los efectos de las guerras, de hambrunas y de asuntos políticos que nuestros padres y abuelos con frecuencia padecieron. Muchos de nosotros nos hemos salvado de las consecuencias directas de las tragedias mundiales más recientes. Sí, ahora tenemos la amenaza del terrorismo, lo cual pone nuestro bienestar en un genuino riesgo. Pero, en general, nuestra vida es bastante segura. No sé cómo muchos de nuestros jóvenes de hoy pueden tomar conciencia del hecho de que el sufrimiento es real y de que en algún momento sufrirán en sus relaciones de pareja y de familia. En cierta medida, esta situación nos ha dejado algo ilusos con respecto a algunas verdades muy duras.

Cuando te cases, le dirás a tu cónyuge "en lo bueno y en lo malo". ¿Qué significa esta frase? ¿Se refiere a sólo lo bueno? No, significa justo lo que dicen las palabras: en lo bueno y en lo malo. Y, francamente, lo malo podría ser malísimo. Lo malo puede ser la muerte. Aún las mejores relaciones del mundo terminarán con la muerte, y se perderá a la persona que tanto se ama. Así que la pregunta es: ¿estás lista/o para el sufrimiento que, inevitablemente, todos tenemos que afrontar? Y ese sufrimiento que padecerán, ¿destruirá tu relación, o la fortalecerá? Creo que cuando una pareja tiene un fuerte nexo de amor, el sufrimiento puede fortalecer esa relación.

*Capítulo 7*

# Cómo aclarar tus expectativas

María, una recién casada, llamó por teléfono a su madre en cuanto regresó de su luna de miel. Mientras lloraba junto al auricular, María decía, "Mamá, desde que llegué a la casa, Lorenzo ha usado malas palabras cada vez que habla conmigo".

La madre contestó, "¿Cómo es posible? ¿Qué te dijo?"

La joven casada respondió, "Me dijo: cocina, plancha, lava y sacude".

"No te preocupes, mi amor", le dijo la madre a su hija, "¡Voy para allá y te recojo en quince minutos!"

Está bien, es sólo un un chiste. Pero como muchos chistes, éste plantea algo sobre un problema verdadero que muchas personas enfrentan. He aquí a lo que me refiero: son demasiadas las parejas que no han aclarado sus expectativas, y cuando se casan la realidad del matrimonio las impacta con una fuerza terrible. No sé cómo, pero se imaginan que con ponerse anillos de oro en los dedos van a resolver como por arte de magia cualquier dificultad que puedan confrontar. Tal vez es una herencia de los cuentos de hadas que escucharon cuando eran pequeños. Quizás es el resultado de haber visto demasiadas películas románticas. Sea como sea, los esposos y las esposas a menudo tienen muchas ilusiones respecto a la vida de casados.

Constantemente veo las consecuencias negativas de estas actitudes.

Muchas de las parejas a las que oriento lucen desilusionadas, frustradas y hasta amargadas por la forma en que interactúan como marido y mujer. A menudo, cada uno resiente que el otro sea diferente de cómo él o ella pensaba que era. Sienten ansia o temor ante lo que el futuro les depara, ya que piensan en las enormes diferencias que hay entre lo que habían esperado del matrimonio y la realidad del presente. Es una situación triste y desafortunada. Hablamos de hombres y mujeres de buen corazón que se casaron con las mejores intenciones del mundo. Pero para muchas de estas parejas, algo ha salido terriblemente mal.

Te insto firmemente a que evites caer en esta trampa. El riesgo es tan grande que te recomiendo de todo corazón que dediques el tiempo a aclarar tus expectativas *ahora* y no esperes a que se presenten los malentendidos en el futuro. Si no se han casado todavía, éste es el momento perfecto para emprender esa tarea. Si ya están casados, no es demasiado tarde aún. No importa en qué momento de su relación aclaren sus expectativas, siempre se van a beneficiar. Es cierto que hacerlo exige esfuerzo, paciencia y compromiso mutuo. Pero vale la pena—hay tanto que ganar si lo hacen, y los peligros son tan grandes si no.

## TAREAS PARA AYUDARTE A ACLARAR TUS EXPECTATIVAS

Elaborando más nuestras discusiones del Capítulo 6, hay siete tareas que pueden ayudarte a ti y a tu pareja a entender sus necesidades como un primer paso hacia la satisfacción mutua.

### *Tarea #1*
### Identifica tus necesidades

¿Cómo averiguar cuáles son tus expectativas, dónde están de acuerdo y donde discrepan tu cónyuge y tú, y si tus expectativas son realistas o poco realistas? Para todas las parejas, la buena comunicación es la base para aclarar las expectativas. (En el Camino Cinco de este libro hablaremos más sobre esto.) Por su propia cuenta, algunas parejas pueden discutir de una manera útil y creativa con el objetivo de lograr las metas necesarias. Pero muchas otras requieren ayuda externa para hablar sobre sus problemas. A menudo les ofrezco este tipo de ayuda a las parejas. La Tarea número 1 es un ejercicio parecido al método del que se sirven los miembros del clero para este propósito.

He comprobado que una de las mejores formas para tener buenos resultados en este complicado asunto es usar un *inventario marital*. El inventario marital es una lista de afirmaciones que cada integrante de la pareja revisa y a las cuales responden, indicando si están de acuerdo con ellas o en desacuerdo. Tal vez las respuestas de las parejas ofrezcan medios para evaluar cuáles son sus necesidades y —lo que es aún más importante— si las necesidades de cada persona concuerdan con las de la otra.

He aquí la forma de usar este ejercicio. Lee el inventario de comentarios y responde de acuerdo a como se apliquen a ti. Tu pareja también debe leer los comentarios y responder a ellos para determinar cómo se aplican a él o ella. Ambos deben responder franca y honestamente. No hay respuestas correctas o incorrectas—sólo respuestas que son *verdades para ti*. Tu pareja tiene que responder con el mismo espíritu de franqueza. En este punto, deberías anotar tus respuestas por separado, y es importante que ninguno de los dos cuestione las posibles respuestas del otro. Sé lo más específica/o que puedas. Cuando cada uno por su cuenta haya terminado, comparen sus respuestas y vean cuáles son parecidas y cuáles diferentes. Usen esta comparación como punto de partida en discusiones futuras.

¿Puede una pareja hacer buen uso de este ejercicio sin ayuda externa? Algunas parejas pueden; a otras les cuesta un poco de trabajo. Me parece que, idealmente, deben tener algún tipo de guía —un consejero pastoral, un sacerdote, un ministro, un rabino o un terapeuta matrimonial— que pueda facilitar las discusiones y ayudarlos a aclarar los temas a medida que avanzan, alguien que pueda brindar sugerencias y mediar entre tú y tu pareja si no se ponen de acuerdo.

¿Y qué pasa si tu pareja no está dispuesta a hacer este ejercicio? Bueno, eso sería una lástima, pero su negativa no debería impedir que *tú* lo hicieras. Aún si lo respondes tú sola/o, el inventario puede ayudarte a aclarar tus propias necesidades, a entender cómo te afectan y a comprender mejor tu relación.

Éste es el inventario:

- Para mí, el compromiso que hacemos para el matrimonio significa un compromiso sacramental de amarnos mutuamente en cualquier circunstancia.

- En una escala del 1 al 10 (10 es el más alto y 1 el más bajo), evalúa cuán importantes son para ti los siguientes:

| | |
|---|---|
| Seguridad | Posesiones |
| Estatus | Viajes |
| Tiempo de ocio | Caridad |
| Educación | Sentido comunitario |
| Dinero | Contacto con los familiares |

- Tener hijos es una necesidad importante para mí.

- Cuando algo me preocupa, tengo que discutirlo directamente con mi cónyuge para enfrentar el problema.

- En una escala del 1 al 10 (10 es el más alto y 1 el más bajo), evalúa la importancia que tiene para ti tu relación sexual.

- Necesito que mi relación sexual se adapte a mis estados de ánimo.

- Tengo una necesidad imperiosa de practicar mi religión y expresar mis valores religiosos.

- Necesito tener mi cuenta bancaria propia y separada.

- Necesito lucir lo mejor posible.

- Necesito expresar mis sentimientos personales a las personas con quienes tengo relaciones cercanas, entre ellas mi cónyuge.

- Necesito que mi cónyuge comparta conmigo todos sus sentimientos.

- Me resulta difícil decir "lo siento" cuando me equivoco.

- Necesito que mi matrimonio sea lo menos conflictivo posible.

- Para realizarme en mi matrimonio, tengo que evitar casarme antes de tiempo.

- Para mí es importante que nuestros gastos jamás sean superiores a nuestros ingresos.

Por favor, fíjate en esto: algunas de las preguntas quizás no se apliquen a tu situación. Sin embargo, mientras más temas puedas tratar, más posibilidades habrán de aclarar tus expectativas, tanto individualmente como en pareja. De nuevo, ¡te exhorto a que pienses en buscar un terapeuta marital o un consejero pastoral que te ayude en este importante proceso!

## Tarea #2
## Aclara tus expectativas

Mientras que la Tarea número 1 se concentra en términos generales sobre lo que tú necesitas para ti misma/o, la Tarea número 2 se enfoca en lo que necesitas en la otra persona. Igual que en el ejercicio anterior, sería ideal que tú y tu pareja contestaran las preguntas por separado, y que luego compararan sus respuestas. Quiero insistir en que aquí no hay respuestas correctas e incorrectas—sólo respuestas honestas y francas. Considera esta tarea, al igual que la anterior, como un punto de partida para discusiones.

He aquí el inventario:

- Creo que mi cónyuge se pasa demasiado tiempo con sus amigos/as.

- Espero que en nuestro matrimonio las tareas domésticas se dividan de la siguiente forma:

  ☐ Todo es responsabilidad mía/Nada es responsabilidad suya
  ☐ La mayor parte es responsabilidad mía/La responsabilidad suya es mínima
  ☐ Compartimos la responsabilidad por igual
  ☐ La responsabilidad mía es mínima/La mayor parte es responsabilidad suya
  ☐ Nada es responsabilidad mía/Todo es responsabilidad suya

- Espero que en mi matrimonio las responsabilidades de ganar dinero se dividan de esta forma:

  ☐ Todo es responsabilidad mía/Nada es responsabilidad suya
  ☐ La mayor parte es responsabilidad mía/La responsabilidad suya es mínima
  ☐ Compartimos la responsabilidad por igual
  ☐ La responsabilidad mía es mínima/La mayor parte es responsabilidad suya
  ☐ Nada es responsabilidad mía/Todo es responsabilidad suya

- Aunque me gusta estar con mi pareja, espero que cada uno de nosotros pueda pasar algún tiempo solo. Necesito _____ horas sola/o cada semana.

- Espero que después de la boda, mi futuro cónyuge cambie algunos de sus comportamientos, tales como _____.

- Cuando estoy disgustada/o (ansiosa/o, asustada/o) necesito que mi cónyuge _____.

- Espero que mi cónyuge gaste el dinero de manera inteligente y que ahorre para el futuro.

- Espero que la crianza de nuestros hijos no se convertirá en algo más importante que nuestra relación de pareja.

- Cuando mi cónyuge está enojado/a, espero que él/ella _____.

- Cuando nos afecta un cambio, espero que mi cónyuge _____.

- Espero que mi cónyuge sea flexible cuando se trata de lidiar con las dificultades.

- Espero que mi cónyuge se involucre bastante en su trabajo.

- Espero que mi cónyuge tenga un buen sentido del humor.

- Espero que mi cónyuge participe en la práctica de nuestra fe en el contexto familiar.

- En cuanto a las responsabilidades de la crianza de los hijos, creo que deberían ser así:

  - ☐ Todo es responsabilidad mía / Nada es responsabilidad suya
  - ☐ La mayor parte es responsabilidad mía / La responsabilidad suya es mínima
  - ☐ Compartimos la responsabilidad por igual
  - ☐ La responsabilidad mía es mínima / La mayor parte es responsabilidad suya
  - ☐ Nada es responsabilidad mía / Todo es responsabilidad suya

## Tarea #3
## Consulta con tu pareja con regularidad

Supongamos que tú y tu cónyuge han aclarado las necesidades personales y las expectativas de cada uno. También han discutido lo que sienten respecto a esos temas e, idealmente, han llegado a compromisos que ayudarán a ambos a sentirse a gusto. Todo muy bien hasta ahora. Si han emprendido estas dos primeras tareas, están a la delantera comparados con muchas otras parejas. ¡Felicidades!

Pero esas dos primeras tareas son sólo el comienzo. Aclarar tus necesidades y tus expectativas no es un esfuerzo estático que se realiza una sola vez. Por el contrario, es esencial que reevalúes tus necesidades y tus expectativas cada cierto período de tiempo y que hagas ajustes de manera continua. ¿Cómo llevas a cabo este proceso? Te recomiendo lo que llamo "chequeo". Según mi opinión, ésta es la situación:

Las necesidades y las expectativas cambian con el tiempo. Tú y tu cónyuge constantemente aprenden, maduran y se desarrollan en muchos sentidos. Todo esto es bueno—son señales de que ustedes son seres humanos vibrantes y creativos. Pero si no mantienen un diálogo mutuo continuo acerca de sus expectativas, se arriesgan a perder la noción de lo que necesitan y de lo que pueden ofrecerse el uno al otro. En vez se sentirse más compenetrados con el paso de los años, quizás se alejen uno del otro y se sientan cada vez más en pugna. Pero el chequeo les da oportunidades de mantenerse en contacto y conscientes de lo que cada uno de ustedes piensa, siente, espera, teme y necesita.

Para llevar a cabo este proceso de chequeo, los insto a que conversen de vez en cuando, y en el transcurso de esas conversaciones háganse uno al otro una serie de breves preguntas y luego discutan sus respuestas. Éstas son algunas sugerencias para esas preguntas:

~ "¿Qué necesitas de mí que yo no te doy?"

- ❧ "¿Hay algo que yo hago que te preocupa o te frustra?"

- ❧ "¿Qué podemos hacer que nos ayudaría a desempeñarnos mejor como esposos o como padres?"

- ❧ "¿Estarías dispuesto/a a hacer _____, lo cual me sería de gran ayuda?"

- ❧ "¿Estarías dispuesto/a a *no* hacer _____, lo cual me parece frustrante?"

La clave para este chequeo con tu cónyuge es hacer las preguntas con mente y corazón abiertos. Si tu objetivo es ejercer presión, manipular, humillar o "manejar" a tu pareja, el ejercicio hará que te salga el tiro por la culata. Sólo funciona si ambos hacen las preguntas y escuchan las respuestas con un espíritu de generosidad y de esfuerzo conjunto. Si lo hacen así —sobre todo si pueden repetir el proceso con regularidad—, esto los ayudará enormemente a mantener una conciencia clara de sus necesidades y sus expectativas.

## Tarea #4
### Reconoce cuándo es apropiado (o no lo es) pedirle a tu cónyuge que cambie

Lo que voy a recomendar ahora es una de las tareas más difíciles que las parejas casadas pueden emprender de manera habitual.

El cambio es inevitable. Y también es esencial. Si no tienes la capacidad o la voluntad para cambiar, probablemente te estancarás. Lo mismo sucede con los matrimonios. La capacidad para cambiar es parte de lo que mantiene a un matrimonio vivo, flexible y placentero. Sin embargo, todas las personas no tienen la misma capacidad de cambio. Además, algunos asuntos son más importantes que otros. Por tanto, si se toman en cuenta estos hechos, es necesario que tú y tu cónyuge reconozcan cuáles son los problemas que requieren cambios y hasta qué punto cada uno de ustedes se siente capaz de cambiar. Digámoslo de esta forma: existen básicamente tres tipos de problemas que inducen a la posibilidad de cambios en un matrimonio.

- **Problemas que puedes sobrellevar por complicados que sean.** Estos problemas son rarezas o rasgos de personalidad que, por fuerza, no exigen cambios. Ejemplos:

  - Un cónyuge que grita demasiado mientras mira los deportes en la televisión

  - Un cónyuge que prefiere usar una vestimenta que molesta a su pareja

- **Problemas que podrían, con toda razón, provocar que se pida un cambio, pero sobre los que se puede llegar a un acuerdo.** Estos asuntos no son dañinos en sí mismos, pero la frustración que causan podría sugerir que sería ventajoso realizar cambios:

  - Un cónyuge cuyo estilo de cocina no complace los gustos de la familia

  - Un cónyuge cuyas actividades sociales relativas a su trabajo lo mantienen demasiado tiempo lejos del hogar.

- **Problemas que exigen un cambio para que la relación puede sobrevivir.** Estos problemas sí dañan el matrimonio y tienen la posibilidad de perjudicar gravemente la relación, a los cónyuges o a sus hijos. Ejemplos:

  - Un cónyuge que tiene una adicción al alcohol, las drogas, el sexo o el juego.

  - Un cónyuge que abusa sicológica o físicamente de su esposa/o o sus hijos.

Entonces, ¿cómo evaluarías lo que sucede en tu matrimonio, si uno o más aspectos exigen cambios, y si es apropiado llevar a cabo esos cambios? No es posible contestar esta pregunta con absoluta certeza. Como ya he dicho anteriormente en este libro, creo que la mayoría de las parejas pueden beneficiarse si reciben la ayuda de alguien que los oriente en numerosos asuntos, como éste. Pero si las sugerencias de esa persona no se pueden llevar a cabo o no es lo que se desea, te sugiero que te hagas algunas preguntas que te permitan aclarar la situación sin ayuda externa. Éstas son algunas de las preguntas que propongo:

- ¿Parece inofensivo o es potencialmente dañino ese comportamiento que es causa del problema?

- Si es inofensivo, ¿puedes tolerarlo o ignorarlo?

- Si es dañino, ¿cuánto daño podría llegar a hacer?

- ¿Podría hacerles daño a ti o a tu cónyuge?

- ¿Afecta tu relación?

- Si es así, ¿de qué modo la afecta, y hasta qué punto?

- ¿Cómo te hace sentir ese comportamiento?

- ¿Crees que tu cónyuge se comporta de esta manera para molestarte, fastidiarte, frustrarte, desmoralizarte o herirte a propósito?

- ¿Sabe tu cónyuge que su comportamiento te molesta, te fastidia, te frustra, te desmoraliza o te hiere?

- ¿Has discutido este comportamiento con tu cónyuge en ocasiones anteriores?

- Si es así, ¿cuál fue su respuesta (tanto verbal como en su comportamiento)?

   &#x223f; ¿Qué posibilidad crees que haya para que tu cónyuge responda a tu petición de que cambie su comportamiento?

Si contestas las preguntas de esta lista tienes mejores posibilidades de identificar comportamientos que vale la pena cambiar—o, también, que vale la pena ignorar. En la mayoría de los casos, no existe una prueba sencilla e infalible que pueda determinar si un comportamiento tiene posibilidades de cambiar. Cada pareja tendrá que crear su propio sistema para percatarse de cómo se comporta cada cónyuge en el matrimonio y qué comportamientos deberían cambiarse. Pero, de cualquier modo, te garantizo que las parejas que tienen más posibilidades de hacer cambios exitosos son aquéllas que mantienen el respeto, la paciencia y la buena comunicación como "reglas básicas" en ese proceso.

## Tarea #5
### Cómo promover el cambio en tu cónyuge o en tu matrimonio

Digamos que puedes identificar en el comportamiento de tu cónyuge algún aspecto frustrante, pero básicamente inofensivo, que te molesta o que incide negativamente en tu matrimonio. ¿Cómo sobrellevar la situación? Específicamente, ¿cómo puedes inducir a tu cónyuge a que cambie? (Esta tarea se concentrará en asuntos relativamente benignos. Para discusiones de crisis grandes y comportamientos inaceptables, ver las Tareas 6 y 7.)

He aquí un ejemplo. Margarita y Eduardo enfrentan un conflicto permanente con respecto a las costumbres de baño de Eduardo—o, más específicamente, las costumbres de Eduardo con relación a lo que *no* sucede después que se baña. Eduardo es muy peludo. Cuando se da una ducha, la bañera termina llena de una gran cantidad de pelos negros esparcidos por todos lados. Eduardo jamás limpia la bañera después de bañarse; le deja esa labor a Margarita, quien cada vez se siente más frustrada de tener que limpiar luego que su marido sale de la ducha y antes de que *ella* se bañe. La situación no representa un problema de envergadura en su vida en común, pero es una fuente de constante y creciente tirantez.

He aquí algunas formas en que Margarita puede inducir a Eduardo a cambiar. Tú puedes adaptar estas tácticas para tus propios propósitos:

∾ **Sé directa/o, pero sin acusar.** Margarita le dice a Eduardo, "Este problema del baño sucio realmente me molesta", y no "Eres tan holgazán que siempre dejas la bañera que es un asco."

∾ **Concéntrate en mensajes tipo "Yo . . ."**—cómo la situación te hace sentir *a ti*. Margarita dice, "Me siento tan frustrada de tener que limpiar cuando tú terminas".

∾ **Señala cuestiones de justicia, no el carácter de la otra persona.** Luego Margarita dice, "No me parece que es justo que yo tenga que ponerme a limpiar cada vez que te duchas".

∾ **Haz tu pedido en términos generales, no específicos.** Entonces Margarita solicita, "Me gustaría que limpiaras la bañera cuando termines de ducharte. No quiero decir que tengas que fregarla toda—lo único que tienes que hacer es tomar un papel toalla y recoger todos esos pelitos".

∾ **Disponte a actuar con reciprocidad.** Cuando Eduardo señala, "Oye, pero *tus* pelos largos también son un problema: mira cómo tupen el desagüe", Margarita admite, "Está bien, entonces *yo* también tengo que limpiar. Voy a usar ese colador de tubería y también voy a limpiar la bañera".

¿Es que este método no falla? Por supuesto que puede fallar. Diferentes situaciones exigen diferentes tácticas, y algunas se demoran más tiempo y son más complicadas que otras. Pero éste método que delineé aquí puede ser adaptado de forma que resulte flexible y justo para ambas partes. Si tú y tu cónyuge lo usan con buenas intenciones, pueden resolver muchísimos problemas y establecer la posibilidad de cambios con los que ambos se sientan a gusto.

## Tarea #6
## Cómo enfrentar las épocas de sufrimiento

Como todos los matrimonios van a pasar por crisis, es de radical importancia que entiendas cómo manejar las preocupaciones que causan el estrés, la incertidumbre, el sufrimiento y la pena. En ningún breve resumen se pueden compendiar las muchas sutilezas de este tema; sin embargo, a continuación ofrezco algunos pasos importantes que pueden ayudarte a capear el temporal:

### ❖ *Paso 1:* HABLA DE LO QUE ESTÁ SUCEDIENDO

Cuando pasan por una época mala, muchos esposos y esposas tienden a alejarse el uno del otro, en vez de buscar apoyo y consuelo mutuos. Sobre todo los maridos, se quedan en silencio y "se encogen" en su soledad. Esta reacción es comprensible en algunos aspectos: puede que uno se sienta tan abrumado durante una crisis que trata de conservar sus energías emocionales mientras se enfrenta a la situación. Además, muchas emociones resultan difíciles de expresar en circunstancias así, como cuando se ha perdido el empleo o se enfrenta la enfermedad de un miembro de la familia. Pero aislarse es un error. Ambos integrantes de la pareja necesitan el consuelo y la ayuda mutua que pueden ofrecerse el uno al otro.

Mejor que lo anterior: no dejes de hablar sobre la situación que enfrentas. Comparte tus frustraciones, tu angustia y tus preocupaciones. Creen juntos una estrategia y hagan un plan para resolver sus problemas. No será fácil hablar una y otra vez de la crisis por la que pasas —de hecho, quizás te resulta desgarradoramente emotiva—, pero éste es el mejor camino que los dos pueden tomar.

### ✧ *Paso 2:* PERMANEZCAN EN EL MISMO EQUIPO

Este paso es un desarrollo del Paso 1. Si pueden mantener abiertos sus canales de comunicación, tienen más posibilidades de permanecer juntos mientras enfrentan la crisis. Al hacerlo, consiguen dos excelentes ventajas.

La primera, que se ofrecen a ustedes mismos una mejor oportunidad para poder crear una estrategia con la que enfrentar la crisis y planear sus respuestas. Ambos son mucho más fuertes como equipo que por su cuenta. Tendrán más (y mejores) ideas sobre cómo proceder. También presentarán un "frente" más unido y convincente cuando se enfrenten con el mundo externo (como cuando traten con médicos, abogados, instituciones, y con quien quiera que tengan que tratar).

La segunda es que tendrán más posibilidades de permanecer unidos. Todas las crisis, no importa de qué tipo, producen una gran tensión, y la mayor parte de la veces el estrés separa a las parejas. La tasa de divorcio entre las parejas que pierden a un hijo, por ejemplo, es elevada. Es esencial esforzarse al máximo para mantener la conexión entre ustedes —a través de la conversación o mediante el apoyo afectivo—, y a largo plazo esto tendrá su recompensa. Los exhorto a que hagan lo que tengan que hacer para mantener un sentido de apoyo afectivo mutuo.

### ✧ *Paso 3:* EVITEN DESAHOGAR EL DOLOR Y LA IRA EN LA OTRA PERSONA

No es raro que cuando enfrentan una crisis, algunos esposos y esposas desahoguen sus frustraciones contra su pareja como una "válvula de escape". Si uno de tus hijos se enferma, por ejemplo, es más probable que expreses tu angustia contra tu cónyuge y no contra los médicos y las enfermeras del hospital. Esto es comprensible, pero también problemático.

Sin embargo, los insto firmemente a que *ninguno* de ustedes dos use al otro como chivo expiatorio durante las épocas de conflicto. Hacerse cargo de la situación con honestidad y franqueza ayudará a evitar que lleguen a recurrir a una guerra marital abierta que resulta desmoralizadora.

¿Qué deberías hacer si, de todos modos, tu cónyuge desahoga su cólera contra ti? Eso depende de los detalles específicos de lo que suceda. En ninguna circunstancia puede aceptarse el abuso físico. Si crees que corres el riesgo de ser víctima de abuso por parte de tu pareja, busca ayuda de inmediato. No te expongas al peligro. Pero si, por otra parte, el abuso es verbal, la situación es más complicada. El abuso de palabra también es inaceptable, pero pudiera entenderse más en medio de una crisis aguda. De nuevo, te recomiendo que busques la ayuda de alguien —un consejero pastoral, o un sicoterapeuta— que pueda ayudarte a ti y a tu cónyuge a lidiar con esta tensa situación. ¿Y qué pasa si los arranques son emotivos, pero no conllevan abuso? En casos así, te recomiendo que no te alejes cuando tu cónyuge exprese angustia, frustración o ansiedad con relación a la crisis por la que atraviesan. Parte de tu papel como cónyuge es ofrecerle ayuda a tu esposo o tu esposa para lidiar con estas tensiones emocionales. Y él o ella también tiene que desempeñar ese mismo papel. Pero yo creo, repito, que tratar de manejar estas situaciones sola o solo es peor que si haces uso de los recursos a tu alcance, como un pastor o un consejero.

### ❖ *Paso 4:* PERMITAN QUE CADA UNO DE USTEDES PASE UN TIEMPO SOLO

De la misma forma en que deberías tratar de brindarle ayuda a tu cónyuge, es necesario que sepas cuándo retroceder. A menudo las crisis son tan agotadoras que cada integrante de una pareja necesitará una oportunidad para recuperarse de las exigencias físicas y afectivas de lidiar con la situación. Sí, es importante comunicarse y hacerle frente juntos al problema. Pero también lo es tener un tiempo para uno mismo. Casi todas las personas requieren un cierto grado de soledad para descansar, reflexionar sobre la situación y, en general, "recargar" las energías. Esto es aun más cierto si te enfrentas a una crisis prolongada, tales como la enfermedad de un miembro de la familia, la recuperación de un accidente o la rehabilitación de una adicción.

Te recomiendo que no te ofendas si tu cónyuge necesita un tiempo para retraerse ahora y luego buscar la soledad. Es parte del mecanismo humano normal para hacer frente a las crisis. Date tú la misma oportunidad. Cada uno de ustedes —y tu matrimonio en general— se beneficiará.

### ✦ *Paso 5:* APRENDE CUÁNDO PUEDES ARREGLAR LAS COSAS . . .

. . . y cuando no. Soy de los que pone todo su esfuerzo en algo si veo que hacerlo va a cambiar la situación. Pero hay momentos en que no se puede resolver el problema que se enfrenta. Hay momentos cuando nada puede remediarse. Por ejemplo, si la madre de tu esposo/a muere, no puedes deshacer la muerte. Ni siquiera puedes eliminar la angustia que siente tu cónyuge. Sencillamente, no puedes resolver la situación.

¿Qué deberías hacer en estos casos? Ante todo, tienes que aceptar que hay algunos sucesos en la vida que están fuera de nuestro control. Algunos problemas son demasiado grandes para nosotros. Somos sólo humanos. Si puedes aceptar los límites de la condición humana, podrás quitarte de encima un poco de la presión que sientes. El resultado es —esto tal vez resulte extraño— liberador. Cuando hayas aceptado tu incapacidad para solucionar el problema, te sentirás más libre para hacer más de lo que está en tu poder como esposo o esposa: ofrecerle a tu pareja tu amor y tu apoyo.

### ✦ *Paso 6:* BUSCA AYUDA

Uno de los errores más comunes que las parejas cometen durante una crisis es tratar de enfrentarse solas a la situación. Esta actitud me parece desafortunada por varias razones. Ante todo, muchos problemas son tan complejos que hay que buscar ayuda para resolverlos. En segundo lugar, enfrentarse sola/o a la crisis significa que sentirás mayor estrés, lo que puede conducir a problemas sicológicos tales como depresión y ansiedad, o hasta a complicaciones físicas de salud. Tercero, no hay necesidad de que te eches esta carga tú sola/o sobre los hombros. Hay una gran cantidad de recursos disponibles para casi cualquier dificultad relacionada a la salud o la salud mental que puedas enfrentar. Por ejemplo, para casi todas las enfermedades más importantes que existen —desde el Mal de Alzheimer hasta el Síndrome de Zollinger-Ellison— hay una fundación, un centro de investigación o un grupo de apoyo para ayudar a la gente a lidiar con esos trastornos. Puedes encontrar información, estrategias de manejo, servicios de referencia y a veces orientación personal directa que pueden aliviar tu situación y reducir el estrés. Para obtener más información sobre recursos disponibles, mira el Apéndice de este libro.

### ❖ *Paso 7:* MANTÉNGASE FUERTES PARA QUE SE APOYEN EL UNO AL OTRO

Por último, los exhorto firmemente a que sean fieles el uno al otro y a que se ayuden mutuamente para salir de la crisis. Esto es más fácil de decir que de hacer, es cierto. Sin embargo, además de ofrecer tantos otros beneficios, uno de los dones más extraordinarios que brinda el matrimonio es la posibilidad de ofrecer un refugio seguro en medio de la tormenta. Si tú y tu cónyuge pueden ser un sostén firme y leal uno para el otro, se darán mutuamente una fuerza y un consuelo como casi nada en la vida puede dar. Eso no es algo que, sencillamente, *sucede*. La lealtad y el apoyo provienen de una decisión activa. Te insto a que tomes esa decisión.

## Tarea #7
## Lidia con las adicciones

Una de las crisis que se pueden enfrentar comienza al descubrir que tu cónyuge es víctima de la adicción. Los tipos de adicciones más comunes de nuestra sociedad tienen que ver con el alcohol, las drogas ilegales, el juego y las obsesiones sexuales. Cada una de estas adicciones tiene sus propios retos especiales, pero tu respuesta a ellas hará necesario que, por lo general, des los siguientes pasos:

### ❖ *Paso 1:* ADMITE QUE HAY UN PROBLEMA

Jamás resolverás un problema si pretendes que no existe. Esta verdad nunca es más cierta que cuando se aplica a la adicción. Por desgracia, la mayoría de los adictos viven en negación acerca de su adicción, y a menudo sus cónyuges comparten ese estado de negación. ("Ay, él realmente no es alcohólico—lo único es que de vez en cuando bebe demasiado.") Es esencial reconocer el problema.

Enfrentar el hecho de que tu pareja tiene un problema de adicción es un paso difícil de dar. Lidiar con una adicción y superarla puede someter a tu relación a un proceso emocionalmente agotador, doloroso y muy difícil. Pero tienes que aceptar la realidad de lo que sucede. Mientras no lo hagas, no saldrás del atolladero. Cuando lo hagas, podrás seguir adelante.

### ❖ *Paso 2:* BUSCA AYUDA

Muy pocas personas pueden superar una adicción sin ayuda externa. Tener éxito en esa tarea conlleva mucho más que fuerza de voluntad o pensamientos positivos. Se necesita la ayuda de personas expertas en enfrentarse a esta especie de problema. Se requerirá algún tipo de programa de tratamiento—Alcohólicos Anónimos, Al-Anon, Jugadores Anónimos, o lo que se aplique a tu situación. Tu cónyuge necesita rehabilitación, un programa que la/lo ayude a controlar el problema y que la/lo guíe a través de los pasos que hacen falta para que reconstruya su vida.

¿No te decides a pedir ayuda? Al principio a muchos les pasa lo mismo. Se sienten avergonzados de ser adictos o de que algún ser querido lo sea. Tal vez se sienten tentados a culparse o acusarse por fracasar o pecar. Bueno, las autoacusaciones no llevan a ninguna parte. Las adicciones son enfermedades, y como tales hay que tratarlas. Si tú o tu cónyuge contrajera cáncer o una enfermedad cardiaca, tu respuesta no sería acusarte o acusarlo/la a él o a ella de defectos morales, ¿no es cierto? Buscarías un buen médico y un buen programa de tratamiento para la enfermedad específica. Cuando un ser amado es un/a adicto/a, tienes que responder de manera parecida y buscar la ayuda que él o ella necesita para superar la adicción.

Mira el Apéndice con información sobre recursos para tratar muchos tipos de adicciones.

### ❖ *Paso 3:* PREPÁRATE PARA UNA REACCIÓN CONTRA TI

Una palabra de advertencia: como parte de sus problemas fisiológicos o sicológicos, muchos adictos reaccionan contra las personas más cercanas a ellos. Quizás tu cónyuge te acuse de indiferencia, crueldad, falta de amor y todo tipo de defectos. Tal vez tu esposo o tu esposa te diga, "Me pegas ahora que estoy caído/a"—o te acuse de que quieres destruirlo/a. El alcoholismo y la drogadicción, sobre todo, distorsionan a menudo el proceso del pensamiento hasta el punto de la paranoia. Esto trae por consecuencia que podrías esperar una reacción negativa a tus esfuerzos por tratar de ayudar a tu cónyuge. Posiblemente tus acciones más sinceras por tratar de ayudar sólo logren acusaciones, ataques temperamentales y amenazas por parte del adicto.

Ésta es la situación que enfrentan muchos cónyuges. Con frecuencia se sienten culpables al confrontar a sus parejas adictas, como si *de verdad* estuvieran pegándole al cónyuge cuando él o ella está caído/a. Lo cierto es que ambos esposos ya han sido aplastados por el mismo fenómeno, pues el comportamiento adictivo resulta una enorme carga para el matrimonio y para toda la familia. Así que, podrías responderle, "No te pego cuando estás caído/a. Estamos buscando ayuda porque tienes un serio problema. Y no podemos seguir adelante hasta que lo confrontes. Tienes que aceptar que estás enfermo/a".

### ❖ *Paso 4:* BUSCA RECURSOS QUE TE AYUDEN A TI

Debido a algunas de las situaciones que he descrito anteriormente, se hace indispensable que busques recursos que te brinden apoyo emocional durante el proceso de la rehabilitación de tu cónyuge. Alcohólicos Anónimos, Narcóticos Anónimos y otras organizaciones que se dedican al tratamiento de las adicciones tienen programas para la esposa o el esposo y la familia de la persona adicta. Entre sus recursos especiales puede encontrarse información sobre las adicciones, orientación y grupos de apoyo. Te exhorto firmemente a que aproveches estos recursos.

Además, te recomiendo que localices y confíes en cualesquiera recursos emocionales y espirituales que estén a tu disposición: el apoyo de tu familia y tus amigos; de tu párroco, ministro o rabino; de un consejero o terapeuta; y de la iglesia o el templo de tu comunidad. No dudes en solicitar el apoyo de las personas que se preocupan por ti. Necesitarás su ayuda para conservar tu energía y tu resistencia a lo largo del dificultoso camino.

### ❖ *Paso 5:* NO IMPORTA LA DISTANCIA

El tratamiento de una adicción es un compromiso a largo plazo. Muchos expertos en esa área lo describirían como un compromiso *permanente*. (Por ejemplo, los defensores del programa de Alcohólicos Anónimos dicen que nadie llega jamás a ser un "alcohólico recuperado", sino un "alcohólico *en recuperación*".) Por eso yo nunca diría que el proceso de superar este problema es fácil o sin complicaciones. Pero, ¿es que hay realmente otra alternativa?

## LO QUE ESPERAMOS

"La vida no tiene ninguna obligación de darnos lo que esperamos", escribió Margaret Mitchell en *Lo que el viento se llevó*.

Qué gran verdad—y también es verdad que gran parte de nuestra frustración e infelicidad proviene de nuestra tendencia, demasiado humana, de creer que si esperamos algo, tenemos el derecho de que nuestra expectativa se cumpla. Conozco a muchas personas solteras que son víctimas de esta idea; y sé de muchas parejas casadas que también lo son. Pero lo que complica esta situación en el matrimonio es que cada cónyuge debe enfrentar sus propias expectativas y también las de la otra persona. Tal vez lo que hace el problema de las expectativas algo tan difícil para las parejas es el potencial de una dosis doble de esperanzas truncadas.

Me parece que, en última instancia, la mejor manera de tratar este dilema es mediante una combinación de claridad y flexibilidad. Aclarar tus necesidades y tus expectativas te ayudará a saber lo que quieres. La flexibilidad te ayudará a ajustarte, adaptarte y comprometerte si no recibes o no puedes recibir lo que deseas. En términos ideales, los esposos se ayudan el uno al otro a través de un proceso de maduración que aumenta la claridad y la flexibilidad de ambos. Uno de las cosas que deseo es que todas las parejas se esfuercen por lograr esta combinación de objetivos.

Quiero concluir con una cita de la novelista Pearl S. Buck: "Un buen matrimonio es aquél que da la oportunidad para que cambien y maduren sus integrantes, y también la forma en que expresan su amor." [*A mis hijas, con amor* (1967)]

*Camino Cuatro*

# SEAN HONESTOS

Oigamos a continuación a cuatro personas hablar sobre el papel que desempeña la honestidad en sus matrimonios respectivos:

*"Jason y yo discrepamos en muchísimas cosas, pero hicimos el acuerdo de que, no importa qué suceda, siempre seremos honestos el uno con el otro. A veces discutimos porque vemos las cosas desde diferentes puntos de vista. ¡Los dos tenemos opiniones muy firmes! Pero sabemos que siempre oímos exactamente lo que piensa el otro. Siempre sabemos exactamente cuál es nuestra posición."*

*—Melinda, treinta y ocho*

*"Mi mujer me vigila como si fuera un halcón. Ella sabe que yo nunca la engañaría con otra, pero como en mi trabajo hay tantas mujeres, eso la vuelve loca y su imaginación se apodera de ella. Al final, me siento un poco paranoico. Ni siquiera puedo bromear con estas compañeras de trabajo sin sentirme culpable. Y, francamente, lo resiento."*

*—Adam, veintisiete*

*"Janice me ha enseñado tanto sobre ser franco el uno con el otro. Ella dice, '¿Qué te pasa?' Y como todo macho estadounidense con sangre en las venas, le respondo, 'A mí, nada. Estoy bien'. Y ella dice, 'Ay, por favor, yo sé que algo te molesta'. Nueve de cada diez veces tiene razón. Y entonces hablamos. Lo mejor es que yo sé que ella siempre me escuchará y me aceptará sin juzgarme por cualquier cosa que yo piense. Y así enfrentamos juntos el problema."*

*—Alvaro, cuarenta*

*"Lo que más me dolió de esa aventura no fue la aventura en misma. ¡Ya eso de por sí fue desagradable! Pero mientras duró, que fue más de un año, él actuaba como si nada. Me trataba como si yo fuera el centro de su vida. Pero yo no era el centro de su vida. Otra mujer era el centro de su vida. Así que todo lo que me hizo y todo lo que me dijo durante ese tiempo fue mentira."*

*—Nancy, veinticinco*

Estos cuatro cónyuges —dos esposas y dos esposos— enfrentan situaciones que indican el lugar que la verdad ocupa en sus vidas. Habla a favor de la primera y la tercera parejas el que hayan logrado colocar sólidos cimientos de honestidad en sus matrimonios. Sin embargo, para la segunda y la cuarta parejas, la honestidad ocupa una posición más débil e incluso más inestable en sus relaciones. Estas parejas, como todas las parejas, tendrán que enfrentarse a problemas de honestidad a lo largo de sus vidas de casados. No hay forma de evitarlo: la honestidad es, de hecho, uno de los asuntos primordiales de cualquier relación.

## LA HONESTIDAD: ¿UN MANDAMIENTO . . . O SÓLO UNA SUGERENCIA ÚTIL?

Hoy día muchas personas consideran los Diez Mandamientos poco más que sugerencias de Dios, pero te aseguro que son mucho más que consejitos útiles. Además de ofrecer instrucciones bien claras, los Mandamientos también contienen la sabiduría y la guía que todos necesitamos para vivir felices. Y decir la verdad es tan importante que Dios hasta lo hizo uno de sus Mandamientos: *No mentirás.*

Sería conveniente realizar aquí unos cuantos comentarios teológicos. Los Mandamientos que Dios le dio a Moisés en el Monte Sinaí (Éxodo, 20:2—17 y Deuteronomio 5:6—21) pueden dividirse en dos categorías básicas: los tres primeros y los siete últimos. Los tres primeros tienen que ver directamente con nuestra relación con Dios. Podría decirse que son Mandamientos "verticales"—se ocupan de la relación "Dios-y-tú". Los siete restantes son Mandamientos "horizontales" que tienen que ver con nuestras relaciones mutuas—todas nuestras relaciones e interacciones humanas. Ellos nos ofrecen una fórmula para vivir nuestras relaciones con honestidad y transparencia. En realidad, los últimos siete Mandamientos brindan casi todo lo que necesitamos saber sobre ese asunto, ya que cada uno de estos mandamientos menciona varios problemas que con frecuencia confrontamos en nuestras vidas cuando dejamos de ser fieles y sinceros.

(Estos Mandamientos son: 4—Honrarás a tu padre y a tu madre; 5—No matarás; 6—No cometerás adulterio; 7—No robarás; 8—No mentirás; 9—No desearás a la mujer de tu prójimo; 10—No codiciarás los bienes ajenos.)

En lo que se refiere a lo que discutimos sobre las relaciones, el Octavo Mandamiento —"No mentirás"— es un concepto fundamental. En primer lugar, la honestidad es la base de cualquier relación franca y generosa, como lo es el matrimonio. Además, la honestidad es el concepto

central alrededor del cual se agrupan los otros seis Mandamientos "horizontales." ¿Por qué? Pues porque todos los otros Mandamientos también
se relacionan con los temas básicos de la verdad y la mentira. Los temas
del homicidio (el Quinto Mandamiento), el adulterio (el Sexto y el
Noveno), el robo (el Séptimo) y la codicia (el Décimo) tienen que ver
todos con el concepto básico de la honestidad. Debido a esto, todos estos
Mandamientos se aplican al tema de las relaciones. Y si los seguimos fiel-
mente, los Mandamientos de Dios pueden lograr que seamos honestos y
que no nos metamos en líos en nuestras relaciones, incluido el matrimonio. El Octavo Mandamiento confirma el dicho de que "La honestidad
es la mejor norma". ¡El mundo de nuestras relaciones es ya lo bastante
complicado sin necesidad de dificultarlo aun más con todos los engaños
y las mentiras que trae la falta de honestidad!

He aquí el punto fundamental de la cuestión: tú y tu cónyuge no
pueden cosechar la confianza, el respeto y la lealtad sin cultivarlos a base
de honestidad. La falta de honestidad daña todas las relaciones, pero esa
carencia perjudica especialmente los esfuerzos que hacen esposos y esposas para crear lazos matrimoniales sólidos y amorosos.

Por todas estas razones, el Camino Cuatro —Sean honestos— examina
la naturaleza de la honestidad y cómo ésta influye en las relaciones de
parejas.

## Capítulo 8

# La honestidad—el corazón de la franqueza

Cuando hablamos de honestidad en referencia a las relaciones, ¿de qué hablamos realmente? ¿Queremos decir que lo que se habla tiene que ser exacto desde el punto de vista de los datos? ¿O hay una serie de temas más profundos que son de importancia esencial para lo que discutimos?

Mi opinión es que sí hay una serie de temas más profundos. Honestidad no es tan sólo decir palabras que no son falsas. Honestidad consiste también en ser capaz de ser uno mismo en su totalidad y expresar lo que tienes en el corazón y en la mente a la persona que más amas—la persona con quien compartes tu vida. Honestidad consiste en expresar lo que para ti es la verdad y que concuerda con el amor que sientes por tu pareja o cónyuge. La honestidad es el corazón de la franqueza.

Todos lo buenos matrimonios—los matrimonios sólidos y felices— contienen un elemento de honestidad. Los cónyuges no tratan de esconderse cosas el uno del otro para satisfacer algún aspecto egoísta de sus propias personalidades. Por el contrario, comparten lo que, en sus mentes, corazones y almas, es más importante para ellos. El tipo de honestidad a la que me refiero significa que tienes que compartirte totalmente con tu pareja.

En el cristianismo hablamos de cómo los dos esposos se convierten en una sola persona. Este concepto proviene del libro del Génesis—la idea de que el hombre dejará a su padre y a su madre y se unirá a su esposa para convertirse los dos en un solo ser. ¿Qué significa esto: "los dos se hacen uno"? ¿Puedes tú tener tus propias verdades, tu propia vida individual, sin que tu cónyuge sepa realmente quién eres y qué sucede en tu interior? No creo que sea posible. Para que una relación sea genuina y buena, tiene que haber honestidad. Tiene que haber un lazo que los una a los dos. Tal vez la palabra correcta es *transparencia*: nada de cautela, nada de mezquindad espiritual. No debería haber en tu vida nada que ocultes a tu cónyuge. Cuando dos vidas se unen de esta manera profundamente íntima, debería haber una esencial franqueza entre los dos. Debería haber sinceridad en todo lo que hacen. En un sentido, tú y tu cónyuge *sí* se convierten en un solo ser. Este concepto no es solamente un ideal. Creo que también sucede en la realidad. Hay parejas que, sencillamente, se miran entre sí y saben lo que el otro o la otra está pensando. Se entienden a la perfección.

El problema comienza cuando falta la transparencia. Los cónyuges no son francos el uno con el otro. No son fieles a la visión que tenían de su matrimonio. Esto es triste—y hasta trágico. Si no puedes ser genuina/o con la persona a la que más amas —la persona a la que le has entregado tu vida—, ¿con quién más podrás serlo? ¿Qué te ata a esta persona si no esa verdad primordial de luchar por llegar a ser ambos un solo ser?

Reconozco que es fácil malinterpretar lo que digo. ¿Estoy sugiriendo que jamás te andes con rodeos y que expreses siempre el primer comentario más impulsivo y simplista que te venga a la mente? Absolutamente no. La honestidad en el matrimonio puede ser un proceso sutil y complejo. La honestidad puede —y debe— incluir una perspectiva más amplia que la que he mencionado hace un momento.

He aquí un ejemplo. Un amigo le preguntó una vez a un hombre llamado Sam: "¿A qué edad tú crees que son más bellas las mujeres?"

Sam lo pensó un rato, y contestó, "Cuando tienen la edad de mi mujer."

Sam tenía casi sesenta años. Su esposa también tenía la misma edad. Sam podía haber dicho, "A los veinte"—o a los veinticinco, a los diecisiete o a los treinta. En resumen, que pudo haber ofrecido cualquiera de las respuestas típicas que predominan en nuestra sociedad respecto a la belleza femenina. Pero no lo hizo. ¿Fue su respuesta la más objetiva posible? No. Pero creo que contestó honestamente al afirmar lo que pensaba: que, para él, su mujer era la más hermosa. Una persona que está profundamente enamorada de su pareja probablemente pensaría que la persona más bella es su cónyuge. Así que, de una manera significativa, Sam *fue* honesto. Ésa era la forma en que él percibía la belleza. Y su respuesta sugiere que la honestidad es más que, sencillamente, un asunto de "hechos". La honestidad en el matrimonio toma en consideración la importancia del compromiso matrimonial y la vida que comparten los esposos.

En este capítulo vamos a considerar primero los temas generales de honestidad y cómo afectan las relaciones entre las parejas. Luego, vamos a examinar tres amenazas específicas a la honestidad: los celos, la codicia y la infidelidad.

## EL PODER DE NUESTRAS PALABRAS

Cuando consideramos cuán honestos somos, tenemos que calcular qué valor le damos al poder de nuestras palabras. ¿Realmente decimos lo que pensamos y pensamos lo que decimos? ¿Consideramos que las promesas que hemos hecho son sagradas? Cuando hacemos promesas para toda la vida, ¿cumplimos nuestra palabra? Creo que es esencial que tomemos en serio nuestras palabras si aspiramos a vivir como seres humanos y no tan sólo como animales guiados por sus instintos.

Hace años, "dar la palabra" valía tanto como hacer un acuerdo por escrito. Antes de que las chequeras y las tarjetas de crédito se convirtieran en cosa de todos los días, muchas personas sólo usaban el sistema de la "palabra de honor". Esta palabra de honor también se aceptaba como un compromiso legal y moral en otros aspectos de la vida. ¿Existe todavía hoy día este sistema? Hasta cierto punto sí. Aún en el presente, por ejemplo, los votos matrimoniales siguen siendo una expresión solemne de un compromiso verbal que se supone debe ser honrado toda la vida. Cuando un hombre y una mujer están frente a frente ante el altar y se prometen amarse el uno al otro "todos los días de nuestras vidas", están afirmando algo sumamente esencial. A menudo les pregunto a la novia y al novio unos cuantos días antes de la ceremonia matrimonial si están preparados para decir esas palabras con toda la intención de cumplirlas. Casi siempre me dirigen una mirada llena de profunda emoción y respeto. Esta reacción me demuestra que tienen la intención de hacer un compromiso serio. Sin embargo, ante la altísima tasa de divorcios del presente —y con el tema de la indisolubilidad del matrimonio constantemente en entredicho—, tengo que preguntarme si el valor de estas palabras sagradas y solemnes tendrá la misma importancia para las futuras parejas de recién casados. ¿Hemos perdido por completo el respeto por las palabras y por el poder vinculador que siempre les hemos atribuido? Espero que no.

He aquí lo esencial: debemos ser honestos. Para serlo, debemos estar motivados a ser honestos. Puede que para mantener esta motivación sea necesario un esfuerzo concentrado de nuestra parte—una conciencia de que la honestidad no *pasa* así como si tal cosa, sino que exige que pensemos en lo que hacemos. Tenemos que esforzarnos por cumplir nuestras promesas. Tenemos que estar alerta acerca de que ser displicentes con la verdad —una tendencia a no tomar en serio lo que decimos— puede dañar nuestra habilidad de amar abiertamente y de forjar relaciones duraderas. Sencillamente, no es suficiente amar y desear que nuestras relaciones sean buenas; tenemos que tomar acción respecto a estas aspiraciones mediante una atención concentrada y un esfuerzo continuo. Debemos mantener nuestros votos y renovar nuestras promesas cada día—incluso aunque no sea tan fácil hacerlo.

Aquí está en juego también otro asunto importante: la relación entre la confianza y la verdad. No podemos hablar de la honestidad sin hablar al mismo tiempo de la confianza. Sé que todo el mundo estaría de acuerdo en que la confianza es uno de los elementos fundamentales de una relación íntima. ¿Cómo puedes ser absolutamente franca/o con alguien —cómo puedes permitirle a esa persona que entre en tu centro sagrado— si no confías en él o ella? ¿Cómo puedes a exponerte al posible riesgo que esta franqueza entraña? ¿Cómo puedes estar segura/o de que esta persona no traicionará tu franqueza y te lastimará? ¿Cómo puedes entregarle tu corazón a alguien si no confías en que esa persona no lo destrozará? Si no sientes confianza, te arriesgas a una existencia cuyo principal objetivo es protegerte —levantar una barricada alrededor de tu corazón, sin dejar que nadie se acerque a ti—, lo cual puede conducirte a vivir en aislamiento y soledad.

Pero la confianza no existe en medio de un vacío. En una relación, la confianza es de primordial importancia, pero no puedes sentirte totalmente confiada/o a menos que consideres que tu disposición a confiar está justificada. ¿Y cómo podrías desarrollar este sentido de seguridad? Pues bien, tanto tú como tu pareja deben estar comprometidos con la verdad. Tienen que establecer un patrón de conducta por el cual cada uno de ustedes supone que lo que dice su compañero/a es cierto. ¿Cómo puede una pareja desarrollar seguridad y confianza sin establecer un patrón básico y sistemático de que los dos digan la verdad? Si no estás comprometida/o a decir siempre la verdad —no necesariamente porque mientes constantemente, sino porque mientes lo bastante como para que tu pareja no se sienta segura de lo que oye—, entonces no puedes fomentar la confianza. Debido a esta razón, la violación del Octavo Mandamiento —"No mentirás"— da lugar a tantos problemas entre las parejas.

Hasta mentiras que aparentemente no tienen importancia, pueden hacer un daño considerable al matrimonio. Éste es un problema al que hay que prestar mucha atención, ya que estamos acostumbrados a decir mentiras intrascendentes casi de manera inconsciente. Hasta hemos creado el concepto de la "mentirita piadosa" para poder sentirnos bien cuando mentimos.

Mentir es una mala costumbre; es una carga a largo plazo. Muchas personas llevan a sus relaciones una vida entera de mentiras—una herencia que puede dañar y hasta destruir el matrimonio. No me refiero solamente a las mentiras de envergadura y las traiciones—los temas escandalosos que provocan interminables diatribas en los programas de entrevistas de la televisión en su horario diurno: infidelidad, secretos personales y todo lo demás. Incluso esas "mentiritas piadosas" que decimos de manera habitual pueden perjudicar seriamente nuestras relaciones. Con el tiempo, a menudo estas mentiritas piadosas aumentan y se complican. Sobre todo en un matrimonio, un comportamiento sistemático de mentir puede destruir la confianza de la pareja y la seguridad mutua que tiene uno en el otro. Como he presenciado este fenómeno demasiadas veces, no lo considero rutinario ni inofensivo.

## LA HONESTIDAD EN CRISIS

No cabe duda de que el tema central de la honestidad en la relación de una pareja radica en la "franqueza absoluta" que mantengan entre ellos. No se trata solamente de decir palabras que sean verdad desde el punto de vista de los hechos; también se trata de que cada persona sea franca y esté pendiente de lo que piensa y siente su compañera/o. ¿Algo difícil de cumplir? Sin duda que lo es. Pero eso es lo que entraña realmente mantener una buena relación.

Es inevitable que cada uno de nosotros fallemos en nuestras diversas relaciones. También es inevitable que los cónyuges fallen en sus interacciones dentro del matrimonio. Eso es parte de la condición humana. Somos criaturas expuestas a equivocarnos. Una de las razones por las que el hombre y la mujer se unen en matrimonio es para apoyarse el uno al otro, para ayudarse mutuamente a madurar y para estimularse el uno al otro a lo largo de sus vidas en este mundo. No te castigues por fallos cotidianos; todos ellos son parte de lo que hace falta para que aprendas y madures. Pero, ¿qué hacemos con los fallos realmente graves en cuanto a la honestidad de una pareja? ¿Qué sucede con aquellos problemas que no sólo provocan frustraciones y disgustos, sino también grandes dificultades en la relación? A veces los fallos en que incurren las parejas lastiman profundamente a ambos—o a la relación misma. A veces la habilidad de una pareja para actuar con honestidad entra en crisis.

Converso con muchas parejas que aún no se han casado acerca de los votos que van a tomar, acerca del compromiso que hacen al casarse, y todas aceptan el hecho de que el matrimonio es un paso importantísimo. Por desgracia, mi experiencia me ha mostrado la otra cara de esta moneda. Recibo cerca de 5.000 cartas por semana a través de mi columna del periódico, y yo diría que un setenta por ciento de ellas tienen que ver con algún tipo de dificultad matrimonial. Un alto porcentaje de ésas— del ochenta al noventa por ciento— viene con la frase de una mujer que escribe, "Mi marido me ha engañado".

¿Qué nos muestra esta situación? Aquí hay una triste contradicción. Aunque la inmensa mayoría de la gente entiende lo que significa "todos los días de nuestras vidas", muchos no cumplen con su parte del compromiso. Yo hablo con estas parejas acerca de lo que estas palabras significan realmente. Ahora bien, el concepto secular del matrimonio es que se trata de un acuerdo entre dos personas que se unen y dicen, "Acordamos vivir juntos de esta manera. Si las cosas no funcionan y tenemos la necesidad de romper este pacto escrito, nos divorciaremos". Pero según la percepción católica del sacramento, las personas se casan por la Iglesia porque entienden que, como seres humanos, les falta la fuerza para mantener su compromiso durante todos los días de sus vidas, y por tanto le piden ayuda a Dios. La función del sacramento es darles a ustedes la gracia de ayudarlos a cumplir el compromiso trascendental que han hecho. Dos personas se convierten en una para siempre. No forjan un acuerdo corriente—sino que forman una *alianza divina.* Este tipo de pacto significa que no son sólo ustedes dos los que participan en él; también hay una tercera parte en el acuerdo: Dios. Esta alianza es un acuerdo que se hace ante la presencia de Dios; *hay* una parte legal, pero existe otra parte más poderosa —la parte sacramental—, y es por eso por lo que un matrimonio por la Iglesia es algo tan importante para los cristianos de todos los credos.

Por eso, cuando alguien siente que la/lo traicionaron, esa frase de "todos los días de mi vida" se convierte en un gran problema. ¿Por qué? Pues porque piensas, *Un momento, yo comencé esta relación con la idea de que él entendía que ambos vamos a hacer todo lo posible por permanecer unidos, y ahora veo que está haciendo algo diferente.* Ésa es la causa de que la traición represente una inmensa violación. Alguien no ha cumplido su parte del acuerdo. Es a esto a lo que me refiero cuando digo que la honestidad no es sólo *decir palabras,* sino también *vivir un compromiso.*

Los aspectos de la honestidad que creo que causan los mayores problemas en las relaciones son *los celos, la codicia* y *la infidelidad.* Es cierto que también otras manifestaciones menores de la deshonestidad pueden causar daño. Como mencioné anteriormente, hasta la costumbre de decir "mentiritas piadosas" puede debilitar considerablemente la confianza y la seguridad en el matrimonio. Pero los celos, la codicia y la infidelidad hacen el daño mayor; por eso ahora quiero tratar sobre estos problemas y sobre cómo puedes evitarlos. Para desarrollar más esta discusión, en el Capítulo 9 explicaré cómo puedes sobrellevar estas situaciones de manera práctica.

## CELOS

Hace poco hablé con Roberto y Alicia, quien están comprometidos para casarse dentro de poco. Roberto trabaja en una ciudad y Alicia en otra. Durante muchos años han mantenido una relación a larga distancia. En muchos sentidos, son una pareja feliz. Pero Alicia afirma que ella no puede confiar en Roberto porque varias de sus ex novias viven en la misma ciudad que él, y su profesión le exige que entre en contacto con otras mujeres.

Roberto responde así a estas preocupaciones: "Es cierto, esas ex novias viven en la misma ciudad que yo, y de vez en cuando tengo que interactuar con mujeres como parte de mi trabajo, pero no coqueteo con ninguna de ellas. Alicia es mi novia. Ella es la única que me importa".

La respuesta de Alicia: "No me importa. No lo soporto".

Ésta es una situación problemática, y no mejorará hasta que Alicia pueda eliminar sus preocupaciones y confiar en su prometido. Si no lo hace, preveo que sus celos van a corroer la relación de esta pareja.

Los celos son una manifestación de la inseguridad que siente una persona y de su falta de confianza en su pareja. Pueden convertirse en el aspecto obsesivo y hasta enfermizo de una relación. Pocos comportamientos son más dañinos que los celos, sobre todo con el paso de los años. Un problema común son los celos de relaciones anteriores—hasta de relaciones de hace ya muchísimo tiempo atrás. Los celos también se presentan con frecuencia en las relaciones entre personas que están haciendo todo lo posible por revivir su matrimonio luego de que uno de los cónyuges cometió adulterio.

¿Por qué constituyen los celos un problema tan grande? En términos generales, porque uno o los dos integrantes de la pareja insisten en vivir en el pasado, y esta fijación limita su habilidad para madurar juntos y avanzar. Es una situación muy triste. Si no hay confianza, es imposible lograr una relación duradera, madura y feliz. Los celos pueden ahogar los buenos sentimientos que tratan de desarrollarse y prosperar en una relación.

A veces ni siquiera se trata de que exista "la otra" o "el otro", el tipo de situación que nos viene a la mente cuando se piensa en los celos. Conozco una pareja en la que la esposa es increíblemente celosa de las interrelaciones de su marido *con cualquier persona*—hasta con sus amigos de la infancia. Susana también siente celos de los contactos de Pete con sus compañeros de trabajo y sus clientes en la consulta de veterinaria donde trabaja. Básicamente, ella se siente insegura de las interacciones de Pete con *todo el mundo*. A menudo me pregunto si Pete se siente asfixiado por los celos que su esposa siente ante cualquier cosa que él haga. Sin embargo, lejos de protestar, Pete, de hecho, ha cedido aún más ante los celos de su mujer. ¿Es ésta actitud una señal de saludable tolerancia? Tal vez—pero lo dudo. ¡Es una situación enfermiza! Me preocupa que Pete se sienta poco a poco tan limitado por los celos de su esposa que su resentimiento se va a ir acumulando y acumulando hasta que explote. O, si no, el mundo de la pareja se reducirá hasta el punto de que su matrimonio consista solamente en dos personas infelices atrapadas sin salida.

También me he enterado de casos en los que el hombre está celoso de las amigas de la universidad que tiene su esposa—de cómo van a almorzar juntas, de cómo hablan tan íntimamente, de lo bien que la pasan juntas. No se trata de que sospeche que su mujer tenga relaciones homosexuales—nada de eso. Pero siente envidia de cuánto se divierten estas mujeres cuando están juntas. Tal vez teme que su esposa prefiera la compañía de ellas a la de él. No lo sé. Pero lo que sí creo es que esas manifestaciones de celos son un síntoma perturbador de falta de confianza en el matrimonio, y estos asomos de celos se convierten en un problema mayor con el paso de los años.

Esto es lo que yo pienso. En una relación hay un tipo saludable de celos—los celos que te llevan a exigir que tu pareja tenga una relación exclusiva contigo. Eso se entiende. Ésos no son celos enfermizos. Hay en ellos un sentido de posesión mutua: "Yo te pertenezco y tú me perteneces". En un matrimonio tiene que existir un sentido igualitario de pertenencia mutua, ya que se trata, después de todo, de una relación exclusiva.

Pero el otro tipo de celos —los celos que perturban— indican una falta de confianza y una carencia de seguridad en la otra persona. Esta especie de celos siempre es destructiva. ¿Por qué? Pues porque el celoso o la celosa colocan a su pareja en una posición en la que jamás se siente libre. Esta situación puede conducir a que esa persona se siente claustrofóbica, sin libertad para ser ella o él mismo, ni para relacionarse con los demás. También implica que el lazo marital es débil, y esto no crea un sentimiento agradable en la pareja. Cuando hay celos en una relación, el cónyuge celoso inspirará una sensación de temor en su compañero/a, quien se preguntará, *¿Me está vigilando? ¿Piensa que estoy haciendo algo incorrecto?* Una relación donde hay miedo tiene un problema muy grande. En el matrimonio, como en muchas otras situaciones, el miedo no es un buen factor de motivación—o, si acaso motiva, es un factor *negativo*. Cuando es el miedo lo que te motiva, tu relación se encamina hacia el atolladero.

Si amas a alguien y te entregas a esa persona por amor, deberías confiar en ese amor compartido. A nadie le gusta sentirse aprisionado por una persona compulsivamente celosa que dice que no puedes hacer nada con nadie. Hay toda clase de extremos—desde el marido que no deja a su esposa salir de la casa porque quizás otro hombre pudiera mirarla, hasta la mujer que revisa la lista de llamadas del teléfono móvil de su cónyuge para asegurarse de que ninguna otra mujer lo ha llamado. Hoy día están de moda los correos electrónicos o e-mails, y a veces las parejas sospechosas se revisan mutuamente sus mensajes. Cuando oigo sobre esta especie de obsesión, tengo que preguntarme dónde ha ido a parar la confianza. ¿Dónde está la privacidad? Los cónyuges deberían poder tratarse como adultos, no como delincuentes en potencia a los que hay que vigilar. Si tienes alguna razón para creer que tu cónyuge se comporta de una manera que viola el espíritu de tu matrimonio, deberías discutir tus preocupaciones con toda franqueza. Si no tienes razón alguna para pensar que algo sucede, deberías respetar la confianza que está en los cimientos de tu relación.

¿Cómo deberías lidiar con los celos si "el monstruo de ojos verdes" asoma su cabeza en tu matrimonio? El Capítulo 9 te ofrecerá una serie de sugerencias para ayudarte a domar a esa bestia.

Pero antes, echémosle una ojeada a otro problema que hace que la honestidad se convierta en un asunto complicado para muchas parejas.

## CODICIA
### "EL QUE SE MUERE CON MÁS JUGETES, GANA"

Este famoso letrero adhesivo para el parachoques del auto siempre me ha preocupado profundamente. Primero que todo, ¿es que nadie le dijo al "tipo con más jugetes" que no podrá llevárselos cuando muera? Además, la actitud del letrero me molesta, porque toma como un chiste un aspecto preocupante de nuestra sociedad: nuestras obsesiones por adquirir cosas, poder, riqueza y estatus. En breve, que ofrece una especie de aprobación humorística de la codicia—el deseo de adquirir más cosas de las que realmente necesitamos. Ese mensaje puede parecer gracioso, pero la codicia puede ser una fuerza destructiva en nuestras vidas.

Creo que vivimos en una época de adicciones. Todo tipo de adicciones están a la orden del día—las más evidentes son las del alcohol, las drogas y de otras sustancias. Pero también existen otras adicciones, entre ellas la adicción a las posesiones, al dinero, al poder, al sexo y al estatus. Todas estas adicciones son, básicamente, formas de codicia. ¿Por qué? Porque deseamos "cosas" materiales y no materiales. Queremos más dinero, más poder, más relaciones sexuales, más estatus. Llegamos a concentrar todos nuestros esfuerzos en adquirir estas cosas. ¿Y qué tiene eso de malo?, te preguntas. ¿No deberíamos todos aspirar al éxito? ¿No deberíamos luchar por una vida más cómoda? Por supuesto que el éxito y el confort son aspiraciones dignas. Sin embargo, creo que nuestra vida se complica cuando el éxito y el confort se convierten en nuestras metas primordiales—cuando tener más cosas pasa a ser una prioridad más importante que la familia, los amigos, la salud, la compasión, el amor y la sabiduría. Cuando la codicia se apodera de nuestras vidas, no somos libres. De hecho, la codicia puede ser una carga, una distracción, y puede alejarnos de nuestros seres queridos.

La triste consecuencia de la codicia es el autoengaño. La persona codiciosa cree que la solución de los problemas de su vida es tener más cosas—y no hay nada más lejos de la verdad. Los seres humanos no fuimos creados para ser codiciosos. En realidad, nuestra verdadera naturaleza es ser generosos y desprendidos, no egoístas y acaparadores. Si no aceptamos nuestra generosidad innata, nos será difícil vivir bien o encontrar la felicidad. Pero cuando aprendemos a dar con generosidad, nos desprendemos de la codicia y aprendemos a vivir más allá de nosotros mismos. Por el contrario, la codicia nos atrapa en nuestro interior, y nos deja poco tiempo para apreciar a los demás—entre ellos, desafortunadamente, las personas que más queremos.

## ¿CÓMO AFECTA LA CODICIA LAS RELACIONES?

Quizás te preguntes qué tiene que ver la codicia con la honestidad y con la relación de una pareja. La respuesta es breve: muchísimo. Eso se debe a que muchas parejas se concentran en adquirir cosas en vez de enfocar sus esfuerzos en prestarse atención mutua. No resulta difícil imaginarse por qué esto sucede. Todos nos enfrentamos a una arremetida constante de la publicidad, la propaganda de los medios de difusión y la presión social para adquirir más y más cosas. Eso es una parte esencial de nuestra sociedad de consumo. Al final, la codicia termina siendo una distracción de los asuntos interpersonales a los que deberíamos prestar atención, tales como pasar más tiempo junto a nuestros seres queridos y responder a sus necesidades de atención y afecto. Tiende a limitar nuestra franqueza para con los demás; cierra las puertas del templo sagrado y mantiene fuera de él incluso a las personas que más nos queremos. He aquí dos breves ejemplos.

A Rogelio, que es contador, le gusta comprar y vender acciones bursátiles por medio de la Internet. Es una forma fácil de ganar un poco más de dinero, y puede hacerlo en el tiempo que le queda libre después del trabajo. Para Rogelio esta actividad comercial a tiempo parcial es una afición no sólo inofensiva, sino también beneficiosa, ya que sus ganancias netas le permitirán mejorar la economía familiar. Pero lo que comenzó como un pasatiempo periódico ha ido ocupando cada vez más su tiempo y energía. La hora que de vez en cuando se pasaba frente a la computadora después de la cena, rápidamente se expandió hasta convertirse en la tarea de toda una noche. Muy pronto, la esposa de Rogelio, Mindy, comenzó a sentirse frustrada ante la situación. Su esposo no estaba disponible para ayudarla con actividades relativas a la crianza de los hijos, y la ignoraba incluso después de que los pequeños se habían ido a la cama. ¿Había algo fundamentalmente incorrecto en el deseo de Rogelio de hacer transacciones en la bolsa? No. Pero su creciente deseo de "ganar en grande" se convirtió rápidamente en algo negativo. La obsesión de Rogelio con las transacciones bursátiles a través de la Internet reemplazó su interés por sus hijos, su participación en las actividades domésticas y el deseo de relaciones íntimas que sentía su esposa. El ansia de este hombre, que aparte de eso era un buen esposo, por los bienes materiales, se había distorsionado y convertido en un factor potencialmente destructivo.

El caso de una mujer a quien llamaré "Norma" es un poco diferente, pero también se expone a daños emocionales y maritales similares. A Norma, un ama de casa de veintiséis años, le encanta comprar. Este afán es común en nuestros días—muchas personas adoptan el lema de "Cuando tengas un contratiempo, vete de compras." Pero las salidas de compras excesivas de Norma constituyen un problema. Su esposo, José, trabaja para la compañía de electricidad local como técnico encargado del mantenimiento de tendidos. Gana un buen sueldo y la pareja tiene una agradable casa suburbana donde viven cómodamente, pero los cheques salariales de José no le dejan mucho dinero libre. Por desgracia, las frecuentes visitas de Norma a las tiendas para comprar ropas, muebles, artículos domésticos de alta tecnología, joyas y todo tipo de productos de consumo han llevado al máximo las deudas de las tarjetas de crédito de la pareja, lo que les ha dificultado el pago mensual de sus cuentas y ha creado una enorme tensión entre los dos.

Lo que hace aun peor la situación es que muchas personas no piensan de la misma forma en lo que se refiere al lugar que ocupan los bienes y la riqueza en su vida de casados: ¿Cómo deberían compartir lo que tienen? ¿Cómo deberían distinguir entre lo que es necesario y lo que es un lujo? Eso no significa, por fuerza, que una persona sea más materialista que la otra. En realidad, la cuestión radica en que vivimos en una sociedad tan consumista, que a menudo los esposos no están en la misma onda respecto a lo que realmente necesitan y lo que desean.

Esta situación puede convertirse en un problema, ya que a medida que nuestra sociedad le da cada vez más importancia al tamaño y al precio de los artículos que posees, se ejerce más presión en la relación. Si, por ejemplo, un hombre le da a su prometida muchos regalos —el primero, un enorme anillo de compromiso—, se le dará un valor material al amor que una persona siente por la otra. Es casi como si *más cosas* equivaliera a *más amor*. Si su prometido le regala muchas cosas, eso significa que la quiere mucho, ¿no es cierto? Si se sigue este razonamiento, darle menos cosas —inclusive si él es más afectuoso, más fiel, más confiado y más generoso desde el punto de vista emotivo— significa que seguramente la quiere menos. ¿Te das cuenta de lo que sugiero? Nuestras relaciones se distorsionan, no debido a *cuánto amamos*, sino a *cuánto cuestan las cosas*.

Mi experiencia me ha mostrado que las parejas que tienen los mejores matrimonios son aquéllas que no colocan la riqueza material al principio de su lista de prioridades. Por el contrario, les dan valor a los aspectos intangibles de su relación. Desafortunadamente, he visto que muchas personas jóvenes en la sociedad actual creen que necesitan tener muchas más

cosas para ser felices. ¡Para mí esto es algo tan extraño! Inclusive antes de
ser sacerdote, nunca necesité ni quise muchas cosas. Quizás esta actitud
fue, sencillamente, consecuencia de la forma en que me criaron. Con muy
pocas *cosas*, mis padres lograron tener un matrimonio muy feliz y autén-
tico. Por ejemplo, mi padre tenía un VW Bug de 1969 que compró unos
cuantos meses después que yo naciera. Ése fue el mismo auto que yo con-
duje cuando era un adolescente. Todos los compañeros de trabajo de mi
padre tenían bellos autos deportivos de último modelo. Él era el jefe, y le
preguntaban, "¿Por qué manejas ese cacharro viejo?" Y su respuesta era,
"Porque no necesito más. Funciona a la perfección". Se sentía cómodo
con el auto. No le hacía falta un auto caro para sentirse feliz. Ése fue el
mensaje que recibí de niño. Así que cuando veo la situación del presente,
me pregunto, ¿por qué es que tantas personas de mi generación parecen
igualar su felicidad con la cantidad y el precio de sus bienes?

A decir verdad, yo creo que las cosas materiales resultan hoy día una
enorme distracción para las relaciones. Muchas parejas tienen problemas
con este asunto. A veces ambos quieren más y más y más cosas, y sus an-
tojos constituyen una carga para el matrimonio, que cada vez está más en-
deudado. O quizás haya un notable desacuerdo entre los integrantes de
la pareja, ya que uno de ellos quiere más cosas que el otro, y si no, el uno
se pregunta si los regalos que recibe del otro son una suficiente expresión
de amor: "Realmente yo hubiera querido que ella me hubiera regalado
algo mejor en mi cumpleaños . . . A menudo pienso si de verdad me
ama".

De la misma forma que ofreceré algunas sugerencias para lidiar con
los celos, recomendaré algunas formas de enfrentar la codicia que pueda
afectar tu matrimonio. Pero todavía tenemos que examinar una faceta
final de la honestidad antes de continuar hacia los aspectos prácticos en el
Capítulo 9.

## INFIDELIDAD

Me encontraba sentado dentro del avión justo antes del despegue. Como siempre, había reservado un asiento junto a la ventana—un excelente sitio para leer y pasar un tiempo solo y sin interrupciones, lo que no sucede con frecuencia. Entonces, un hombre de mediana edad se sentó a mi lado, en el asiento que da al pasillo. Perfecto. Pensé que intercambiaríamos algunas palabras de cortesía, luego me acomodaría para el vuelo y leería, dormitaría o vería la película. Pero en esta ocasión, para mi gran sorpresa, el hombre se dio vuelta hacia mí y me dijo, "Padre, yo no soy católico, pero necesito hablar con usted. Sé que usted me va a entender". "Por supuesto", contesté, "¿qué le sucede?"

Entonces, sin darme tiempo a decir algo más, el hombre empezó a sollozar. Lloraba como un niño y era incapaz de pronunciar palabra. Con su traje de oficina, parecía un profesional —un abogado, un hombre de negocios, tal vez un médico—, sin duda el tipo de persona que parece tener su vida en orden. Sin embargo, allí estaba, llorando junto a mí mientras yo aguardaba hasta que él pudiera hablar.

Al fin, dijo, "Padre, acabo de descubrir que mi esposa, con quien llevo treinta años de matrimonio, me engaña." El hombre estaba destruido, cuando menos. "Necesito contárselo".

Hablamos durante todo el vuelo, y le prometí rezar para que su matrimonio se recuperara totalmente.

Por desgracia, oigo este tipo de relatos con demasiada frecuencia. La infidelidad matrimonial ha alcanzado, realmente, proporciones epidémicas. En las cartas que recibo a diario a través de mis columnas y mis programas de radio y televisión, el tema de la infidelidad surge una y otra vez. De hecho, en mi labor de pastor pocas cosas me resultan más desgarradoras y difíciles que ayudar a las parejas a enfrentar las consecuencias de la infidelidad. Con frecuencia acabo confrontando a dos personas profundamente heridas. Un cónyuge se siente traicionado, mientras que el otro siente que ha sido él o ella quien ha defraudado a la pareja. Hay una enorme sensación de inseguridad. El cónyuge infiel se pregunta, "¿Me perdonará?" o "¿Será capaz de superar esto?" El otro cónyuge se cuestiona, "¿Podré confiar en él/ella?" Los dos piensan, "¿Volverá nuestro matrimonio a ser igual que antes?" Es una enorme carga sobre los hombros de ambos. Y es un terrible problema, ya que la infidelidad traiciona la honestidad y el respeto que una pareja ha prometido crear entre los dos desde el momento en que hacen sus promesas matrimoniales.

Creo que pocas deslealtades humanas afectan a las personas con tanta intensidad como la infidelidad en el matrimonio. Está, verdaderamente, en el primer lugar de la lista de traiciones. Y si mi experiencia como pastor sirve de indicación, yo diría que cometer una infidelidad es un pecado que hace que muchas personas se sientan profundamente avergonzadas. Muchos ni siquiera pueden admitirlo expresamente, y le dan vuelta al asunto afirmando de manera indirecta: "He violado el Sexto Mandamiento". Son incapaces de pronunciar las palabras, "He cometido adulterio". Mientras tanto, la víctima de la infidelidad —la esposa o el esposo leal— también sufre muchísimo, ya que la deshonestidad de su pareja le hace difícil recobrar la confianza. El cónyuge al que se ha engañado quizás también sufra de baja autoestima y a menudo se culpa a sí misma/o por el comportamiento de su pareja. En resumen, que el dolor causado por la infidelidad provoca heridas reales y graves en ambos cónyuges.

## LA INFIDELIDAD—¿UNA TRAICIÓN "QUE NO DISCRIMINA"?

Hubo una época en que los hombres tenían el monopolio de la infidelidad; muy pocas mujeres tenían tiempo para involucrarse en esta actividad. Pero al cambiar los papeles en nuestra sociedad, y mientras más y más mujeres trabajan fuera del hogar, hemos logrado ahora "oportunidades iguales" en este pecaminoso campo, al igual que en tantos otros. ¿Es motivo de celebración? ¡No lo creo! Sin embargo, es interesante que las razones por las que los hombres y las mujeres engañan a sus parejas son diferentes.

Para muchos hombres la infidelidad es el resultado de un deseo sexual o un ansia de aventura. Todo comienza con las fantasías que se crean en la mente. Los hombres adúlteros a menudo justifican su infidelidad al decir que, en realidad, nunca *abandonaron* a su mujer y sus hijos—aman demasiado a su cónyuge, y quieren ser buenos esposos y padres. Entonces, ¿por qué fueron infieles, para empezar? Es una pregunta difícil de contestar. Para algunos hombres la infidelidad no representa un problema si nadie se entera. Esta situación refleja una actitud inmadura de "no eres culpable si no te descubren". Para estos hombres eso no es un problema importante. Pero cuando el problema se descubre, y su esposa se siente herida y se enfurece—bueno, sin duda que entonces él sí presta atención. Cuando su infidelidad queda al descubierto, casi siempre el hombre se da cuenta de que está perjudicando la relación. A menudo cae un enorme peso de culpa sobre los hombros del adúltero. El hombre infiel tal vez se diga, "No quiero perder a mi esposa. No quiero destruir mi matrimonio. ¿Qué puedo hacer? ¿Cómo puedo convencerla de que la amo?"

Las mujeres, por otra parte, parecen tener una experiencia algo diferente de la infidelidad. Cuando una mujer comete adulterio, a menudo lo hace en busca de la comprensión, la compasión e incluso el afecto físico del que carece en el hogar. Un marido indiferente, desdeñoso o abusador puede empujar a su esposa a buscar afecto fuera del matrimonio. Algunas esposas hasta consideran que no les quedaba otro remedio que ser infieles, ya que se sentían vacías desde el punto de vista emotivo y necesitaban encontrar un sustento para su carencia de afecto. Cuando se descubre que son infieles, puede que reaccionen a la defensiva acerca de la situación y afirmen que sus acciones fueron el resultado de la desesperación. No creo que haya justificación para lo que hacen estas mujeres, pero quizás es cierto que algunas se acercan a otros hombres como una especie de rebelión contra la indiferencia del esposo.

Casi siempre la infidelidad de una esposa hace trizas el amor propio del hombre. Yo creo que el ego femenino es mucho más capaz de manejar la infidelidad. El ego masculino se lastima porque el esposo con frecuencia se pregunta si hay otro hombre que pueda satisfacer a su mujer en la cama mejor que él lo hace. Tal vez para los hombres esto constituye un problema básicamente sexual; tal vez es un asunto de autoidentidad; quizás es un problema de protección. Pero sin duda que hay algo en el ego del hombre que dice, *Tal vez no soy suficientemente hombre para ella.* La infidelidad de sus esposas se convierte en un comentario personal sobre ellos. Los hombres se sienten profundamente heridos por la infidelidad, y les cuesta muchísimo más trabajo superarla que a muchas mujeres que han sido víctimas del adulterio.

Las mujeres que son víctimas de la infidelidad casi nunca perciben la situación de la misma manera que los hombres. Para ellas, la infidelidad del marido no es tanto un comentario acerca de la sexualidad de ellas. Probablemente se sienten furiosas, pero lo más seguro es que se pregunten, "¿Por qué me engañó?" o "¿Qué ve en esa mujer?" o "¿Qué fue lo que ella hizo que lo volvió loco?" Además, con más frecuencia que los hombres, las mujeres sospechan la infidelidad de sus cónyuges. Yo considero que hay más probabilidades de que una mujer descubra la infidelidad del esposo, que las que tiene un esposo de descubrir la de su mujer. Son numerosas las mujeres que intuyen que hay algo raro; a menudo ellas tienen un sentido mucho mayor de lo que sucede en las interacciones humanas, y con frecuencia captan pistas de las que los hombres ni cuenta se dan.

Muchas veces los integrantes de una pareja desean hablar con un confidente, ya sea un miembro de la familia, un ministro de la Iglesia, un consejero, un sacerdote o un terapeuta. En la mayoría de las ocasiones lo que buscan es una vía para aliviar su sufrimiento. Por lo general sucede que la persona engañada se ha enterado, la infidelidad ha salido a la luz y ahora ambos se sienten heridos, sufren y buscan ayuda juntos. Y cuando ambos ya llegan a ese punto, puede iniciarse la tarea de enfrentarse al problema.

La infidelidad es uno de los conflictos más difíciles por los que puede pasar una pareja. Es la consecuencia de fallos básicos de honestidad entre el hombre y la mujer, y casi siempre crea un legado de desconfianza, dolor, resentimiento y sospecha adicionales que es difícil de superar. Pero es un gran error suponer que *no* enfrentar el problema será, de algún modo, mejor que abordar esta dificultosa situación. En verdad, no te queda otra alternativa que confrontar la realidad, luchar con tus problemas y sanar tus heridas lo mejor que puedas.

## OTROS TIPOS DE INFIDELIDAD

Antes de sugerir cómo resolver estos problemas, quisiera tratar brevemente de asuntos diferentes de lo que podríamos llamar la infidelidad "tradicional"—es decir, un cónyuge que tiene una aventura con un/a amante.

Por desgracia, la cultura moderna presenta una cantidad y una variedad cada vez mayor de tentaciones sexuales que resultan atractivas para algunas personas, como son las diversas formas de pornografía. Los clubes de bailarinas desnudas y otras especies de clubes sexuales constituyen un ejemplo de este fenómeno. Otro tiene que ver con los medios de difusión orientados hacia temas sexuales, como los videos y DVD pornográficos. El fenómeno más reciente es la pornografía a través de la Internet—sitios Web de fuerte contenido sexual donde se muestran fotos, escenas de video o interacciones en tiempo real con otras personas en línea. El público consumidor de todos estos tipos de pornografía es en su gran mayoría masculino. Lo más triste acerca de ellos es que tienen la capacidad de perjudicar la intimidad de una pareja, ya que pudiera dar como resultado que el esposo desarrolle una vida de fantasías sexuales que no tiene nada que ver con la realidad de su matrimonio. Quizás él sienta que le resulta más fácil relacionarse con las ilusiones en la pantalla de la computadora o del televisor que interactuar con el ser humano verdadero que lo espera en la habitación de al lado. Tal vez halle mucho más excitante ver a una mujer bailar desnuda en un club que hacer el amor con su propia esposa. Todas estas actividades pueden reflejar la insatisfacción marital y la disfunción sexual, así como también contribuir a estos dos fenómenos. He visto algunos que llegan a un estado tal de obsesión que no pueden desprenderse de la computadora y relacionarse con sus esposas.

¿Podemos llamar infidelidad a lo que he descrito? Bueno, tal vez no en el sentido más tradicional del término. Sin duda que no se trata de adulterio con otra mujer. Pero me parece que los clubes sexuales, los DVD y la pornografía por la Internet son *un tipo* de infidelidad. Cuando un hombre hace la promesa de "renunciar a todos lo demás", las palabras *lo demás* se refieren sobre todo a seres humanos que viven y respiran. Pero si él ignora a su esposa por mujeres de fantasía —ya se trate de desnudistas, de películas pornográficas, de fotos bajadas de la Internet, de escenas de video o de "chateos" en línea con desconocidas anónimas—, me parece evidente que la lealtad que el hombre le debe a su cónyuge se la está dedicando a otra cosa. En este sentido viola su promesa de ser fiel. Sin duda que viola el espíritu de su promesa de "cuidar y respetar" y, sobre todo, de apreciar, valorar y amar a la mujer con la que se casó porque ella es el centro de su vida.

¿Qué sucede cuando una pareja encuentra esta clase de situación? Por lo general es la esposa la que hace que se encare el problema. En contadas ocasiones los hombres piden ayudan para luchar contra una adicción sexual. Es la mujer casi siempre quien pide ayuda cuando descubre lo que sucede. Una mujer me dijo, "Mi marido se pasa tres horas todas las noches mirando esos sitios Web, pero ni siquiera viene a darme un beso de buenas noches". Otras esposas descubren que sus maridos van a clubes sexuales. Éste es el tipo de circunstancia que puede desatar una crisis.

¿Qué debería hacer la pareja si el hombre perjudica el matrimonio con su adicción sexual—ya sea un pasatiempo "tradicional" como ir a un club de *striptease* o una actividad más nueva, como la pornografía a través de la Internet? ¿Cómo debería responder la esposa? ¿Qué pasa si el esposo parece ser incapaz de responder a las súplicas de su compañera para que cambie?

El primer paso es precisar qué tipo de comportamiento ha dado lugar al problema. Todos los comportamientos que he descrito perturban y dañan el matrimonio, pero algunos son aun peores que otros. Un esposo que frecuenta a prostitutas desarrolla un comportamiento mucho más peligroso que el que visita los sitios porno de la Internet, dado el riesgo de llevar al hogar el sida o cualquier otra enfermedad de transmisión sexual.

Luego, es necesario que aclares si la situación ocurrió una sola vez, una cierta cantidad de veces, o si era continua. La frecuencia y recurrencia de ese comportamiento es importante, ya que puede indicar hasta qué grado el marido se ha distanciado de su matrimonio. Mientras más él haya ejercitado este comportamiento, mayor será el problema que la pareja tiene ante sí.

Además, es primordial averiguar si el esposo puede aceptar que su comportamiento constituye un problema. ¿Es capaz de admitir que ha hecho algo que perjudicará su relación? ¿O insiste en negar toda la situación? Es esencial que él acepte la existencia del problema.

Alexa, por ejemplo, llevaba treinta y cinco años casada con Robert y tenían varios hijos. Resultó ser que Robert le había sido infiel al frecuentar a prostitutas a lo largo de muchos años. Alexa se enteró de la traición de su marido a través de familiares y amigos. Pero Robert jamás lo admitió. Lo negó todo. Ante eso, ¿qué podía hacer ella? Confrontar a su esposo una y otra vez nunca le había dado resultado. Y si él ni siquiera puede admitir lo que ha hecho, hay muy poco que su mujer pueda hacer para lograr que cambie. Lo mismo sucede con otros tipos de comportamientos sexuales—ya se trate de esconderse en una habitación a ver videos pornográficos, quedarse despierto hasta tarde para visitar sitios Web, o ir solo a clubes sexuales.

¿Qué pasa si un esposo no puede admitir que tiene un problema? ¿Qué pasa si no puede decir, "Está bien, sé que hice algo que te duele. Sé que no es bueno, y lo siento en el alma. Estoy dispuesto a dejar de hacerlo. Estoy dispuesto a buscar ayuda sicológica y a controlarme". Esa situación es completamente diferente. Cuando el esposo acepta que tiene un problema, se abre a la posibilidad de comunicación y a la posibilidad de cambio.

Todas estas situaciones —celos, codicia e infidelidad— revelan que hay un desequilibrio en la honestidad de una pareja. Todas ellas producen crisis que pueden poner en peligro la integridad y existencia del matrimonio.

Entonces, ¿cómo deberías responder si te enfrentas a una o más de estas crisis?

Ésa es la pregunta que examinaremos a continuación.

# Cómo resolver problemas de honestidad

Creo que la honestidad no es más que un respeto fundamental por la verdad. También es una expresión cotidiana de ese respeto. Tu honestidad —o falta de honestidad— crea el entorno para el modo en que respondes al mundo e interactúas con las personas que viven en él. Si piensas que la honestidad es un ideal noble que se debe alcanzar, pero ignoras, distorsionas o violas la verdad, perjudicarás tus relaciones con los demás. En específico, perjudicarás la relación más importante de tu vida: la relación con tu cónyuge.

Me tropiezo con muchas parejas que tienen problemas de honestidad. A veces los problemas son relativamente de menor escala, como la tendencia a decir mentiras sobre temas insignificantes (olvidarse de recoger la ropa en la tintorería, decir que se está atascado en el tráfico cuando no es verdad). En ocasiones los problemas son serios, como cometer adulterio. En éstos, y en otros casos que caen entre los dos extremos, esposos y esposas lidian con el problema de cómo ser honestos y cómo mantenerse honestos los unos con los otros. Lidiar con la honestidad es, de hecho, uno de los problemas continuos que enfrentan todas las parejas.

Conozco parejas que confrontan dos tipos básicos de problemas de honestidad. Uno es mantener una honestidad sólida en el matrimonio. El otro es enfrentarse a problemas específicos de honestidad que surgen debido a los celos, la codicia y la infidelidad. He aquí algunas formas de resolver cada uno de estos tipos de problemas.

## CÓMO FORTALECER LA HONESTIDAD

Aunque hemos discutido estos temas específicos en este capítulo, quiero comentar primeramente sobre cómo fortalecer la honestidad de la pareja en general.

### *Tarea #1*
### Practica la franqueza

Inclusive si no eres una persona habitualmente honesta, creo que es importante que *practiques* el mantener una franqueza básica con tu cónyuge. Lo que llamo "franqueza" va más allá de los hechos específicos de lo que dices. Franqueza es la cualidad de tener la mente y el corazón abiertos. Si te muestras abierta/o en este sentido, estás disponible para tu cónyuge—lista/o para escuchar sus preocupaciones, sus problemas, sus angustias, así como también sus intereses, sus entusiasmos y las cosas que le dan placer. Estás dispuesta/o a convertir las preocupaciones de tu cónyuge en las tuyas. Estás preparada/o para apreciar a tu esposo o esposa a pesar de sus imperfecciones y limitaciones. La franqueza de este tipo es una especie de honestidad, ya que respeta lo más importante: el amor y la ternura que compartes con esa otra persona.

En parte lo que importa respecto a esa franqueza-que-es-honestidad, es que va más allá de —pero también les brinda energía a— las puras acciones honestas concretas. La franqueza trasciende el enfoque exclusivo sobre los hechos. Digamos que una esposa le pregunta a su marido, "Mi vida, ¿me hace lucir gorda este vestido?." Sus respuestas cuidadosas — "Creo que el otro te queda mucho más sexy", o "Luces absolutamente maravillosa"— quizás son más "honestas" que si él dijera, "Sí, un poquito", porque responden a las preguntas ocultas que ella realmente le hace: *¿Todavía me encuentras atractiva?* Esto honra el amor y la ternura de la relación de la pareja. De igual forma, si un esposo le pregunta a su mujer, "¿No me veo mucho más musculoso ahora que hago ejercicios dos veces a la semana?", ella pudiera contestar, "Realmente, no". Pero inclusive si él se ve aún más adiposo que musculoso, la respuesta positiva de ella es más franca y, por tanto, más respetuosa de la relación.

Y nuestra primera tarea es practicar la franqueza. ¿Cómo? A continuación ofrezco algunas sugerencias:

**Manténganse pendientes el uno del otro.** Resulta fácil para los esposos perder de vista el hecho de que ellos son mutuamente el centro de la vida del otro. Todas las tareas y obligaciones cotidianas tienden a hacer menos vívida la imagen de esa otra persona a la que amas—a disminuir la intensidad de lo que sientes. Pero si pueden mantenerse alertas el uno del otro, ya han llevado a cabo la mitad de la tarea de practicar la franqueza.

**Dediquen tiempo a estar juntos.** Crear un breve "remanso" de tiempo para ustedes dos solamente, contribuirá a que se respeten mutuamente y a que se concentren el uno en el otro. Lo que sugiero puede ser, sencillamente, un tiempo de tranquilidad juntos—un paseo por el parque, un breve intervalo en el jardín de la parte trasera del hogar, o veinte minutos para compartir el café en la mesa de la cocina. No importa dónde sea, el tiempo que pasen juntos le da a cada integrante de la pareja una oportunidad de enterarse de lo que piensa el otro. Compartan sus sentimientos, sueños, preocupaciones y necesidades. Hablen de temas que no han tenido tiempo para discutir. Dense las gracias por todo lo que cada uno está haciendo por el otro y por la familia.

**Expresen sus desacuerdos abiertamente y no de forma indirecta.** Algunas parejas pasan por conflictos. Todas las parejas tienen diferencias de opiniones. Todas las parejas tienen que enfrentarse a frustraciones, equivocaciones y malentendidos. Algo que influye de manera determinante en que una pareja triunfe o fracase en su relación es que sean capaces de tratar los problemas con honestidad y no con rodeos, de forma indirecta o solapada. No me refiero al hecho de "decir la verdad" en contraste con "decir una mentira". De lo que hablo es de la tendencia que tienen algunos esposos y esposas de enfrentarse a los problemas directamente, mientas que otros ni siquiera se pueden mirar a los ojos, aun cuando hablen de las cosas más intrascendentes. El sarcasmo, las amenazas encubiertas o la "publicidad subliminal" no son métodos adecuados para resolver los problemas en pareja. Resulta más productivo que pongan sus cartas sobre la mesa, que aclaren aquello que los preocupa y que permanezcan abiertos a posibles soluciones.

**Aprendan nuevas formas de franqueza.** Tal vez te guste el *concepto* de la franqueza, pero no estás muy segura/o de cómo lograrla. Está bien. El matrimonio conlleva aprender a lo largo de la vida, así que no tienes por qué saberlo todo desde el principio. Pero puedes adquirir destrezas respecto al matrimonio de la misma forma que se adquieren en cualquier otro campo de la vida. Parte de esa franqueza es, precisamente, esta buena voluntad para aprender. ¿Y de quién aprendes? Bueno, pues hay una serie de terapeutas, consejeros pastorales y conductores de talleres matrimoniales que pueden guiarte para que adquieras nuevas ideas y habilidades. Hablaré más sobre este tema en el Camino Cinco—Comuníquense.

## *Tarea #2*
### Erradicar las mentiritas piadosas

Vas tarde a casa porque te detuviste en una tienda para comprar algunas ropas que estaban rebajadas de precio—pero llamas a tu esposo para decirle que estás atascada en el tráfico. O te olvidaste de comprar algunos ingredientes para la cena, pero le dices a tu mujer que fuiste al mercado y se les había acabado lo que buscabas. ¡Es tan fácil decir mentiritas piadosas! No se le hace daño a nadie, ¿verdad? Bueno, no estoy tan seguro de eso. Tal vez estas mentiras, una por una, no son tan terribles, pero de todas formas son dañinas—una pendiente resbaladiza que, a largo plazo, puede producir otros tipos de perjuicios. Incluso las mentiras aparentemente insignificantes pueden desgastar la honestidad básica que debería ser el punto central de una relación.

Si decides que vas a erradicar las mentiritas piadosas, ¿cuál es la mejor forma de hacerlo? Mis recomendaciones:

**Sé constante.** Si puedes no mentir *nunca*, te evitas por completo la pendiente resbaladiza. Hacer esto con constancia te ayudará a evitar la tentación de mentir un poquito por aquí y un poquito por allá, hasta que la situación se te salga de las manos. Puede que no conviertas tu matrimonio en una "zona libre de mentiras" del día a la noche, pero esforzarte por ser constante en tu honestidad es una meta esencial.

**Trabajen juntos.** A veces una pareja hace un pacto silencioso de jugar con la verdad. "Si él [o ella] puede decir mentiras", quizás decida uno de los cónyuges, "entonces yo también tengo derecho a mentir". ¿Es eso justo? En realidad, no—porque darles a todos la oportunidad de mentir como costumbre sólo empeora la situación. Una idea mejor: esfuércense juntos en ser honestos. Comprométanse a que *ambos* dirán la verdad.

**Ofrece tu apoyo para conseguir la honestidad.** Curiosamente, resulta tentador castigar a tu cónyuge por decir la verdad. Digamos que el esposo admite que en realidad en el mercado no se habían agotado los ingredientes que él buscaba—tan sólo se le olvidó ir a comprarlos. Si su esposa lo regaña ("¡Yo lo sabía! *Jamás* te acuerdas de comprar lo que te pido!"), es menos probable que la próxima vez él se muestre honesto. Decir una mentira le ahorrará el problema de que lo reprendan. Pero si ustedes se apoyan mutuamente, hay más probabilidades de que ambos digan la verdad en el futuro. Sin embargo, observen que los dos integrantes de la pareja tienen que comprometerse a aceptar esas admisiones de haber mentido. No puedes servirte de eso para iniciar una batalla ("Siempre llegas tarde", "Eres tan irresponsable", y cosas por el estilo).

Veamos ahora algunas tácticas para enfrentar los problemas específicos de honestidad—los "Tres Grandes" que discutimos en el Capítulo 8.

## CÓMO LIDIAR CON LOS CELOS

¿Hay problemas de celos en tu relación? Si es así, te recomiendo que enfrentes el asunto y trates de resolverlo lo más pronto posible mediante estas tareas:

### *Tarea #1*
### Identifica el origen de los celos

Cuando oriento a parejas que se enfrentan a una situación de celos, intento ayudarlos a identificar cualesquiera posibles comportamientos que podrían justificar esa actitud. Les pregunto, "¿Tienen alguna *razón* para sentir celos? Y si es así, ¿cuáles son esas razones?" Lo que he observado en muchas ocasiones anteriores es que un integrante de la pareja ha violado la confianza del otro. Y si ya han tenido lugar violaciones de confianza, la persona celosa suele preguntarse, "¿Es sincero/a? ¿Me está diciendo la verdad?" Anda con cuidado si ya te engañaron. Esta situación quiere decir que la pareja sí tiene problemas que deben esforzarse por resolver. Podría ser esencial que establecieran un diálogo más profundo—

tal vez ante la presencia de un terapeuta o un consejero pastoral que les sirviera de guía.

Cuando hayas identificado el origen de los celos, tienes que avanzar hacia otro territorio: el de la confianza.

**Para la persona que es víctima de los celos,** esto significa que tiene que asegurarse de no dar jamás a su pareja otra razón para sentirse celoso/a. Tienes que "hilar fino" y andarte con cuidado para reestablecer la confianza.

**Para la persona celosa,** la meta es darse cuenta de cuánto daño él o ella hace a la relación al sentir tantos celos. Aunque la relación sea exclusivamente monógama, ambos necesitan un cierto grado de libertad—un cierto espacio para madurar y desarrollarse y llegar a ser quienes deben ser.

## Tarea #2
## Comprende el daño que causan los celos

Si te enfrentas a un problema de celos, es necesario que comprendas lo más pronto posible que esta emoción dañará tu relación a largo plazo. Nada bueno producen los celos en una relación. Estás en presencia de un demonio—lo que Shakespeare llamó "el monstruo de ojos verdes." Este monstruo puede atacar y devorar toda tu relación si se lo permites. Por tanto, si no te enfrentas directamente a eso, al final los celos pueden arruinar lo que tú y tu pareja tratan de crear juntos. ¿Te das cuenta de que esta actitud demuestra que tu relación no tiene mucha madurez? Porque cuando tu relación tiene madurez, hay una sensación de libertad, de confianza, de buena voluntad que permite que la otra persona *sea*. Deja que tu cónyuge se desarrolle. Si no, te mantienes agarrada/o a una actitud más bien adolescente.

He aquí otra pregunta importante que debes hacerte: ¿la persona con la que te casaste te pertenece como *una cosa de la que eres dueña/o*? ¿O es un *regalo que has recibido*? Tu esposo o esposa es un ser autónomo— una persona aparte. Si percibes a la otra persona como una cosa —un objeto que posees—, no sólo es ése un concepto falso, sino que también ahoga a tu pareja.

Recuerda un momento cuando has sentido celos y le dijiste a tu cónyuge cómo te sentías. Ahora, responde estas preguntas acerca de lo que salió de aquella situación:

- ¿Cómo reaccionó tu pareja?

- ¿Cuál fue el resultado de la situación?

- Si miras al pasado ahora, ¿tenías razón para sentir celos?

- ¿Cuáles fueron las circunstancias?

- ¿Puedes ver ahora que pudieras haber malinterpretado la situación?

- ¿Fortaleciste tu relación al expresar tus celos . . . o la debilitaste?

- ¿Profundizaste la comunicación entre tú y tu pareja al expresar tus celos . . . o aumentaste la posibilidad de que él o ella se alejara de ti?

Mientras meditas las respuestas a estas preguntas, pienso que probablemente estás de acuerdo en que tu expresión de celos tal vez tuvo el efecto opuesto a lo que intentaste o deseaste. En lugar de acercarlos, quizás se convirtió en una brecha que los separó. En vez de estimular a tu pareja a confiar en ti, probablemente lo/la hizo alejarse de ti. Los celos no son una fuerza que solidifica la relación de una pareja. Por el contrario, a menudo es un "disolvente" que afloja los lazos que los unen.

## *Tarea #3*
## Aprende a lidiar con los celos

Después, tienes que enfrentar los celos directamente y tratar de resolver ese problema. La tarea conlleva dos acciones distintas: una es para el cónyuge celoso, la otra para el cónyuge que es objeto de los celos.

**Si eres el cónyuge celoso . . .** La próxima vez que veas asomar la fea cabeza de ese monstruo de ojos verdes, detente y hazte las preguntas siguientes:

- ∾ ¿Por qué me siento así? ¿Qué temo?

- ∾ ¿Me ha dado mi pareja motivo alguno para temer esto?

- ∾ ¿Pudiera haber otra explicación para su comportamiento?

- ∾ ¿Hay maneras en que puedo sobrellevar mis inseguridades de otra forma mejor que no sea someter a mi pareja a los celos?

Contestar estas preguntas te ayudará a ampliar la perspectiva de tus ideas de manera que no te dejes llevar por los celos habituales.

**Si tienes un cónyuge celoso,** formúlate estas preguntas la próxima vez que él o ella te confronte con celos y acusaciones:

- ∾ ¿Por qué mi cónyuge se siente así? ¿Qué teme?

- ∾ ¿Hice algo para contribuir a ese temor?

- ∾ ¿Qué puedo hacer para aliviar ese temor en el futuro?

- ∾ ¿Hay formas en que podemos discutir la situación de manera que podamos disminuir el riesgo de los celos habituales de mi pareja?

Nuevamente, aquí la meta es ampliar tu compresión de la situación y evitar las respuestas reflexivas que puedan disminuir tu compasión.

---

## *Tarea #4*
## Considera la posibilidad de que los celos sean parte de un problema mayor

---

A veces los celos pueden ser parte de lo que se llama *trastorno obsesivo-compulsivo* (OCD, por sus siglas en inglés). Este trastorno puede ser un problema grave de salud mental—un trastorno que produce en la persona pensamientos obsesivos y/o comportamientos compulsivos. Un ejemplo de esto podría ser el caso de un esposo que está constantemente obsesionado respecto a dónde anda su mujer y las actividades que ella realiza, o que de manera compulsiva le sigue todos sus movimientos, sus conversaciones telefónicas o sus mensajes electrónicos (e-mails). En ocasiones el OCD es la consecuencia de un trauma sicológico personal ocurrido en el pasado. Este trastorno también puede tener un componente bioquímico.

Si crees que tú (o tu cónyuge) pudiera estar sufriendo de OCD, te ruego que busques orientación profesional de salud mental. No deberías sentirte avergonzada/o si padeces de este trastorno; es un verdadero problema de salud, no un defecto moral. No es culpa tuya. Pero es una situación que no se puede ignorar, y debe tratarse lo más rápidamente posible. Habla con tu médico o llama a un servicio donde te puedan recomendar un especialista de salud mental, o si no habla de esto con tu pastor.

## CÓMO LIDIAR CON LA CODICIA

Vamos a hablar ahora de la codicia—un tema que enfrentan muchas parejas en el mundo materialista de hoy día. He aquí algunas tareas que a corto plazo pueden constituir un desafío, pero que largo plazo te ayudarán.

### *Tarea #1*
### Haz un balance de tus deseos frente a tus necesidades

A menudo les pregunto a las parejas, "¿Están satisfechos con quienes son y con lo que tienen? ¿O buscan satisfacerse con *cosas*?"

Querer más y más y más es a menudo un intento de llenar una sensación de vacío afectivo o espiritual. ¡Tienes que tener tanto para sentir satisfacción! Si ése es tu caso, me parece que tratas de llenar un vacío que, realmente, no puede llenarse con cosas. Algunas personas se sienten vacías a consecuencia de heridas sicológicas—un ansia de amor o una carencia de amor propio. Pero incluso aquellas personas que han satisfecho sus necesidades afectivas pueden, de todos modos, sentirse vacías. Muy dentro de cada uno de nosotros hay un vacío que tiene la forma de Dios y que sólo Él puede llenar. Pero por confusión o por terquedad, muchos buscan un alivio a ese vacío en los sitios equivocados. En lugar de llenar ese vacío con relaciones —relaciones con un cónyuge amoroso, con la familia, con Dios—, tratan de llenarlo con cosas. ¿Dará resultados ese esfuerzo? Ni modo. No pierdas tu tiempo. Lo único que conseguirás es querer más y más y más cosas.

¿Hay un método mejor? Te sugiero que hagas un balance de tus *necesidades* frente a tus *deseos*. ¿Necesitas una casa o un apartamento? Eso es justo—ambos necesitan un lugar bueno y seguro donde madurar como pareja y criar a sus hijos. ¿Necesitas una mansión de diez mil pies cuadrados, con piscina, garaje para tres vehículos y una cancha de tenis privada?

Creo que no. Eso es un deseo, no una necesidad. Probablemente sucede lo mismo con ese auto que necesitas en contraposición al que deseas, las ropas que necesitas frente a las que deseas, las vacaciones que necesitas frente a las que deseas—y así sucesivamente. Ya entiendes el problema. Si puedes aclarar estas situaciones, eliminarás muchísimo estrés, no sólo del presupuesto familiar, sino también de tu matrimonio mismo.

## Tarea #2
### Comunícate acerca de estos temas

¿Están tú y tu esposo/a en la misma onda en lo que se refiere a las cosas materiales? Algunas parejas lo están; otras, no. Comparen las expectativas de cada uno. Aclaren sus metas. Éstas son algunas preguntas que deben hacerse a ustedes mismos y discutir:

- ¿Qué bienes materiales realmente necesitan?

- ¿Qué bienes materiales *desean*, pero no necesitan forzosamente (es decir, cosas que pueden considerarse lujos)?

- ¿Qué los hace felices?

- ¿Qué tipo de vida quieren tener juntos?

- ¿Cuánta riqueza material esperan tener?

- ¿Cuál consideran que es un ingreso adecuado para satisfacer sus necesidades personales y familiares?

- ¿Quién de los dos —o si son los dos juntos— suponen ustedes que va a ser el sostén de la familia?

- ¿Qué piensan acerca de si deben tener cuentas corrientes individuales o una cuenta conjunta (o ambas)?

∾ ¿Qué piensan acerca de los valores y/o las deudas que cada uno de ustedes aporta (o haya aportado ya) al matrimonio?

∾ ¿Cuáles son sus metas en cuanto a los bienes que quiéren tener?

∾ ¿Cuáles son sus planes o métodos para tomar decisiones financieras juntos?

∾ ¿Cuáles son sus metas en lo que se refiere a ahorrar dinero, en contraposición a tener dinero disponible para gastar?

Éstas y otras preguntas son puntos de partida fundamentales en las discusiones sobre temas financieros y las preferencias acerca de los bienes materiales.

## *Tarea #3*
## Adopta medios no materiales para expresarte

La próxima vez que sientas que debes salir y comprarle a tu cónyuge un regalo caro para dar prueba de tu amor, en lugar de eso haz algo no material—o por lo menos no consumista. Escríbele una carta donde le expreses tu amor y déjasela sobre su almohada. Dibújale una historieta tonta y simpática. Regálale unas flores de tu propio jardín. Dile algo acerca de ella misma que los haga sentir bien a ambos, que los divierta o que los haga felices. Éstos son regalos sencillos, pero inapreciables. Tú puedes hallar o crear muchos regalos no materiales que puedes compartir con tu cónyuge. Ellos tendrán en tu matrimonio un impacto mucho mayor a largo plazo que si compras un bolso o un reloj de mil dólares. Si tienes que dar algo que es un objeto material, hazlo tú misma/o en vez de comprarlo. Un regalo que venga del corazón importa muchísimo más que algo que proviene de una tienda. Ustedes pueden aprender cómo hacer eso el uno para el otro.

## CÓMO ENFRENTARSE A LA INFIDELIDAD

Por último, consideremos algunos medios de enfrentarnos a la infidelidad— una especie de deshonestidad que daña gravemente a las parejas a las que afecta.

---

### *Tarea #1*
### ¡No cedas a la infidelidad!

---

Antes de discutir cómo superar las consecuencias de la infidelidad, es necesario que te sugiera esta tarea preventiva. Quizás hay ciertas situaciones en tu vida que te tientan a ser adúltero/a. Quizás hay cierta persona que te brinda lo que parece ser una especie descanso de las complicaciones de la vida matrimonial. Quizás hay un determinado número de circunstancias —emoción, misterio, placer físico, lo que sea— que promete añadir una "chispa" a lo que consideras tu monótona existencia. Pues bien, ¡te exhorto firmemente a que no tomes por esta ruta! Podemos hablar eternamente de los problemas morales, pero eso es una discusión para otro libro. Sin embargo, desde el punto de vista de tu relación, creo que la infidelidad, sencillamente, no puede añadir nada positivo a lo que ya tienes, sea lo que sea. Si tienes una buena relación, la infidelidad dañará y tal vez destruirá lo que has creado hasta ahora. Si tienes una relación problemática, intensificará tus problemas en un ciento o un mil por ciento.

En resumen, es indispensable que halles un enfoque diferente respecto a lo que te atormenta a ti y a tu relación. Te recomiendo que busques la orientación de tu pastor, un consejero matrimonial o de cualquier otra fuente de ayuda seria y objetiva.

## *Tarea* #2
## Determina lo que sucedió

Si ya has cometido adulterio, las preguntas fundamentales que debes hacerte son: ¿Qué sucedió? ¿Buscabas algo que no había en tu matrimonio? ¿Fue un impulso? ¿Fue una manera de "castigar" a tu cónyuge por algún error real o imaginario?

Las causas de la infidelidad pueden ir desde simple soledad o atracción física hasta una necesidad de aventura. A veces es una tentación ciega—la atracción de una relación sexual puramente casual. Lo primero que debes hacer es examinar con detenimiento qué pasó, y por qué.

Es importante señalar que también existen otros tipos de infidelidad—no se trata de adulterios en la cama, sino de tipos de infidelidad más sutiles, menos físicos. Algunas personas sólo tienen relaciones sexuales con su pareja, pero desarrollan una relación tan intensa y compleja con otra persona, que ocupa el tiempo y el espacio que se debe dedicar a la esposa o el esposo. En ocasiones hablo con parejas y escucho que uno de los dos me dice, en su propia defensa, "Me comunico maravillosamente bien con esa persona y tenemos una relación fantástica". O él o ella me dice, "Como conversamos muchísimo a través de la Internet, hemos llegado a compenetrarnos mucho". Cuando el cónyuge "defraudado" descubre esta comunicación, a menudo se pregunta, "¿Por qué es tan intensa esta comunicación? ¿Por qué se llaman por teléfono diez veces al día?" Estas relaciones que no son de naturaleza sexual pueden ser destructivas y dañinas aunque no se ajusten a la imagen clásica de la infidelidad. Pueden hacer que el otro cónyuge se sienta como un/a extraño/a en su propio matrimonio. Según las circunstancias, pueden ser tan perjudiciales como una aventura amorosa ilícita.

Para controlar esta situación, tienes que evaluar, honesta y abiertamente, lo que ha sucedido, por qué sucedió y qué vas a hacer para superarlo y seguir adelante. De nuevo te recomiendo que busques ayuda para enfrentar este proceso. Lo que nos lleva a . . .

## Tarea #3
### Busca ayuda

La orientación matrimonial no es una panacea. El consejero o el terapeuta no te va a resolver tus problemas. El éxito que pueda obtener una pareja gracias a la orientación matrimonial que reciba depende, por encima de todas las cosas, de que los cónyuges hagan de inmediato un compromiso continuo de examinar tanto lo bueno como lo problemático de su unión. Entonces, ¿por qué casi siempre la orientación marital resulta esencial? Porque un buen consejero puede ayudarte a ti y a tu cónyuge a comenzar a hablar de nuevo cuando la comunicación se ha roto; puede servir de "réferi" durante las discusiones difíciles; puede brindarles el sentido de perspectiva que quizás ustedes han perdido. Estos beneficios a menudo marcan la diferencia entre, por un lado, completa debacle matrimonial y, por el otro, el restablecimiento de la confianza, la seguridad en sí mismo y la buena fe. Yo opino que la necesidad de ayuda nunca es más necesaria que en el período subsiguiente a la infidelidad.

Si crees que tú y tu cónyuge se beneficiarían de la orientación marital, te exhorto a que le pidas a tu pastor o a tu médico que te recomiende un profesional. Además, en la Guía de Recursos de este libro puedes encontrar el número de teléfono de llamada gratis de una agencia que refiere a consejeros matrimoniales.

## Tarea #4
### Trata de seguir adelante

Sólo las parejas que pueden aprender a perdonar y a seguir adelante sobrevivirán a una infidelidad. Pero para dar inicio al proceso de seguir adelante, tienen que suceder dos cosas.

Primeramente, el cónyuge infiel tiene que jurar que no tendrá más "aventuras". Si no se elimina la opción de ser infiel —como cuando el cónyuge infiel mantiene una conexión la persona con quien cometió adulterio—, entonces la pareja no puede seguir adelante. Debe existir la voluntad y la habilidad de trazar una línea y decir, "Está bien, esto se acabó". No puedes sanar las heridas de tu matrimonio si continúas abriéndolas—o al menos si das la impresión de que, para empezar, no estás decidida/o a sanarlas.

En segundo lugar, es indispensable que el otro cónyuge sea capaz de perdonar. El perdón no resolverá todos tus problemas, pero es un primer paso ineludible cuando comienzas a aceptar la necesidad de hallar soluciones. Puedes pasarte la vida pensando en esa infidelidad y hostigar a tu cónyuge afectiva y mentalmente todos los días. Puedes decir cuán horrible es esta situación, encolerizarte contra él o ella a diario, y deprimirte. O puedes decir, "Éste es un capítulo terrible de nuestra vida en pareja. Siento que haya sucedido. Nunca va a pasar otra vez, así que sigamos adelante".

Respecto a estos dos temas, tengo que recalcar una vez más lo importante que es tener un "guía" al iniciar este proceso. Recuperarse de una infidelidad no es fácil, ni rápido, ni está garantizado que vaya a funcionar. No creo que éste sea un proyecto que puedas enfrentar sin ayuda externa. Una medida más sabia es buscar a alguien que puede ayudarte a seguir esta complicada ruta. Y con eso quiero decir (nuevamente) un consejero matrimonial bien entrenado y serio.

## Tarea #5
## En los casos de infidelidad habitual, considera un enfoque más drástico

En mis programas de entrevistas y en mis columnas, en los últimos tiempos me he encontrado con al menos cinco o seis mujeres que me han dicho, "Mi esposo siempre me ha sido infiel", o "Ya hace veinte años que él me es infiel", o "Ha tenido cinco, seis, siete, ocho parejas distintas".

Escucho todo tipo de situaciones atroces. Es cierto que en algunas culturas la infidelidad es un comportamiento aceptable. Pero ahora vivimos en el siglo XXI, y los cónyuges deben respetarse mutuamente, independientemente de la sociedad donde vivan. Los hombres y las mujeres son iguales; todos nos merecemos la misma dignidad y el mismo respeto. Nadie debería tener aventuras extramatrimoniales, engañar a su esposa/o y arriesgarse a traer al hogar sida o cualquier otra enfermedad. Quienquiera que haga eso de manera habitual ha perdido el privilegio de estar casado. Quienquiera que sea tan promiscuo e irresponsable ha perdido sus derechos. Para poder ganárselos de nuevo, tiene que mostrar un cambio de conducta radical, y allí se incluye la voluntad de someterse a terapia y de modificar su comportamiento. Un hombre que está siempre a la búsqueda de aventuras sexuales y que no presta atención a su esposa, no debería estar casado. Por desgracia, hay momentos en que la única cosa correcta que hacer es decir, "Lo siento, pero este matrimonio no va a funcionar. Arregla tu vida; luego hablaremos. Y si no la arreglas, esto se acabó".

La realidad es que el comportamiento de muchos adictos —drogadictos, alcohólicos, y también adictos al sexo— no terminará hasta que esa persona se enfrente a un ultimátum y tenga que cambiar. Eso es exactamente lo que le sucede también al adúltero compulsivo. Llega un momento en el que tiene que decir, "De acuerdo, quizás pueda cambiar, quizás no pueda. Pero sea como sea, no puedo poner en peligro las vidas de los miembros de mi familia".

## HONESTIDAD—UN PROCESO, NO UN SUCESO

Tengo la esperanza de que seguir el Camino Cuatro te ayudará a hacer de la honestidad una fuerza más potente e importante en tu relación. Sin embargo, al afirmar lo que he escrito aquí no quiero dar a entender que tienes que alcanzar un perfecto grado de honestidad de una vez. Todos somos seres humanos imperfectos y expuestos a cometer errores. Todas las relaciones humanas son imperfectas. Todos cometemos faltas y no llegamos a estar a la altura de nuestros ideales. La honestidad es un proceso que llevamos a cabo a lo largo de toda una vida, no un suceso que logramos y que, sencillamente, tachamos de nuestra lista de "cosas que tengo que hacer". Sin embargo, la honestidad es tan crucial en la relación de una pareja que espero que la tomes seriamente, que te mantengas consciente de ella y que le dediques tu mejor esfuerzo—tanto por separado como en pareja.

# COMUNÍQUENSE EFECTIVAMENTE Y AFECTIVAMENTE

Un hombre llamado Abelardo caminaba a lo largo de una playa en California mientras iba absorto en una profunda plegaria. Dijo, "Señor, ¿me escuchas?" Repitió varias veces su súplica.

Finalmente, el Señor le respondió, "Sí, te escucho. Y como me has sido tan fiel, te concedo un deseo".

Luego de pensarlo bien y durante largo rato, Abelardo dijo, "Bueno, Señor, siempre he querido ir a Hawai, pero tengo miedo a volar y me mareo en los barcos. ¿Podrías construir un puente desde California hasta Hawai para que yo pueda conducir hasta allá cada vez que quisiera hacer una visita?"

El Señor se rió y dijo, "¿Un puente hasta Hawai? ¡Imagínate lo difícil que sería de construir! Los pilares tendrían que llegar al fondo del océano. ¡Tendría una longitud de miles de millas! Todo ese concreto—¡y tanto acero! Qué tarea tan inmensa. Escucha—¿y qué tal si pruebas de nuevo y piensas en otro deseo?"

Así que Abelardo lo meditó aun más tiempo y trató de imaginarse un deseo realmente bueno. Por fin, dijo, "Bueno, mi esposa me dice que soy insensible. Y yo creo que ella es demasiado exigente. Ella siempre quiere que yo exprese mis emociones, ¡pero a mí me abruman *las de ella*! Ninguno de los dos puede entender realmente al otro. Nos amamos, pero muy a menudo parece que vivimos en mundos diferentes. Así que éste es mi deseo: quisiera que pudieras mostrarme una forma fácil y confiable para que mi mujer y yo pudiéramos comunicarnos y de verdad comprendernos el uno al otro".

El Señor se mantuvo en silencio por un rato. Y entonces contestó, "Después de pensarlo bien, ¿quieres dos o cuatro carriles en ese puente?"

¿Sólo un chiste? Bueno, sí—pero toca un nervio tanto en los hombres como en las mujeres. Seamos realistas: no hay una manera fácil ni confiable para que los esposos y las esposas se comuniquen. A pesar de su amor, a menudo los hombres y las mujeres *sí* parecen vivir en dos mundos distintos. Muchos cónyuges están convencidos de que llegar a entenderse bien es una tarea más difícil que construir un puente entre California y Hawai.

Pero, francamente, yo no estoy convencido de eso. ¿Es difícil la comunicación entre una pareja de personas casadas? Por supuesto que lo es. ¿Tan difícil que es imposible? Nada de eso. De hecho, creo que las parejas pueden construir en sus relaciones un "puente" que los conducirá a la compasión, el amor y la comprensión.

Quizás te preguntes qué evidencia voy a ofrecer para esta afirmación. La evidencia es la comunicación que existe en relaciones matrimoniales exitosas que tenemos a nuestro alrededor. En mi propia familia, mis abuelos me mostraron una relación de ese tipo. Mis padres me mostraron otra así. También tengo amigos, parientes y conocidos que cuyos saludables matrimonios revelan una buena comunicación. En mi propia parroquia veo muchas parejas así. Probablemente tú también conoces a este tipo de personas. Tal vez tu propio matrimonio es otra prueba más de que el marido y la mujer pueden escucharse con atención mutua, hablar honesta y respetuosamente, y esforzarse por alcanzar las metas que comparten.

Esto es lo que yo pienso: una buena relación marital es difícil de lograr, pero no imposible. No es necesaria la intervención divina para mantener abiertos los canales de comunicación en tu relación. Todo lo que necesitas son buenas intenciones, esfuerzo y tal vez unas cuantas buenas ideas que poner en acción. La comunicación es un conjunto de habilidades que tú puedes aprender y practicar.

Para concentrarnos en estos temas, el Camino Cinco tratará de algunas cuestiones generales que afectan la comunicación de la pareja; después, examinaremos algunas tareas que te ayudarán a ti y a tu cónyuge a robustecer sus esfuerzos para comunicarse.

## Capítulo 10

# La importancia de la comunicación en las relaciones

Cuando las parejas vienen a verme para pedir consejos, por lo menos un setenta y cinco por ciento de los problemas que me cuentan tienen que ver con la comunicación. Es posible que esa cifra sea aun más alta—ochenta por ciento, ochenta y cinco por ciento, hasta noventa por ciento. Sin dudas que existe un problema de comunicación cuando una mujer dice, "Mi esposo nunca habla conmigo", o cuando un hombre dice, "Mi mujer no me entiende". También hay un problema de comunicación cuando un cónyuge afirma, "No hemos distanciado". Pero los problemas que claramente entrañan comunicación son solamente el comienzo de lo que veo que está en el fondo de ellos. Si una pareja discute por cuestiones de dinero, el conflicto tiene tanto que ver con la forma en que hablan como con lo que gastan. Si una pareja no tiene relaciones sexuales satisfactorias, el motivo está ligado tanto a las palabras como a los actos íntimos. Casi cualquier problema marital que puedas nombrar, en el fondo, está relacionado con la comunicación. Me atrevería a decir que la comunicación desempeña, al menos, un papel secundario en todo problema por el que pasan las parejas.

¿Son todas malas noticias? No todas. La buena noticia es que cada pareja puede mejorar, profundizar y enriquecer su comunicación. De hecho, aprender a comunicarse bien es probablemente el conjunto de habilidades más adaptable que puedes adquirir y aplicar a tu relación.

Pero, antes de considerar cómo mejorar tus habilidades de comunicación de una forma práctica, examinemos primeramente por qué este tema es tan esencial para el matrimonio de una pareja.

## CÓMO LA COMUNICACIÓN DE UNA PAREJA CAMBIA CON EL TIEMPO

De la misma manera que tantos otros aspectos de una relación cambian con el tiempo, también cambiará mucho la forma en que los integrantes de una pareja se comunican. Por supuesto que la naturaleza y el grado de estos cambios variarán notablemente. La edad de los cónyuges, sus procedencias culturales y sus personalidades influirán en la forma en que se comunican. Pero si la pareja lleva un tiempo junta, lo más probable es que sus patrones de comunicación cambiarán y evolucionarán.

### LA "ETAPA CHISPEANTE"

Durante la primera fase de la relación de una pareja —esos intensos, dramáticos y casi embriagadores primeros meses que algunos llaman "la etapa chispeante"— la comunicación es, bueno, intensa, dramática y casi embriagadora. Los enamorados, sencillamente, no se cansan de decirse cosas u oírse mutuamente. Muchas parejas pasan horas en el teléfono hablando de todo y de nada. A menudo puede observarse a estas parejas en restaurantes y otros lugares públicos, absortos en su conversación y casi siempre totalmente ajenos a todo lo que sucede en el planeta. A uno le dan ganas de burlarse de este estado de embeleso. Pero la comunicación es así de importante—una manera concentrada e intensa que tiene la pareja para llegar a conocerse mutuamente. No se cansan el uno del otro. En cierto modo, esta etapa chispeante puede ser casi celestial, pues los integrantes de la pareja lucen a menudo como si —por estar tan consciente el uno del otro, tan abierto uno al ser del otro, tan contentos de disfrutar uno de la existencia del otro— estuvieran en plena gloria.

## SE ESTABLECE UNA VIDA EN COMÚN

Entonces, a medida que la relación progresa y se estabiliza, la comunicación cambia. Quizás los integrantes de una pareja que se han conocido durante varios años sigan profundamente enamorados, pero probablemente ya no conversan por teléfono tan a menudo ni durante tanto tiempo como lo hacían antes. Ahora saben más el uno del otro. Hay menos cosas que descubrir. Cuando llega el momento de casarse, cada uno conoce hasta cierto punto los detalles de la vida del otro, ya que ahora están viviendo las mismas situaciones. Lo que anteriormente fue un estado de exploración mutua, da lugar ahora (al menos idealmente) a un estado de confianza mutua. Como consecuencia, la comunicación se enfoca menos en el descubrimiento que en el mantenimiento de la relación. Esta etapa tiene sus ventajas y desventajas. Por un lado, los cónyuges se conocen mejor ahora, por lo que sus discusiones quizás sean más relajadas y confiadas. Por otro, está el riesgo de que la pareja se vuelva indiferente a la comunicación, ya que existe la posibilidad de que cada uno piense que ya no tiene nada más que conocer del otro y comience a no tomarlo en cuenta.

## LOS AÑOS DE LA CRIANZA

Cuando los hijos llegan, la comunicación entre los cónyuges a menudo cambia de manera radical, junto con todo lo demás en el matrimonio. La situación es lo que un amigo mío llamó el "chiste de la buena noticia y la mala noticia" de la comunicación marital cuando hay niños en el hogar.

"La buena noticia es", dijo, "que siempre tienes algo de qué conversar. La mala noticia: ¡nunca tienes tiempo de conversar!" Otros amigos que tienen hijos han descrito una situación diferente, pero frustrante: cuando los esposos organizan una de esas poco frecuentes salidas y pueden dejar a los niños con una chica que los cuide, ¡no hacen más que conversar de los hijos!

Es cierto que a muchas parejas la paternidad les resulta profundamente satisfactoria. Sin embargo, durante los años de la crianza existe el riesgo de que los cónyuges se olviden de que son marido y mujer, no sólo Mami y Papi. Esto sucede con mayor frecuencia si la pareja desempeña los papeles tradicionales: ella es la mamá ama de casa y él es el sostén económico de la familia. En los matrimonios de este tipo hay el riesgo de que la comunicación limite la percepción que tiene uno de la vida del otro. El esposo debe darse cuenta de que su esposa necesita un tiempo de descanso y, además, pasar un tiempo junto a otros adultos. Ella tiene intereses y sueños aparte de sus hijos, incluso si es una madre totalmente dedicada a la crianza de sus chicos. Al mismo tiempo, la esposa tiene que darse cuenta de que el esposo, mientras trabaja para mantener a los suyos, puede estar expuesto a muchas tensiones y exigencias. Las parejas que están en ésta y otras situaciones, a menudo tienen que esforzarse para mantener abiertos los canales de comunicación para poder continuar comprendiéndose y compenetrándose el uno con el otro.

He descubierto que antes de tener un hijo la mayoría de las parejas piensa que la responsabilidad de ser madre y padre no va a cambiar mucho sus vidas. Pero la realidad es que nada cambia tu vida de una manera tan absoluta como el tener hijos. Cuando se dan cuenta de que ese pequeño bebé depende de ellos para todas sus necesidades —para todo, constantemente—, entonces, de repente, entienden. Así es como se ponen a prueba las relaciones, porque ahora la pareja realmente tiene que esforzarse por preocuparse el uno por el otro y prestarse atención.

## LA MADUREZ Y EL NIDO VACÍO

Igual que en muchas otras etapas de la vida, la madurez ofrece tanto retos como oportunidades. Algunos cónyuges se redescubren mutuamente e inician una nueva y satisfactoria fase de su vida de casados cuando los hijos crecen y abandonan el hogar. Al terminarse las responsabilidades maternas y paternas, la pareja puede dedicarse a ellos mismos y concentrarse en estar juntos y disfrutar el uno del otro como marido y mujer. Pero para algunos cónyuges, el "nido vacío" acelera una crisis. El haber estado concentrados anteriormente en la atención a los hijos, provoca en ocasiones que la pareja desatienda lo que es el matrimonio en sí mismo—o incluso, que usen a los hijos como una excusa para ignorar, a propósito, los asuntos matrimoniales. Esto trae como resultado que algunas parejas que ahora viven solas sin la presencia de los hijos en el hogar, se sientan distanciadas o, lo que es peor, profundamente alienadas entre sí.

¿Qué es lo que marca la diferencia entre estas dos situaciones? Creo que es el estilo de comunicación que la pareja ha establecido durante los años de la crianza de los hijos. Si como marido y mujer han tenido un diálogo franco, honesto y lleno de energía, en los años posteriores a la crianza eso se desarrollará más. Si su interrelación siempre ha sido escasa, cautelosa y débil, las comunicaciones serán tirantes ahora que ya los hijos no están en casa. En realidad, muchas parejas sí logran superar una carencia de comunicación como la que he descrito. He visto cómo algunos matrimonios que antes estaban como en un letargo, reviven y florecen nuevamente cuando los cónyuges ya se habían distanciado casi por completo. En esta etapa de la vida no hay nada predeterminado. El secreto para que todo salga bien en cualquier circunstancia es esforzarse en prestarle cuidadosa atención al cónyuge y hablarle con consideración.

## LOS AÑOS DORADOS

Una de las cosas que me asombran en los matrimonios largos —sobre todo en los que duran cuarenta o cincuenta años, o hasta más— es que los cónyuges ni siquiera tienen que decirse una palabra para que cada uno sepa lo que el otro piensa. Cuando hablo con estas parejas durante la celebración de sus aniversarios, las esposas me dicen, "Padre, yo sé lo que él está pensando con sólo mirarlo a los ojos". Es una comunicación increíble. Pero naturalmente que no todas las parejas llegan a ese nivel. Y si bien los expertos señalan que el contacto a través de la mirada es una de las formas más efectivas de comunicación —sobre todo para ser considerada como una persona que sabe escuchar—, tenemos que aprender a expresar correctamente en palabras lo que tenemos en la mente y en el corazón.

Una comunicación de este tipo es, sin duda, algo sorprendente y bello. Sin embargo, creo que es importante no sentimentalizar lo que han logrado estas parejas que han llegado a sus años dorados. La comunicación de esta especie, tan intensa e intuitiva, no surge perfecta de la nada. Casi siempre es el resultado de un proceso que se ha llevado a cabo a lo largo de muchos años de casado—es el fruto de un gran esfuerzo y un cultivo esmerado. Muchas parejas lo han conseguido luego de esforzarse en superar muchas dificultades durante años. Los cónyuges tienen un profundo sentido del conocimiento mutuo debido a que ya han pasado por muchas crisis juntos; han enfrentado y resuelto los problemas en equipo; han solucionado problemas complejos al analizarlos palabra por palabra, frase por frase, a lo largo de décadas.

Vale la pena señalar que otras personas ajenas a la pareja a veces pueden malinterpretar esas miraditas silenciosas y cómplices que se echan las parejas ancianas, y le dan demasiado crédito a los cónyuges. Pudiéramos suponer que los esposos saben exactamente lo que cada uno de ellos está pensando, cuando, en realidad, puede que se estén ignorando mutuamente, o no le prestan la menor atención a su pareja. Algunas parejas hasta dejan de hablarse. Llevan años escuchando el mismo cuento. Llevan años oyendo las mismas quejas y reclamaciones ("¡Pero guiso de atún otra vez!" o "¿No puedes recoger lo que regaste?") una y otra vez. Tal vez los cónyuges *se creen* que saben lo que el otro está pensando. Desgraciadamente, no siempre tienen razón. Quizás han dejado de escuchar a su pareja y se han olvidado de cómo interactuar.

Dicho esto, estoy de acuerdo en que muchas parejas consiguen un profundo nivel de comunicación en sus años dorados. Tras décadas de vivir juntos, de criar a los hijos, de atender a sus propios padres en su ancianidad, de apoyarse mutuamente en los años de jubilación, de batallar con problemas de salud—de verdad que se conocen el uno al otro. Todos sus esfuerzos anteriores para comunicarse han dado unos frutos que todos deberíamos respetar y valorar.

## ¿QUÉ AFECTA LA COMUNICACIÓN DE UNA PAREJA?

Así que todos estamos de acuerdo en que la comunicación no es fácil, y que las parejas pasan por una serie de etapas durante su vida de casados. ¿Qué significado tiene esto para *ti*? ¿Cuáles son los problemas que afectan *tu* relación, y qué puedes hacer respecto a ellos?

Examinemos las situaciones de comunicación que enfrentan las parejas y cómo estas situaciones pueden debilitar o fortalecer tu relación.

### EL PODER DE LAS PALABRAS

Para evitar y resolver los problemas que se presentan en las relaciones, debemos recordar constantemente el poder que nuestras palabras ejercen en los demás. Lo que decimos y la forma en que lo decimos influyen poderosamente en otras personas—tanto para bien como para mal. Quizás ni siquiera tenemos la intención de lastimar a nadie, pero, aun así, nuestras palabras pueden hacer mucho daño. Una palabra hiriente dicha sin querer, o una frase irrespetuosa puede perjudicar e incluso arruinar una buena relación. Tal vez todos conocemos parejas que se "tirotean" verbalmente. De hecho, algunas parejas se tratan habitualmente de forma desdeñosa o humillante—lo que constituye una situación deprimente para ambos cónyuges y muy incómoda para quienes están a su alrededor.

¿Significa esto que los integrantes de la pareja deberían endulzar todo lo se dicen entre ellos? ¿Deberían evitar decirse la verdad? Por supuesto que no. La sinceridad y la franqueza son cualidades importantes, pero son más complejas de lo que parecen. Una buena comunicación en el matrimonio es más que manifestarse siempre de forma positiva. También consiste en poder decir la verdad con un nivel de seriedad. Por ejemplo, Dana cree que su esposo, Lee, trabaja tanto que acabará perjudicando su salud—o su matrimonio. Anteriormente ella lo molestaba con burlas respecto a su tendencia a trabajar en exceso. Pero los chistes e indirectas lo único que lograron fue irritar a Lee, y causaron que no le prestara atención a su mujer. Un enfoque mejor de la situación: comunicarse directa y honestamente acerca de lo que se ha convertido en un problema cada vez mayor para esta pareja.

## DOS OÍDOS, UNA BOCA

Comunicarse en pareja puede ser verdaderamente complicado. Es difícil entender el punto de vista de otra persona—y es igualmente difícil hacer que se comprenda lo que piensas y asegurarte de que te entienden bien. ¿Cómo se resuelve este dilema? Creo que para comunicarse eficazmente es imprescindible que desarrollemos nuestra habilidad de escuchar más y hablar con la misma atención e intensidad. No es algo puramente accidental que Dios nos dio dos oídos y una sola boca. ¡Qué difícil es que todas nuestras relaciones tengan en cuenta esta realidad!

Las habilidades de comunicación desempeñarán un gran papel en tus interacciones diarias con tu cónyuge. Sin embargo, lo que complica más la cuestión es que la comunicación no es solamente un conjunto de procedimientos; también es un arte. Y como con cualquier otro arte, la perfección sólo se alcanza mediante la práctica. Llegarás a comunicarte mejor si te comunicas de la manera correcta y observas algunas reglas básicas. La más importante de todas estas reglas es que debes oír más y hablar menos. Pero si sabes escuchar, sabrás hablar mejor y estarás más atenta/o a las necesidades de quien te escucha. ¿Por qué? Pues porque conocerás mejor la realidad de la que habla tu cónyuge. Muchos problemas de comunicaciones en las parejas surgen cuando la gente se cierra a los demás y piensan que lo que ellos dicen es más importante que lo que escuchan. Pero la realidad es que escuchar es lo más importante. El camino de dos vías de la comunicación exige que demuestres un genuino interés en lo que tu cónyuge tiene que decir.

## EL "MENSAJE OCULTO": SILENCIO

Es esencial recordar que la comunicación no consiste sólo en lo que decimos. Lo que no decimos también importa. Parece extraño, pero a menudo lo que transmitimos es el "mensaje oculto."

Por ejemplo, Jenny se arregló el cabello en la peluquería y fue a su casa para sorprender a su marido y ver cómo él reaccionaba. Su esposo, Mike, la saludó, pero no le dijo nada acerca del nuevo peinado. Momentos después, Jenny le preguntó, "¿No me notas nada diferente?"

Mike la examinó otra vez y dijo en tono aburrido, "Sí . . . te pelaste".

Jenny esperó por otro comentario —o quizás un cumplido—, pero fue en vano.

A la mayoría de las mujeres este silencio les resulta hiriente y ofensivo. Ellas quieren que les hagan un comentario sobre su "nueva imagen", y desean sentirse apreciadas. Si un esposo pertenece al uno por ciento de los hombres que son inteligentes y perceptivos —el minúsculo por ciento que sí presta atención a este tipo de detalles—, dirá, "¡Oyéeee, luces maravillosa!" Tristemente, la mayoría no lo hace. Y este tipo de silencio —lo que no decimos— es una forma de decir algo. En este relato, el silencio de Mike hizo que Jenny concluyera que a su marido no le gustaba su nuevo peinado. Quizás incluso llegó a la conclusión de que, en términos más generales, Mike se sentía indiferente hacia ella. Su silencio *sí* le comunicó algo a Jenny, aunque puede haber sido un mensaje totalmente diferente de lo que pensaba Mike en ese momento.

De igual forma, la mayoría de los hombres aprecian una reacción positiva a sus esfuerzos—ya sea por ser el sostén de la familia, o por ser esposos y padres que participan en las actividades domésticas. Una esposa considerada alabará a su esposo por ser quien gana el dinero para sostener a la familia y por involucrarse en la crianza de los hijos, en vez de no comentar nada positivo porque piensa que "él está haciendo lo que tiene que hacer".

Un desafío permanente en toda relación es la manera en que se interpreta el silencio. Te aseguro que la mayor parte de las veces ese silencio se interpreta de forma errónea. ¿Por qué? Pues porque en algunas ocasiones todos nos servimos del silencio para ocultar nuestros pensamientos. A veces la gente se vuelve paranoica respecto a lo que dicen. Como afirma un viejo proverbio español: "Somos dueños de lo que callamos y esclavos de lo que decimos". Pero es posible exagerar con relación a esto. Estoy de acuerdo con aquello de que "el silencio es oro", pero no siempre es así—sobre todo cuando hay palabras que deberían, y hasta necesitarían, decirse. Si ocultamos lo que debería decirse, pero decimos abiertamente lo que debería callarse, tenemos un grave problema de comunicación. Conseguir este equilibrio en la comunicación es uno de los problemas más comunes que pueden surgir en las relaciones humanas.

## RECUERDA QUE LAS PALABRAS PUEDEN FORTALECER O DESTRUIR

Nada tiene un impacto más poderoso en el desarrollo humano y en el amor propio que los comentarios positivos que recibimos a lo largo de la vida. De igual manera, nada tiene un impacto más negativo que los insultos, los desprecios y las faltas de respeto que recibimos. En resumen, que las palabras pueden fortalecer o destruir.

Los niños tienen la costumbre de ser brutalmente honestos. Hace poco oí a un niñito que observaba a su mamá mientras ésta se aplicaba en el cutis una de esa cremas que prometen "estiramientos milagrosos". El pequeño, fascinado con lo que veía, le preguntó a su mamá, "¿Mami, para qué te pones esa cosa verde en la cara?"

A lo que ella respondió, "Para que Mami puede verse más bonita".

El chiquillo siguió observándola y al cabo de pocos minutos notó que su madre empezaba a quitarse aquel mejunje del rostro con toallitas faciales. Entonces le preguntó, "¿Qué pasa, Mami, te diste por vencida?"

¡De verdad que los niños saben cómo usar las palabras!

Afortunadamente, los adultos —entre ellos las personas casadas— pueden escoger sus palabras con más cuidado. A ti te es más fácil que a un niño evitar "injurias" verbales innecesarias.

Afirmaciones halagueñas acerca de las buenas cualidades de tu cónyuge pueden estimularlo/a a que madure y se desarrolle de un modo positivo. De igual manera, frases malas o negativas lo único que consiguen es destruirlo/a y herir su ya frágil amor propio. Uno de los primeros sicólogos estadounidenses, William James, escribió acerca del "ansia" de reconocimiento, aprecio y afirmación que siente la gente. Él señaló, "El principio más profundo de la naturaleza humana es el ansia de ser apreciado". Y, por supuesto, esta ansia es más fuerte con respecto a aquéllos que más nos importan: nuestra familia de origen, nuestro cónyuge, nuestros hijos. Es por eso que el silencio, la indiferencia y las palabras duras que vienen de estas personas hacen tanto daño. Todo necesitamos palabras positivas que nos ayuden a desarrollar nuestro carácter y a confirmar que nuestra vida es importante y valiosa. Es increíble el poder que tienen las palabras. Con ellas, podemos estimular lo bueno e impulsar a la gente a que haga cosas admirables, o podemos destruir el espíritu de la otra persona—y todo depende de la forma en que decidimos comunicarnos.

## PROBLEMAS DE LOS SEXOS Y COMUNICACIÓN

Muchas mujeres expresan su frustración respecto a las comunicaciones entre el esposo y la esposa. Una queja que escucho con frecuencia es: "Padre, mi marido no me dice lo que piensa". Una mujer me dijo, "Llega a la casa, levanta los pies, juega con el control remoto y mira la televisión. Eso es todo". Otra comentó, "No me dice absolutamente nada". Es una situación lamentable. Ella quiere hablar. Él no. Algo pasa que han perdido la comunicación. A veces todo consiste en sincronizarse—escoger el momento apropiado para hablar. Pero en ocasiones se trata de algo más grave. En ocasiones el esposo realmente *no* quiere hablar en absoluto. Ése es un verdadero problema. Toda pareja debe tener *alguna* ocasión en que a los dos les resulta cómodo hablar.

De igual manera que los hombres y las mujeres difieren en tantas otras cosas, hay enormes diferencias también en los estilos de comunicación. Deborah Tannen y otros especialistas en comunicaciones creen que los hombres y las mujeres tienen diferentes preferencias en lo quieren decir y en cómo quieren decirlo. El libro de Tannen *You Just Don't Understand: Men, Women, and Communication* (Es que tú no comprendes: los hombres, las mujeres y la comunicación) presenta numerosas ideas respecto a la diferencia de los sexos con relación a estos temas. Entre otras cosas, muchas mujeres tienen una poderosa necesidad de manifestar sus quejas y sus frustraciones, y para ellas son importantes las emociones que sienten al hacerlo. Por el contrario, muchos hombres se concentran en resolver los problemas en sí y se preocupan menos por las "reacciones secundarias" provocadas por las emociones que se producen durante la comunicación. Ellos dicen, "Bueno, vamos a resolver la cosa. Pongámonos a trabajar y enfrentemos la situación". Ante estas diferencias, los hombres pueden sentirse frustrados por la "emotividad" de sus esposas, mientras que las mujeres quizás se frustran porque sus hombres parecen enfrentar todo con una "frialdad clínica" y se orientan en exceso a realizar una tarea. Tanto los hombres como las mujeres tienen que ajustarse mutuamente a las necesidades y puntos del vista del otro integrante de la pareja. Los hombres tienen que entender que a veces a las mujeres, sencillamente, les gusta hablar. Ellas no buscan una solución; más bien quieren desahogarse, discutir y contar. Por otro lado, las mujeres necesitan darse cuenta de que la forma de actuar preferida de los hombres es replegarse, meterse en sí mismos y resolver los problemas ellos solos. Las mujeres no deberían sentir que las dejan a un lado. Los hombres no deberían sentir que los van a matar con tanta conversación. No son más que diferentes formas de asumir ciertas tareas.

Eludir los problemas es un comportamiento común entre los hombres. Algunos se van sin decir palabra de la casa, dan unas vueltas en el auto durante un rato y luego regresan. Pero ésa tampoco es la solución correcta. Por otra parte, a alguna gente le da resultado desconectarse del tema—dejar que las cosas se calmen antes de continuar la discusión.

Muchas mujeres que conozco hablan conmigo sólo para desahogarse. Puede que ya hayan comprendido en qué consiste el problema y cómo debe solucionarse, pero se les hace necesario hablarme sólo para expresar su respuesta emotiva. Así que me siento y las escucho. En cierta forma, la conversación tiene un buen propósito. Estas mujeres reconocen lo que sucede. Al final, dirán, "Bueno, muchas gracias—tenía que sacarme eso del pecho". Es un estilo de comunicación diferente al de los hombres, pero es legítimo.

La respuesta masculina es por lo general más centrada en la realidad. Mario, un conocido mío, me dice, "Yo prefiero que la gente no venga a contarme sus problemas. Yo quiero *resolverlos*. Mi mujer se burla de mí: 'Eres el Señor Arreglalotodo. Siempre quieres irte a componer todo lo que anda mal'. Y yo le digo, '¡Pues, *claro* que lo hago! Yo no quiero malgastar mi tiempo hablando de un problema si es que puedo resolverlo' ".

¿Qué hacemos antes esta situación? Cada integrante de la pareja tiene que reconocer que puede que existan algunas diferencias en la forma de lidiar con los problemas. Un esposo debe apoyar a su esposa si ésta necesita una reacción imparcial. Sí, es indispensable que te enfrentes a situaciones específicas y que resuelvas ciertos problemas, pero eso no es todo. A veces lo único que tienes que hacer es escuchar. Quizás no hay nada más que hacer —ninguna acción que tomar—, pero sí es necesario que escuches. De la misma manera, una esposa considerada tal vez tenga que reconocer que su marido quiera arremangarse la camisa y tratar de solucionar el problema. Puede que cuando se trata de lidiar con una situación, el marido y la mujer no vean las cosas desde el mismo punto de vista. Pero si se muestran considerados y respetuosos, cada uno reconocerá y aceptará el modo en que el otro enfoca el asunto desde un ángulo diferente. Tienen que abordar el asunto como un equipo o, por lo menos, tienen que reconocer que sus necesidades emocionales son diferentes en el momento de hacer frente a las dificultades que se les presentan.

## CÓMO TENER UNA BUENA COMUNICACIÓN

Muchas de las parejas a las que aconsejo saben que la comunicación constituye parte de su problema. A menudo escucho comentarios como éstos:

- ❧ "Yo quiero hablar con ella, pero no sé cómo."

- ❧ "Es que no puedo hacer que me entienda."

- ❧ "Es como si habláramos dos idiomas diferentes."

- ❧ "Escucho lo que ella dice, pero no entiendo cuál es su objetivo."

- ❧ "Hablamos y hablamos y hablamos, pero nunca llegamos a ninguna parte."

Son comentarios conmovedores—declaraciones que revelan cómo muchas parejas se dan cuenta de que tienen un problema de comunicación en su relación, pero no saben cómo resolverlo. Si compartes esta sensación de desconcierto y frustración, te exhorto a que consideres buscar formas para comunicarte mejor con tu cónyuge.

## HAZ DE LA COMUNICACIÓN UNA PRIORIDAD

Dale prioridad a lo más importante. La buena comunicación no debería ser solamente un medio para manejar una crisis. Si ustedes se comunican con el único propósito de apagar un fuego, están destinados a tener problemas. Tienes que conversar también sobre los asuntos cotidianos de poca importancia—para mantener las vías de comunicación abiertas de manera continua. Es cierto que se presentarán otras obligaciones y distracciones. Por ejemplo, cuando llegan los años de crianza de los hijos, tus niños absorberán muchísimo tiempo y energía. Pero tú y tu cónyuge deben continuar prestándose atención mutua y escucharse el uno al otro. A veces hay que dedicarles toda la atención a los niños. En otras ocasiones, tendrás problemas de trabajo, tareas domésticas u otras obligaciones que ocupan tu tiempo y exigen tu atención. Desde el principio de tu matrimonio tienes que darte cuenta de que todos estos asuntos son importantes. Pero el más importante de todos es tener una relación sólida, pues ésa es la base de todo lo que hagas. Si no tienes esos cimientos bien puestos, ¿cómo vas a edificar el resto de tu vida familiar? Es la comunicación buena, sistemática y continua la que le da fuerza a esa base. Mi recomendación: haz lo que tengas que hacer para separar el tiempo, la energía y la atención que dedicarás a la comunicación con tu pareja.

## CONSIDERA DIVERSOS ENFOQUES PARA ESCOGER EL MOMENTO OPORTUNO Y LA "ESTRUCTURA"

El modo y el momento en que te comunicas son decisivos para obtener buenos resultados. Hay circunstancias en que la pareja necesita sentarse y concentrarse en resolver problemas específicos. Otras situaciones se deben abordar de una manera más informal: una conversación ligera a la hora de la cena, mientras se pasea al perro, mientras se friegan los platos, mientras están juntos en la cama antes de dormirse. Lo importante es hallar los ambientes y los momentos en que ambos se sientan relajados.

No dudo que a muchos maridos este exceso de estructura les puede resultar molesto. A menudo a las esposas les es fácil decir, "Está bien, vamos a planear lo que tiene que suceder", pero muchas veces a los hombres esta forma de hacer las cosas les parece demasiado contenciosa. Irónicamente, casi siempre los hombres se comunican bien durante el noviazgo, porque tienen mucho de qué hablar. Pero luego, cuando la pareja se casa, muchos de ellos retoman sus costumbres de solteros. Se hacen más "circunspectos" y menos comunicativos. Ante esta situación, yo trato de que entiendan algunos temas básicos y que aprendan ciertas habilidades esenciales. Es importante crear buenas costumbres para tu matrimonio. Estas opciones pueden estar orientadas hacia actividades físicas, en vez de poner énfasis en la conversación. Muchos hombres pueden franquearse y hablar más cómodamente si la conversación ocurre al tiempo que se realiza una actividad más relajada. Esto quita el énfasis de la comunicación verbal.

He aquí algunas sugerencias:

- ✤ Vayan al parque a caminar juntos.

- ✤ Vayan a nadar juntos a una piscina de su zona y al YMCA.

- ✤ Merienden juntos en una cafetería cercana o en un restaurante informal.

- ✤ Jueguen a las cartas.

- ✤ Jueguen a cualquier otra cosa.

- ✤ Participen juntos en un pasatiempo o afición.

❧ Dediquen un tiempo durante cualquier otro momento del día para pasar un rato en paz y silencio.

## PARA GUSTOS SE HAN HECHO COLORES . . .

Es importante recordar de cuántas maneras diferentes se puede fomentar la buena comunicación. Algunas parejas presentan los problemas directamente y los discuten de inmediato, mientras que otras dan rodeos al asunto y lidian con él de una forma indirecta. Algunos se tiran al agua de cabeza; otros avanzan despacito. Algunas parejas se comunican con un intercambio de frases a fuego graneado, y cada cónyuge responde rápidamente a lo que dice el otro. En cambio, otras parejas se toman su tiempo con exposiciones más largas y detalladas; un cónyuge escucha, y luego el otro reacciona. En fin, que cada maestrito con su librito.

Mi única recomendación firme es que cualquiera que sea tu método, no decidas cuál será tu comentario sobre una situación hasta que tu cónyuge haya acabado de hablar. Esto no es más que una parte esencial de permanecer abierta/o al tema que se discute. De hecho, tratar de enfocarse solamente en la solución puede provocar muchísimas dificultades en la comunicación entre marido y mujer. En muchas situaciones resulta mejor no brindar tu solución ni tu opinión; en vez de eso, es más constructivo ofrecer tu reacción respecto a lo que tu cónyuge te ha dicho, para que así él o ella sepa que lo/la has estado escuchando, lo cual le hace pensar que tienes en cuenta sus ideas. Un ejemplo: en lugar de decir, "Bueno, tu deberías hacer esto o aquello", piensa en decir, "Entonces lo que tú dices es que————————. ¿Es eso lo que crees?" Muchas personas consideran que la buena comunicación significa aprender a "presentar tu caso" de una manera más efectiva. Pero yo creo que es un error —a menudo un gran error— concentrarse en *hablar* y no en *escuchar*. Lo más importante para la buena comunicación es saber escuchar.

## LA IMPORTANCIA DEL DIÁLOGO

De lo que realmente hablamos aquí es del diálogo: un genuino intercambio verbal. El diálogo es un arte cuyo domino demora tiempo y requiere esfuerzo, pero también es una habilidad que tienes que aprender. Si no la aprendiste en casa —si no te criaste en un hogar donde la gente se escuchaba entre sí—, es posible que demores en aprender esta destreza. La triste realidad es que la mayoría de nosotros no hemos sido bien entrenados en comunicarnos bien. Las frases que oíamos eran cosas así: "Lo tienes que hacer porque yo soy tu madre", o "Hazlo porque yo te lo digo", o "Yo soy tu padre, y se acabó". Estas afirmaciones no son diálogos; son un monólogo. Hay un lugar para el monólogo en las relaciones madre-hijo o padre-hijo. Pero cuando te casas, tu relación amorosa e igualitaria entre dos adultos debería estar fundada en la comunicación recíproca.

¿Cómo logras esta meta? He aquí algunos "sí" y "no" para comunicarte con tu cónyuge:

- ∾ Habla directa y honestamente en un tono calmado y sereno.

- ∾ No trates de comunicarte cuando te sientas cansada/o, ansiosa/o o tensa/o debido a circunstancias externas.

- ∾ Busca un momento y un sitio tranquilos para hablar.

- ∾ No te valgas de tácticas de discusión injustas, como acusar, echar culpas, insultar o gritar.

- ∾ Mantente concentrada/o en el problema básico y no te distraigas innecesariamente con otros temas.

- ∾ Mantente abierta/o a lo que tu cónyuge te dice—incluso (o sobre todo) si piensas que sus aseveraciones no tienen sentido.

- ∾ No establezcas un programa por adelantado; primero, escucha, y mantente receptiva/o a lo que oyes, ya que así descubrirás las verdades que tú y tu cónyuge buscan.

∾ Di frases breves—ya que los "manifiestos" interminables probablemente obrarán en tu contra y no a tu favor.

∾ No des lecciones; si sermoneas sobre cualquier materia, sólo conseguirás que quien te oye no te haga caso.

∾ No traigas a colación antiguos incidentes que no tienen nada que ver con el asunto en cuestión.

∾ Confronta el problema de una manera enérgica y honesta.

∾ No evites el conflicto cuando algo te molesta; tampoco te enfurruñes en silencio ni expreses tus frustraciones con actitudes pasivo-agresivas.

∾ Concéntrate en el problema, no en quién tuvo la culpa.

∾ No intentes aceptar toda la culpa; tampoco le eches toda la culpa a tu cónyuge.

∾ Escucha la respuesta de tu cónyuge sin interrumpirlo/a, ni juzgarlo/o ni lo/la entorpezcas cuando exprese sus sentimientos y experiencias.

∾ No trates de reprimir tus sentimientos de ira y resentimiento.

∾ Siempre que sea posible, compenétrate con los sentimientos de tu pareja y dales validez.

∾ Concentra tu comunicación en el proceso, no en ganar la discusión. Conduce tu discusión a una salida en la que todos ganen y en la que ambos sientan que les han prestado atención y dado aprobación, y en la cual encuentren opciones para resolver sus dificultades.

∾ Miren a ambas caras de la situación que enfrentan.

Por supuesto que aprender a comunicarse con efectividad es más que listas de qué cosas hacer y qué no hacer; no quiero sugerir que seguir esta lista de consejos solucionará los problemas que enfrentas. Pero concentrarse en cuestiones específicas de comunicación muchas veces ayuda enormemente a resolver los problemas entre las parejas. El próximo capítulo del Paso Cinco ofrecerá aun más "herramientas" que pueden convertirse en una parte de tu equipo de habilidades de comunicación.

# APRENDE A DISCUTIR DE MANERA CONSTRUCTIVA

Hasta en los matrimonios felices siempre habrá discusiones. Precisamente porque una pareja consta de dos personas —dos personas de diferentes procedencias, diferentes perspectivas, diferentes necesidades y expectativas— las discrepancias son inevitables. Cuando me encuentro con esposos y esposas que dicen, "Nosotros nunca peleamos", sé que ahí hay una dificultad. O los cónyuges no se están enfrentando a sus problemas, o los están barriendo debajo de la alfombra, o están tratando de responder con indiferencia a sus conflictos, o están dejando que sus resentimientos se acumulen y crezcan hasta que la pareja se convierta en un polvorín a punto de explotar.

## DISCUSIÓN CONSTRUCTIVA FRENTE A DISCUSIÓN DESTRUCTIVA

La cuestión no es si discuten o no; la cuestión es si discuten *constructiva* o *destructivamente*. Hay formas correctas de discutir, y también hay formas incorrectas.

A lo que me refiero cuando hablo de discutir constructivamente es a resolver los problemas en conjunto, como pareja, sin lastimarse mutuamente ni dañar la relación. Este proceso puede conllevar fuertes desacuerdos, pero la discusión constructiva consiste en discrepar sin perderse el respeto y con el compromiso de llegar a un acuerdo.

Por otra parte, la discusión destructiva tiene lugar cuando las desavenencias de la pareja se manifiestan de forma conflictiva, obstruccionista, irrespetuosa, humillante o abusadora. Este proceso de la discusión destructiva puede entrañar enérgicos desacuerdos, lo mismo que la discusión constructiva, pero los cónyuges no mantienen (o no pueden mantener) el respeto mutuo, y a menudo ponen más esfuerzo en la polémica en sí misma que en tratar de llegar a un acuerdo. Muchos cónyuges que discuten de manera destructiva se concentran en expresar su ira, no en resolver los problemas. Sólo quieren "sacarse aquello de adentro", "ganar". Quizás tu objetivo en este tipo de situaciones no es lograr un acuerdo, sino obligar a la otra persona a que admita que tú tienes la razón, a que reconozca que está equivocada, a que se dé por vencida. Esta forma de discusión divide por completo a las parejas, en lugar de acercarlas. A menudo, no mejora, sino que daña el proceso de comunicación a largo plazo.

Además, las disputas destructivas tienden a ensordecer a cada cónyuge respecto a lo que dice el otro, y no permiten que cada uno perfeccione su habilidad para prestar más atención a su pareja. Tienes que mantenerte dispuesta/o a recibir el mensaje de tu cónyuge para poder escucharlo, ¿no es cierto? Sin embargo, es imposible que puedas abrirte de esa manera si todo lo que haces es despotricar y echar pestes de tu pareja. Durante una discusión destructiva no se intercambian ideas, ni se escucha lo que dice la otra persona, ni se llega a una conclusión. La discusión destructiva es egoísta, no generosa. Por desgracia, este modo de comunicación es bastante común. Tal vez siempre ha existido. Ciertamente, yo sé de muchos esposos y esposas de cierta edad que han pasado más tiempo gritándose el uno al otro que escuchándose con atención y hablando seriamente. Sin duda que todos hemos oído hablar de parejas cuyos "diálogos" consisten en gritos, maldiciones y tirarse piezas de la vajilla. Pero también hoy día hay un nuevo "estilo" de discusión destructiva que es bastante común. Yo la llamo "pelea de televisión". Sabes a lo que me refiero: discursos melodramáticos, ataques de furia y chillidos, o ingeniosas frases cortas que "fulminan" al contrincante. Supongo que no es sorprendente que mucha gente imite a estas parejas que ven en la televisión. Después de todo, los programas de la televisión y las películas son lo que moldea numerosos aspectos de nuestra sociedad. Pero ésta es una penosa situación. Los escritores de los guiones de esos programas crean diálogos que buscan efectos dramáticos, no buena comunicación entre los cónyuges. ¿Es realmente una buena idea copiar en tu matrimonio el comportamiento disfuncional de esas parejas que salen en la pantalla? ¡Claro que no! Mi recomendación: déjale eso a los escritores de Hollywood. Tú, por el contrario, trata de abrir tu mente, no de afilar la lengua; trata de mostrar ternura, no agudeza.

## ¿CÓMO PUEDES DISCUTIR DE MANERA CONSTRUCTIVA?

Ante todo, no violes tu compromiso de honrar y respetar a tu cónyuge. No violes tu promesa de apreciar y estimar a tu pareja. Si tu discusión está motivada por la cólera —si gritas y dices palabrotas— probablemente vas a perder la batalla. ¿Por qué? Pues porque hacer eso significa que tu manera de comunicación no cumple tu compromiso de respeto y consideración. El resultado final no será el que buscas. Después de todo, el propósito primordial de discutir de forma constructiva consiste en resolver un conflicto o solucionar un problema. Por tanto, si en tu discusión humillas o insultas a la persona que más amas, ya has perdido de vista tu propósito fundamental.

Éstas son algunas sugerencias específicas para que tus discusiones sean constructivas y no destructivas:

**Lidia con la ira.** Si un cónyuge se siente colérico, o ambos lo están, es mejor dejar que pase la tormenta antes de enfrentarse a los asuntos importantes. Detengan la discusión. Dense uno al otro cierto "espacio" físico o emocional para calmarse y reflexionar. Luego, cuando la tensión se haya disipado un poco, pueden continuar. Es mucho mejor no discutir los problemas en medio del torbellino. Es necesario que se comuniquen de manera racional, civilizada y respetuosa. Si les es imposible hacerlo de esa forma, sus discusiones degeneran en disputas serias, o si sus discusiones se convierten en trifulcas a gritos, la situación es preocupante. Este tipo de virulenta interacción socava la relación, y cuando llega a su peor momento puede conducir a faltas de respeto, plena hostilidad y hasta violencia física. Por desgracia, algunas parejas no saben cómo comunicarse de una manera positiva; ¡sólo saben vociferar, gritar y tirarse los platos a la cabeza! Si ésa es la única forma que conoces de comunicarte, te esperan grandes problemas en el futuro.

Una vez, un hombre me comentó, "Sabe, Padre, yo resuelvo todos mis líos con mi mujer en la cama". Cuando me dijo eso, lo miré y pensé, *¡Dios mío, pero qué tipo tan negativo! Si no puedes conversar con tu esposa cuando tienes un problema, y si vas a convertir tu comunicación en agresión física durante el acto sexual, sin duda que eso te va a alejar de ella.* En esta situación no existe la ternura, el amor ni la delicadeza—lo que hará es convertir todas tus frustraciones en agresión sexual. Eso es repugnante. Si es la rabia lo que te impulsa, y respondes airadamente, es inevitable que lastimes a la persona que más quieres.

**La importancia de escoger el momento adecuado—y los momentos "de descanso".** Te recomiendo que si estás discutiendo o protagonizando otro tipo de conflicto que crea un alto nivel de hostilidad, deberías poner a un lado la discusión y pensar en alejarte del ambiente lleno de tensión. Considera irte a discutir a otro sitio. Date una vuelta por el parque. Cambia de habitación. Desconéctate del ambiente donde tiene lugar la disputa. Enfréntate al problema de una manera distinta y discútelo en otro sitio diferente.

El hombre que mencioné anteriormente es (¡espero!) un caso extremo. Aun así, la comunicación hostil siempre es problemática. Si ustedes generalmente se comunican de forma hostil, los exhorto firmemente a que busquen ayuda sicológica profesional. A largo plazo, la ira y la hostilidad dañan enormemente el matrimonio. Si encaran el problema a tiempo, pueden ahorrarse mucho sufrimiento con el paso de los años.

**Influencias externas.** Muchas parejas discuten cuando ambos cónyuges están cansados, hambrientos, tensos o bajo la presión de tareas laborales o relativas al cuidado de los hijos. A veces resulta imposible evitar estas influencias externas. Si tu hijo se enferma, estás despierta/o desde las tres de la mañana, y no sabes qué medicina darle, no puedes ignorar la situación. Pero en ocasiones los integrantes de la pareja comienzan a discutir en parte —o en general— porque las influencias externas perturban sus pensamientos o los irritan. Cómo hacerlo mejor: aplacen la discusión hasta que se sientan menos cansados o menos tensos.

Según Mónica, ella y su esposo, Jeff, siguen la regla de no discutir jamás en medio de la noche, a menos que la situación constituya una verdadera emergencia. "Decimos, 'mira, es la una de la mañana' ", explica Mónica. " 'Tenemos que levantarnos a las seis. No vamos a adelantar nada ahora. Estamos de acuerdo en que hay que resolver un problema, pero hagámoslo mañana. No vamos a llegar a ninguna parte si discutimos en medio de la noche' ". En breve, que ellos han aprendido a posponer las discusiones cuando se sienten exhaustos. Es asombroso lo insignificantes que lucen muchos conflictos "importantes" después de descansar un rato. (¡El desayuno también ayuda!).

Mi sugerencia: reprograma tus discusiones hasta que te sientas descansada/o; luego, retómalas. Haz lo mismo si te sientes agotada/o por que tienes hambre, estás enferma/o (catarros, el flu, lo que sea) o te sientes presionada/o por cualquier otra razón, como puede ser una fecha límite para terminar un trabajo.

**Selecciona tus batallas.** Finalmente, cuando estás abocada/o a una discusión, tienes que preguntarte si vale la pena pelear por ese asunto.

Puedes malgastar mucha energía discutiendo sobre cosas que, realmente, te es imposible cambiar—o que no valen la pena. Si se trata de un tema trivial, ¿por qué perder tu tiempo y energía en darle vueltas al asunto? Si sabes que la polémica no va a cambiar nada, ¿para qué pelear por eso?¿Hay demasiadas emociones negativas ligadas a este asunto? Si tu forma de comunicación es en gran parte negativa, de todos modos no vas a obtener buenos resultados.

Por tanto, tienes que tomar una decisión. ¿Vale la pena discutir por ese asunto? ¿Qué resultados has obtenido anteriormente? ¿Discutir va a mejorar la situación, o sólo la empeorará? Te aconsejo que mires la situación en términos más generales, que la observes con una perspectiva a largo plazo y que te concentres sólo en los temas que justifican tu tiempo y atención.

Muchas parejas discuten acerca de sus manías. Sabes a lo que me refiero: "Siempre dejas las luces encendidas", "¿Por qué no puedes recoger lo que riegas?", "Dejas que los niños se queden despiertos hasta muy tarde"—cosas así. Son los temas insignificantes. Numerosas parejas también pelean por las tareas domésticas. A menudo el esposo no hace la parte que le corresponde de las labores del hogar, y ése es el punto álgido que da pie a la discusión. O si no, el marido sí hace un esfuerzo por cooperar, pero la mujer se siente frustrada porque dice que él no lo hace bien. ¿Vale la pena discutir por cosas así? No lo creo. Éstas son situaciones que te pueden molestar, pero que no deberían provocar tu cólera. ¿Significa esto que deberías evitar estos temas? Para nada. Pero, repito, es preferible que te concentres en resolver los problemas, no en humillar a tu compañero/a, ganar la discusión o desquitarte.

## RELACIONES SEXUALES Y COMUNICACIÓN

Numerosas parejas —yo diría que la mayoría— no comprenden qué gran parte de su relación sexual es una cuestión de comunicación. Tal vez piensen que la relación íntima es, sencillamente, una consecuencia de lo que sucede en la cama. Ésta es una lamentable actitud. Para bien o para mal, gran parte de la vida sexual de una pareja es realmente una consecuencia de lo que sucede en otros sitios. Lo que le dices a tu cónyuge durante el desayuno, cuando hablan por teléfono o cuando hacen mandados, tiene un impacto enorme en cómo te sentirás en el dormitorio. Si te muestras grosera/o o impaciente con él o ella a lo largo del día, y luego, cuando están juntos en la cama, esperas que todo va a ser dulzura y suavidad—prepárate para una sorpresa. Existe una conexión significativa entre tu relación cotidiana y lo que sucede cuando llega el momento de la intimidad.

Delia, quien lleva unos siete años de casada, vino a verme para pedirme consejos. Ella y su esposo, Nicolás, atravesaban una crisis. Delia me dijo, "Padre, él jamás me llama por teléfono durante el día. Incluso cuando está en casa después del trabajo, nunca me dice algo agradable. En realidad, me ignora. ¡Se puede decir que yo no existo para él! Y entonces, cuando es hora de irnos a la cama, se pone todo acaramelado. ¡No se da cuenta de que yo no puedo ser cariñosa con alguien que me ha ignorado el día entero!"

A las parejas a las que aconsejo les digo, "Miren este asunto con una perspectiva más amplia. No piensen en éste o en aquel momento específico de cuando hacen el amor. Es necesario que consideren la situación en general, su relación a largo plazo y sus metas como pareja. Su relación sexual es uno de los mejores aspectos de su vida de casados—¡o debiera serlo! Pero tienen que pensar más en los temas generales de su relación: cómo se preocupan el uno por el otro, cuáles son sus metas, cómo su relación cambia y se desarrolla con el paso del tiempo. Todos estos asuntos más generales son verdaderamente importantes por sí mismos. Son una parte esencial de la forma en que tú y tu cónyuge maduran como pareja. Pero además, los temas generales —sobre todo cómo se ocupan el uno del otro— determinarán en gran medida el grado de intimidad sexual que ustedes logren".

¿Cómo puedes mejorar la comunicación de manera que se pueda aliviar la tensión y fomentar la armonía en tu relación sexual? Es una pregunta compleja, pero a continuación verás algunos aspectos del tema que pueden facilitar el proceso y hacerlo más constructivo:

**Habla con la mente y el corazón abiertos.** Una de las cosas más importantes que puedes hacer para promover la buena comunicación —tanto en el dormitorio como en cualquier otro lugar— es hablar con tu pareja sobre temas delicados con la mente y el corazón abiertos. Resulta tentador ignorar los temas más delicados precisamente por lo difícil que resulta discutirlos, pero mirar las cosas de esta forma es casi siempre un error. En realidad, la resistencia a comunicarse provoca la mayoría de los problemas de intimidad en el matrimonio. ¿Por qué? Porque la intimidad consiste, básicamente, en lo que haces con la mente y el corazón, no en lo que haces con tus órganos sexuales. La intimidad comienza con las cosas que estás dispuesta/o a compartir con tu pareja. ¿Cuánto de ti estás dispuesta/o a exponer ante esa otra persona? ¿Hasta qué punto estás dispuesta/o a confiar en tu cónyuge? ¿Hasta qué punto estás dispuesta/o a franquearte totalmente con tu pareja?

Cuando te casas, te entregas a otra persona. En el matrimonio, compartes tu vida con ese ser. Si no estás dispuesta/o a hablar sobre temas esenciales de tu vida, entonces privas a tu cónyuge de amor, afecto y compenetración emocional. Un método mejor es permanecer abierta/o a la amplia gama de temas que toda pareja debe discutir.

Cuando la intimidad sexual falta, no funciona bien o no es sana, eso se debe por lo general a que la pareja ya ha pasado por algún tipo de separación afectiva. Los hombres y las mujeres interpretan estas situaciones de formas diferentes. Creo que las mujeres tienen la tendencia de suspender las relaciones sexuales como una manera de decir, "Bueno, como tú no me prestas atención en otros aspectos, yo no voy a prestarte atención en la cama". A menudo los hombres se preguntan, "¿Por qué me hace esto? ¿Qué pasa? ¿Qué estoy haciendo mal?" Una pareja que enfrenta esta situación no sólo tiene que resolver un problema sexual específico. Si son capaces de tratar de buscar una solución para los problemas de comunicación de más envergadura que enfrentan, gran parte de su relación mejorará; el resultado será que probablemente su intimidad sexual también mejorará.

**Enfrenta los problemas directamente.** Cuando una pareja tiene un problema sexual grave, como, por ejemplo, que uno de los dos sufra de un trastorno de funcionamiento sexual, o que exista una falta de intimidad entre sus integrantes, es importante que la pareja busque lo que yo llamaría orientación de crisis. Esto puede significar consultar a un psicólogo, un sexólogo o algún otro experto capacitado para tratar estos problemas. ¿Qué pasa si un integrante de la pareja está dispuesto a enfrentar los problemas, pero el otro no? Este desequilibrio entre ambas personas puede causar aún más dificultades. El cónyuge que niega el problema puede sentirse irritado, culpable, inseguro, etc. Él o ella están decididos a no hacerle frente al problema, y con esto bloquea a su pareja. El cónyuge que reconoce el problema quizás empiece a culparse a sí mismo. Con frecuencia es la mujer la que se pregunta, *¿En qué estoy fallando? ¿No le resulto atractiva?* O el esposo puede echarse la culpa porque considera que su técnica para hacer el amor no es lo suficientemente buena. Pero si uno de ellos se empeña en no buscar ayuda, de todos modos recomiendo que la otra persona —la que reconoce el problema— busque orientación profesional. En estas circunstancias, él o ella puede, al menos, hacer que dejen de acusarse el uno al otro y aprender a enfrentar el problema que está en el fondo de la situación.

De acuerdo a mi experiencia, las esposas están mucho más dispuestas que sus maridos a hablar de estos asuntos. Creo que, sin duda, las mujeres son mucho más francas en términos generales; sobre todo cuando se trata de temas sexuales, los hombres le temen a la idea de buscar ayuda externa. Tal vez se sienten amenazados, como si pedir ayuda pusiera su hombría en entredicho. Quizás no estén dispuestos a hablar acerca de un problema sexual con un consejero, sobre todo si se trata de una mujer, pero muchas veces ni siquiera con otro hombre. No quieren hablarle a nadie de su problema.

Hace poco conocí a una pareja —llamémosles Pedro y María— en la que la esposa llevaba años intentando convencer a su marido de que hablara con un consejero. Pues bien, la única persona con la que Pedro estaba dispuesto a conversar era yo, pues yo fui el sacerdote que los casó. Aparentemente, él consideraba que existía entre nosotros dos una conexión que lo hacía sentirse más tranquilo. María estaba feliz porque su esposo, por fin, hablaría con alguien. Pocos días después les pedí que se reunieran conmigo. Luego de conversar con ellos durante un rato, me di cuenta de que esta pareja realmente se amaba, pero que llevaban mucho tiempo castigándose sexualmente el uno al otro. María le decía a Pedro, "Jamás me dices algo agradable —nunca haces un comentario sobre cómo luzco, sabes—, y por eso no me siento a gusto junto a ti". Si ella se cambia de peinado, Pedro no le dice nada. Si ella prepara algo especial para él, él ni siquiera le da las gracias. Ella siente que él la trata con absoluta indiferencia. Solamente cuando él busca afecto y atención en la cama es cuando empieza a prestarle atención a su esposa. Esto enfurece a María, quien se desquita diciéndole, "Ni lo pienses".

Ante esto, Pedro responde, "Bueno, para mí también es difícil. Hace tanto tiempo que no me siento cercano a ti. Ni me acuerdo de la última vez que hicimos el amor. Tú siempre estás cansada o no tienes interés. ¿Cómo es posible que quiera ser cariñoso contigo si siempre me apartas de ti?"

Éste es un conflicto permanente en su matrimonio. Por desgracia, Pedro y María no se han enfrentado al problema que está en la raíz de todo. ¿Y cuál es? El problema es que en esta relación alguien no sabe cómo comunicar su afecto de la manera adecuada. Es él quien no sabe cómo poner en palabras el cariño ni brindarle a su cónyuge la debida atención. El cariño no es algo que enciendes y apagas como un bombillo cuando da la casualidad que estás en la cama. Tiene que existir un continuo sentido de aprecio hacia tu pareja—la sensación de que le tienes cariño y que te gusta estar junto a él o ella. Podríamos decir que apreciarse mutuamente, hacer cosas el uno por el otro es, realmente, el mejor preámbulo erótico para la relación sexual. Mostrar que sientes cariño por tu pareja. Mostrar que valoras su compañía. Si no le prestas atención a las emociones de la otra persona, si ignoras a tu cónyuge hasta el momento en que están en la cama . . . pues bien, alguien va a sentir que la están usando.

Hasta que Pedro enfrente cara a cara *su* problema, esta pareja no podrá realmente tratar de encontrar una solución con las dificultades que los perturban, no podrán realizar diversos cambios y compromisos, ni seguir adelante.

El método más efectivo para lidiar con una crisis en una relación es enfrentar el problema y comenzar a hablar sobre él. No lo hagas en presencia de tus hijos. Ni mientras se interpelan a gritos en la cocina. Ni tampoco delante de otras personas, ya se trate de amigos o familiares. Tienen que hablar ustedes dos solos y en privado. Es necesario que dediquen un tiempo para sentarse juntos y decir, "¿Entiendes por qué sucede esto?" o "¿Entiendes por qué esto me enoja tanto?" o "¿Entiendes por qué esto no me gusta?" o lo que sea que pienses.

¿Es fácil? Por supuesto que no. Por el contrario, es algo que a casi todo el mundo le cuesta mucho trabajo llevar a cabo. Este tipo de comunicación requiere un cierto grado de desinterés personal. No se trata solamente de satisfacer tus necesidades. También consiste en darle a la otra persona, en compartir con tu cónyuge. Pero no me parece que son muchas las parejas que lo comprenden de esa forma. Tener una comunicación cercana sobre estos asuntos sexuales no es sólo un medio para alcanzar una meta. Lo que importa en sí es el proceso mismo. Todo esto es parte del proceso de crear una sensación de cercanía y un lazo entre los integrantes de la pareja. Con cada acto íntimo entre ustedes —ya sea una intimidad de contacto físico o de comunicación verbal— se produce una renovación del nexo que los une.

**Discute las preferencias sexuales y otros temas que influyen en la intimidad.** En cuanto al tema de las preferencias sexuales, quiero enfatizar de inmediato que en cada expresión de intimidad entre los esposos hay que mantener el respeto mutuo. Hoy día es habitual que las parejas se olviden de que cuando dos se casan, se convierten en uno. Esto significa, básicamente, que dos personas —cada una de diferente procedencia, con diferentes preferencias y diferente personalidad— se han reunido en una acción que los unifica. Lo mismo sucede con el acto sexual—dos cónyuges se convierten en uno. ¿Cómo es esto posible si no existe un respeto y un aprecio profundo entre los esposos? Debido a esto, la comunicación se-xual no es tan sólo lo que sucede durante el acto de intimidad sexual. La comunicación sexual también tiene lugar antes de la intimidad y después de ella.

¿Qué tiene que ver esto con las preferencias? Bueno, cuando existen desacuerdos respecto a cuestiones físicas, afectivas o morales —cuando un cónyuge dice, "A mí eso no me gusta" o "No me gustaría hacer eso"—, es esencial que la otra persona le preste atención. Es necesario que la pareja se reúna para hablar de estos temas. Tiene que haber canales de comunicación franca y abierta acerca de temas tanto específicos como generales para que la intimidad de la pareja se profundice y se fortalezca constantemente. Tienes que ser lo más franca/o posible con tu compañero/a en lo que se refiere a tus pensamientos, tus sentimientos y tus emociones.

Hay otro problema que surge cuando la crianza de un cónyuge le ha inculcado actitudes negativas acerca de la sexualidad. Si esas actitudes negativas son muy fuertes, pueden provocar tensiones personales y matrimoniales. Por ejemplo, las actitudes de la familia de Rosa respecto a la sexualidad eran tan reprimidas que el único acto sexual que ella podía tolerar consistía en un coito a toda prisa dentro de una habitación totalmente a oscuras. Cualquier otra cosa, la hacía sentirse enormemente ansiosa. Su esposo la amaba profundamente, y en muchos sentidos su concepto de la sexualidad era mucho más positivo que el de su mujer. Él no la obligaría jamás a hacer algo que ella no quisiera. Pero, al mismo tiempo, sentía que la visión limitada y tensa que ella tenía de la sexualidad no la beneficiaba, ni tampoco era buena para el matrimonio.

¿Cómo debería un matrimonio enfrentar una situación como ésta? ¿Cómo puede un cónyuge animar al otro a que no vea la sexualidad como algo sucio o incorrecto, sino como un medio de comunicar su amor y su comprensión? Y —ésta es una circunstancia aun más dificultosa—, ¿cómo debería lidiar la pareja con esa situación si uno de los dos ha sido víctima de abuso anteriormente?

Cuando ha ocurrido una experiencia sexual traumática de cualquier tipo —ya sea el resultado de abuso directo o de actitudes negativas de la familia—, el paso más importante que puedes dar es ir en busca de ayuda profesional. Entiendo que muchas personas se mostrarán reacias a esta recomendación. He oído tanto a hombres como a mujeres decir, "¿Cómo voy a discutir asuntos personales de esa categoría con un desconocido?" Bueno, sin duda que tienes que escoger cuidadosamente con quién vas a hablar de esos temas. Es necesario que obtengas una referencia de alguien en quien confíes—una amistad cercana, tu médico o tu pastor. Tienes que asegurarte de que el consejero o terapeuta que escojas es alguien con quien te puedes relacionar bien. Pero sí te digo esto: cuando una persona ha sufrido abuso sexual o psicológico en el pasado, es esencial que busque ayuda externa. No podrás superar estos problemas sólo con buena voluntad y pensamientos positivos.

Hace poco hablé con una señora que me dijo, "Padre, ¿sabe una cosa? No fue hasta este año cuando llegué a comprender que fui víctima de abuso sexual cuando era niña". Esta mujer, que tiene ya casi cincuenta años, se ha demorado varias décadas en llegar a ver eso. Imagínate hasta qué punto ese pasado de abuso infantil ha afectado su matrimonio. Es cierto que durante unos treinta años o más ella había reprimido esa experiencia de abuso, pero no puedo pensar que no haya influido en sus actitudes respecto a la sexualidad, hacia ella misma y hacia su esposo. Si una persona inicia una relación o se casa sin haber resuelto internamente su pasado de abuso, esas experiencias continuarán ejerciendo un enorme poder. Él o ella tal vez pueda reprimir durante un tiempo lo que sucedió, pero más tarde o más temprano ese pasado se convertirá en un problema. Para superar ese legado de sufrimiento, tiene que ocurrir algún tipo de sanación interna—sanación sicológica, sin duda, pero también espiritual. Y me atrevería a decir que la sanación es un proceso que, realmente, no puedes asumir sola/o. Necesitas un guía. Necesitas un aliado que te ayude a atravesar ese proceso.

## LA COMUNICACIÓN—UN PROCESO, NO UNA SOLUCIÓN INSTANTÁNEA

Hemos tratado muchísimos temas en este capítulo—tantos, que quizás te sientas intimidada/o por mis recomendaciones. No te preocupes. La comunicación en el matrimonio es un asunto complejo y a menudo polémico, pero tú y tu cónyuge tienen el tiempo y el amor de su parte. Si son francos el uno con el otro, pueden cambiar conductas de interacción y aprender nuevas habilidades. Pueden comunicarse de manera más abierta y honesta, y tu franqueza y honestidad harán que la comunicación se haga más y más fácil a medida que pasen los meses y los años.

Muchas parejas quieren resolver los problemas de comunicación de la misma manera en que se enfrentan a todo: mediante un arreglo rápido. Pero la comunicación no se arregla en una o dos horas, mucho menos en diez minutos. No vas a cambiar tu modo de hablar ni de escuchar a tu pareja sólo con tomar una decisión o con discutir sobre el tema una sola vez.

He aquí mi sugerencia: mira a largo plazo. Trata de entender que la comunicación es un proceso, no una solución instantánea. Mejorar la comunicación marital conlleva un gran esfuerzo, paciencia y perspectiva. Los cambios serán paulatinos, sutiles y a veces casi imperceptibles. Pero si tú y tu cónyuge se lo proponen, *sí* progresarán.

# Capítulo 11

# Cómo comunicarse mejor

Entonces, cuando se trata de la comunicación de la pareja, estamos en una situación parecida a la de la broma de "¿cuál quieres saber primero, la noticia mala o la buena?"

La mala noticia: a diferencia de la carretera de vía rápida de California hasta Hawai, no existe un "puente milagroso" que te conecte con tu cónyuge a lo largo de los años de tu relación.

La buena noticia: de todos modos, sí es posible usar un puente verdaderamente maravilloso: el puente que ustedes mismos pueden construir, palabra a palabra, frase a frase, discusión a discusión.

¿Cómo van a construir ese puente? ¿Qué tareas o técnicas pueden ayudarlos a fomentar la buena comunicación en su relación? Podría ofrecerte una lista larga para que la examines, pero he aquí las cosas que me parecen más importantes y productivas:

## Tarea #1
## Dedica tiempo a la comunicación

"Nos sentiríamos más unidos si tuviéramos más tiempo para comunicarnos."

Con frecuencia oigo a parejas que se lamentan de esta forma. La vida está llena de cosas que hay que hacer. Los horarios son una locura. Todo lo demás es más importante, y el tiempo que pasamos juntos queda en el último lugar de la lista. Cuando tú y tu cónyuge encuentran el tiempo para pasar unos momentos juntos, casi siempre es ya tan tarde que no les queda energía.

¿Cómo resolver este dilema? Creo que la única solución es *crear* el tiempo. Si lo único que haces es esperar a surjan las oportunidades, probablemente esperarás en vano. Siempre saldrá otra cosa que pondrás en primer lugar. Una idea mejor: separa por adelantado el tiempo que pasarás junto a tu cónyuge.

En específico, te insto a que separes un tiempo cada semana. Esta meta es especialmente importante si tú y tu cónyuge están decididos a mejorar la comunicación mutua. Una hora a la semana es una opción realista. Este tiempo debería constituir un paréntesis tranquilo y privado para ti y tu cónyuge. ¿Es esto difícil de arreglar? Quizás. Pero ésa es una razón de más para hacerlo. El hecho mismo de que resulta engorroso separar una hora a la semana demuestra que *no sucederá si no lo planificas de antemano*.

No es necesario que tengas un programa específico para esta hora juntos. No tienes que convertirla en una "sesión" formal de conversación, lo cual puede crear demasiada presión y darle a esta ocasión un tono de seriedad que no necesita. Se trata, sencillamente, de un tiempo para que los dos se sientan estimulados a hablar. Den un paseo. Váyanse de picnic. Siéntense a jugar a las cartas o a las damas. Conozco una pareja que siempre tiene programado un desayuno luego que salen de la iglesia. Piensan que como se sienten bien al salir de la misa, este espíritu optimista es propicio para pasar juntos un rato agradable, con un desayuno abundante y sin prisa, donde comentan la semana que pasó y hablan de la que viene. No importa lo que hagas—la cuestión es que tú y tu cónyuge hallen un tiempo para estar solos y sin interrupciones, unos momentos en los que puedan hablarse, escucharse mutuamente y franquearse el uno con el otro.

Éstas son algunas recomendaciones que puedes considerar:

- ∾ **Haz todo lo posible para evitar las interrupciones.** Entre otras cosas, esto supone que apagarás los aparatos de telecomunicaciones para proteger la "burbuja" de privacidad que han creado. (Ver la Tarea 2 más adelante, con otros comentarios sobre este tipo de aparatos).

- ∾ **Arregla de antemano el cuidado de los niños para garantizar que tendrán privacidad y calma.** Debido precisamente a que los niños exigen tanto tiempo y atención por parte de sus padres, tienes que asegurarte de que ellos están alejados en otro sitio totalmente distinto —o que al menos hay alguien cuidándolos—, de manera que puedan concentrarse el uno en el otro como marido y mujer.

- ∾ **Planifica al menos una semana antes el tiempo que van a pasar juntos, y luego cumple tu plan.** De la misma forma que no se te ocurriría programar un juego de golf durante el mismo tiempo en que tienes una importante reunión de negocios o un turno en el médico, no deberías programar ninguna otra cosa que coincidiera con la cita con tu cónyuge.

- ∾ **Evita actividades que afecten la conversación.** Si el tiempo que van a pasar juntos incluye una actividad, asegúrate de que escoges algo que propicie la conversación. Quizás el cine, los juego de video, los eventos deportivos y los conciertos sean actividades agradables, pero no podrás hablar mucho en esas situaciones.

∾ **Sean totalmente francos el uno con el otro.** Cuando hablen, no se autocensuren ni se censuren mutuamente. No se interrumpan la conversación ni manden a callar a la otra persona si te dice algo que no deseas oír. Si hay algún tema delicado, díselo a tu pareja con anterioridad. Tal vez puedan conversar ahora sobre el asunto; quizás haya que tratarlo en otro momento. Pero acepta el hecho de que no puedes evitar indefinidamente ciertos temas. Es necesario que te enfrentes a las cosas y que seas franca/o y estés dispuesta/o a hablar de todos los problemas.

∾ **Que el tiempo que pasen juntos esté libre de ira.** Si no están de acuerdo en algo, si la conversación se acalora, o si sientes que tus emociones se están haciendo demasiado intensas de una forma negativa, concuerden en detener la discusión y seguirla en otro momento.

## *Tarea #2*
## Apaga tus aparatos

En ocasiones me pregunto cómo sería la comunicación entre los matrimonios si nuestra sociedad no estuviera tan repleta de aparatos de alta tecnología. Sí, yo sé que la tecnología de las comunicaciones aporta muchos beneficios a una gran cantidad de personas, entre ellas las parejas. Pero también pienso que los aparatos de los que hemos llegado a depender tienen sus propias desventajas. Sé que muchas parejas dependen de tal forma de los entretenimientos electrónicos —DVD, iPod, televisión digital y cosas por el estilo—, que se olvidan de prestarse atención mutua o de pasar tiempo juntos sin la ayuda de la tecnología avanzada.

Debido a esto, considero que una de las mejores maneras de fomentar la comunicación entre marido y mujer es apagar todos tus aparatos de vez en cuando. No hablo de que debes rechazar en general la alta tecnología. Durante al menos una o dos horas al día (tal vez durante más tiempo una vez a la semana, como la mañana del domingo), date un "día de descanso tecnológico". Sí, eso significa apagar tu teléfono celular. Apagar también tu PDA y tu computadora. Regálate un poco de silencio—un refugio de todos los artefactos de alta tecnología que abarrotan nuestra cotidiana comunicación frente a frente.

¿Por qué este enfoque resulta útil y, creo yo, beneficioso? Aunque tenemos acceso al mundo entero las veinticuatro horas del día, los siete días de la semana, en realidad parece que ahora nos comunicamos menos que nunca antes. Los teléfonos móviles, las máquinas de fax y muchos otros aparatos nos mantienen en contacto permanente con otras personas—pero, ¿hablamos y escuchamos convincentemente a los demás? Yo lo dudo a veces. Temo que a muchos de nosotros nos está resultando mucho más cómodo comunicarnos a través de los medios electrónicos que frente a frente. Quizás pensamos que esto se debe a que es mucho más veloz y práctico comunicarse de esa forma, pero nuestra manía de usar aparatos también puede ser una forma de evitar el contacto personal. Me preocupa que hoy día la gente a menudo parezca tener más tiempo para los artefactos que para las demás personas. Pasamos demasiado tiempo interactuando con computadoras, PDA, televisores, juegos de *game boy* y todo tipo de artilugios de alta tecnología.

Pero para fomentar la comunicación en una relación, tienes que pasar tiempo de calidad con tu pareja. Es esencial que encuentres una "zona de seguridad" en tu vida —ya sea por la mañana, por la tarde o por la noche— cuando ambos puedan conversar sobre sus necesidades mutuas. Tienes que estar dispuesta/o a escuchar y a hablar. Es imprescindible que apaguen los aparatos y se concentren el uno en el otro.

---

## Tarea #3
### Exprésate por escrito

---

¿Recuerdas las antiguas cartas de amor? Ya están fuera de moda, pero antes contribuyeron muy positivamente a las relaciones, y muchas personas aprenderían mucho de este viejo método de comunicación. No tienes que usar el lenguaje florido del pasado, pero escribirle tus pensamientos a la persona que amas pudiera ayudarte a articular y organizar lo que quieres decir. Quizás esto le otorgue a tu mensaje un impacto más poderoso que si lo dijeras con palabras. Pero tiene una desventaja: cada vez que escribes algo, queda fijo en blanco y negro. Las palabras pueden regresar para acosarte en el futuro. Así que, hay que reconocerlo, la alternativa de expresarte por escrito tiene sus pros y sus contras. Éstos son algunos aspectos a considerar sobre esta situación:

Escribir es una manera de pensar en el papel—casi como pensar en alta voz. Los sicoterapeutas y los directores espirituales han usado durante años la escritura de diarios como un medio efectivo para que la gente exprese lo que guarda en su interior. Escribir también puede ayudarnos a manifestar ciertas cosas que quizás no podemos decir con claridad o elocuencia. Esto puede resultar especialmente útil si tratas de expresar pensamientos complejos, intensos, o emociones sutiles. La forma que uses puede ser un diario, una tarjeta o una carta. Pero sea cual sea la que escojas, asegúrate de no subestimar o abusar del poder de comunicarte a través de la palabra escrita.

He aquí cuáles yo creo que son las ventajas y las desventajas de diversas opciones:

**Diarios.** Un diario es un medio casi infinitamente flexible para examinar qué ocurre en tu mente. Escribir lo que piensas puede aclarar lo que te parece confuso o totalmente desconocido hasta que empiezas a ponerlo sobre el papel. Como dijo el escritor estadounidense William Zinsser: "¿Cómo voy saber lo que pienso si no leo lo que escribí?" La otra ventaja de llevar un diario es que escribes solamente para ti misma/o. No pretendes escribir la Gran Novela Americana. No escribes para persuadir, reafirmar ni entretener a nadie. Al escribir revelas tus sentimientos y tu espíritu únicamente en tu propio beneficio. Puedes usar el método del flujo de conciencia y escribir no más lo que te viene a la mente. La recompensa de esto: comprender tus pensamientos y emociones, con lo que lograrás tener una visión más precisa de cómo tu estado interno afecta tus acciones externas.

**Las cartas** pueden tener dos propósitos.

Uno de ellos es expresarle algo a tu cónyuge y llegar a "entregárselo" a él o ella. Supongamos, por ejemplo, que ustedes dos han discutido recientemente. A ti te quedan todavía cosas por decir, pero no estás segura/o de que podrás expresarte elocuentemente en la situación en la que te encuentras. Escribir una carta pudiera brindarte la oportunidad de exponer, de manera comedida, lo que piensas. Puedes explicar tus preocupaciones, hacer preguntas, pedir aclaraciones y excusas de una forma que resultaría más difícil si tuvieras que hacerlo improvisadamente en persona. En breve, que te permite resumir o hacer progresar un diálogo que ya estaba en proceso.

El otro propósito de una carta es expresar emociones que, por otros medios, quizás parezcan demasiado arriesgadas. Es decir, que puedes escribir una carta que exprese frustración, cólera, tristeza o cualquier otro sentimiento que te perturbe y que consideres excesivo y, por tanto, inaceptable. Las cartas de esta naturaleza son documentos que no piensas mostrar a tu cónyuge; más bien, son un instrumento que te permite examinar y entender tus sentimientos. Si usas una carta con este fin, está bien que te desahogues y vuelques en ella todo—los pensamientos que te perturban, las emociones violentas y cualquier cosa que sientas. ¿Por qué es conveniente este procedimiento? Al igual que escribir en un diario, esto puede ayudarte a entender lo que piensas. Además, puede ser que, al elaborar tus emociones, llegues a sentirte de una manera totalmente diferente que antes. Una carta de este tipo quizás despeje el ambiente y te permita alcanzar un estado mental más sereno para las interacciones personales que ocurrirán después.

Ten en cuenta estas recomendaciones para evitar problemas cuando le escribas a tu cónyuge:

∾ Si estás pasando por un momento de ira, nunca escribas una carta *que tienes la intención de darle a tu cónyuge.*

∾ Si te estás sumamente enojada/o y, de todos modos, quieres escribir algo, espera por lo menos veinticuatro horas antes de hacerlo, ya que ese "período de reflexión" es esencial.

∾ Es una buena idea dejar reposar durante un rato (por lo menos hasta la mañana siguiente) cualquier cosa que hayas escrito antes de entregarle el mensaje a tu cónyuge.

∾ Si de verdad necesitas desahogarte con palabras, hazlo en un diario privado y no en una carta (ya que es preferible desahogarte antes de sentarte a escribir un mensaje a tu pareja).

∾ Ten en cuenta que la gente tiende a leer los mensajes negativos una y otra vez y sentir el mismo dolor (o mayor aun) cada vez que los vuelven a leer.

∾ Si escribes en un diario, asegúrate de/as que lo mantienes privado, pues las palabras que has escrito sólo para ti podrían causar un daño enorme a tu relación si otra persona las lee.

También hay que considerar otro asunto: una de las mejores maneras en que puedes usar la palabra escrita en las comunicaciones matrimoniales es una breve nota escrita. No tienes que escribir una carta entera cuando quieras decirle algo a tu pareja. Una nota sencilla puede hacer milagros. Decirle cuánto lo/la amas, o cuánto lo/la aprecias es algo que todos valoran. Una tarjeta simpática o hasta una de esas notitas adhesivas donde hayas escrito las palabras "Te amo", y pegada en el espejo del baño, puede ser extraordinariamente efectiva para mejorar la comunicación en tu matrimonio.

## Tarea #4
### Lo que yo pienso que tú piensas

Por muy maravilloso/a que sea tu cónyuge, te apuesto a que no puede adivinar qué piensan los demás. Y por muy fantástica/o que tú seas, tampoco tú puedes hacerlo. Sin embargo, muchos esposos y esposas actúan como si pudieran leerse las mentes. Es demasiado fácil pensar que puedes adivinar lo que tu cónyuge está pensando, y esta percepción puede crear mucha tensión en tu matrimonio.

Para ayudarte a superar esta suposición de que sabes lo que tu cónyuge piensa —y, aun mejor, para poner a tu disposición la opción de la comunicación honesta—, te recomiendo que intentes la tarea llamada "Lo que *yo creo* que tú crees". Mira cómo funciona. Durante el tiempo que pasen juntos a la semana, escojan un tema y, cada uno por separado, escriban lo que sienten y lo que piensan sobre eso. También cada uno de ustedes debe escribir lo que cree que su cónyuge piensa sobre ese tema. Luego, comparen sus notas. La meta: ver cuán alejado está lo que tú crees que tu esposo/a piensa, de lo que él o ella realmente piensa.

Por ejemplo, Letti y Oscar decidieron intercambiar opiniones acerca de un tema controversial: "Los maridos y las tareas domésticas".

- **La opinión de Letti:** "¡Oscar, gracias por ocuparte bastante del trabajo de la casa! Haces muchísimo más que otros esposos del presente. Pero, por favor, ¡deja de celebrarte tanto por lo que haces! Esto no va a hacer que te otorguen la Medalla de Honor del Congreso."

- **Lo que Letti cree que es la opinión de Oscar:** "Él probablemente cree que yo estoy tan obsesionada con las tareas del hogar como Martha Stewart."

- **La opinión de Oscar:** "No me importa ocuparme del trabajo doméstico, pero a veces siento que siempre esperas más de mí."

&infin; **Lo que Oscar cree que es la opinión de Letti:** "Ella quiere que yo haga aun más de lo que ya hago."

Como puedes ver, algunas de las opiniones de esta pareja están más cerca de la verdad que otras. De hecho, ellos tienen algunas divergencias de opinión que deben discutir respecto a la cantidad de trabajo que Oscar lleva a cabo en el hogar, así como respecto al tema de las expectativas. Hasta cierto punto, cada cónyuge intuye correctamente algo de lo que preocupa al otro. Pero no han discutido estos temas de manera que puedan solucionar el problema en sí mismo (eso es, la contribución que hace el marido a las tareas domésticas). Pero el objetivo del ejercicio no es envolver el tema en un paquetito perfecto. En realidad, su objetivo es revelar lo que verdaderamente piensa y siente la pareja y abrir la posibilidad de una discusión.

He aquí algunos posibles temas que te pueden servir para empezar. Idealmente, deberías crear tu propia lista de temas a discutir a largo plazo.

&infin; Pasamos suficiente tiempo de calidad juntos.

&infin; Hay problemas que nos impiden comunicarnos de manera efectiva.

&infin; Nuestras responsabilidades en la relación están equilibradamente divididas (o divididas de una forma que le conviene a cada uno de nosotros).

&infin; Nos apreciamos mutuamente.

&infin; Pasamos bastante / demasiado / no el suficiente tiempo con nuestros amigos.

&infin; Tenemos planes adecuados para nuestro futuro.

&infin; Nuestros deberes respecto a la crianza de los hijos están razonablemente divididos.

&infin; Cada uno de nosotros tiene suficiente tiempo libre.

Unas cuantas ideas adicionales acerca de esta tarea:

꙳ Es importante que pruebes con sólo un tema a la vez. Hacer más de uno podría resultar demasiado fatigoso.

꙳ Asegúrate de incluir tiempo para hablar del tema y examinarlo con detenimiento. Éste es un proceso que no debe hacerse de prisa.

꙳ Si estás de acuerdo con la otra persona o si adivinaste correctamente lo que él o ella piensa, maravilloso. Pero si no, no consideres que fallaste en tu respuesta. Esta tarea es un ejercicio para aprender acerca de tu cónyuge y examinar los temas, no para dominar el místico arte de la percepción extrasensorial.

꙳ Considera esta tarea como una oportunidad para aprender, para aclarar ideas erróneas y, si hay conflicto, para esforzarte en lograr un compromiso.

## Tarea #5
### No se interrumpan el uno al otro

Éste es un tipo de comportamiento que observo en muchas parejas: en lugar de escucharse mutuamente, uno o los dos cónyuges se concentra en dar respuestas mientras el otro habla. Están tan obstinados en lo que van a decir después, que interrumpen a su compañero/a aun antes de que él o ella hayan terminado de hablar. Por muchas razones, éste es un comportamiento problemático. Primeramente, es una mala educación. Segundo, hace casi imposible que se pueda escuchar atentamente. Y tercero, aumenta la tensión cuando la pareja trata de comunicarse. Debido a todas estas razones, creo que una de las tareas más importantes que una pareja puede emprender es evitar este proceso de interrupción sistemática.

Los integrantes de muchas parejas se interrumpen constantemente el uno al otro. Cada cónyuge está ansioso —y hasta desesperado— por "controlar el micrófono." El resultado de esto es que nadie puede hablar claro. Cada cónyuge siente que le están poniendo una zancadilla que le impide decir lo que piensa. El nivel de tensión aumenta. La calidad de la discusión se viene abajo. A veces todo degenera en un enfrentamiento a gritos.

Una táctica mucho mejor y más justa es hablar por turnos. No, no tienes que seguir ningún tratado que te diga cuál es el orden perfecto. Pero cuando le toca hablar a la otra persona, no interrumpas cuando él o ella estén exponiendo su criterio. De la misma forma, tampoco él o ella debería interrumpirte a ti. Cada uno de ustedes tiene la oportunidad de plantear sus preocupaciones sin interrupciones; luego, cuando tu pareja responda, escucha con atención. ¿Qué si es fácil? No. Esto exige paciencia, respeto y autocontrol. Pero al hablar por turnos, respetuosa y pacientemente, lograrás mucho más (y más rápidamente) que si lo hacen los dos al mismo tiempo y descontroladamente. No tienes que recurrir a la costumbre de los indios norteamericanos de usar un "palo para hablar"— un objeto parecido a una batuta que permitía que la persona que lo tenía en la mano pudiera hablar sin interrupciones. (¡Francamente, yo creo que algunas parejas se beneficiarían con esta costumbre!). Sin embargo, lo que tú tienes que hacer es asegurarte de que el cónyuge que tenga el uso de la palabra en ese momento, pueda hablar sin que lo interrumpan.

## Tarea #6
### Aprendan a discutir

¿Aprender a discutir? ¡Quién va a querer aprender eso! ¿No es mejor no discutir? Es lógico que pienses así. Pero no he conocido todavía una pareja que no discuta. Y como dije en el capítulo anterior, *no* discutir en absoluto a menudo conduce a que se acumulen resentimientos, que se obstruya la comunicación y hasta que se produzcan arranques de violencia. Discutir no significa que tu relación sea mala. Discutir de la manera correcta hasta puede ser bueno para tu relación. ¿Por qué? Pues porque al discutir, ustedes ponen los problemas sobre la mesa; pueden examinarlos con honestidad; se enfrentan a ellos juntos; y los resuelven en pareja.

Como indiqué en el Capítulo 10, la clave es asegurarse de que estas discusiones sean constructivas. Es necesario que discutan de una manera que permita a ambos formular sus quejas, expresar sus emociones y trabajar juntos para hallar un compromiso aceptable para ambos. Para conseguir estos objetivos, sugiero que leas las siguientes reglas básicas:

- **No griten, ni vociferen ni se insulten mutuamente.** Alzar la voz no ayudará para nada a que tu cónyuge te oiga mejor. Por el contrario, gritar, vociferar o insultar casi siempre daña el proceso de comunicación, ya que tu cónyuge muy pronto comenzará a gritar más fuerte que tú. Y si ambos terminan dando alaridos, ninguno de los dos escuchará al otro.

- **No discutan frente a los hijos (ni frente a nadie).** Las discusiones y las peleas deberían estar estrictamente limitadas a ustedes dos como pareja. Argumentar delante de amigos o parientes los hará sentirse mal, y los niños se aterrorizan cuando ven pelear a sus padres. La única excepción a esta regla: si buscas ayuda externa. En ese caso, discutir delante de un consejero puede ser parte del proceso terapéutico.

- **Expresa tus preocupaciones sin peligro de que tu pareja te interrumpa.** (Ver la Tarea número 4 para una discusión más detallada sobre este tema.)

- **Evita las generalizaciones y las acusaciones exageradas.** Entre las frases problemáticas están "Tú siempre", "Tú nunca", "Cada vez que tú", y construcciones por el estilo. Plantea tus preocupaciones sin atacar el carácter de la otra persona. Concéntrate en cuestiones específicas.

∾ **Detén la discusión si la cosa se pone "demasiado caliente."** Programa la discusión para otro momento. Si te dejas arrastrar por tus emociones, puede que digas cosas de las que después te arrepentirás. Algunas parejas también corren un gran riesgo de violencia física cuando una disputa se caldea en exceso. (Si sientes que tu seguridad personal corre peligro, retírate del altercado y, si es necesario, busca ayuda.)

## Tarea #7
## Usa mensajes de "Yo"

Una técnica que recomiendo para ayudar a que las discusiones sean más constructivas es el uso de los mensajes de "Yo". En vez de hacer amplias generalizaciones, formula tus comentarios como afirmaciones en las cuales, sin erigirte como juez, expreses tu propio punto de vista. He aquí un ejemplo. En lugar de decir, "Eres un cerdo—jamás recoges lo que riegas", di, "Me frustra que dejes tantas cosas tiradas por todas partes". ¿Por qué esta segunda frase es más estratégica y efectiva? Pues porque al plantear tu queja de esta forma, *hablas de tu frustración* y no *atacas el carácter de la otra persona*. En lugar de echar un sermón, aclaras la cuestión. En este caso, la raíz del asunto es que te sientes frustrada/o por tener que recoger constantemente lo que riega tu compañero/a. Quieres que tu cónyuge ayude a mantener la casa recogida. La forma en que expresas el problema *abre la discusión* en vez de *cerrarla*. Tú no dices, "Eres un cerdo"—palabras que a nadie le agrada escuchar. Por el contrario, dices, "Me siento frustrada. Llego a casa del trabajo sumamente cansada. Me frustra que no hayas recogido lo que regaste". Esta forma de hacer las cosas tiene muchas más posibilidades de producir una alianza y, por tanto, de conducir a la resolución del problema.

Para practicar, haz una lista de todas tus quejas y luego dales la forma de un mensaje de "Yo".

Éstos son algunos ejemplos:

- ❧ **Acusación general:** "Siempre llegas tarde."
- ❧ **Mensaje de "Yo":** "Me siento frustrada/o cuando llegas tan tarde."

- ❧ **Acusación general:** "Jamás recoges lo que riegas."
- ❧ **Mensaje de "Yo":** "Me desespera tener que recoger todo lo que riegas."

- ❧ **Acusación general:** "Ustedes los hombres son tan insensibles."
- ❧ **Mensaje de "Yo":** "He tratado de explicarte cómo me siento, pero parece que tú no me escuchas."

- ❧ **Acusación general:** "Es una estupidez que hayas dejado afuera la máquina de cortar el césped, como siempre."
- ❧ **Mensaje de "Yo":** "Me preocupa que se eche a perder la cortadora de césped si la dejas afuera y llueve."

## *Tarea #8*
## Regresa a la época del noviazgo

¿Recuerdan cómo era su relación cuando se conocieron? Tal vez se hacían regalitos. Tal vez, respondiendo a un impulso repentino, se llamaban al trabajo para susurrarse, "Te quiero". Tal vez se escribían notitas y las deslizaban por debajo de la puerta. Tal vez te acercabas a hurtadillas a tu pareja y la sorprendías con un beso. Por algo se le llama la "etapa del chispazo". Algunas parejas, realmente, hasta resplandecen en la oscuridad de lo encantados que se sienten el uno con el otro.

Es cierto que la etapa del chispazo no puede durar para siempre. Todos esos destellos de enamoramiento y placer mutuo se convierten en un resplandor de confianza y de amor profundo y perdurable. No digo que tienes que dar vuelta atrás al reloj y aspirar a un amor *menos* profundo y *menos* maduro. Sin embargo, creo que muchas parejas se beneficiarían de recordar cómo fueron sus primeras semanas y meses juntos. Y para hacerlo, te sugiero una tarea que llamo "Regresa a la época del noviazgo".

Para emprender esta tarea puedes tener una relación a largo plazo, haber estado casada/o durante décadas, o estar en una situación intermedia. El objetivo no es más que recuperar el estado de ánimo que tenías en ese entonces. ¿Cómo? Bueno, pues hagan una cita. No tienen que gastar mucho dinero; tan sólo preparar algo especial. Busquen una chica que cuide a los niños. Vístanse apropiadamente para la ocasión. Dense pequeños regalos. Los maridos, que les regalen unas flores a sus esposas. Halen el asiento con cortés caballerosidad. Tómense de las manos. Y cuando estén solos en el restaurante, no hablen de problemas de dinero, de la escuela de los chicos ni de que hay que reparar el auto. Dejen todo eso para otra oportunidad. Conversen sobre sus esperanzas y sus sueños. Coqueteen el uno con el otro. Por una noche, abandonen sus preocupaciones.

## Tarea #9
### Expresa tu aprecio

Muchos esposos y esposas me dicen que, aunque saben que sus cónyuges los aman, ellos no se sienten apreciados. Sucede con frecuencia que los integrantes de una pareja no se presten atención. En especial el estrés que causa el trabajo y los complejos deberes que conlleva la crianza de los hijos, dejan a algunas parejas demasiado exhaustas como para apenas cumplir con sus obligaciones. Es difícil hallar el tiempo o la energía para ofrecerse el uno al otro los pequeños placeres de la vida en pareja. Y una de las cosas que a menudo se queda en el camino es el aprecio.

Por eso es de primordial importancia contrarrestar la tendencia hacia la indiferencia o *aparente* indiferencia. He aquí lo que sugiero para lograrlo: dile algo agradable a tu pareja todos los días. Exprésale tu admiración. Lo que dices puede ser breve y tierno—no tienes que dar un discurso. (De hecho, es mejor que no lo hagas.) La única "regla" es que tienes que ser sincera/o.

Éstos son sólo algunos ejemplos de lo que propongo:

- ❧ "Aunque de todas formas eres una cocinera maravillosa, la cena de esta noche fue especialmente deliciosa."

- ❧ "Me gusta cómo esa camisa te hace lucir los ojos aun más azules."

- ❧ "Dedicas mucho tiempo a los niños y los ayudas a hacer sus tareas—eres tan buen papá."

- ❧ "No puedo agradecerte lo suficiente lo que haces por nuestra familia."

- ❧ "Te ves tan linda cuando te da la luz en pelo, como ahora."

- ❧ "Eres sumamente considerado."

Llevar a cabo esta tarea tiene muchos beneficios. Expresar tu aprecio aumenta el amor propio de tu cónyuge, lo/la ayuda a sentirse bien y fortalece tu unión marital. Además, puede servir como un ejercicio que te ayude a prestarle atención a alguien de tu vida cuya presencia, a lo largo de los años, quizás se haya hecho poco precisa o se ve "fuera de foco". Las cosas positivas que dices realmente te ayudarán a ver a tu cónyuge bajo una luz más positiva.

## *Tarea #10*
### Un susurro en la oscuridad

¿Cuántas veces tú y tu cónyuge al final del día se tiran en la cama y se echan a dormir? La situación es asombrosamente típica. Muchas parejas están demasiado cansadas para hacer el amor. Está bien. Pero es una verdadera lástima cuando los cónyuges no pueden pasar ni siquiera un tiempo de descanso juntos para relajarse y sentirse bien el uno junto al otro antes de irse a dormir. Algo a considerar: vayan juntos a la cama quince minutos antes de lo normal, apaguen las luces y hablen en la oscuridad.

Hablar en la oscuridad tiene algo que hace la conversación mucho más íntima. Acuérdate de cuando eras pequeña/o . . . ¿compartías la habitación con un/a hermano/a, o a veces te ibas a dormir a casa de amigas/os? Si eso sucedió, probablemente te quedabas despierta/o luego que las luces se apagaban y hablabas de cosas especiales. ¿Por qué no recreas esa atmósfera secreta y privada con tu cónyuge? Es un tipo especial de comunicación fácil y que no requiere mucho tiempo. Son unos minutos dedicados a hablar acerca de los que ambos han estado pensando, soñando, cuestionándose. O puedes ofrecer un cumplido o expresar tu agradecimiento. O puedes susurrar palabras tiernas.

¿Por qué no? ¿Qué mejor manera de terminar el día que con este regalo mutuo tan sereno, privado y discreto?

## EN LO BUENO Y EN LO MALO . . .

Creo que la mayoría de las parejas desean tener una buena comunicación, y la mayoría se esfuerza en lograrla. Las tareas que he recomendado en este capítulo son sólo algunos de los medios para que tú y tu pareja puedan comunicarse mejor y, al hacerlo, fortalecer su matrimonio. Como dije a lo largo del Camino Cinco y en otras secciones de este libro, la comunicación es realmente uno de los elementos más decisivos de una buena relación—una de las habilidades que pueden ayudar a una pareja a enfrentarse a la vida "en lo bueno y en lo malo".

¿Qué pasa si ya tienes una buena comunicación? Te insto a que te esfuerces por mantenerla. La comunicación requiere una práctica continua.

Incluso si tú y tu cónyuge siempre se han comunicado bien, tienes que seguir desarrollándola para evitar el riesgo de la autocomplacencia.

¿Y si tu comunicación no es tan buena? Pues entonces te animo a que enfrentes los temas que hemos considerado en el Camino Cinco, que perfecciones las habilidades que describí y que hagas todo lo posible por mejorar la comunicación en tu matrimonio.

Esto nos lleva a un aspecto difícil de nuestra discusión. ¿Qué pasa si tu comunicación matrimonial se deshace por completo? ¿Qué sucede si uno de los cónyuges se niega totalmente a escuchar al otro? ¿Qué sucede si las diferencias en los estilos de comunicación son tan grandes que la interacción se hace absolutamente imposible? ¿Y si cada conversación se convierte en una disputa? Si uno o más de estos problemas ocurren en tu relación, ¿qué harías?

Creo que cuando la comunicación de una pareja fracasa por completo, es preferible que los cónyuges busquen ayuda externa. La pareja necesita a alguien que pueda proporcionarles una reacción u opinión desinteresada, o que pueda ayudarlos a comunicarse. Me resulta interesante ver cuántas veces los cónyuges están dispuestos a hablar francamente en presencia de un terapeuta o consejero pastoral, y luego me dicen, "Padre, ella nunca me dijo eso antes", o "Ay, él nunca me había dicho eso". Entonces les pregunto, "¿Y cómo es que lo dicen ahora?" Es casi como si necesitaran a alguien que estuviera allí para actuar de árbitro o de entrenador de comunicaciones que les dé una mano para hablar sobre estos temas. La presencia de un consejero los ayuda a no desorientarse.

¿Es esto un problema? Yo creo que no; esto no es un problema en absoluto. Es conveniente que una pareja pueda beneficiarse de la orientación de un experto.

Así que si ustedes están "atascados" y no pueden comunicarse de una forma constructiva, les recomiendo que busquen ayuda externa. Si la comunicación entre ustedes es tan hostil que se exponen a insultos o a un comportamiento violento, los exhorto con la mayor firmeza a que busquen ayuda antes de que ustedes mismos empeoren sus problemas.

(Vean el Apéndice de este libro para encontrar servicios de referencia a consejeros matrimoniales.)

Ante todo, tu matrimonio está basado en una comunicación efectiva. Si sigues el Camino Cinco, podrás lograr que tu relación se mantenga fuerte y vibrante. Ambos podrán mantener un contacto cercano y afectivo, independientemente de cualquier problema que atraviesen como pareja. Podrán mantenerse conectados de la manera más fuerte posible con la vida verdadera y el amor verdadero.

*Camino Seis*

# APRENDAN A ACEPTAR SUS DIFERENCIAS

"Mi esposo y yo somos de diferentes países, así que crecimos con costumbres diferentes. Cuando nos comprometimos, eso era algo que nos entusiasmaba a ambos—el hecho de que no éramos iguales. Todavía creo que no tiene importancia que él sea como es, y no pienso que es mi tarea cambiarlo. Pero parece que a él ya no le gusto como soy. Se burla de mi acento, se burla de las comidas que me agradan y se burla de otras cosas mías."

—Elisa, veinticinco años

"A veces ella me trata como si yo fuera un proyecto para arreglar la casa. No como si yo fuera su esposo, sino como si fuera una vivienda que hay que reparar. Quiere que me vista diferente, que actúe diferente. Me dice que luzco desaliñado o que no hablo bien o que debo hacer las cosas como ella."

—Alex, veintiocho años

"Carlos tiene cosas que encuentro absolutamente maravillosas. Otras son más bien típicas de un hombre común y corriente, aceptable, pero

*que no me impresionan. Y tiene algunas cosas que realmente me exas-*
*peran. Pero debo decir que en general hay un buen equilibrio. Es un*
*buen hombre. Lo amo. Tiene muchas más buenas cualidades que*
*malas. Y después de veintiocho años de matrimonio, te garantizo*
*que él no va a cambiar, así que ni me molesto en intentarlo."*

—*Martha, cincuenta y siete años*

*"Nancy y yo no estamos completamente de acuerdo en todo, y diferi-*
*mos en muchas cosas. Pero años atrás decidimos poner las cartas*
*sobre la mesa y jugar limpio. Si no estamos de acuerdo, lo decimos.*
*Lo hablamos. Si estamos molestos por algo, lo decimos. No vamos a*
*maltratarnos el uno al otro ni a jugar ni cosas por el estilo."*

—*Tony, treinta y un años*

La tarea de convivir en el matrimonio con las diferencias que tiene
cada cónyuge, representa para una pareja una mezcla de deleite y dificultad. *Deleite* porque la variedad es la sal de la vida, ¿no es cierto? El matrimonio sería tedioso si el marido y la mujer compartieran exactamente
los mismos intereses, las mismas costumbres, preferencias, peculiaridades
y creencias. Pero también presenta dificultades porque las diferencias en
una pareja con frecuencia conducen a desafíos y conflictos. Muchos
cónyuges se enfrentan por cuestiones relativamente menores: preferencias
en cuestiones de música, formas de expresarse y costumbres inofensivas.
Otros cónyuges toleran un comportamiento dominante y hasta destructivo. Como indican los dos hombres y las dos mujeres que citamos antes,
las parejas con frecuencia batallan con el tema de cómo enfrentar las diferencias entre sí, y esta situación en general presenta algunos cuestio-
namientos importantes y potencialmente difíciles:

∾ ¿Cómo puede una pareja distinguir entre las diferencias importantes y las que no lo son?

❧ ¿Puede (o debe) un cónyuge intentar cambiar las creencias o el comportamiento de su pareja?

❧ ¿Pueden los cónyuges vivir en paz cuando ven el mundo de una forma completamente diferente?

El Camino Seis trata sobre el proceso de entender cuáles diferencias son las que importan, cuáles no, y qué debes hacer, o no hacer, con respecto a las mismas.

## Capítulo 12

# Por qué es tan crucial lidiar con las diferencias

Hoy en día, es cada vez más frecuente que los integrantes de la pareja provengan de un medio diferente. Muchas otras parejas se casan tras un corto noviazgo o una breve relación que no les permite llegar a conocerse el uno al otro. Luego de este acelerado proceso, es casi inevitable que surjan conflictos. Muchas parejas con las que me reúno se lamentan de sus diferencias. Dicen, "Usted ve, Padre, él no comprende que hago las cosas de esta manera debido a la forma en que me criaron". O, "Padre, ella no acepta mi origen y mis preferencias". Pues bien, tú puedes aceptar las diferencias de tu pareja si ya han llegado a conocerse bien y han enfrentado los diversos temas de manera franca y abierta. Pero muchas parejas no han dado estos pasos. Han pasado muy aprisa por el noviazgo, y quizás hasta hayan tratado a la ligera las cosas que puedan o no tener en común. No es de extrañar que surjan conflictos debido a estas diferencias.

Lo cierto es que todas las parejas tienen diferencias, y estas diferencias con frecuencia salen a relucir cuando un hombre y una mujer se entregan completamente el uno al otro en una relación a largo plazo. El enfrentarse con las diferencias es parte de ser absolutamente francos el uno con el otro. ¿Comprendes a fondo que tu pareja es diferente a ti? ¿Entiendes que él o ella pueden tener principios, valores éticos y perspectivas diferentes a los tuyos? Y mientras crean una vida en común, ¿te das cuenta de que algunos de tus principios, tus valores éticos y tus perspectivas a lo mejor tienen que modificarse?

Pues bien, tengo que darte buenas y malas noticias.

Las malas noticias: cuando ustedes empiezan a comprender y a aceptar estas diferencias, pueden lograr una gran sensación de fortaleza, seguridad y serenidad como pareja. No tienes que aceptar hasta el último detalle el modo en que tu pareja ve la vida, o sus intereses o sus costumbres. No tienen que estar de acuerdo en todo. Pero cuando verdaderamente se acepten el uno al otro como seres humanos —y cuando estén "de acuerdo en no estar de acuerdo"— lograrán una increíble sensación de calma.

## DIFERENCIAS, DIFERENCIAS . . .

En el matrimonio, dos seres humanos completamente diferentes se unen para formar una relación con variados grados de cercanía. De hecho, asombra ver cuán variado puede ser el resultado cuando dos personas se unen. Algunas parejas parecen estar tan bien acopladas que inspiran sorpresa y admiración, y decimos, "son almas gemelas", o "están hechos el uno para el otro". Sin embargo, cuando una pareja luce mal emparejada, nos preguntamos, "¿Cómo fue que estas dos personas llegaron a unirse?", o "¿Cómo es que han durado juntos tanto tiempo?". Éste es un gran misterio: cómo y por qué algunas parejas "funcionan", mientras que otras siempre están en conflicto.

Algunas veces tratamos de explicar la situación con aquello de que "los polos opuestos se atraen". Y algunas veces las diferencias *sí* ofrecen un equilibrio para la pareja. Por ejemplo, Aldo y Louise son dueños de un estudio de fotografía que se especializa en imágenes para catálogos comerciales. Aldo se ocupa de la parte técnica del negocio: lidia con los directores artísticos de los diferentes clientes, los ayuda a exhibir sus productos y supervisa un pequeño equipo de fotógrafos que toman las fotos de la mercancía. Mientras tanto, Louise corre con la administración del negocio. Se ocupa de buscar futuros clientes, gestionar transacciones, concertar citas para las sesiones de fotografía, llevar los libros y ocuparse de todas las otras cuestiones financieras. La empresa de esta pareja no funcionaría si los cónyuges no contaran con talentos y temperamentos tan bien equilibrados. Su matrimonio también está bien balanceado: Aldo es el soñador, mientras que Louise es más práctica y tiene más los pies en la tierra. Tú probablemente has conocido a gente como Aldo y Louise, cónyuges que parecen ser diferentes, pero que, en cierta forma, lucen "perfectos" el uno para el otro—tienen la capacidad de complementarse en sus puntos fuertes y débiles.

Pero con algunos matrimonios, el mejor lema no es "los polos opuestos se atraen", sino más bien "Dios los cría y ellos se juntan". Parejas que se asemejan tanto que lucen (excepto que uno es hombre y la otra es mujer) estar perfectamente emparejados. Estos cónyuges parecen estar siempre de acuerdo, y con frecuencia tienen los mismos gustos, las mismas costumbres, la misma actitud y hasta las mismas personalidades. Jessie y Ernesto son este tipo de pareja. Calmados, atentos a los detalles, alegres, ambos cónyuges se desempeñan como contadores en la misma empresa; los dos están totalmente involucrados en la crianza de sus tres hijos; y ambos disfrutan las competencias de naipes. Sus amistades bromean con Jessie y Ernesto y les llaman "Jessiernes" y "Ernesjessie".

Pero aun cuando una pareja parezca ser tan similar, siempre existen diferencias. Cada ser humano es fundamentalmente diferente de otro. Dios nos creó únicos. Y esto es lo que hace que el mundo sea interesante. Aún así, la situación es impredecible. Algunas veces, las diferencias entre cónyuges crean en la relación una maravillosa sensación de variedad; algunas veces las diferencias hacen que los integrantes de la pareja se sientan miserables; y algunas veces estas diferencias traen como resultado una gama intermedia entre estos dos extremos. Cuando hablamos de parejas que se complementan es cuando percibimos las diferencias entre los integrantes como una bendición y una fuente que las enriquece. Cuando las personas se complementan verdaderamente entre sí, los problemas tienden a disminuir.

Entonces, ¿qué quiere decir complementarse entre sí? No significa que los cónyuges sean tan iguales como dos gotas de agua, de eso estamos seguros. Una mejor comparación sería decir que son como piezas de un rompecabezas. No son iguales, sino que encajan bien.

## LAS DIFERENCIAS EN EL MATRIMONIO— ¿UNA SITUACIÓN ESPECIAL?

Nuestra meta en el Camino Seis es entender cómo enfrentar las diferencias en las relaciones, especialmente diferencias que se vuelven problemáticas, y cómo confrontar y resolver las dificultades que estas diferencias crean.
Tomemos en cuenta algunas preguntas importantes:

- ¿Qué es lo que nos exaspera de otras personas? ¿Podemos hacerles cambiar para así sentirnos menos exasperados?

- ¿Hay alguna fórmula secreta para lograr que la gente piense más como nosotros, o incluso lograr que se comporten de una manera que sea más aceptable para nosotros?

- ¿Se puede vivir en armonía con una persona que ve el mundo de una forma diferente a la nuestra?

En honor a la verdad, las diferencias no siempre crean la pareja perfecta a la cual me referí anteriormente, ni tampoco las parejas que tienen diferencias encajan siempre armoniosamente. Las diferencias, ciertamente, pueden acarrear problemas—y en muchas ocasiones, muchísimos. Algunas veces los problemas son cuestiones menores que nos molestan e irritan. Algunas veces los problemas son temas fundamentales que crecen hasta convertirse en nubes negras que obstaculizan la relación. La gran parte de las parejas que conozco, sean parientes, amistades o feligreses míos, hablan de una forma u otra de las diferencias que existen entre ellos. Y no es extraño que dichas diferencias se conviertan en causa de desavenencias en el matrimonio.

De hecho, he notado que las mismas diferencias que toleramos en nuestras relaciones con otras personas, en el matrimonio causan más desavenencias. He aquí un ejemplo insignificante, pero revelador. Esteban, un talentoso y consumado maestro de escuela, es una persona llena de una energía nerviosa que con frecuencia lo lleva a tamborilear con los dedos distraídamente. Este comportamiento no constituye en sí un gran defecto, pero su esposa, Beth, encuentra esta costumbre tan irritante que con frecuencia lo reprende, a veces en público, debido a este tic nervioso. Cuando le mencioné a Beth que su hermano, Julián, también tiene la costumbre de tamborilear con los dedos, le restó importancia a mi comentario. "Bueno, sí, los dos lo hacen", respondió. "Pero, ante todo, yo no puedo cambiar a mi hermano. Sencillamente, no es ese tipo de relación. Además, ¡no vivo con mi hermano! Pero sí vivo con Esteban, y sus mañas me alteran los nervios".

Quizás las diferencias —en este caso, una diferencia provocada por una forma de expresión corporal— causan más tensión en el matrimonio porque los cónyuges pasan mucho más tiempo juntos. O tal vez todo radica en lo que sugiere Beth: en que el matrimonio es un convenio al cual llegamos por nuestra propia voluntad, una cuestión de elección, mientras que la relación con su hermano no cuenta con ese elemento de elección. No estoy muy seguro de eso. (Muchos hermanos se alteran los nervios entre sí, aun de mayores.)

He aquí un ejemplo extremo que puede servir de ilustración con referencia a este tema. Miranda y Ricardo llevan unos diez años casados. Han tenido una unión feliz en general, pero una diferencia significativa entre ellos está causando cada vez más tensión en su matrimonio. Es la situación clásica de cómo los cónyuges expresan su sentir. Miranda es franca con respecto a sus emociones y las expresa libremente. Si encuentra algo divertido, se ríe. Si se siente triste, llora. Si está molesta, grita y vocifera. Por el contrario, Ricardo es reservado y, a decir verdad, algo reprimido. Él mismo admite que algunas situaciones le agradan, lo frustran, lo irritan, lo entretienen o lo entristecen, pero que no le resulta fácil expresar las emociones que siente. "Simplemente, en mi familia no acostumbrábamos a comportarnos así", explica Ricardo. "Me imagino que pudiéramos decir que soy bastante trancado. Está bien, soy trancado. Así es como soy. ¿Qué hago, me hago un transplante de personalidad?"

Es cierto que Ricardo tiene el derecho de ser quien es y de sentir como le venga en gana. Al igual que Miranda. Ninguno de los dos debe sentir la necesidad de ser como la otra persona—ni de actuar como la otra persona. Sin embargo, la situación que acabo de describir tiene un precio. Miranda le dice a Ricardo, "No te digo que te hagas un transplante de personalidad. Pero si sientes algo, siéntelo. Si no, me parece como que no estás ahí. Me siento como si estuviera casada con un robot. O tal vez con Mr. Spock: todo cerebro, sin corazón. Cómo tú te sientas no se trata solamente de ti. Se trata también de mí".

No sé cómo esta pareja puede solucionar el problema que enfrentan. Sin embargo, pienso que su situación es interesante porque, como sugerí anteriormente, sirve para ilustrar la cuestión de por qué algunas veces las diferencias causan más tensión en el matrimonio que en otras relaciones.

¿No te parece que mientras más allegada/o estés a alguien, más te afecta el comportamiento de esa persona? Sin duda que esto sucede con muchas relaciones. Cuando este tipo de situación ocurre dentro del matrimonio, el dolor que sigue se siente más profundamente, y la capacidad de la pareja para perdonar y seguir adelante disminuye. ¿Por qué se siente este dolor? Creo que eso se debe en parte a que las "heridas" están más cerca del centro sagrado. El dolor no se siente "allá afuera"—en el borde de nuestra existencia. El dolor se siente en la médula, algo que siempre resulta más delicado. Cuando un conocido o un amigo distante nos ofende, casi siempre seguimos adelante y nos sacudimos de la ofensa más fácilmente—no es una cuestión de mucha importancia. Pero de nuestras relaciones cercanas sí esperamos amor y apoyo, no rechazo e insultos. En el caso de Ricardo y Miranda, el hecho de que el esposo no pueda manifestar sus emociones resulta especialmente doloroso para la esposa, precisamente porque la incapacidad de Ricardo para expresar lo que siente hiere a Miranda en su centro sagrado ("Me siento como si estuviera casada con un robot"). Esta misma carencia de emociones probablemente no la afectaría tanto en otra persona. Pero una diferencia de esta magnitud es significativa para un matrimonio.

## CUANDO LAS PEQUEÑAS DIFERENCIAS CAUSAN GRANDES PROBLEMAS

Se sabe que los cónyuges con frecuencia se dan cabezazos por "cosas insignificantes". ¿Se separaría de verdad una pareja porque uno de sus integrantes quiere que el papel sanitario salga por el frente y el otro quiere que salga por detrás? No lo sé—pero a veces me pregunto si pudiera ser así. He aquí una corta lista de quejas que he escuchado a algunas parejas mencionar como las causantes de grandes problemas:

- ∾ "Ella nunca le pone la tapa el tubo de pasta de dientes."
- ∾ "Él nunca baja el asiento del inodoro."
- ∾ "Ella deja su ropa interior colgada en la ducha para que se seque."
- ∾ "Cuando estamos cenando, él insiste en leer en vez de hablar conmigo."
- ∾ "Ella pasa la aspiradora cerca de mí cuando estoy viendo el juego de pelota."
- ∾ "Él no puede hablar de algo sin usar términos de deportes."
- ∾ "Cuando habla, ella dice 'como si' cada dos palabras."

~ "Él nunca se limpia las uñas."

~ "Ella se demora una hora para maquillarse."

~ "Él nunca pide disculpas cuando eructa."

¿Cuestiones banales? Por supuesto que lo son. Pero el que sean banales no significa que no reflejen verdaderas diferencias o que no causen daño. Las quejas que cité reflejan pequeñas costumbres, tics, peculiaridades y preferencias que son, en sí mismas, inofensivas. Lucen insignificantes, hasta tontas. Sin embargo, por alguna razón se registran en el sismógrafo matrimonial; pueden sacudir un matrimonio de por sí, y a veces pueden predecir un gran terremoto si los cónyuges simplemente ignoran las señales de aviso.

He aquí un ejemplo de una pareja que descubrió que una pequeña diferencia podía causar grandes problemas—y cómo los cónyuges decidieron resolver la cuestión.

Jane y Guillermo cenan juntos al menos tres o cuatro veces por semana. Ambos disfrutan compartir juntos al final del día, pero tienen ideas diferentes de cómo hacerlo. Jane prefiere "desconectarse" y poner a un lado lo que ha ocurrido en su trabajo durante el día. En comparación, Guillermo quiere decirle hasta el último detalle de lo que ha pasado en la oficina. "Lo menos que quiero hacer es hablar durante la cena de qué le dijo qué cosa a quién en la oficina", Jane dice. "Quiero dejar todo eso atrás". Guillermo ve la situación de una forma diferente: "Sigo procesando lo del día. Hablarle a Jane es la forma en que detengo la programación del ordenador en mi cerebro". Las tensiones debido a esta situación han conducido a varias discusiones. La hora de la cena se convirtió en un conflicto más que en un relajamiento. Finalmente, la pareja llegó a un acuerdo: hablarían sobre el tema de la oficina sólo mientras preparaban la comida; luego, una vez se sentaran a la mesa, hablarían de temas que no estuvieran relacionados con cuestiones de trabajo.

## ¿Y SOBRE LAS DIFERENCIAS MAYORES?

Aunque muchas parejas discuten por cosas menores, es cierto que un matrimonio corre un riesgo mayor de tener conflictos debido a diferencias más graves. Me refiero a temas tales como:

- Prioridades personales y de familia

- Dónde vivir

- Carreras a seguir

- Decisiones sobre cuándo empezar a tener hijos y cuántos hijos tener

- Cómo dividirse la tarea de criar los hijos

- Metas económicas

- Tendencias políticas

- Filosofías de la vida

- El papel de la fe y la espiritualidad en el matrimonio

Estos son temas que constituyen la base de una relación. Si tú y tu cónyuge difieren muy marcadamente con relación a cualquiera de estos temas, la base que sostiene tu matrimonio no va a tener estabilidad. No es de sorprender que estar en desacuerdo sobre estos grandes temas pueda crear un conflicto.

Quiénes somos está tan ligado a algunas de nuestras creencias y a algunos de nuestros principios, que resulta de suma importancia discutir sobre eso con un posible cónyuge al principio de la relación. Me refiero a las creencias básicas, la ética y la práctica de la religión. Se puede llegar a un acuerdo con respecto a algunos de estos temas: metas profesionales, cómo criar a los hijos y prioridades en un momento dado. Otros temas pueden no prestarse a acuerdos: las creencias religiosas, el esperar fidelidad y los dogmas básicos de ética moral. Si los valores básicos tuyos y de tu pareja chocan, ¿podrán resolver los problemas? Quizás sí, quizás no. Pero, en todo caso, ojalá que discutas estos temas y sepas cuál es la posición de tu pareja con respecto a ellos antes de que se comprometan y comiencen una relación a largo plazo.

¿Te indican estos temas que las diferencias sean irreparables? Bueno, depende. He conocido parejas para quienes este tipo de temas ha resultado imposible de resolver. También he conocido parejas que han podido resolver diferencias exactamente iguales a éstas y que han llegado a un acuerdo. El hecho de que algunas personas sí hayan podido y otras no, debe servir de indicación. El resultado depende verdaderamente de la pareja en cuestión, sus creencias más fervientes, cuán capaces son de discutir abiertamente las preguntas relevantes, cuán dispuestos estén a encontrarse a mitad de camino. No quiero decir que una forma en particular de abordar el tema sea la acertada y la otra no. Sí pienso, sin embargo, que cada pareja necesita examinar los temas y no pretender que no existen.

Recientemente recibí una carta de un hombre que se casó con una evangelista fundamentalista. Los cónyuges tenían distintas creencias religiosas y eran de orígenes diferentes. Habían manejado bastante bien el tema de tener religiones diferentes hasta que sus hijos empezaron a hacer preguntas: "¿Por qué Mami cree esto?", y "¿Por qué papi cree lo otro?", y "¿Por qué hacemos esto con Mami y esto otro con Papi?". Estas diferencias se habían convertido ahora en un foco de tensión en su matrimonio; la pareja se dio cuenta de que tener perspectivas diferentes provocaba que sus hijos les hicieran algunas preguntas básicas. Y cuando Mami y Papi les dieron respuestas diferentes, hubo conflictos.

¿Existe una verdadera aceptación en esta relación? ¿Existe verdadera flexibilidad? Probablemente no. Quizás los cónyuges han evitado confrontar muchos temas. Los esposos han tenido que enfrentar estos temas ahora que los muchachos los han sacado a relucir. Pero debieron haber lidiado con ellos hace mucho tiempo.

Toda pareja necesita tomar en consideración la situación en su totalidad. Si puedes mantener la mente abierta a la vez que mantenerte fiel a tus verdaderas creencias, hay buenas probabilidades de que tú y tu pareja puedan lograr un equilibrio y llegar a un entendimiento sobre lo que es importante para ustedes. Esto puede significar que lleguen a un acuerdo y sigan compartiendo sus vidas. Puede significar que admitan que ciertas preferencias o principios son una parte tan fundamental de sus creencias que no pueden ceder en ellos. Algunos compromisos *sí* tienen prioridad sobre el matrimonio. Pero nadie puede tomar la decisión por ti. Es una búsqueda que cada uno de ustedes tiene que emprender solo.

Sin embargo, quiero añadir que a veces es maravilloso tener un guía espiritual que nos acompañe en esta búsqueda. Con esto quiero decir que, aunque ustedes tienen que proseguir por cuenta propia, tú y tu pareja quizás deseen buscar a alguien que conozca el camino. Un terapeuta, un consejero pastoral u otro mentor puede hacer que el viaje sea más fácil y menos agotador.

## COMIENZA EL PROCESO TEMPRANO

Espero que si todavía no te has casado, o si estás al inicio de tu matrimonio, comiences lo antes posible el proceso de discutir estos grandes temas para resolver cualquier diferencia. Esconder la cabeza como el avestruz para no enfrentarte con las diferencias no te va a ayudar. Por el contrario, lidiar con esto en base de "ojos que no ven, corazón que no siente" eventualmente terminará en el fracaso. En realidad, aquí la mejor solución es reconocer la importancia de estos puntos, discutirlos y dedicarse a encontrar una solución. Son temas básicos que forman la base de cómo van a vivir su vida en conjunto. Los insto firmemente a que examinen *ahora* las diferencias que haya entre ustedes y que las resuelvan antes de que les afecten.

Si ya te has casado, todavía estás a tiempo de examinar las diferencias entre ustedes. Repito, ignorar la situación no te va a servir de nada; esconder la cabeza en la arena sólo causará problemas a largo plazo. También es cierto que inclusive parejas que han resuelto las diferencias iniciales a veces tienen que enfrentar nuevos problemas a lo largo del camino. Puede que tú y tu cónyuge encuentren que sus creencias han cambiado con el tiempo; puede que desarrollen nuevas perspectivas e intereses; o puede que un nuevo, más profundo, conocimiento de sí mismos altere su forma de actuar. Esto puede resultar en que en un futuro tengan que enfrentar temas importantes que pudieron ya haber enfrentado anteriormente. El matrimonio entraña cambios constantes. Tanto tú como tu cónyuge pasarán por un continuo crecimiento y desarrollo, así que cada uno tendrá que darle cabida al crecimiento y desarrollo del otro con el paso de los años.

Lila y William son ejemplo de una pareja que nunca se preocupó de discutir sus creencias, posturas o preferencias. Se casaron tras un compromiso de seis meses, locamente enamorados. Ahora han descubierto que no están "en la misma onda" con respecto a muchas cuestiones. Tienen problemas sobre todo por cuestiones religiosas. Lila es católica; William es bautista. Aunque están de acuerdo en que como cristianos tienen muchas cosas en común, ahora ven que la diferencia en creencias y prácticas religiosas son una razón frecuente de desavenencias. ¿Podrán resolver estas diferencias? Espero que sí. Pero habrían tenido menos tensión por causa de esta situación si habrian empezado antes, cuando hablaban sobre sus expectativas sobre lo que sería su vida matrimonial.

Otro ejemplo de diferencias mayores: Kay y Barry. A diferencia de la pareja anterior que acabo de mencionar, Kay y Barry se enfrascaron en muchas discusiones —antes y después de casados— con el fin de ayudarse a comprender cualquier tema que pudiera causar tensión en el futuro. Hicieron una buenísima labor en identificar las cosas que tenían en común y en resolver posibles conflictos. Sin embargo, no pudieron anticipar cada cosa, ya que la vida con frecuencia nos presenta sorpresas y desafíos. ¿Qué pasó? Pues bien, al cabo de vivir y trabajar desde hacía algún tiempo en Chicago, una compañía en California le hizo una oferta de trabajo a Barry. Era una oportunidad con la que él llevaba años soñando. No le gustaba Chicago, no le agradaba el clima de los estados centrales y pensaba que mudarse para la costa del oeste sería estimulante. Pero a Kay no la complacía mucho la idea. Como había crecido cerca de Chicago, le gustaba la idea de vivir cerca de su familia, y temía que en California tendrían que enfrentarse a muchos más gastos, a una nueva forma de vida y a todas las otras incertidumbres de mudarse a una comunidad desconocida. La decisión radicaba en las diferentes prioridades de la pareja. ¿Qué era más importante, la carrera de Barry o los lazos familiares de Kay? En pocas palabras: sus sueños chocaban.

Después de estudiar la cuestión, la pareja decidió quedarse en Chicago. La carrera de Barry *sí* importaba, algo que Kay reconocía sin titubeos. Pero Barry mismo admitió que la movida a California era arriesgada, ya que pudiera no resultar en un avance para su carrera. Lo que más lo tentaba era la idea de vivir en un lugar nuevo. Pero lo cierto era que esta meta impredecible no justificaba suficientemente el relocalizar a toda la familia, especialmente con el apoyo que los numerosos familiares de Kay en Chicago les ofrecían a ellos y a sus hijos. A la vez, Kay reconocía que Barry, el único en la casa que percibía un ingreso, se veía tenso, y que necesitaba algunas "válvulas de escape" para ayudarle a lidiar con el estrés causado por el trabajo. Por lo tanto, cuando decidieron no mudarse, Kay sugirió que, para disminuir las presiones del esposo, debían participar en actividades de recreo—entre ellas, si él así lo deseaba, unas vacaciones en California.

## CÓMO ABORDAR LAS DIFERENCIAS

¿Cómo abordar las diferencias que surgen entre tú y tu pareja? ¿Cómo renunciar a algunas de tus formas arraigadas de entender la realidad y aceptar algunos de los puntos de vista de tu cónyuge?

Algunas veces la respuesta a estas preguntas se debe concentrar en pequeñas cosas que te impulsarían a hacer cambios específicos en tus costumbres o expectativas. He aquí lo que Benigno, casado desde hace veinte años, cuenta sobre una situación candente en su matrimonio: "Todos los sábados por la mañana lavamos la ropa. Yo ayudo, lo cual no me molesta. Pero tengo la tendencia de poner cosas en el cesto *después* que Rosita se ha llevado todo lo que está por lavar. Simplemente, se me olvida juntar los artículos que faltan. Y eso la molesta increíblemente, porque se siente como que nunca termina. Siempre quedan medias, calzoncillos, lo que sea. Pues he decidido que como esto es de suma importancia para ella, aunque a mí no me molesta, lo que voy a hacer es, sencillamente, emplear tres minutos más para recoger la ropa que está tirada en el cuarto de los muchachos o en mi cuarto, y llevarla abajo. Así terminamos de una vez. Parece una cuestión insignificante, pero es algo que a ella verdaderamente la molesta, y para mí no es un esfuerzo tan grande. Es así como trato complacerla en sus preferencias. He hecho un ajuste en mi comportamiento. Si para ella es tan importante, aunque no para mí, es una cuestión obvia. Esto en realidad es una ayuda para ella, y para mí no es muy complicado".

Pero algunas veces la solución requiere respuestas más sustanciales o complejas que el hacer únicamente pequeños ajustes. A lo mejor tienes que estar dispuesto/a a hacer las cosas de forma diferente. A lo mejor tú no limpias la cocina al igual que tu esposo, pero sales ganando si aceptas su sistema en vez de disgustarte con él y hacerle pensar que eres demasiado exigente.

## LA IMPORTANCIA DE LLEGAR A UN ACUERDO

A fin de cuenta, lo que estamos hablando es de *transarte*—admitir que para superar las diferencias entre ustedes, ambas partes van a tener que ceder un poco. Los dos no pueden salir ganando. Anteriormente mencioné que el complementarse entre sí no significa que tienen que ser iguales; más bien, significa que encajan como las piezas de un rompecabezas. A veces, las piezas no encajan a la perfección, pero tampoco son completamente incompatibles. Quizás necesitas hacer pequeños cambios. A lo mejor tu cónyuge también tiene que cambiar. Si puedes de alguna forma limar asperezas, las diferencias entre ustedes al final encajarán debidamente. Pero tendrás que cambiar para que esto sea posible.

¿Qué pasa si piensas que no puedes ceder? ¿Qué pasa si las diferencias entre ustedes son tan graves que no pueden encontrarse a mitad de camino?

Esto a veces sucede. Hans y Elizabeth, por ejemplo, pensaron mucho durante su noviazgo si tener o no tener hijos. Hans consideraba —quizás con toda razón— que él no estaba preparado para tener hijos. Elizabeth llevaba tiempo deseando tener hijos. Hay que darle crédito a esta pareja, ya que discutieron abierta y detalladamente la cuestión de los hijos, al punto de decidir que no debían casarse hasta que no llegaran a un acuerdo sobre este tema crucial. Con seguridad podrían llegar a algún tipo de entendimiento . . . pero al final de la jornada no lo lograron. Elizabeth y Hans llegaron a la conclusión de que no podían encontrar una posición intermedia sobre el tema de los hijos. Elizabeth quería tener hijos. Hans no. No importaba cuánto se amaran: el matrimonio no tenía sentido si sus metas sobre este punto se excluían mutuamente. A la larga, cualquier otro proceder causaría mucha tensión en el matrimonio, ya que uno u otro de los integrantes de la pareja terminaría frustrado con el resultado. Y básicamente, la situación sería injusta para cualquier hijo que trajeran al mundo, así que decidieron romper. ¿Tuvo un final triste este romance? Quizás, pero menos triste que muchos otros posibles desenlaces. Aplaudo la honestidad y el claro razonamiento de esta pareja.

Sin embargo, la situación a veces parece no admitir llegar a un acuerdo, aunque en realidad el asunto no está muy bien definido. Un ejemplo de esta situación es lo que les sucedió a Marilín y Manuel. El dilema de esta pareja se asemejaba al de Hans y Elizabeth al comienzo de la historia: Marilín quería tener hijos; Manuel no. De la misma manera, la pareja discutió el tema a fondo. Sin embargo, la decisión a la que llegaron tomó un rumbo diferente cuando Manuel accedió, con renuencia, al deseo intenso de Marilín de tener hijos. Esta docilidad de su parte pudo haber resultado en un conflicto, pero no fue así. Marilín no solamente dio a luz, ¡sino que dio a luz mellizos idénticos! Pero Manuel, en vez de sentir que la paternidad era una carga, descubrió que le encantaba ser papá. Ahora está muy involucrado en la crianza de los bebés, hasta el punto de que aburre a sus amigos hablándoles incansablemente sobre las glorias de la paternidad. Si Manuel no hubiera cedido ante su esposa en este tema, nunca hubiera disfrutado esta experiencia.

## EL PODER DE LA ACEPTACIÓN

Creo que una de las cosas más beneficiosas que puedes hacer al tratar de lidiar con las diferencias entre ustedes es utilizar el poder de la aceptación. Si puedes aprender a aceptar a tu cónyuge como es —sin caer en la trampa de intentar cambiarlo— te harás un regalo y le harás un regalo a tu pareja.

¿Tienes este poder? Sí lo tienes. Todos lo tenemos. Pero, desafortunadamente, puede que estés negándote la oportunidad de activar el poder de la aceptación. Sin embargo, te aseguro que cuando descubras y pongas la aceptación en práctica tu vida tendrá más paz interna. La aceptación ayuda a conseguir mayor armonía interna, y esta armonía interna se disemina a tus relaciones con los demás. Esto es muy cierto al tratarse del matrimonio. La mayor parte de los problemas que surgen en el matrimonio se originan por la incapacidad de aceptar a la otra persona. Esta falta de aceptación causa con frecuencia sufrimiento y ansiedad. Es por eso que la aceptación es una "herramienta" tan poderosa para todos nosotros. Te animo a que desarrolles este arte y lo pongas en práctica.

¿Cómo logras el poder de la aceptación? ¿Cómo te liberas de algunos de tus hábitos arraigados de percibir la realidad y aceptas algunos de los de tu cónyuge? Aquí está la respuesta: aceptar usualmente significa abrirse a la otra persona para así poder compartir sentimientos y creencias, y escuchar verdaderamente los puntos de vista de tu cónyuge. A veces esto significa que tienes que cambiar tu postura. En otras ocasiones es cuestión de modificar las prioridades. Si puedes estar dispuesta/o a oír y aceptar las ideas y necesidades de tu cónyuge, y entiendes qué lo/la motiva, hay más probabilidades de que consigas un nivel de aceptación más elevado.

## CONÓCETE A TI MISMO/A PRIMERO

Sin embargo, para lograr un nivel de aceptación más elevado en tu relación necesitas conocerte a ti misma/o primero. Necesitas saber ante todo cómo es que tú percibes las cosas. Necesitas poder expresar por qué te sientes o te comportas de cierta manera. (No, decir "Porque es la manera acertada", o "Así es como soy", no es suficiente.) Como hemos dicho, tu pareja y tú han tenido una crianza y unas experiencias diferentes que los han moldeado. Para poder negociar con éxito con tu pareja, necesitas saber por qué te sientes o te comportas como lo haces. Y no solamente necesitas *conocerte* a ti misma/o—necesitas *aceptarte* a ti misma/o. Esto significa aceptar tus puntos fuertes así como tus debilidades. Tienes talentos, aptitudes y dotes. A la vez, tienes defectos, limitaciones y flaquezas. Bienvenido a la raza humana. Es esencial que aceptes tanto lo que tienes a tu favor como tus fallos. No es fácil, pero es una medida necesaria para adquirir sabiduría.

## CONOCE Y ACEPTA A TU CÓNYUGE

Y ahora, una tarea difícil, quizás la tarea más difícil de todas. De igual manera que debes aceptarte con tus puntos fuertes y débiles, te insto a que aceptes a tu cónyuge de la misma manera. ¿Tiene él o ella talentos, aptitudes y dotes? Sin lugar a dudas. ¿Reconoces y celebras estos atributos positivos? ¡Espero que sí! (De no ser así, debes considerar la posibilidad de ser un poco más dadivosa/o a la hora de alabarlo/a y apreciarlo/a.

A nadie le gusta que lo den por descontado.) ¿Y tiene tu cónyuge defectos, limitaciones y flaquezas? Por supuesto—él o ella es también un ser humano y, por lo tanto, imperfecto y expuesto a equivocarse. En una palabra: ¿puedes reconocer a la vez que perdonar y aceptar a tu cónyuge porque es humano y puede equivocarse? Si es así, le estás haciendo un regalo maravilloso. Si no es así, va a ser un obstáculo para ambos.

## CONOCE TUS PERCEPCIONES Y VALORES

Otro aspecto del saber aceptar tiene que ver con la importancia de conocer tus propias percepciones y valores, y de dónde provienen. Por ejemplo, Cristy y Dago habían luchado durante años con conflictos surgidos de la crianza de los hijos. Cristy pensaba que su esposo consentía demasiado a sus tres hijos varones de edad escolar. "Les compra demasiadas cosas", decía. "Les da todo lo que piden. No sabe disciplinarlos. Los está malcriando". Dago se defendía de la siguiente manera: "Bueno, la función de un padre es ocuparse de sus hijos, y es así como yo lo hago. Quiero que sientan que se les aprecia". Al intensificarse el conflicto entre los cónyuges, Cristy y Dago decidieron buscar la ayuda de un consejero matrimonial. Las sesiones con el consejero revelaron algunos aspectos interesantes de la situación, entre ellos cómo la historia familiar de Dago había influido en su manera de criar a sus hijos. A Dago lo había criado una madre soltera y había pasado necesidades financieras durante su niñez; nunca había tenido la ventaja de tener un padre en casa que lo guiara y le diera amor. Su tendencia a consentir a sus propios hijos era, en parte, un esfuerzo "para asegurarse de que ellos nunca fueran a sentir esa carencia que yo sentí". Al entender y aceptar este aspecto de su historia personal, Dago se dio cuenta de qué es lo que motiva su comportamiento, y así le es más fácil llegar a un acuerdo con su esposa sobre este tema. Se da cuenta de que él está a disposición de sus hijos como nunca su padre lo estuvo para él, y se da cuenta de que no es necesario darles tantas "cosas" a sus hijos para compensar los fallos de su propio padre.

## LA FLEXIBILIDAD— LLAVE DE LA ACEPTACIÓN

Como he vivido en el sur de la Florida y el Caribe la mayor parte de mi vida, he pasado por un sinfín de huracanes. Vivir en el trópico tiene muchas ventajas, como el sol, las playas, el clima cálido. Pero también tenemos huracanes, y éstos pueden resultar alarmantes, feroces y destructivos.

El huracán Andrew, que pasó por la Florida en 1992, fue uno de los peores, y aún hoy se le considera uno de los mayores desastres naturales en la historia de Estados Unidos. Salí a examinar los daños al día siguiente de su paso. Nuestra casa no estaba muy lejos del lugar donde más azotó el ciclón. Afortunadamente, todos sobrevivimos, y en general no hubo muchos muertos en el área, si se toma en cuenta el impacto del huracán.

Cuando iba caminando por el vecindario y observaba la enorme destrucción que me rodeaba, una de las cosas que más me impresionó fue la cantidad de árboles inmensos que se cayeron de cuajo o se partieron en pedazos por la fuerza de los vientos del huracán. A lo largo de mi vida me había acostumbrado a ver esos árboles. Me había trepado a ellos, y pensaba que eran los más fuertes y duraderos. ¡Y ahora habían desaparecido! Era interesante, sin embargo, que la mayor parte de las palmas habían sobrevivido, a pesar de que los árboles, que eran más grandes y lucían más fuertes, habían quedado destrozados. Quien los hubiera visto el día antes de la tormenta jamás habría pensado que estos enormes árboles sufrirían tanto daño. Las palmas, que lucían tan endebles, habían salido mucho mejor. De entrada, esta situación parece contradictoria, pero es un fenómeno natural que tiene mucho sentido. Las palmas son flexibles; se adaptan mucho mejor a los vientos fuertes. Las palmas se arquean y se doblegan, mientras que los árboles, sólidos y gruesos, se rompen o salen de raíz. Entonces, ¿cuál árbol es el que es verdaderamente fuerte? ¿Cuál tiene más probabilidades de prosperar y crecer a largo plazo?

En lo que se refiere a las relaciones, podemos aprender mucho de las palmas. Mientras más flexibles seamos, más fácil nos resulta aceptar cambios y diferencias. Aquél que tenga el poder de ser flexible en sus relaciones será como la palma y sobrevivirá mejor las tormentas de la vida.

En una relación, ser flexible es un ingrediente clave para la convivencia. Si eres flexible, te podrás adaptar mejor a las necesidades de tu pareja y podrás sobrellevar mejor las presiones que la vida familiar impone. Sin flexibilidad, la armonía es difícil y la vida es más agobiante.

Para ser flexible, es necesario ponerse en el lugar de la otra persona para poder comprender que las cosas no son sólo en blanco y negro. No puedes decir, "Las cosas tienen que ser como yo digo". Tienes que ajustar tu vida de alguna forma a la de tu cónyuge.

## LA FLEXIBILIDAD A LARGO PLAZO

¿Existe todavía la posibilidad de ser flexible cuando la relación ha durado diez, veinte, hasta treinta años o más? Creo que si una pareja lleva tanto tiempo junta, es que los cónyuges han sido flexibles. Probablemente se han hecho muchas concesiones mutuas. Las personas con frecuencia aprenden a ser más flexibles con los desafíos y oportunidades que la vida les presenta. Muchas parejas cambian casi sin darse cuenta de esos cambios. No hay duda de que los hijos le presentan a una pareja una continua serie de circunstancias que exigen cambios: su nacimiento, su crecimiento a través de diferentes etapas, y finalmente la partida del hogar. Luego vienen la edad del retiro, la vejez, los problemas de salud y los cambios en la composición familiar. Éstas y muchas otras situaciones obligan a las personas a reevaluar sus convicciones y perspectivas. El cliché dice que las personas se ponen "obstinadas" cuando van envejeciendo. No estoy de acuerdo. Creo que las personas se vuelven más *flexibles* mientras envejecen. ¿Por qué? No estoy seguro. Quizás aprendemos a través de la experiencia que una actitud flexible funciona mejor que una rígida. Quizás ocurren cambios normales en la personalidad con el paso del tiempo. Lo único que puedo decir es que mi experiencia ha sido que las parejas jóvenes con frecuencia parecen ser *menos* flexibles que las parejas mayores.

Pero en la madurez, la tarea que muchas parejas enfrentan es evitar sentirse demasiado seguros el uno del otro. Puede que tú seas más flexible— más dispuesta/o a seguir la corriente por la que te lleve el matrimonio—, pero a expensas del riesgo de prestarle menos atención a tu cónyuge, de darle menos crédito y de no escucharlo. Frecuentemente, esto no se debe a sentimientos negativos, sino que es, más bien, una cierta pereza. Pero esto conlleva sus propios riesgos. Si no le muestras a tu cónyuge lo que él o ella significa para ti, existe el peligro verdadero de que se distancien. Algunos cónyuges en la edad de la madurez dicen, "Bueno, yo hago mis cosas y mi esposa hace lo suyo", o "Mi esposo y yo nos ocupamos cada uno de lo que le interesa". Cuando escucho estas palabras, con frecuencia me pregunto si en realidad existe una relación entre esta pareja—¿o son acaso sólo dos personas que viven vidas diferentes?

Bruno y Victoria llevan esta situación al extremo. Tienen alrededor de sesenta años, sus hijos ya "abandonaron el nido" y están próximos a retirarse. Bruno practica leyes algunas horas al día y está gradualmente disminuyendo el número de clientes. Después de algunas horas en el bufete, se va a jugar golf. Victoria es corredora de bienes raíces y se pasa la mayor parte del día en la oficina, lo cual le resulta más agradable que estar en su propia casa. También va de compras o al cine con amigas. ¿Y qué del tiempo que deben compartir como esposos? Bruno y Victoria ya ni siquiera cenan juntos. Cada uno se ocupa de lo suyo y se fijan muy poco el uno en el otro. No tienen intereses ni actividades en común. Las pocas veces que se sientan a la mesa juntos tienen muy poco de qué hablar. Esto no es flexibilidad, sino indiferencia mutua.

## ¿CUÁL ES EL RESULTADO DE TODO ESTO?

Creo que ya podemos decir que estamos de acuerdo en que es aceptable que existan diferencias en una relación. Le puedes hacer frente a las diferencias si eres flexible y condescendiente. Pero, específicamente, ¿cómo logras ser flexible y condescendiente?

He aquí algunas sugerencias para que puedas lograr que todo esto converja. En el Capítulo 13 voy a presentar algunas tareas específicas que te ayudarán a fomentar estas metas.

## ACEPTA QUE LAS DIFERENCIAS SON INEVITABLES

Si al menos aceptas que las diferencias son inevitables, podrás empezar a clasificarlas, un proceso que puede ayudarte a lograr un mayor grado de flexibilidad en tu matrimonio. Repito, no es cuestión de resolver todas las diferencias o de convencer al otro de que debe cambiar. Es más bien una cuestión de saber dónde están parados y cómo deben manejar la situación. Puede que no estén de acuerdo, por ejemplo, en cómo disciplinar a los hijos. Este tema es una parte esencial de la crianza de los hijos y puede tener un impacto muy real en el desarrollo correcto de los hijos. El ignorar el asunto no beneficia a nadie. Al mismo tiempo, tratar de dilucidar cada aspecto de la situación —tus experiencias pasadas, tu comprensión de la psicología infantil, tus aptitudes como madre o padre— puede ser una tarea compleja.

## ESCOGE EL MOMENTO PROPICIO PARA DISCUTIR

Tienes ganada la mitad de la batalla de lidiar con las diferencias si sabes cuál es el momento propicio para hacerlo. Si notas que va a surgir una disputa o que hay que resolver un problema, escoge el momento adecuado para dilucidar la cuestión. A veces esto significa hablar las cosas en seguida; a veces significa posponer la conversación. Si no te es posible hablar las cosas de inmediato, llega a un acuerdo temporal con tu cónyuge: "Esta bien, dejemos la cuestión ahora y discutámosla luego". Vas a sentirte más flexible si tratas el tema en un momento en que no te sientas agobiada/o.

Algunas sugerencias:

ﮐ De ser posible, evita discutir cuando te sientas agotada/o, hambrienta/o o cuando estés en un lugar público.

ﮐ Asegura que tus hijos estén bien cuidados por un adulto, o que estén durmiendo, ya que escuchar discusiones entre los padres puede alterarlos.

ﮐ Confirma que cuentas con el tiempo suficiente para tratar el asunto y resolver las desavenencias—no apresures el proceso.

ﮐ Discute la situación abiertamente, sin rencor y sin tratar de "anotarte puntos".

ﮐ Haz buen uso de lo que has aprendido sobre cómo escuchar a tu cónyuge.

ﮐ También haz uso de lo que has aprendido sobre cómo discutir en forma constructiva (escuchando atentamente y sin interrupciones).

ﮐ Trata de ver las cosas desde la perspectiva de tu cónyuge.

## ESCOGE BIEN TUS BATALLAS

También es necesario que aprendas a escoger tus batallas. Algunas parejas riñen por cualquier diferencia que tengan; otras son más selectivas. Si te es posible, ignora los temas insignificantes. ¿Tiene de verdad importancia que las cucharas, los tenedores y los cuchillos se coloquen juntos en el compartimiento de los cubiertos de la fregadora? ¿Tiene de verdad importancia si limpias la cocina después de cada comida, o si lo haces sólo al final del día? Trata de evaluar la esencia de lo que discutes. Si no tiene grandes consecuencias, llega a un acuerdo. Si la queja es verdaderamente banal, deja el tema. Guarda tus energías para los temas importantes de la vida.

## TOMEN DECISIONES JUNTOS

Otro importante aspecto al lidiar con las diferencias tiene que ver con las decisiones que se toman. Sin duda, tomar decisiones como pareja requiere mucha flexibilidad y una mente abierta por parte de ambos cónyuges. Por supuesto, es más fácil hacer decisiones uno solo . . . ¡nadie va a estar en desacuerdo con uno! Pero tomar decisiones sin contar con nadie conduce al resentimiento. Si sólo uno de los cónyuges toma todas las decisiones, puede que el otro sienta que él o ella no es parte del resultado. Quizás se resienta porque la/lo han excluido del proceso, o si algo resulta mal, ese cónyuge puede sentirse tentado a decir, "Te lo dije." Tomar decisiones juntos es crucial en el matrimonio. Tal vez la decisión perfecta no sea la que tomen de inmediato. Hay que darse tiempo para poder sopesar cada aspecto del problema, y es necesario dejar espacio para tantear las posibilidades. Pero, en términos generales, una decisión que tomen juntos —que los dos encuentren aceptable— va a serles más útil a largo plazo que una decisión que tome uno solo y que luego le "transmita" al otro. Si compartes la responsabilidad al tomar una decisión, hay más probabilidades de que te comprometas a llevarla a cabo.

## CUANDO NO PUEDES RESOLVER TUS DIFERENCIAS

Desafortunadamente, a algunas parejas les es imposible llegar a un acuerdo. No parecen estar dispuestos a ser flexibles sobre ningún tema. Los problemas que enfrentan los matrimonios donde surgen conflictos por cualquier cosa pueden resultar más serios que cualquier tema cotidiano. Si tú y tu cónyuge tienen conflictos extensos y frecuentes, deben buscar el tiempo para descubrir las causas. Las parejas con frecuencia pelean sobre temas complejos de alto riesgo que yacen bajo la superficie.

Por ejemplo, Tammy y Samuel, una pareja que se ama, con frecuencia discuten tan intensamente y con tanta hostilidad que ambos se asustan. La situación fue empeorando cada vez más, hasta el punto en que decidieron ir a un consejero matrimonial en busca de ayuda. A través de la terapia, Samuel y Tammy se dieron cuenta de que sus discusiones eran un reflejo de lo que cada uno de ellos había presenciado en sus propias familias. Básicamente, al discutir imitaban la disfunción de décadas atrás. Cuando por fin se dieron cuenta de la situación, comenzaron a resolver sus diferencias de un modo mejor.

Pregúntense a sí mismos por qué discuten realmemte. ¿El conflicto es lo que parece ser, o hay alguna otra cosa que te molesta? ¿Es el problema un tema que tiene que ver con la relación con tu cónyuge, o pudiera ser que radica en experiencias de tu niñez? Trata de encontrar la verdadera razón que se oculta tras ese problema en vez de limitarte a reñir cuando se manifieste en la vida cotidiana.

He mencionado este tema en otras partes del libro, y lo voy a hacer de nuevo: a veces no hay nada que sustituya a un buen consejero. Decidir ver a un terapeuta o a un consejero matrimonial no quiere decir que hayas fracasado. Por el contrario, es un verdadero éxito cuando puedes superar tus preocupaciones y temores, buscar ayuda y beneficiarte de la experiencia de un tercero imparcial y capacitado.

## "... Y LA SABIDURÍA DE RECONOCER LA DIFERENCIA"

Todas las parejas tienen diferencias en su relación. Todo matrimonio tiene sus limitaciones, contradicciones y fallos. Es importante darse cuenta de que fuera del cielo no hay ninguna familia perfecta. Hoy día, todo el mundo habla de familias disfuncionales. Al escuchar esos comentarios, mi respuesta con frecuencia es, "¡De veras! Muéstrenme una familia que no sea disfuncional". Imperfectas como son, es en nuestras familias donde necesitamos practicar el poder de la aceptación, algo que todos poseemos; es solamente una cuestión de aprender a aplicarlo a nuestra realidad.

Existe una oración ecuménica y sin afiliación religiosa que Alcohólicos Anónimos y otras organizaciones usan con frecuencia, una oración que yo encuentro útil para poner en práctica el poder de la aceptación en la vida diaria. Te la ofrezco aquí con la esperanza de que te brinde la inspiración para practicar la verdadera aceptación en tu propia vida:

*Señor, dame la serenidad para aceptar las cosas que no puedo cambiar,*
*valor para cambiar las cosas que puedo cambiar,*
*y sabiduría para reconocer la diferencia.*

Si aplicas estas palabras cuando surjan diferencias en tus relaciones, creo que encontrarás el valor, la fortaleza y la sabiduría que necesitas para enfrentarte a los desafíos que se te presenten en tu matrimonio y en la vida en general. Hay cosas que puedes cambiar y cosas que no, y es importante que aceptes esta realidad, o por lo menos que reconozcas la diferencia.

*Capítulo 13*

# Cómo lidiar con sus diferencias

Es cierto que algunas personas parecen más condescendientes que otras, por lo que es posible que la aceptación sea en parte una característica de nuestra personalidad. Sin embargo, creo que la aceptación no es *solamente* una característica—también es una aptitud que puedes adquirir, poner en práctica y perfeccionar. Esta aptitud entraña ante todo ser flexible. Y la flexibilidad incluye tanto dimensiones prácticas como actitud mental. Es tanto un conjunto de tareas como un estado mental.

A continuación encontrarás seis tareas específicas que te ayudarán a ti y a tu cónyuge a aceptar las diferencias entre ustedes y a ser más flexibles el uno con el otro.

## Tarea #1
### Cómo autoexaminarse

Al filósofo griego Pitágoras se le ocurrió una gran idea seis siglos antes de la era cristiana. Este filósofo de la antigedad les enseñó a sus estudiantes a emplear diez minutos todas las noches para considerar los errores y fallos en los que habían incurrido ese día en particular. Este esfuerzo no era, sencillamente, un análisis frívolo de lo que había salido mal. Era más bien un repaso para ayudar a sus estudiantes a corregir su comportamiento en el futuro. Esta práctica luego vino a ser el examen de conciencia que prevalece dentro de la tradición cristiana.

Puedes aprender de tus limitaciones cuando tratas de romper los malos hábitos y evitar los errores. Este proceso puede ser muy saludable si lo practicas en el contexto de tus relaciones. Lo cierto es que todos cometemos errores. Es razonable, porque somos seres humanos. Pero, ¿por qué no aceptar (en vez de rechazar) la posibilidad de reparar cualquier daño que podamos haber hecho debido a nuestra falibilidad? Por eso te sugiero que te examines bien a ti misma/o antes de esperar que sea tu cónyuge el que cambie. Si pasas por alto este importante punto, te arriesgas a caer en todo tipo de problemas en tu relación.

He aquí cómo te recomiendo que adaptes a tu moderna y agitada vida este antiguo, pero valioso proceso:

- ∾ Dedica diez minutos cada noche a repasar cómo fue tu día.

- ∾ Puedes hacer este repaso recordando los eventos del día, o sino "pensando sobre el papel", es decir, tomando notas en un diario o en una libreta.

- ∾ Analiza qué ocurrió, especialmente tu intercambio con otros—tu cónyuge, tus hijos, otros miembros de tu familia, compañeros de trabajo, amistades, conocidos, inclusive personas a quienes no conoces en absoluto.

- ∾ Observa qué fue satisfactorio y qué no lo fue.

- ∾ Observa también cuáles acciones de tu parte produjeron un resultado *positivo*, tales como ayudar a alguien, acercarte a una meta importante, resolver un problema, prevenir un problema, y cosas por el estilo.

෴ Observa cuáles acciones de tu parte produjeron un resultado *negativo*, tales como ocasionarle dificultades a alguien de forma accidental o intencionalmente, herir los sentimientos de otra persona, causar un problema, y cosas por el estilo.

෴ Analiza qué pudiste haber hecho mejor al ocuparte de las tareas y los desafíos del día.

෴ Evita juzgarte a ti misma/o, pero señala con honestidad qué pudiste haber hecho o evitado hacer.

෴ Analiza qué puedes hacer en el futuro para tomar mejores decisiones; para esforzarte más en ser más útil a los demás, para solucionar problemas o para resolver situaciones que habían quedado sin resolver.

෴ Si rezas de forma habitual, rézale a Dios para que te dé el discernimiento y la fortaleza para lidiar con estos temas en el futuro.

Este proceso que te describo no va a ser necesariamente fácil. Vivimos en una sociedad que nos aleja de la autorreflexión, por lo que se trata de una tarea con la que muchos no estamos familiarizados. Algunas personas lo encuentran amedrentador, hasta agobiante. Otros ignoran sus faltas o debilidades y se resisten a reconocerlas, mucho menos a analizarlas y a aprender de ellas. ("Bueno, no fue mi culpa. Si X no hubiera sucedido [llena el espacio tú misma/o con alguna excusa], yo no hubiera hecho Y [llena el espacio tú misma/o con algo indebido].") Otros exageran lo que han hecho y se autocritican vigorosamente. ("¡Soy terrible! ¡Estoy lleno de pecados! ¡No hay nadie tan terrible como yo!") Mi recomendación: comienza el proceso de autoexaminarte lentamente. Tómate tu tiempo en aprender cómo repasar tus experiencias y cómo examinar las consecuencias de lo que has hecho. No te autocensures exageradamente. El objetivo de esto no es la autohumillación, sino aprender de tus errores. Si puedes acostumbrarte a este proceso gradualmente y practicarlo con gentileza, te beneficiarás de él con el tiempo. La meta es progresar, no la perfección.

Hay una última fase en el autoexamen. Al final de la semana, repasa lo que has escrito o pensado durante los siete días anteriores. ¿Ves algún patrón en los temas que has identificado? Reflexiona acerca de dónde crees que proviene cada punto fuerte o débil que has notado. ¿Es algo innato en ti? ¿Lo aprendiste de alguien? ¿Lo adquiriste gracias a tus propias experiencias? A lo largo de un período de tiempo dado, analiza las formas en que has progresado (o no) como ser humano.

## Tarea #2
## Evalúa a tu cónyuge

Ahora voy a sugerirte un modo similar de examen, pero éste se va a enfocar hacia afuera en vez de hacia adentro: en tu cónyuge. Siendo así, puede resultar un ejercicio un poco arriesgado. Tienes que proseguir cuidadosamente para que resulte productivo. ¿Por qué? Pues porque —tal y como me imagino— con frecuencia es más fácil darse cuenta y criticar los fallos de tu cónyuge que los tuyos propios. ¡No propongo un "festival de refunfuños", donde tu esposo o tu esposa es la víctima! Más bien sugiero que analices los errores o fallos de tu cónyuge con un espíritu compasivo, sin juzgar. Y te exhorto a que te concentres en sus puntos fuertes tanto como en sus puntos débiles.

He aquí lo que te sugiero que hagas:

- De nuevo, dedica diez minutos cada noche a repasar el día.

- Analiza lo que sucedió, especialmente el intercambio de tu cónyuge con otras personas—tú, tus hijos, otros miembros de la familia, compañeros de trabajo, amistades, conocidos, hasta personas desconocidas por completo.

326 Ama de verdad, vive de verdad

- Observa qué fue satisfactorio y qué no lo fue en el comportamiento de él o ella.

- Observa también cuáles acciones de su parte produjeron un resultado positivo, tales como ayudar a alguien, acercarse a una meta importante, resolver un problema, prevenir un problema, y cosas por el estilo.

- Observa cuáles acciones de su parte produjeron un resultado negativo, tales como ocasionarle dificultades a alguien de manera accidental o intencionalmente, herir los sentimientos de otra persona, causar un problema, y cosas por el estilo.

- Analiza qué pudo haber hecho tu cónyuge mejor al ocuparse de las tareas y los desafíos del día.

- Evita juzgarle, pero señala con honestidad y objetividad qué pudo haber hecho o evitado hacer.

- Analiza qué puede hacer él o ella en el futuro para tomar mejores decisiones; para esforzarse más en ser más útil a los demás, para solucionar problemas o para resolver situaciones que habían quedado sin resolver.

- Si rezas de manera habitual, rézale a Dios para que le dé a tu esposo o a tu esposa el discernimiento y la fortaleza para encarar estos temas en el futuro.

Otra vez quiero enfatizar que la meta *no* es encontrar fallos. No estás en posición de enjuiciar. Más bien, estás tratando de entender qué ha pasado y, en especial, descubrir por qué tu cónyuge actuó del modo que lo hizo en diferentes momentos de la semana. En breve, tu meta es la compasión, *sentir* con tu cónyuge los eventos del día y de la semana que ha terminado. Si asumes esta labor con la mente y el corazón abiertos, lo más probable es que sientas más amor y no menos. Si al terminar sientes cólera, dolor, frustración, tristeza o confusión, has entendido los temas que tú y tu cónyuge necesitan ahora enfrentar y superar juntos.

## *Tarea #3*
### Compartan sus listas

En base de las dos tareas anteriores, la que sigue te permite compartir lo que has discernido y aumentar tu conocimiento sobre tus puntos fuertes y tus puntos débiles. Mi recomendación es que para este ejercicio elijan un momento que les dé privacidad y calma, sin interrupciones. (Si sientes que no es el momento acertado, considera el posponerlo hasta que las condiciones sean propicias.) Luego, sigue esta secuencia:

- Túrnense en leer en voz alta la lista de cada uno.

- Alternen entre un punto fuerte ("Ayudé a los muchachos con la tarea sin impacientarme") y un punto débil ("No tuve tanta paciencia contigo cuando llegaste a casa tarde para la comida").

- Discutan la situación completamente después que lean cada punto ("En realidad, no estaba molesta porque llegaste tarde—estaba molesta porque ni te disculpaste").

- Pregúntense sobre la situación que saquen a relucir ("¿Ayudaría si te llamo del auto cuando estoy en un tranque, o eso no sería más que otra interrupción cuando estás ocupada con los niños?," o "Si quieres que cocine más, ¿pudieras, por favor, no criticar siempre lo que preparo?").

- Ahora, repasen la lista de comentarios sobre cada uno.

- Haz comentarios que muestren el menor juicio posible. Tu meta no es atacar el temperamento de la otra persona, sino identificar temas que pueden resolver juntos.

ᨧ Mientras van repasando las listas, evita ponerte a la defensiva o enojada/o, y trata de no juzgar lo que la otra persona escribió.

ᨧ Recuerda que la perspectiva de tu cónyuge no es infalible, pero que los demás a veces nos ven con más claridad que nosotros mismos nos vemos.

ᨧ Esfuérzate en balancear tus críticas con elogios a tu cónyuge.

ᨧ También traten de equilibrar las críticas y los elogios entre ustedes; es decir, asegúrense de que no se concentran en uno de ustedes dos solamente.

ᨧ Después de la discusión dejen tiempo para "serenarse", para tomarse una taza de café o una copa de vino, escuchar música o darse mutuamente un masaje en la espalda, o cualquier otra actividad relajante.

Nota final: les recomiendo que no hagan de este ejercicio un maratón infrecuente. Si lo convierten en parte de una sesión corta, pero más regular —quizás semanal, como les he sugerido—, es menos probable que se convierta en una tarea complicada. Si lo hacen con frecuencia, resultaría una "sesión de control de la calidad" que les permitiría abordar temas relativamente menores antes que se conviertan en temas más serios y numerosos.

---

## *Tarea #4*
## Cómo identificar temas en común y diferencias obvias

---

Siéntate junto a tu cónyuge y analiza con absoluta franqueza los temas que confrontan. No quiero decir que deben analizar cada aspecto de la vida matrimonial; sin embargo, serán más flexibles el uno hacia el otro si examinan sus creencias, valores y posturas que pueden promover u obstaculizar el intercambio entre ustedes como pareja. Esta tarea es un medio de identificar tanto temas en común como diferencias obvias. Pregúntense y discutan juntos estas preguntas:

- ¿Cuáles son sus metas para ustedes individualmente, para su matrimonio y para su familia?

- ¿Cómo pueden balancear las necesidades que enfrentan personalmente, como pareja y como familia?

- ¿Cómo pueden balancear más productivamente el *trabajo* con la *vida familiar*?

- ¿Cuáles son sus expectativas sobre la vida social?

- ¿Cuáles son sus expectativas sobre metas educativas y vocacionales?

- ¿Cuáles son sus expectativas sobre lo que es una vida familiar ideal?

- ¿Qué creen que es esencial para un crecimiento y un desarrollo óptimos de su matrimonio y su familia?

- ¿Qué estilo de vida piensan que es propicio para fomentar el matrimonio y la familia?

- ¿Qué aspectos de su estilo de vida actual les gustaría cambiar?

- Para aquellas parejas que tienen niños: ¿Qué encuentras favorable o desfavorable de tus propias aptitudes para criar hijos?

- También para parejas con hijos: ¿Qué encuentras favorable o desfavorable de las aptitudes de tu cónyuge para criar los hijos?

- Si pudieran mirar hacia el presente desde la perspectiva del futuro, ¿qué quisieran recordar como el tiempo más maravilloso de su matrimonio y de su vida familiar?

    ∾ Desde esta misma perspectiva del futuro, ¿qué aspectos de su vida familiar quisieran evitar en el futuro?

    ∾ ¿Cómo pueden tú y tu cónyuge evitar discusiones y conflictos en el matrimonio?

Recuerden al contestar estas preguntas, que no hay respuestas correctas o incorrectas, sólo hay diferencias de opiniones. Lo más importante es analizar los temas en conjunto y con la mente abierta. Si tú y tu cónyuge pueden aceptar las diferencias mutuas y tratan de encontrar un punto en común, contribuirán mucho a sus relaciones presentes y futuras.

## Tarea #5
## Cómo ponerse en el lugar del otro

Inclusive en los matrimonios donde los cónyuges se apoyan el uno al otro no es extraño ver que el esposo y la esposa pierdan la noción de lo que el otro atraviesa a diario. Esta situación es aún más común cuando los cónyuges desempeñan papeles diferentes, por ejemplo, cuando la esposa es el ama de casa y el esposo es el asalariado (o, lo mismo, cuando el esposo se ocupa del hogar y la esposa es la asalariada). Es difícil comprender lo que atraviesa tu cónyuge si sus actividades son muy diferentes a las tuyas. Una situación clásica: el esposo llega a su casa después de un duro día en la oficina y se encuentra a su esposa descansando en el sofá, sin pensar en las tareas de la casa y de los hijos con las que ella ha estado ocupada desde que él salió de la casa en la mañana, y como atribuye el cansancio de ella a holgazanería, le pregunta, "Bien, ¿y qué has hecho todo el día, bobear?" Este tipo de insensibilidad no es la única causa del problema. Hasta cónyuges que son más benévolos el uno hacia el otro, con frecuencia no entienden la tensión y las situaciones complejas a las que están expuestos sus compañeros.

Debido a esto, les sugiero una tarea que llamo "Cómo ponerse en el lugar del otro." Este ejercicio, al igual que algunos de los otros que he propuesto, lo pueden hacer por escrito o hablándolo. La meta es, sencillamente, imaginar lo que tu cónyuge enfrenta en el transcurso del día. Lleven a cabo esta tarea casi como si fuera un juego de adivinanzas. He aquí las reglas y los pasos a seguir:

- Túrnense (quizás pueden tirar una moneda al aire para decidir quién empieza).

- El primero escribe las horas del día en un papel o lleva el conteo mentalmente durante la tarea.

- A partir de la primera hora que estés sin la otra persona, imagínate, en detalle, lo que tu cónyuge está haciendo.

- Continúa con las otras horas del día.

- Continúa de este modo, imaginando el día de tu cónyuge hasta que llegues al final del día.

- Luego deja que tu cónyuge explique cómo fue en realidad su día.

- Si no, puedes dejar que él o ella haga su explicación al final de cada hora.

¿Parece fácil? Quizás, siempre y cuando ya te hayas "puesto en su lugar". En la actualidad, cuando muchas parejas comparten la responsabilidad económica y los deberes como padres, puede muy bien haber un por ciento más elevado que antes de cónyuges que entienden cómo es la vida de su pareja. Pero este ejercicio es útil también para ellos, y es absolutamente indispensable para aquellos cónyuges cuyas actividades y obligaciones son marcadamente diferentes. Puede sorprenderte lo que descubres.

Al repasar cómo fue el día de su esposa, quien no trabajaba en la calle,

Howard, por ejemplo, descubrió que las tareas de su esposa, Allie, eran mucho más complicadas de lo que él imaginaba:

HOWARD (TRATANDO DE VISUALIZAR UN DÍA TÍPICO EN LA VIDA DE ALLIE): Bueno, entonces ahora son las siete y los muchachos se levantan. Tú los preparas para ir a la escuela. Ahora están vestidos y se van a desayunar . . .

ALLIE: Aguanta, aguanta. Marie no se levantaba, a pesar de que entré en su cuarto tres veces y la llamé. Y Beth dejó caer su hebilla en el inodoro y no quiso usarla aunque se la lavé tres veces con jabón antiséptico. Entonces Marie por fin se levantó. Pero entonces no se quería desayunar porque la leche que tú trajiste era del dos por ciento en vez de descremada y piensa que va a engordar si la toma.

HOWARD: Bien, ahora son las ocho.

ALLIE: No, todavía no—más bien son las 7:23. Tengo una tremenda discusión con Marie sobre el almuerzo, el cual dice que no va a preparar *ni* va a comprar en la escuela.

HOWARD: Al, ¿crees que pueda tener algún trastorno con la comida?

ALLIE: Eso es lo que he estado tratando de decirte desde hace semanas. Estoy preocupada que sea así, y te lo he dicho, ¡pero no me has escuchado!

HOWARD: Perfecto, te escucho. Lo discutiremos. Pero primero, ¿son ya las ocho?

ALLIE: Vamos a decir que son las ocho.

HOWARD: Y has dejado a las niñas en la escuela.

ALLIE: No, Howard, nos trabamos en un tranque cuando *traté* de dejar las niñas en la escuela. Sólo llegar me tomó media hora.

Ya te haces una idea. La vida de los demás parece ser más fácil que la tuya hasta que intentas vivirla. Incluso parejas que llevan años de casados con frecuencia no comprenden las situaciones continuas que enfrenta el otro. Ponerte en el lugar de tu cónyuge no te va a hacer entender todo lo que le ocurre a él o ella, pero ciertamente te ofrecerá una breve visión de su jornada. Y eso más que todo es lo que necesita una pareja para entender mejor las diferencias que existen entre ellos.

## "TAN DIFERENTE A MÍ . . ."

Las diferencias representan un desafío aun para las parejas que se aman mucho. Las diferencias causan agobio en el matrimonio, y llevan a los cónyuges a alejarse entre sí en busca de alivio. Las diferencias causan tanta tensión en el matrimonio que a veces llevan a la ruptura.

Sin embargo, las diferencias entre los cónyuges también son una fuente de disfrute, de diversión sana, hasta de regocijo. No puedo decirte con cuántos cónyuges he hablado que me han dicho, "Mi esposo [o esposa] y yo somos tan distintos que es como si fuéramos de diferentes planetas", o "Miramos el mundo de una forma completamente distinta". Aún así, muchas de estas mismas personas inmediatamente añaden que no quisieran que fuera de otra manera. "¿Por qué voy a querer que mi esposa sea igual que yo?", un hombre me preguntó recientemente cuando conversábamos. "¿Por qué voy a querer que esté de acuerdo conmigo en todo? Si no fuéramos tan diferentes, nuestra vida en común no sería tan interesante. Ella se fija en cosas que yo he pasado por alto. Siente cosas que yo no siento. Comprende cosas que yo no he dilucidado todavía. Y lo opuesto es cierto también. Cada uno de nosotros resulta más inteligente y mejor persona y disfrutamos más la vida que si no estuviésemos juntos, o que si fuésemos más parecidos".

"Disfrutamos más la vida . . ." ¡Qué afirmación más maravillosa para explicar las diferencias en el matrimonio!

Pues les digo: reconozcan sus diferencias. Aclaren sus diferencias. Batallen con sus diferencias, llegado el caso. Pero luchen por entender sus diferencias, lleguen a un acuerdo, y hagan algo creativo con esas diferencias. No será fácil, pero es uno de los caminos más importantes hacia una vida verdadera y un amor verdadero.

Y, si es posible, celebren en nombre de sus diferencias.

# COMPROMÉTANSE A CRECER Y A MADURAR

Un día, Julia, una dinámica y ambiciosa mujer de negocios, recibió una bella y exótica planta florecida que le enviaba su padre, Abel. Esta planta era un regalo del Día de San Valentín con el cual Abel quería expresar el amor que sentía por su única hija. Julia era, de hecho, la luz de su vida. Estaba casada con un hombre maravilloso, tenía tres hijos saludables y su carrera como administradora corporativa era muy exitosa.

Pero ya hacía unos años que Abel se sentía cada vez más preocupado por su hija. Julia no había logrado equilibrar bien los diferentes aspectos de su vida. Tenía la costumbre de no prestar atención a una serie de cosas, y Abel pensaba que Julia había comenzado a dar extrañas prioridades a sus compromisos y a sus responsabilidades. Por ejemplo, estaba demasiado concentrada en su trabajo, y su tendencia a trabajar en exceso había hecho que le prestara poca atención a su marido y a sus hijos. También ponía demasiado énfasis en actividades sociales relacionadas con el trabajo, por lo que a menudo se pasaba menos tiempo con su familia, sus familiares, sus amigos y otras personas cercanas. Las preocupantes prioridades de Julia fueron en parte lo que impulsó a su padre a enviarle esa planta en específico como regalo del Día del Amor.

Abel, un hombre mayor y muy sabio, le preguntó un día a su hija acerca de la planta, varias semanas después de habérsela regalado. Es cierto que Julia había disfrutado la fragancia y la belleza de la exótica floración de los primeros días, pero se había olvidado de eso—y hasta se había olvidado de en qué parte de su enorme casa había colocado la planta. Ahora, apremiada por la pregunta de su padre, se acordó de la planta de hermosas flores y se preguntó qué había pasado con ella. "Espera, Papá", le dijo, y puso la línea telefónica en espera para ir a ver dónde estaba la planta. Al cabo de un rato, encontró el regalo de su padre en un rincón del segundo piso de su casa. Pero se sintió consternada al ver que la flor se había marchitado por completo y que la planta se había doblado y estaba casi muerta.

"La encontré", le dijo a Abel cuando regresó al teléfono.

"Qué bien", respondió su padre. "¿Y cómo está?"

"En verdad, no muy bien".

"¿No?"

"Está como . . . *mustia*".

"Ya veo". Abel no pudo ocultar el tono de desencanto en su voz.

Pero entonces Julia ofreció una solución al problema: "Mira, a mí la planta me gustaba tanto que quizás mañana me llegue a la florería y me compre otra".

Lo cierto es que Abel es un hombre generoso, y no le hubiera importado darle a su hija otro regalo similar, pero él quería que ella comprendiera algo acerca de la planta—algo mucho más importante que las características específicas de una flor tropical. "Quizás", le dijo el padre. "Pero me gustaría que pensaras acerca de algo. Tal vez tu vida se parezca mucho a esa flor, Julia. No existe en todo el mundo otra exactamente igual a ella".

"¿Qué quieres decirme, Papá?," le preguntó Julia.

"Trata de adivinarlo".

Julia se sentía confundida. "No entiendo".

"Tu esposo y tus hijos necesitan que les des sustento y amor", dijo

Abel. "De la misma manera que nunca habrá otra planta exactamente igual a aquélla, tú nunca tendrás otra familia como la que tienes ahora".

Quizás estas palabras no eran lo que Julia esperaba oír—incluso ni lo que quería oír. ¡Pero qué gran lección decidió darle su padre!

He aquí la verdad. Si no cultivas el amor, no podrá crecer. No puedes, sencillamente, colocar tu amor en una repisa y esperar que florezca y prospere por sí solo. Tienes que alimentarlo, cuidarlo y protegerlo. Mientras más atención le dediques a las relaciones que más te interesan, más florecerán. En este sentido, nuestras relaciones son como flores exóticas: cada una es un organismo viviente, cada una un capullo único. Por desgracia, muchas relaciones se marchitan y hasta mueren sólo porque no las cuidan, no las alimentan ni las atienden. El amor florece a base de una atención tierna y amorosa. Es imposible esperar que las relaciones prosperen si no prestas atención a las personas importantes de tu vida y a lo que ellas necesitan de ti.

Yo creo que hay muchas personas en nuestra sociedad que tienen tiempo para todo *menos* para las relaciones profundamente valiosas a las que hay que dedicar una cuidadosa atención. Las carreras ambiciosas, los bienes materiales, los aparatos sofisticados, las ropas extravagantes, las formas divertidas de entretenimiento—casi no tiene fin la lista de "cosas" externas que la gente desea y en cuya obtención se gastan enormes cantidades de tiempo y energía. Pero, ¿y la familia y las relaciones? Bueno, esos aspectos de la vida sin duda que reciben alguna atención, pero —al menos en mi opinión— no tanta como se merecen. Si así fuera, estoy seguro de que no nos enteraríamos de tantas esposas que se sienten desatendidas, de maridos que sienten que no los respetan, y de hijos que están hambrientos de atención y amor. Sólo las estadísticas de divorcio cuentan una triste historia sobre cuánta atención (o cuán poca) dedica la gente a sus relaciones. Lo cierto es que si no lo cultivas, el amor no crecerá ni madurará.

El Dr. Thomas Moore, en su libro *Care of the Soul* (El cuidado del alma), describe la relación del amor con el centro sagrado cuando dice, "El amor no es solamente una relación, sino también una aventura con el corazón". El amor no sólo profundiza nuestras relaciones; el amor también nos enriquece y nos hace más totalmente humanos. Por eso es que las famosas palabras de la Madre Teresa —"Los seres humanos han sido creados para amar y ser amados"— son tan elocuentes. El amor que sentimos y expresamos, y también el amor que recibimos de los demás, es lo que nos sustenta.

Por esta razón te recomiendo que cultives una forma de amor más profunda y sustancial que la que nuestra sociedad promueve por lo general. El verdadero amor no es solamente enamorar y pasarla bien. El verdadero amor es, fundamentalmente, lo que descubres sobre ti y sobre tu cónyuge en el profundo e indescriptible oasis del centro sagrado. El verdadero amor es el proceso en que tú y tu cónyuge sueñan juntos con crear una vida que los haga sentirse realizados a ambos. Te insto a que junto a tu pareja —y a largo plazo— trates de cultivar tu relación lo más generosamente posible. Te recomiendo que para hacerlo sigan el Camino siete: Comprométanse a crecer y a madurar.

Ahora, vamos a ver lo que eso significa.

## Capítulo 14

# Crecer por tu cuenta, crecer como pareja

La vida de casados es compleja y a veces difícil, y conlleva un compromiso continuo entre los cónyuges. A veces es necesario que tanto el esposo como la esposa pongan a un lado sus propias preferencias personales a favor de un bien común. Esforzarse por lograr las metas a largo plazo de un matrimonio feliz significa que tienes que aceptar la realidad de compartir tu vida día a día con otro ser humano, en vez de aferrarte a las fantasías románticas y a las imágenes de amor perfecto que nos brinda Hollywood.

Al mismo tiempo, comprometerse a crecer y madurar en el matrimonio exige que el marido y la mujer sueñen juntos. Esto que he dicho tal vez parezca contradecir lo que dije anteriormente. ¿Cómo pueden concentrarse en metas realistas y, a la vez, soñar en pareja? La razón por la que pueden llevar a cabo ambas cosas —de hecho, la razón por la que *tienen* que llevarlas a cabo— es que soñar juntos es una parte esencial del compromiso que tiene una pareja para crecer y madurar. Cuando digo "soñar juntos", no sugiero que deban rechazar la realidad. Más bien, lo que quiero decir es que ambos deberían usar sus imaginaciones, reflexionar y considerar alternativas para la forma en que sus vidas compartidas cambiarán, se desarrollarán y se profundizarán con el paso de los años.

¿Por qué es tan importante soñar juntos? Hay muchas razones para ello:

- ∾ Soñar juntos te ayuda a mantenerte abierta/o a tus propias necesidades individuales y a tus capacidades personales de percepción y crecimiento.

- ∾ Soñar juntos también te ayuda a mantenerte abierta/o y sensible a las necesidades prácticas, afectivas y espirituales de tu cónyuge.

- ∾ Soñar juntos también te ayuda a entender mejor qué tipo de pareja quieren ser en el futuro—de aquí a diez, veinte, treinta años.

- ∾ Soñar juntos les permite reflexionar acerca de sus posibilidades, imaginarse situaciones y experimentar con ideas acerca de las actividades y los compromisos que más les interesan.

- ∾ Soñar juntos los ayuda a crear una versión unificada de su futuro como pareja.

En fin, que soñar juntos te ayuda, simultáneamente, a impulsar tu propio desarrollo como persona y también a fortalecer tu matrimonio como una relación duradera. Cuando sueñan juntos, crecen juntos, porque ambos avanzan hacia el mismo futuro.

Por el contrario, las parejas que no sueñan juntas —o que desarrollan perspectivas de la vida o visiones de su futuro notablemente diferentes— tal vez tiendan a alejarse mutuamente en vez de unirse cada vez más. Sheila y David son un ejemplo bastante típico de esta situación. Al principio de sus quince años de matrimonio, los dos eran abogados. Pocos años después, Sheila renunció a su práctica legal cuando comenzaron a tener hijos. Ella planeaba volver a trabajar con sus clientes luego de dedicarse por completo a la crianza de sus hijos durante un período de entre tres a cinco años. Pero a medida que criaba a sus hijos —sola, ya que su marido se pasaba la mayor parte del día en el bufete o en el juzgado—, se dio cuenta de que disfrutaba la compañía de sus niños mucho más que la de los abogados y clientes. Entretanto, la carrera de David como abogado de litigio se desarrolló y prosperó durante ese tiempo, y él cada vez se involucraba más en su trabajo legal. Finalmente, Sheila y David se dieron cuenta de que sus intereses y obligaciones habían tomado rumbos totalmente diferentes. Sheila quería encaminar sus energías profesionales al campo de la educación, y llegó a certificarse como maestra de primaria. David se hizo un abogado cada vez más ambicioso. Los esposos no discutieron sobre sus metas divergentes ni sobre las consecuencias que tendrían para su matrimonio. Por desgracia, se fueron alejando el uno del otro, y llegaron a tener tan poco en común que hace poco se divorciaron.

A menudo recibo en mi oficina a parejas así. Quizás la esposa o el esposo se lamenta, "Padre, estoy casado/a con un extraño/a". No es que, por fuerza, los cónyuges hayan cambiado, pero sus perspectivas y sus metas se han distanciado. Quizás todavía se amen profundamente, pero el futuro con el que cada uno sueña no es el mismo. Ésta es una situación difícil y potencialmente dañina para una pareja—y que puede crear una seria tensión hasta entre las parejas que tienen las mejores intenciones.

## CONOCE TUS SUEÑOS

Una mujer llamada Jackie había sufrido un terrible accidente cuando cruzaba la calle. Un camión la golpeó y la mujer murió casi de inmediato. Cuando llegó al Cielo, se presentó antes las puertas del Paraíso y le dijo a San Pedro, "¡Esto no es justo! Estaba comenzando a disfrutar de mi vida, ¡y entonces viene este estúpido accidente y lo arruina todo! ¿Podrías darme un poco más de tiempo en la tierra? ¡Te prometo volver en, digamos, seis meses. ¿Por favor?"

Muy pocas veces San Pedro concede peticiones de este tipo —la mayoría de la gente se sentía feliz de tan sólo saber que había llegado al Cielo—, pero decidió considerar lo que quería esta mujer. Habló con Dios, éste estuvo de acuerdo, y se le concedió el deseo a la mujer. Antes de que ni siquiera pudiera darse cuenta de lo que había sucedido, Jackie se encontró de regreso en la tierra—¡ahí mismo, en la calle y con los paramédicos atendiéndola! Y, luego de unas cuantas semanas en el hospital, se recuperó y le dieron el alta.

Entonces, ¿qué hizo? Decidió ir a su cirujano plástico para que le hiciera un arreglo completo. Se hizo aumentos y reducciones, se redujo el vientre, se arregló la nariz y se inyectó Botox por todos lados. Cuando el cirujano plástico terminó, Jackie parecía veinte años más joven. Entonces se vio a sí misma bajo una luz totalmente distinta, y eso la inspiró a dar inicio a una existencia nueva por completo. Comenzó a vivir de una manera disoluta y ostentosa. Abandonó a su esposo por un hombre diez años más joven que ella. Empezó a hacer todo aquello que había soñado—una vida verdaderamente alocada. ¿Por qué preocuparse por los valores y los principios de su vida anterior si ahora se divertía tanto?

Entonces, una tarde, alrededor de seis meses después, cuando caminaba por la misma barriada donde había sufrido el accidente, Jackie cruzó la calle tan despreocupadamente que otra vez volvió a atropellarla un vehículo.

De inmediato, se halló en un sitio muy caliente donde un hombre rojo y enorme sostenía un tridente patas arriba.

"¡Tiene que haber un error!", gritó Jackie. "Se suponía que yo debería regresar al Cielo a los meses—¡ése era el acuerdo!"

A lo que el Diablo contestó, "Bueno, tal vez sí. Pero oye, nena, cambiaste tanto, ¡que allá arriba no te reconocieron!"


Hay que admitirlo—hay un granito de verdad en este cuento sobre Jackie. Todos sabemos que nuestra sociedad da muchísima importancia a las cosas superficiales: belleza física, ropas elegantes y accesorios sofisticados que nos hacen lucir *sexy* y a la moda. Por desgracia, no podemos crecer, madurar y progresar si dedicamos toda nuestra atención a estos aspectos exteriores de nuestras vidas. Pero yo creo que incluso esta fijación con lo *externo* puede enseñarnos algo acerca de lo *interno*.

Mira cómo. Cuando nos levantamos por la mañana, cada uno de nosotros tiene una rutina especial para prepararse y empezar el día, pero todas terminan en el baño. ¿Has notado qué sucede cuándo te miras por primera vez al espejo? Tal vez sólo debería hablar de mi propia experiencia. Durante esa primera mirada al espejo, cuando apenas estoy despierto, me siento asustado y sorprendido por la brillante luz del baño y por cómo luzco luego de una noche de sueño. Por lo general, siento que hay muchas cosas que "arreglar" antes de estar listo para enfrentar al mundo. Me imagino que a la mayoría de la gente le pasa lo mismo. Casi todas las mujeres tienen su ritual de maquillaje. La mayor parte de los hombres se afeitan y se peinan (o al menos eso es lo que debieran hacer). Sea como sea, nos damos cuenta de que algo no anda bien y queremos *arreglarlo*. No deseamos que nos vean en público en ese estado de desarreglo. La decencia y el autorrespeto no lo permiten. Así que hacemos lo que podemos para lucir bien ante el mundo.

Pero hay otro espejo al que no prestamos mucha atención: el espejo que refleja el estado interno y no el externo. Éste es el espejo que percibe nuestro estado interno, el estado en que están el corazón y el alma. Éste es el espejo que ve el centro sagrado en toda su actividad. No prestamos la suficiente atención a este espejo porque eso exige una búsqueda interna, una mirada profunda a nuestro centro sagrado para encontrar aquellas cosas que a veces no queremos ver. En numerosas ocasiones evitamos este espejo interior, sin duda con más frecuencia que evitamos el espejo de nuestro baño cuando nos despertamos. ¿Por qué? Porque nos sentimos más a gusto si nos quedamos en el exterior y no prestamos atención al interior. El espejo interior nos muestra imágenes provocadas por nuestra falta de paz interna y por los grandes conflictos de la vida, entre

ellos antiguos resentimientos, envidia, cólera acumulada y otros perturbadores estados mentales. Y por eso preferimos ignorarlo. Ninguna otra
persona ve lo que ese espejo refleja, y esto tiende a hacernos sentir mal,
por lo que nos resulta fácil poner a un lado el asunto.

Sin embargo, deberíamos hacer todo lo posible por descubrir lo que
este espejo interno puede mostrarnos. Deberíamos prestarle mucha atención. ¿Por qué? Pues porque es esencial que cada uno de nosotros descubra lo que hay en su interior. Estamos rodeados de muchísimas
distracciones, y si nos concentramos en ellas hasta el punto de no prestar
atención a nuestro estado interior podría traer como consecuencia que, al
hacerlo, perdiéramos de vista nuestra verdadera vocación y nuestras aspiraciones más profundas. ¿Y qué es nuestra vocación? ¿Qué son nuestras
aspiraciones más profundas? Al principio de este capítulo, cité las palabras
de la Madre Teresa, quien definió nuestra común vocación humana como
"amar y ser amados".

*Amar y ser amados* . . .

Estas palabras ofrecen una de las definiciones mejores, más sencillas y
más elocuentes de la naturaleza humana. *Amar y ser amados* es la esencia
misma de lo que somos. Debemos hacer todo lo que podamos para descubrir nuestra capacidad de amar—y para ver y entender de lo que somos
capaces en última instancia. Ésta es la clave para tener relaciones satisfactorias, sobre todo las relaciones que más nos importan, como es el matrimonio.

En respuesta a esta situación, uno de los pasos más importantes que
puedes dar es conocer tus propios sueños. Por favor, entiende que por
"sueños" no me refiero a las situaciones superficiales que ansiamos o los
objetos que codiciamos—un auto más moderno, una casa más grande, un
empleo de más nivel. No hablo de los cambios externos que pensamos
que podrían cambiar nuestras vidas (igual que Jackie creía que la cirugía
plástica iba a satisfacer sus metas). Me refiero a las aspiraciones más profundas, más sutiles y más creativas. Toma en consideración esta lista de
preguntas:

∾ ¿Cuáles son las cosas más importantes de tu vida?

∾ ¿Cuáles son tus principios fundamentales?

∾ ¿Qué actividades o intereses te hacen feliz?

∾ ¿Cuáles de tus metas aún no se han satisfecho?

∾ ¿Cuáles metas aún no satisfechas te gustaría hacer con o por las personas con quienes tienes lazos más estrechos?

∾ Si te quedaran sólo seis meses de vida, ¿en qué emplearías ese tiempo?

∾ ¿Sientes que tu vida tiene un significado que se extiende más allá de tu actual existencia mortal?

∾ ¿Tienes un sentido de conexión espiritual?

Al intentar responder estas preguntas, comenzarás a comprender aspectos de tu ser interior entre los cuales se encuentran tus principios, tus aspiraciones y tus objetivos más arraigados. El proceso que propongo aquí no es fácil, pero es un paso decisivo para que puedas entender tus sueños.

## BUSCA ORIENTACIÓN SICOLÓGICA

Me asombro continuamente de que en el siglo XXI, todavía haya personas que piensan que sólo quienes padecen enfermedades mentales necesitan la ayuda de los consejeros y los terapeutas. Algunas personas hasta llegan a rechazar la profesión de la salud mental en general. ¿Por qué? No puedo explicarlo. Tal vez esta actitud contra los sicólogos, los siquiatras y otros terapeutas es una herencia de prejuicios antiquísimos. Quizás es un efecto secundario de unos cuantos "sicólogos pop" que andan por ahí ofreciendo teorías y métodos estrambóticos. Pero, aun así, la resistencia generalizada a la orientación sicológica profesional no tiene sentido. Lo peor de todo es que eso significa que muchas personas que se beneficiarían de ese tipo de orientación, nunca la reciben.

He aquí la verdad. Si te fracturas una pierna, jamás dudarías en solicitar la ayuda de un ortopédico. Si sufrieras un infarto, te gustaría que te tratara un buen cardiólogo. Si te saliera un fuerte sarpullido, enseguida buscarías ayuda. Entonces, si estamos dispuestos a aceptar buenos tratamientos para nuestros cuerpos, ¿por qué tantas personas se niegan a la sicoterapia que con tanta frecuencia nos alivia tanto cuando tenemos problemas emotivos?

Yo noto esta resistencia sobre todo en una gran cantidad de hombres. Casi siempre las mujeres tienen una visión mucho más clara sobre los beneficios de la orientación conyugal, aunque sus esposos no acepten ni siquiera esa idea. Esto es, cuando menos, frustrante, y a menudo resulta trágico. Muchos de los problemas maritales pudieran beneficiarse de las orientaciones de un consejero, pero rechazar esa alternativa puede agobiar, y a veces dañar de forma permanente, una relación prometedora. En realidad, obtener orientación sicológica sobre temas personales o conyugales puede ayudarte a entender tus propios problemas, a pensar en mejores soluciones que las que se te ocurrirían sola/o, a guiar tu vida en una dirección más creativa, y a encontrar más fácilmente la felicidad que te mereces. Pero para dar estos pasos hay que empezar por reconocer que necesitas ayuda. No hay nada de qué avergonzarse por eso. Si tan sólo prestáramos tanta atención a nuestro bienestar emocional como la que solemos prestar a nuestro bienestar físico, todos tendríamos más posibilidades de crecer y madurar.

## BUSCA ORIENTACIÓN ESPIRITUAL

Uno de los mejores métodos para ocuparte de tu ser interno es buscar orientación espiritual. Este tipo de guía puede consistir en una conversación con tu sacerdote, tu ministro o tu rabino acerca de los temas que enfrentas en la etapa de la vida en que te encuentras. Quizás implique algo más organizado, como un seminario o un retiro patrocinado por tu iglesia o tu templo. La mayoría de las tradiciones religiosas también ofrecen otras alternativas. Sea como sea, la orientación espiritual puede ayudarte a mantener una visión clara sobre muchas decisiones y transiciones de tu vida.

## CÓMO SOÑAR JUNTOS

Cuando ya comprendan mejor sus propios sueños, pueden dar el paso decisivo de soñar juntos como pareja. ¿Comparten los mismos temas y principios vitales? Quizás sí. En caso de que sea así, entonces tienen ganada la mitad de la batalla. Tendrán a su disposición una gran cantidad de medios fundamentales que les servirán para compartir las cosas que son más importantes para ambos. Si no, se enfrentarán a un desafío, pero eso no significa que el problema sea inmenso, sino que tienen que esforzarse más para crear un terreno común que puedan "habitar" juntos.

No importa en qué etapa se encuentren como pareja —estén comprometidos el uno con el otro y encaminados ya al matrimonio, o estén ya casados—, soñar juntos es un ingrediente esencial para cultivar una relación. Este proceso puede hacerlos sentir profundamente realizados, y para muchas parejas resulta sumamente divertido. Pero también puede ser muy difícil en algunos aspectos, y exige mucha consideración y previsión. He aquí por qué:

Uno de los mayores desafíos que hoy día enfrenta cualquier pareja es el énfasis que la sociedad actual pone en "ser uno mismo". Le damos al individualismo un valor supremo, y en realidad ese énfasis tiene numerosos aspectos positivos. Sin embargo, también es importante que la gente trabaje al unísono por el bien común, tanto en una perspectiva comunitaria más amplia como en la "comunidad" privada del matrimonio. El hecho de que algunos hombres y mujeres se concentren con demasiada intensidad en su propio bienestar y en su propio desarrollo, significa que estas personas no contribuirán todo lo que deberían hacerlo a crear una relación que resulte buena para ambos. Yo creo que una de las razones por las que tantos hombres y mujeres jóvenes se demoran en casarse es que se resisten a responder por sus acciones ante otra persona. Quieren ser *libres*. Pues bien, en ciertos aspectos es maravilloso tener la libertad para hacer lo que te venga en gana, pero por otro lado también puede crearte límites. Muchas parejas felizmente casadas que conozco afirman que crear una vida juntos brinda satisfacciones y placeres que nunca se habían imaginado que serían posibles cuando eran solteros. Y a la larga, todos nos desarrollamos más profundamente en relación con otros seres humanos, no sólo como personas individuales.

Yo veo el asunto de la siguiente forma. Existe una gran diferencia entre *individualidad* e *individualismo*. Individualidad significa desarrollarse más plenamente como un ser humano único. Lograr tu individualidad significa alcanzar tu mayor potencial y cumplir la promesa del talento que tengas que ofrecer. Es absolutamente posible que conquistes tu individualidad mientras contribuyes con tu tiempo y tu esfuerzo al bienestar de otras personas—de tu cónyuge, de tus hijos, de tu comunidad, inclusive de toda la humanidad. Por el contrario, individualismo significa ponerte tú en primer lugar—por encima de los demás, quizás por encima de tu comunidad, tal vez hasta por encima de Dios. El individualismo tiende a aislarte en vez de conectarte con los demás.

¿Cómo afecta esto al matrimonio? Creo que es evidente que un esposo y una esposa pueden tener un fuerte sentido de individualidad y, aun así, continuar prestándose atención mutua el uno al otro, y también a la relación. Algunas de las parejas más felices que conozco están formadas por cónyuges con fuertes personalidades — ¡y a veces muy excéntricos!— que, a pesar de eso, están totalmente dedicados el uno al otro con gran devoción. Pero al marido y la mujer que están obsesionados con su propio individualismo, casi seguro que no les queda mucha energía que dedicarse mutuamente. Cada uno estará demasiado preocupado con ella o él mismo. Si el lema de cada cónyuge es "yo voy a hacer lo que me interesa", lo más probable es que ninguno de los dos le otorgue suficiente importancia a "hacer lo que nos interesa *a los dos*".

Mi recomendación: enfaticen sus necesidades *colectivas* por encima de sus necesidades *individuales*. Irónicamente, tratar de mejorar como cónyuges casi seguramente será la mejor forma de llegar a ser también seres humanos mejores, más felices y más realizados. ¿Por qué? Porque a menudo tu desarrollo individual proviene directamente de que ambos se concentren en su desarrollo como pareja. Si realmente quieres llegar a comprenderte bien a ti misma/o, y si de verdad deseas llegar a ser la mejor persona que puedas ser —vivir al máximo de tus habilidades y descubrir tus propios dones y talentos—, entonces ayudar a tu cónyuge a desarrollarse y madurar contribuirá de manera esencial a tu propio desarrollo.

Al mismo tiempo, también es cierto que tienes que evitar ser injusta/o contigo misma/o. *Es necesario* que te asegures de que cambias y creces por derecho propio. Si tu desarrollo personal, por algún motivo, se atrofia o se frustra, y si te sientes insatisfecha/o contigo misma/o —ya sea desde el punto de vista físico, espiritual o afectivo—, probablemente terminarás siendo una persona aburrida y frustrada. Esta situación perjudicará tu matrimonio. Por eso es necesario que trates de esforzarte por encontrar un equilibrio entre tu desarrollo personal y la atención que dedicas al bienestar y a la felicidad de tu pareja.

Esta necesidad de equilibrio es esencial para todas las parejas—desde el principio de la relación, en un matrimonio "establecido", luego durante la madurez y en los años posteriores de la vida.

## SOÑAR JUNTOS DESDE EL PRINCIPIO

Es esencial que las parejas que comienzan —ya sean futuros esposos o personas ya casadas que están en los primeros años de su matrimonio— sueñen juntas. Esto es indispensable para examinar tu relación actual y ver cómo será en el futuro. ¿Por qué es tan importante? Porque soñar juntos los ayuda de dos maneras fundamentales.

En primer lugar, contribuye al proceso de llegarse a conocer mutuamente. Te ayuda a ver dónde coinciden las diferentes visiones de la vida que cada uno de ustedes tiene. Durante la orientación premarital que les brindo a las parejas, siempre me doy cuenta si los novios han compartido entre sí sus metas y sus perspectivas para la vida mientras se preparan para casarse. Los futuros cónyuges a veces expresan visiones de la vida muy distintas—de los temas laborales, de la crianza de los hijos, de la división del trabajo en el hogar, de las cuestiones financieras, y así sucesivamente. ¡En ocasiones esas diferencias son tan grandes que me pregunto qué puede atraer a estas dos personas entre sí! Si el futuro esposo sueña con criar caballos en Wyoming y la futura esposa sueña con trabajar en el mundo de la moda, ahí hay un problema.

En segundo lugar, soñar juntos es una de los medios que tiene una nueva pareja para tener una perspectiva de hacia dónde se encaminan juntos. Están creando un plan para el futuro. No sugiero que todo lo que sueñen se les va a dar. Sin duda que hace falta muchísimo esfuerzo para que cualquier pareja convierta sus sueños en realidad. Pero soñar juntos es, indiscutiblemente, una manera de "bosquejar" lo que ellos desean que suceda. Éstos son algunos ejemplos:

- ∿ Qué tipo de trabajo quiere hacer cada uno

- ∿ Qué tipo de educación superior piensa obtener cada uno

- ∿ Cuán próspera es la vida que quieren tener, y cuáles son sus metas financieras

- ∿ Si piensan tener hijos—y, si es así, cuántos y cuándo

- ∿ Dónde quieren vivir y en qué condiciones—en un apartamento, en una casa; en una ciudad, en un pueblo, en un ambiente rural; cerca de sus familias, o lejos de ellas

ॐ Qué tipo de vida social quieren tener

ॐ Qué tipo de aficiones, de actividades recreativas y de otros pasatiempos creen que son importantes

ॐ Qué tipos de compromisos quieren hacer con su comunidad (como ir a la iglesia, hacer trabajo voluntario en su pueblo o barriada, tomar parte en la política local, y cosas así)

Te exhorto a ti y a tu pareja a que hablen sobre estos temas antes de casarse, cuando ya estén en su hogar después de la boda y luego de manera permanente. El diálogo que mantengan sobre estos temas es importante de por sí; es decir, que tan sólo la acción periódica de discutir estos asuntos los ayudará a acercarse más y a mantener una mayor intimidad. Además, sus discusiones les aclararán en cuáles puntos concuerdan y en cuáles no, y les mostrará cómo hacer compromisos mutuos.

## SOÑAR JUNTOS EN UN MATRIMONIO "ESTABLECIDO"

¿Y si llevan un tiempo de casados—digamos dos, tres, cinco años o más? ¿Y si tú y tu pareja ya tienen suficientemente establecida su vida juntos, se conocen bien y ahora se sienten a gusto con la vida conyugal? ¿Significa esto que ya no tienen que soñar juntos?

Por el contrario, soñar juntos es tan importante para una pareja "establecida" como para los futuros esposos o los recién casados. El matrimonio es un viaje largo, y soñar juntos es una de las formas de "navegar" a medida que pasan los años y tu relación cambia y se desarrolla. Si no sueñan juntos, se arriesgan a perder contacto el uno con el otro. Tal vez dejen de descubrir o de definir las metas que comparten. De hecho, puede que lleguen a surgir divergencias que los separen, hasta el punto de que ya no sientan que hay un lazo afectivo que los une. Además, soñar juntos es una parte importante del proceso continuo de conocerse mutuamente a medida que maduran, se hacen más profundos y aprenden con las experiencias de la vida. El proceso de soñar juntos también ayuda a que la relación evolucione. A medida que ustedes cambian y viven nuevas experiencias, también su relación debería cambiar para dar espacio a su nueva maduración y desarrollo.

He aquí un ejemplo. Uno de los temas más cruciales con que debe soñar una pareja es sobre si quieren o no tener hijos. Éste es uno de los aspectos más satisfactorios de la vida en pareja, pero pocos serán tan difíciles y complejos. Por eso el marido y la mujer deben considerar muy detenidamente a varios niveles (práctico, afectivo y financiero) cómo piensan criar a sus hijos. En este sentido, soñar juntos es tanto una manera de decidir lo que prefiere la pareja como una forma de visualizar cómo será en la vida real la crianza de los hijos.

A Carlos, que tiene ahora unos cincuentitantos años, este proceso le resultó enormemente útil para prepararse para ser papá. "Hasta que conocí a Ana, yo ni siquiera quería tener hijos", explica él. "Había cumplido treinta años y, realmente, nunca había tenido mucho contacto con niños. Pero cuando Ana y yo nos comprometimos, conversamos mucho sobre la paternidad y sobre lo que queríamos. Yo fui muy directo con Ana acerca de lo que pensaba, y ella también lo fue conmigo. Durante un tiempo nuestra diferencia de opinión parecía un gran obstáculo entre los dos. Pero al hablar, me sentí cada vez más y más curioso acerca de tener hijos y de cómo sería eso. Yo decía cosas como, 'No se trata de que yo no quiera tener hijos—es que temo que vaya a ser un mal padre'. Y Ana me decía, 'No, serías un papá maravilloso. Lo que pasa es que todavía no lo sabes'. Entonces hablábamos sobre cómo serían las tareas cotidianas de la crianza y eso me hacía sentirme más seguro. A veces yo planteaba problemas que a ella no se le habían ocurrido, como ahorrar para pagar por los estudios universitarios, y eso también la ayudaba a ella a entender mejor las cosas. Y poco a poco tomamos las decisiones gracias a las cuales hoy tenemos una familia." Los hijos de Carlos y Ana, dos varones, ya están a punto de terminar sus estudios de bachillerato—y la experiencia de haberlos criado es para Carlos una de las más satisfactorias de toda su vida.

Quisiera decir categóricamente que, a mi entender, la crianza de los hijos no debería ser jamás una responsabilidad exclusiva de la madre. La antigua división del trabajo —Mamá se ocupa de los niños, Papá trabaja para sostener a la familia—, es hoy día bastante obsoleta. Una visión mucho más correcta del matrimonio y de la crianza de los hijos es aquélla en la que los esposos comparten responsabilidades, trabajo y deberes paternos y maternos. De esa manera, en cada etapa de la vida, cuando la vida sorprenda con uno de sus problemas, los cónyuges estarán preparados para enfrentarlo juntos. Tendrán más flexibilidad para adaptarse y para ayudarse mutuamente. Serán más capaces de lidiar con cada dificultad que se presente.

Pero he aquí lo más importante de todo: tienen que calcular cuáles son sus prioridades específicas y trazarse su propio camino. Soñar juntos no es tan sólo un vago juego de ilusiones. También es una manera práctica y útil para llegar a entender decisiones complicadas, como es el tener y criar hijos—o, también, la educación y la profesión.

## SOÑAR JUNTOS PARA LOS CÓNYUGES MADUROS

Después de muchos años de casados, muchos cónyuges piensan que ya se las saben todas el uno acerca del otro, y que pueden predecir que traerá el futuro. Este sentido de familiaridad o estabilidad no tiene que ser, por fuerza, algo malo. De hecho, la serenidad de un matrimonio maduro puede ser maravillosa.

Pero yo les sugiero a estas parejas que sigan soñando juntas. El matrimonio maduro puede ser agradablemente sereno, pero siempre existe el peligro de que la calma se convierta en estancamiento. Es fácil que los cónyuges dejen de prestarse verdadera atención al darse uno al otro por descontado. También resulta fácil para la agradable costumbre de la vida conyugal avanzar siempre por el mismo sendero conocido, hasta que éste empieza a convertirse en un camino trillado y aburrido.

Janice es el típico ejemplo de una mujer que cayó en esa sofocante rutina. Durante años había trabajado como contadora en el mismo empleo, y llevaba casi el mismo tiempo casada con Stewart. Ahora, las dos hijas de la pareja se preparan ya para ir a la universidad. Todo lo que tiene que ver con su trabajo, su matrimonio y cualquier otro aspecto de la vida de Janice es estable. Nada malo en eso. En términos generales, está satisfecha. Pero siente una inquietud y una impaciencia que no puede describir, y mucho menos explicar. Hay momentos en que siente algo parecido a la desesperación. "¿Será así?", se pregunta. "¿Es así como me voy a sentir el resto de mi vida? Sería lo peor que me pudiera pasar—y me siento mal al quejarme de eso. Pero a veces no puedo imaginarme que me voy a sentir así de ahora en adelante. Es como si tuviera la 'Comezón del Séptimo Año'; pero no es realmente de mi esposo de quien quiero divorciarme . . . ¡sino de mi propia vida!"

Yo creo que parte del sufrimiento de Janice se debe a que no hay un sueño en su vida. Ella y su esposo no han dedicado el tiempo a mirar al futuro y pensar que harán con sus vidas. No propongo que abandonen todo, se echen a correr y hagan algo radicalmente diferente. Pero me parece que han permitido que su horizonte se limite, y eso no es bueno. Entre otras cosas, creo que ya no se conocen el uno al otro realmente, lo cual, con el tiempo, creará en ellos un sensación de alejamiento y resentimiento.

Lo primero que necesita una pareja madura es suficiente libertad como para permitir que cada cónyuge se desarrolle en diferentes esferas, pero de forma que esas actividades no se interpongan entre ellos. Crecer juntos no significa que haya que hacer exactamente las mismas cosas juntos. Sin embargo, sí implica permitir que cada uno desarrolle sus propias ambiciones y sueños. A medida que pasan los años, es necesario que lleguen a acuerdos mutuos que les permitan a ambos desarrollarse en esferas diversas, y cada uno de ustedes tiene que apoyar los sueños de su pareja. He aquí algunos ejemplos de los sueños de uno de los cónyuges y lo que puede hacer su compañero/a para apoyarla/o:

- Después de décadas de responsabilidades como madre y ama de casa, Maria Teresa quiere regresar a la universidad y obtener un título. Su esposo, Nicolás, puede apoyarla si estimula sus estudios, acepta su ausencia varias noches a la semana y toma en serio sus aspiraciones.

- Ken ya está exhausto de la agitada vida profesional. A los sesenta años, espera ahora poder reducir su actividad laboral a un horario parcial y dedicar diez horas a la semana a hacer actividades voluntarias en su iglesia. Melinda, su esposa, puede apoyarlo si se prepara para la reducción en los ingresos de la pareja y si limita adecuadamente sus gastos.

- Nancy, quien siempre ha deseado desarrollar sus ambiciones musicales, pero que nunca ha tenido tiempo para ello, comenzó a tomar lecciones de piano hace unos meses. Al principio, Liam, su esposo, bromeaba acerca de sus aspiraciones: "!La próxima parada, Carnegie Hall!" Pero él debería apoyar la inclinación musical de Nancy por sí misma, y no porque la conducirá a una carrera como pianista.

- Marcos y Annette siempre se han ido de vacaciones a la playa. Pero Marcos, a quien le encanta viajar, quiere que, ahora que están jubilados, ambos extiendan sus salidas para visitar diversos lugares históricos de Estados Unidos. Annette disfruta las semanas informales que se pasan junto al mar, pero quiere apoyar a su marido, que es un fanático de la historia, y por eso aceptó irse de viaje por carretera cada dos años.

Asegúrate de que hay apoyo *mutuo* en la relación. En muchos matrimonios existe la tendencia de que sea la mujer quien tenga menos probabilidades de desarrollar sus ambiciones. Hay una tendencia a que los hombres tengan más probabilidades de llevar a cabo sus opciones y de desarrollar emocionantes oportunidades; mientras, se supone que las mujeres puedan mantener la unión de la familia sin ayuda de nadie, lo cual probablemente implica que tengan que suprimir sus propias ambiciones. Esta no es una situación justa para con la mujer, ya que ella no recibe las mismas oportunidades para desarrollar sus talentos e intereses. Tampoco es justa para con el esposo, pues le da a él un "cheque en blanco" que puede convertirlo en una persona egoísta o dedicado sólo a darse gusto a sí mismo. Mi recomendación: encuentren un terreno intermedio en el cual cada cónyuge pueda cambiar, crecer y desarrollarse. Sueñen juntos de manera que cada uno pueda contribuir generosamente al desarrollo del otro.

Además de apoyarse mutuamente en sus sueños, los esposos de mediana edad tienen que redescubrirse el uno al otro *como pareja*. A menudo las relaciones cambian cuando los hijos crecen y abandonan el hogar. En muchos matrimonios el "síndrome del nido vacío" puede convertirse en un serio problema. Los cónyuges tienen ahora más tiempo disponible y más oportunidades, que durante años no habían podido llevar a cabo, de concentrarse el uno en el otro. A algunas parejas esta transición les parece deliciosa, pero para otras puede ser muy confusa, y hasta estresante. Hay ocasiones en que los cónyuges descubren que se han olvidado de cómo contemplarse mutuamente como marido y mujer, no como padres. Quizás demoren meses —y hasta años— en examinar su relación nuevamente, en compenetrarse otra vez y en aprender nuevos modos de relajarse.

Entre otras cosas, las parejas quizás noten cambios en el deseo sexual de uno o de ambos cónyuges. Estos cambios son casi siempre normales, pero pueden conducir a malentendidos si no se discuten con franqueza. Es esencial que los integrantes de la pareja hablen entre ellos sobre sus propias necesidades afectivas y físicas. Muchos cónyuges suelen replegarse a sus mundos individuales. Desde el punto de vista sexual, esto puede traer como consecuencia que ambos traten de evitar el contacto físico mutuo, ya sea al irse a dormir más temprano, al dormitar frente al televisor y al abandonar las actividades e intereses que ambos comparten.

Algunas parejas hasta llegan a convencerse de que no les hace falta tener intimidad sexual en su matrimonio. Tal vez digan, "Ay, ya nosotros no estamos para eso". Yo creo que esta actitud casi siempre indica una disfunción. Puede que la frecuencia de la relación sexual no sea la misma de antes, y eso es lógico, pero es necesario que haya todavía algún tipo de contacto físico. Cuando no existe ninguna intimidad física en absoluto, hay un problema. La excepción a esto es, por supuesto, cuando uno o los dos cónyuges tiene alguna incapacidad física. Pero si ése no es el caso, el rechazo a la interacción sexual significa, por lo general, que los cónyuges se han distanciado. A veces (aunque en contadas ocasiones) ambos cónyuges se sienten así. Pero casi siempre lo que sucede es que uno de los dos le impone su propio problema al otro.

A veces la pareja, sencillamente, pierde la costumbre de tener relaciones íntimas. Los cónyuges se olvidan de darse uno al otro afecto físico o emocional, y pierden la sensación de que la intimidad es una parte esencial de su relación. Cuando esto sucede, a menudo es difícil volver a conectarse. Esto es una desgracia de por sí, ya que la intimidad puede ser tan satisfactoria y consoladora; además, existe un peligro cuando se apaga el deseo y el placer mutuos. ¿Por qué? Porque puede que uno de los cónyuges todavía desee contacto afectivo a pesar de que el otro no, y este desequilibrio puede tentarla/o a llenar ese vacío emotivo fuera del matrimonio. De acuerdo a mi experiencia de trabajo con las parejas, esta situación es a menudo lo que provoca la infidelidad. Un cónyuge que se siente sexualmente abandonado por lo general está mucho más propenso a buscar un/a compañero/a extramarital para obtener afecto físico y emotivo.

Si cualquiera de estas dos situaciones te resulta conocida, es hora de que tú y tu pareja se redescubran mutuamente. Y la época de la madurez de la vida conyugal es el momento perfecto para hacerlo. Ahora que los hijos no viven con ustedes, verán que su matrimonio ya no se concentra en la crianza. Esta situación les da la oportunidad de prestarse atención mutua. Esta decisión es absolutamente crucial. Desde el momento en que tú y tu pareja se conocen hasta que ya sean ancianos, pasarán por muchas etapas de descubrimiento y redescubrimiento mutuos. Las reclamos que se hacen de tu tiempo y energía le infundirán vigor a este proceso de descubrimiento. Sin embargo, es esencial que se responsabilicen por ese proceso. Si lo único que hacen es esperar que suceda lo mejor y se dejan "llevar por la corriente", muy posiblemente se distanciarán. Pero si se mantienen en el proceso de forma activa —soñando juntos a medida que cumplen cincuenta o sesenta años—, tendrán más probabilidades de descubrirse el uno al otro y de redefinir su matrimonio continuamente.

## SOÑAR JUNTOS EN LA TERCERA EDAD

El proceso de soñar juntos puede ocurrir hasta en parejas que llevan mucho tiempo de casados. Digamos que nos referimos a una pareja que lleva junta veinticinco años o más. Han sido fieles. Se han prestado apoyo mutuo. Se han prestado atención y ayuda a través de las etapas de desarrollo profesional y de la crianza de los hijos. Ya se aproximan a la edad de la jubilación. Y ahora, ¿qué pasa?

Bueno, algunas personas desean dar inicio a una nueva etapa en sus vidas. Veo que esto les sucede a muchas mujeres. Quieren obtener un título universitario o, quizás, intentar trabajar en algo nuevo. Quieren reinventarse. Otras sólo aspiran a descansar y pasarla bien. Algunos hombres van y se compran un auto deportivo—¡o una motocicleta! Sin embargo, otros hacen trabajo voluntario. Todas éstas son alternativas aceptables. Como dice el dicho, "para gustos se han hecho colores".

¿Qué sucede si un cónyuge no quiere cambiar y desarrollarse? A veces da la impresión de que la persona ha caído en una aburrida rutina. Él o ella ya no está interesado/a en continuar desarrollándose y madurando. Hay como una sensación de indiferencia, de apatía respecto a la vida. En ocasiones esta actitud hasta puede poner en peligro su salud si no tiene la energía para cuidarse. Tal vez el hombre se convierta en el tipo que todo lo que hace es ver televisión tirado en el sofá, o si es mujer, se pone obesa. La actitud de ambos es de "no importa lo que me suceda". Se dejan decaer física y emocionalmente. Entonces su cónyuge piensa, "Eh, ¿qué pasa? Estoy casada/o con alguien que es ahora diferente de cómo era antes—completamente diferente". Esta situación es terrible para ambos cónyuges. Es importante que al madurar juntos los integrantes de la pareja tengan una imagen positiva de sí mismos, que abriguen la noción de que siempre pueden mejorar y hacer todo lo posible por crecer y cambiar de forma positiva.

Si pierdes tu sano sentido de la ambición, pierdes tu deseo de vivir. Éste influye negativamente no sólo en ti como persona; también afecta tu matrimonio. Si comienzas a tomar las cosas demasiado a la ligera y no pones verdadero interés en nada, comienzas a vivir una etapa de apatía e indiferencia. Ya nada importa realmente. Es posible que este estado mental indique un tipo de depresión o algún otro problema de salud, o de salud mental en específico. Es necesario que consideres esa posibilidad. Pero también es probable que te hayas desentendido de la vida—que estés en un estado mental de "qué me importa" que es, esencialmente, una forma de pereza afectiva o espiritual.

En realidad, esto puede suceder de diversas maneras y en diferentes etapas. Pero sea como sea, lo que significa por lo general es que uno de los cónyuges ha perdido un cierto entusiasmo por hacer cosas, por participar plenamente en sus actividades, o incluso en su propio matrimonio. Esto puede llegar a complicar las cosas. No se trata siquiera de que se hayan dado por vencidos; ni siquiera han tomado a propósito la decisión de desentenderse de la vida. No más, están exhaustos. La fatiga emocional y espiritual se apodera de ellos después de un tiempo. Se cansan del trabajo que realizan. Se agotan físicamente. Todo eso tiene una explicación. La vida es difícil, y a lo largo de los años se sienten las obligaciones a que uno ha estado sometido. Pero a mí me parece que en el surgimiento de esta situación la voluntad desempeña un papel fundamental. Tal vez decidas que no vas a salir y ponerte a correr ningún maratón; no hay nada de malo en eso, pero sí tienes que cuidar tu salud. Quizás no mantengas el mismo programa de actividades que cuando tenías veinticinco años, pero, aun así, tienes que mantenerte activa/o. Probablemente no participes en quince actividades diversas, pero es necesario que sigas interesada/o en ciertas cosas y que te dediques a algo más que a ver televisión o a mirar por la ventana hacia fuera. Esto también se cumple para tu matrimonio. Tal vez no seas la esposa dinámica o el esposo retozón que eras al principio de tu matrimonio, pero tienes que seguir prestando atención a tu pareja, ser cariñosa/o y asegurarte de que él o ella es el centro de tu vida.

## CULTIVA TU RELACIÓN

Espero que los comentarios anteriores te darán algunas buenas ideas sobre cómo tú y tu pareja pueden soñar juntos. Algunas parejas emprenden esta tarea casi sin planificarlo—se imaginan su futuro, comparan sus necesidades e intereses y hacen compromisos al tiempo que se esfuerzan juntos para alcanzar sus metas. Otras parejas tienen que soñar juntos de manera más planificada. De cualquiera de las dos formas, creo que este tema constituye un aspecto esencial de comprometerse para crecer y madurar.

También considero que tú y tu cónyuge pueden dar algunos otros pasos importantes hacia este objetivo. En otra sección del libro, hemos hablado acerca de la importancia de las bases sobre las que se edifica el matrimonio, del respeto, de la honestidad y de otros temas. Todos esos asuntos son esenciales. Pero, además, te recomiendo que para lograr el desarrollo y la madurez te esfuerces por cultivar tu relación en los niveles sicológicos y espirituales más profundos.

Éstos tienen que formar parte de los objetivos fundamentales a largo plazo que ustedes tienen como pareja. Te recomiendo firmemente cuatro modos de acción: que busques orientación sicológica, que busques orientación espiritual, que dejes atrás el pasado y que mantengas viva la esperanza. Vamos a examinar cada uno de estos procedimientos:

## BUSQUEN JUNTOS ORIENTACION SICOLÓGICA

A lo largo de este libro he afirmado que considero la orientación sicológica un arma muy útil —hasta crucial— para tratar de comprender los complicados problemas que nos presenta la vida. Anteriormente en este mismo capítulo, he descrito cómo la búsqueda de orientación individual sobre temas sicológicos puede ayudarte a descubrir tus propios sueños, a entender tu pasado y a tomar decisiones acerca de tu futuro. También creo que la orientación sicológica puede servir de gran ayuda a las personas que enfrentan estas situaciones, y muchas más, como son situaciones que tienen que ver con las comunicaciones, con las relaciones sexuales, con la crianza de los hijos, con las carreras profesionales y con la jubilación. Desafortunadamente, muchas parejas se niegan a solicitar la ayuda de un sicólogo o de cualquier otro experto en salud mental. ¿Por qué? Me parece que eso se debe a que esas personas piensan igual —con ideas preconcebidas, creo yo— que quienes, en otras circunstancias, se resisten a hablar con un consejero. No te preocupes. Buscar ayuda sicológica para asuntos conyugales es una señal de fuerza, no un indicio de debilidad. Eso muestra que estás abierta/o a las ideas que puede darte un consejero o un terapeuta—nuevas percepciones que pueden contribuir a que ustedes se desarrollen y maduren como pareja.

Es cierto que algunos cónyuges buscan orientación sicológica por problemas de tensiones y malentendidos en sus matrimonios. Éstas son razones excelentes para trabajar con un consejero. Pero otros esposos y esposas comienzan la terapia conyugal (que también se llama orientación para parejas) como parte de una búsqueda más abierta e indefinida para comprender su relación y saber qué pueden hacer para mejorarla. La orientación para parejas es una excelente manera de considerar algunas preguntas que pueden tener un enorme impacto en tu matrimonio:

- ∾ ¿Cómo cultivas tu relación?

- ∾ Si son cónyuges que tienen una relación estrecha, ¿cómo pueden mantener y fortalecer esa intimidad?

- ∾ Si no tienen una relación estrecha, ¿qué pueden hacer para compenetrarse más?

- ∾ ¿Cómo puedes hacer más sólido y maduro el amor que sientes por tu cónyuge?

- ∾ ¿Cómo puede una pareja crear una vida en conjunto más vigorosa y significativa?

- ∾ ¿Cuáles son las metas o las decisiones que pueden hacer más sólido tu matrimonio?

Si te interesa la posibilidad de recibir orientación para parejas, existen muchas alternativas entre las que puedes escoger. La mayoría de las comunidades ofrecen orientación laica (no religiosa) a través de centros de salud mental comunitarios y de profesionales privados. Lo mejor para que puedas encontrar un consejero adecuado es pedir referencias a un amigo en quien confíes, a un médico o a un pastor. Algunas comunidades también tienen servicios regionales de referencia. Además, la mayoría de las iglesias cristianas y de los templos judíos puede brindar servicios de orientación para parejas, o referencias para buscarlos.

Algunas religiones incluso exigen que las personas que se van a casar reciban orientación para parejas. El matrimonio por la Iglesia Católica requiere orientación antes del matrimonio. Si los futuros esposo y esposa son católicos, la pareja pasa por un *pre-Cana* —clases de hasta cuatro meses de duración que preparan a la pareja para el matrimonio. Si uno de los dos no es católico, la pareja tiene que asistir a un *encuentro de compromiso matrimonial* durante un fin de semana—un retiro en el que se asiste a sesiones de grupo, y donde también tienen que llevar a cabo tareas individuales. Puede que los ministros protestantes también exijan orientación premarital antes de la boda. Lo normal es que la pareja se reúna cuatro veces con el ministro. Otras parejas cristianas comprometidas para casarse pudieran asistir a los fines de semana de preparación que organizan varias iglesias de diversas denominaciones.

Ese tipo de orientación pastoral y sicológica puede brindar ayuda a las parejas jóvenes mientras éstas enfrentan decisiones sobre sexualidad, sobre si tener o no tener hijos, sobre los papeles que desempeñarán como marido y mujer, y como parte de una familia. Las parejas más establecidas pueden concentrarse en los desafíos que representan los cambios en la vida conyugal, la crianza y la educación de los hijos, las finanzas y los problemas prácticos de la vida en familia. Inclusive las personas de mayor edad pueden beneficiarse de recibir orientación acerca de temas sobre los años anteriores y posteriores a la jubilación: hacer un balance de los logros y los fallos de sus vidas, los valores cambiantes, los planes para la tercera edad, y cosas por el estilo. Yo creo que la orientación para parejas puede constituir una inmensa ayuda para tratar asuntos que los cónyuges no pueden ignorar—no sólo "problemas" (en cualquier sentido de la palabra), sino también el potencial que ustedes, como marido y mujer, aún no han realizado por completo.

## BUSQUEN JUNTOS UNA GUÍA ESPIRITUAL

De la misma manera que anteriormente te recomendé orientación espiritual para tu propia búsqueda personal, también les recomiendo a ti y a tu cónyuge que busquen juntos una guía espiritual. Yo creo que a todas las parejas pueden resultarles de gran beneficio unos consejos espirituales o un retiro religioso de vez en cuando. Este tipo de guía puede brindarles a las parejas jóvenes una pauta que ayude a guiarlos para tomar decisiones difíciles y a través de situaciones que la vida les presentará a lo largo de su matrimonio. A las parejas que han estado casadas durante muchos años y ya están en un camino de desarrollo, la orientación espiritual puede fortalecerlas a medidas que maduran y sus percepciones se hacen más profundas.

Debería añadir que la orientación sicológica y la guía espiritual no son, por fuerza, dos materias distintas. Las situaciones que enfrentas (y que, posiblemente, provocan en ti una lucha interna) en cada una de ellas, tal vez coinciden en algunos aspectos. De hecho, ciertos tipos de orientación pueden dirigirse a ambos tipos de temas. Éste es un ejemplo: Jerry, que es abogado para una corporación, se sentía paralizado y deprimido a pesar de los éxitos que había obtenido en el mundo de los negocios. A veces tenía la sensación de que su vida había perdido todo significado, y le preocupaba su tendencia a beber mucho como una manera de aliviar el estrés y la ansiedad que sentía. Cuando solicitó el consejo de su ministro, Jerry se dio cuenta de que *el tipo* de trabajo que hacía constituía en gran parte el problema que lo atormentaba. La guía espiritual lo ayudó a aclarar sus valores y metas personales; habló con su esposa acerca de sus alternativas profesionales; y finalmente renunció a su empleo corporativo, encontró trabajo con una fundación local sin fines lucrativos y ahora dedica su experiencia legal a ayudar a familias sin hogar que viven en su ciudad. La sensación de falta de significado de Jerry era en parte un problema práctico, y en parte un dilema espiritual, y la guía espiritual de su ministro lo ayudó a resolver ambos.

## DEJA ATRÁS EL PASADO

Un impedimento real para que las relaciones de las parejas puedan desarrollarse y madurar son las constantes menciones del pasado. Muchas personas viven sobre todo en el pasado y prestan poca atención al presente o al futuro, a pesar de que el aquí-y-ahora y el porvenir son lo que realmente importa. Vivir en el pasado es un gran error. Es algo que, por desgracia, puede paralizar tu desarrollo. ¿Por qué? Pues porque te impide disfrutar de las personas que tienes frente a ti —quizás hasta de tu propio cónyuge— y puede impedir que forjes un futuro en pareja.

Me asombro constantemente de cómo mucha gente basa su sentido de la realidad en su obsesión con el pasado. Tales obsesiones pueden concentrarse en las cosas buenas que sucedieron hace mucho tiempo, o en las malas experiencias. Sea como sea, constituyen un problema.

Tomemos por ejemplo el caso de Shelley, que tiene ahora poco más de treinta años. Durante años fue víctima de un inquietante sentimiento de pérdida. Dos décadas antes, se había enamorado de Alan, con quien había estado comprometida para casarse. Entonces Alan se enamoró de otra mujer y rompió su compromiso matrimonial con Shelley. La pérdida de lo que había sido una relación verdaderamente compenetrada había estremecido seriamente a Shelley, la había hecho caer en largos períodos de depresión y había dañado su capacidad de confiar en otros hombres o de sentirse lo suficientemente segura de ellos como para establecer un compromiso. Luego, una serie de aventuras amorosas le habían sugerido que aún le era factible tener relaciones, tal vez hasta casarse, pero para Shelley ninguno de sus posibles esposos podía compararse con Alan. Se negaba a comprometerse con alguien. En resumen, que su atadura al pasado perjudicaba su felicidad, tanto en el presente como en el futuro. Se sentía "atrapada sin salida" (son las propias palabras de Shelley) debido a su obsesión con el pasado. Pero parecía que no era capaz de superar ese estado mental. Daba la impresión de que estaba más empeñada en concentrarse en los resentimientos de un pasado lejano que en dedicar su tiempo y atención a una relación nueva y vibrante en el presente.

Desgraciadamente, son muchos los hombres y las mujeres que malgastan demasiada energía en pensar en el pasado. A veces la gente recrea en su mente una y otra vez hechos que sucedieron años atrás. Me asombro constantemente de la cantidad de personas que van al confesionario para decirme lo mismo que ya me han confesado varias veces. Con frecuencia tengo que recordarles, "Estoy seguro de que Dios ya te ha perdonado. ¿Puedes, por favor, perdonarte a ti misma/o?" (O, como dice ese venerable chiste católico: "Bájate de la cruz—necesitamos la madera".) Por alguna razón, las personas pueden ser muy duras con ellas mismas al enfatizar los errores o experiencias negativas del pasado. Es como si no pudieran aceptar su propia falibilidad, concentrarse en aprender de sus propios errores y aprovechar al máximo el tiempo y las oportunidades que tienen ante sus ojos. ¡Qué gran error!

El mayor problema que tiene vivir en el pasado es que te impide desarrollarte para avanzar hacia el futuro y mejorar tu vida en general. En pocas palabras, que limita tu potencial para crecer y madurar. ¿No sería mucho más saludable y más constructivo avanzar y ocuparse en serio de las tareas del presente? ¿Puedes cambiar lo que sucedió hace tiempo? En absoluto. Tratar de hacerlo sería malgastar tu energía en una faena que es imposible de lograr. ¿Puedes escoger otras alternativas, investigar nuevas oportunidades o desarrollar talentos y dones en el presente? Claro que sí. El presente es, en realidad, el escenario donde puedes lograr algo. Por tanto, te digo que sí, aprende de tus errores, madura a partir de tus experiencias y no incurras en comportamientos negativos en el futuro. Pero avanza. Acepta tu potencial de desarrollo y creatividad.

## MANTÉN VIVA LA ESPERANZA

Las virtudes de la fe, la esperanza y el amor están entre los baluartes más fuertes de la Cristiandad—cualidades esenciales para cualquier persona que quiera entender los misterios de Dios y de la vida. Siempre me ha desconcertado que nosotros los cristianos hablemos tanto de la fe y el amor, y sin embargo la esperanza es una virtud que mencionamos muy poco. No sé por qué sucede esto. Sin duda que la esperanza es uno de los más poderosos e importantes atributos sicológicos y espirituales que tenemos en la vida. Las experiencias de las personas que han superado situaciones difíciles y hasta trágicas nos ofrecen ejemplos inspiradores de cómo el poder de la esperanza puede fortalecer y cambiar nuestras vidas. La esperanza nos enseña que es posible desarrollarnos y madurar a pesar del dolor y los conflictos.

De las virtudes que podemos mencionar, la esperanza es la más necesaria. Cuando tienes esperanza, tienes una visión de futuro. Cuando tienes esperanza, tienes una perspectiva. La esperanza te permite trascender el dolor que sufres, las confusiones que sientes y los conflictos que enfrentas. Si no tienes esperanza, tu horizonte se reduce. Te encierras en un espacio mucho más pequeño, y tus problemas y dificultades se convierten en obstáculos que te parecerán difíciles, y hasta imposibles de superar. Pero si tienes esperanza, posees una visión abierta del mundo. Tu horizonte se hace casi ilimitado.

¿Qué tiene que ver la esperanza con las relaciones y la vida conyugal? Todo. Es un secreto mal guardado que el matrimonio es difícil. Cada pareja enfrenta dificultades—dificultades que sus integrantes encaran juntos al lidiar con los retos de la vida, pero también dificultades que encuentran en su vida como marido y mujer. No digo esto como un comentario negativo del matrimonio. Por el contrario, creo que el matrimonio brinda una de las más grandes fuentes de felicidad de nuestra vida terrena. Pero hasta las parejas más felices enfrentarán dificultades. Como hemos discutido a lo largo de este libro, el matrimonio presupone una franqueza total por parte de cada cónyuge hacia el otro, lo cual es, de por sí, un desafío de enormes proporciones. Tanto la vida cotidiana como las tareas a largo plazo enfrentan a las parejas con obligaciones que requieren muchísima paciencia, imaginación y esfuerzo. Para complicar más las cosas, cada matrimonio pasará por penurias, incertidumbres, desengaños, vicisitudes emocionales, exigencias prácticas y tragedias. Incluso la pareja que vive el matrimonio más feliz y dichoso, al cabo del tiempo tendrá que enfrentar la realidad de la muerte. Como puedes imaginarte, una de las habilidades que una pareja debería añadir a su "repertorio" es la esperanza.

Si realmente deseas desarrollarte y madurar —y si quieres que tu relación también se desarrolle y madure—, es esencial tener esperanza. La esperanza es, de hecho, una especie de "combustible" que ayuda a infundirle energía al amor. Ya tú conoces las soluciones a muchos de los problemas de tu relación, pero la esperanza es un ingrediente que provee resistencia y fortaleza a medida que tú y tu cónyuge lidian con los retos que les presenta la vida. Hasta los cónyuges que se aman pudieran, si carecen de esperanza, sentirse vacíos y abrumados ante las situaciones con las que se tropiezan con el paso de los años. No es que no tengan buenas intenciones o que no se esfuercen lo suficiente; más bien, el peligro es que se den por vencidos con demasiada facilidad. Tienden a pensar que la vida debería ser más fácil—que Dios o el destino o la realidad deberían ponerles por delante menos obstáculos o complicaciones. Se sienten tentados a desesperarse cuando sufren reveses, desengaños o tragedias. En resumen, que quizás sientan que tienen derecho a confrontar menos problemas de los que, con toda probabilidad, se les presentarán, si tenemos en cuenta las situaciones difíciles que la mayoría de los seres humanos atraviesa tarde o temprano. Las actitudes que he descrito demuestran una percepción que no ha alcanzado su madurez total. Por el contrario, una pareja que tiene esperanza casi seguro que mantendrá una visión más flexible y tolerante de la experiencia humana, y los cónyuges responderán con más imaginación, energía y resistencia al enfrentarse con cualquier problema. En breve, que serán más maduros.

Esto es lo que siento más profundamente acerca de esta situación. Nuestras relaciones comienzan a desarrollarse y a madurar —y nosotros con ellas, cada uno a su modo—, cuando descubrimos nuestras propias capacidades internas, que nos han sido dadas por Dios, para amar y para tener esperanza y fe, y cuando nos abrimos a las capacidades de los demás para sentir esas misma virtudes. Esta afirmación se cumple sea cual sea la naturaleza de nuestras relaciones; se aplica a nuestros lazos con miembros de la familia, con amigos, con nuestro cónyuge, y con todas las demás personas que conocemos. Esto es, sin duda, de gran importancia respecto a lo que enfrenta la pareja a medida que forja su vida en conjunto. Echamos a un lado las cuestiones sin importancia —los bienes materiales, lo caprichos mezquinos y los impulsos egoístas— y cuando centramos nuestra atención en el amor y dejamos que ese amor nos motive, entonces podemos de verdad comenzar a encontrar felicidad y satisfacción en nuestras relaciones. Te aseguro que tus relaciones se desarrollarán y madurarán de la mejor forma posible si están fundadas en un compromiso duradero y en un amor desinteresado. Las buenas relaciones y los buenos matrimonios resisten la prueba del tiempo cuando están basados en la esperanza, la fe y el amor. Mediante estas virtudes, todos nosotros podemos aprovechar al máximo nuestra más profunda capacidad para dar y recibir. Mediante estas virtudes logramos llevar al máximo nuestra habilidad para ayudar a que las personas que amamos se sientan plenamente realizadas. Mediante estas virtudes también satisfacemos nuestro propio potencial para lograr la libertad y la felicidad verdaderas.

## Capítulo 15

# Cómo comprometerse a crecer y a madurar

No hay forma de medir el crecimiento emocional y espiritual. Nunca se me ocurriría garantizar que un conjunto de ejercicios en particular pueda ayudarte a lograr madurez, en ti mismo o en tu matrimonio. Sin embargo, sí creo que ciertas medidas que tomes pueden fomentar crecimiento y madurez, o al menos ayudarte a entender cuánto has progresado—y cuánto más necesitas progresar. A continuación encontrarás siete tareas que espero te faciliten este proceso.

## *Tarea #1*
### Sueñen juntos

En el capítulo anterior les expliqué que los cónyuges necesitan saber cuáles son sus sueños, pero que también necesitan soñar juntos. He aquí un ejercicio que puede ayudarlos a lograr ambas cosas. (Pueden llevar a cabo esta tarea en cualquier etapa del matrimonio en que se encuentren.)

**La primera parte** entraña saber cuáles son tus propios sueños. Primero, tú y tu cónyuge por separado deben explorar cuáles son sus aspiraciones, sus esperanzas y sus deseos individuales para el futuro.

- ∾ Escribe la fecha en una libreta o en un pedazo de papel.

- ∾ Escribe un breve resumen de tu vida—tu trabajo, tu matrimonio, tu familia inmediata (si tienes hijos o no), el resto de la familia (padres de edad avanzada, etc.), tu salud, y cualquier otro tema pertinente.

- ∾ Escribe un comentario de una o dos oraciones sobre lo que encuentras satisfactorio o no sobre estos aspectos de tu vida.

- ∾ Ahora escribe la fecha que sería cinco años más tarde. Debajo de la fecha, escribe lo que sueñas o quisieras llevar a cabo, lograr o ser de aquí a cinco años. Indica detalladamente cualquier cosa que te parezca de importancia o que te suene atractiva.

- ∾ Debajo de esta "lista de deseos" escribe lo que tendrías que planear, hacer y llevar a cabo para lograr que cada uno de estos sueños o deseos se convierta en realidad.

- ∾ Ahora escribe la fecha que sería diez años más tarde. Debajo de la fecha, escribe lo que sueñas o quisieras llevar a cabo, lograr o ser de aquí a diez años. En esta lista indica también cualquier cosa que te parezca de importancia o que te suene atractiva.

- ∾ Si quieres ampliar el ejercicio, escribe la fecha que sería quince o veinte años más tarde. Continúa de esta forma e indica lo que sueñas o quisieras haber logrado en ese punto de tu vida.

- ∾ Debajo de esta "lista de deseos" escribe lo que tendrías que planear, hacer y llevar a cabo para lograr que cada uno de estos sueños o deseos se convierta en realidad.

Puedes indicar cualquier sueño que te parezca atractivo a medida que contestes la primera parte del ejercicio. Recuerda, eso sí, que mientras más extravagantes o irreales sean tus sueños, más difícil es la tarea que enfrentarás al intentar lograrlos. Pero no hay por qué rechazar los grandes sueños. La meta de esta tarea no es organizar un plan de ataque que te garantice que tu vida va a cambiar; es, más bien, algo así como una sesión de elaboración de ideas para ubicarte en la realidad.

**La segunda parte** es un proceso de sueños en pareja. En vista de que tu cónyuge ya habrá escrito sus sueños, ahora deben comparar sus notas. Léanse lo que han escrito el uno al otro. Discutan lo que cada uno de ustedes necesita del otro para lograr sus sueños. Tomen en cuenta cuáles serían las consecuencias al plantear diferentes posibilidades—beneficios e inconvenientes, gastos, tiempo que necesitan dedicarle y el impacto que pueden tener sobre otros miembros de la familia.

Esta tarea no es un ejercicio sobre cómo diseñar un plan de acción. No va a resolver los muchos temas que pueden surgir cuando una pareja empieza a hacer cambios a la forma en que está establecido el matrimonio. Los planes a largo plazo no son la meta de esta tarea. La meta, más bien, es sacar a relucir los deseos y las aspiraciones de las que con frecuencia no se habla en un matrimonio. La meta también es impulsarlos a que discutan cómo pueden transformar sus sueños personales en sueños que compartan como pareja.

## *Tarea #2*
## Discutan a tiempo la maternidad y la crianza de los hijos

El hablar sobre la maternidad y la crianza de los hijos debe hacerse lo más pronto posible en una relación. De hecho, debe tomar lugar años antes de que se decidan a tener hijos.

He aquí algunos temas generales que deben tomar en consideración:

ᗕ **Acepten que cuando tengan hijos, sus vidas cambiarán radical-mente** –de hecho, mucho más de lo que ustedes se imaginan. La mayor parte de las parejas se sorprenden de cuán numerosos y extensos son estos cambios. ¿Pueden ustedes imaginarse desde ahora cuáles son estos cambios? Si hablan de lo que está por venir antes del nacimiento de su bebé, al menos serán más realistas sobre lo que va a suceder.

ᗕ **Piensen sobre cómo tú y tu cónyuge pueden equilibrar el cariño que siente el uno hacia el otro** con el cariño hacia un nuevo miembro de la familia. Muchas parejas cometen el error de verter todos sus esfuerzos y todas sus energías en la criatura, algo que puede hacer que la relación de ustedes termine hambrienta de cariño, o que muera por falta de él.

ᗕ **Analicen las formas en que pueden asignar sus energías a las diferentes tareas que enfrentan como cónyuges y como padres.** Si no tienen cuidado, puede que acentúen el cansancio que es parte inevitable en la crianza de los hijos. Necesitan dedicarles tanto tiempo a su cónyuge como a sus hijos. ¡No dejes que tu matrimonio enferme por falta de atención entre ustedes!

ᗕ **Encuentren maneras de dedicar tiempo a las relaciones sexuales.** Algunas parejas terminan tan ocupadas y agotadas que se privan de toda (o de la suficiente) actividad sexual. ¡Esta situación no es aconsejable! Sí, es cierto que la vida familiar resulta increíblemente atareada. Pero la relación sexual entre ustedes es tan importante y vigorizante para el cuerpo, la mente y el espíritu que es un peligro pensar que es de poca prioridad para un matrimonio.

ᗕ **Eviten emplear su tiempo en pasatiempos poco importantes o hasta banales, cuando pudieran dedicarle ese tiempo a su matrimonio de una forma más creativa.** Muchas parejas les prestan más atención a la televisión o a los videojuegos que la que se dedican el uno al otro. ¿Refleja esto tus prioridades en verdad?

Para llevar la discusión a un plano más profundo, pregúntense a sí mismos (y el uno al otro) lo siguiente:

∾ ¿Cuántos hijos piensan tener?

∾ ¿Qué tipo de arreglo va a ser necesario (baja por maternidad, baja por paternidad, quién va a cuidar de otros niños en la familia) antes y después del nacimiento del bebé?

∾ ¿Cómo van a ayudar otros miembros de la familia (los abuelos, los hermanos mayores, etc.) después que el bebé nazca?

∾ ¿Qué planes han formulado con respecto al cuidado de los hijos— que permanezca solamente la mamá en la casa, que permanezca solamente el papá en la casa, que el papá y la mamá se tomen turnos, o algún otro tipo de arreglo?

∾ ¿Qué planes tienen para cuando la crianza de los hijos afecte las obligaciones laborales?

∾ ¿Qué medidas van a tomar para cubrir el aumento de los gastos financieros cuando decidan tener hijos?

∾ ¿Qué medidas van a tomar para resolver temas de atención a la salud (obtener cobertura de seguro para los hijos, conseguir un pediatra y cosas por el estilo)?

∾ ¿Cómo pueden tú y tu cónyuge asignar tiempo para compartir juntos como pareja durante los años de crianza de los hijos?

∾ ¿Qué tipo de recursos emocionales y espirituales (incluyendo amistades, familiares, consejeros, grupos de apoyo a padres y madres, pastores) tienen a su alcance que les brinden apoyo durante los años que empleen en la crianza de los hijos?

## Tarea #3
## Esposos, involúcrense en la crianza de los hijos

He visto que han tenido lugar cambios extraordinarios en nuestra sociedad. Mientras más se involucran los esposos en la crianza de los hijos, más respetan y comprenden la paternidad y lo que ésta conlleva. Dichos cambios pueden parecer obvios, pero el resultado en muchos matrimonios ha sido muy revolucionario. No es solamente el hecho de que los hombres estén aportando ahora más tiempo y energía a las tareas diarias de la crianza de los hijos de lo que aportaban hasta hace unas pocas décadas, sino que también están comprendiendo mejor las decisiones que una pareja debe compartir con respecto al número de hijos con los que pueden lidiar y cómo criarlos. Los esposos ahora también tienen que sacrificar más de su propio tiempo y energía en pos del bien de toda la familia. Ya no es suficiente que Papá llegue a la casa del trabajo y espere que la esposa se ocupe de todo. Él también tiene que poner de su parte y ayudar.

Aún así, pienso que muchos papás pueden ofrecer su ayuda y contribuir aun más en el plano doméstico. He aquí lo que les recomiendo:

**Estén presentes en la vida de sus hijos.** La función más importante de un padre es estar presente para beneficio de sus hijos. Al decir esto, no invoco el cliché de que "estar ahí es la mitad de la batalla". Un padre abusivo o cruel es siempre peor que un padre ausente. Lo que quiero decir se esconde en la frase *para beneficio de sus hijos*. A todos los papás: estén presentes en las vidas de sus hijos. Cuídenlos. Háganles todos los regalos afectivos y espirituales que les puedan hacer. Ser parte de la vida cotidiana de sus hijos, con todos sus pequeños detalles —tales como vestir a los muchachos, prepararles la comida, jugar con ellos, escuchar sus cuentos, ayudarlos con la tarea— es más importante que cualquier regalo material que les puedan hacer.

Me doy cuenta de que estar presente día a día no siempre es posible. Las obligaciones de trabajo también pueden impedir que los papás compartan con sus hijos todo el tiempo que quisieran. El divorcio con frecuencia aleja a los padres de sus hijos. ¿Cómo poder lidiar con las limitaciones que imponen los horarios de trabajo o los arreglos de custodia? Sencillamente, hagan las cosas lo mejor que puedan. Hacer alguna actividad con los hijos con frecuencia es más efectivo que los actos grandiosos que se hacen con el fin de "compensarlos" por el tiempo que no se está con ellos. Pasar tiempo con los hijos, jugar o ayudarles con la tarea con regularidad, aunque sea por un rato, puede resultar más satisfactorio que una salida extravagante, pero poco frecuente, o que una ocasión especial.

**Usa el sentido común.** Averigua todo lo posible sobre los niños. Quizás ya tienes experiencia porque has lidiado con hermanos menores, primos o sobrinas y sobrinos; de ser así, llevas ventaja. Pero no te preocupes si es tu primer hijo. Muchos hombres no han cuidado a ningún niño antes de ser padres, y aun así aprenden con rapidez y se las agencian bien una vez que los hijos hacen acto de presencia. La clave está en tener la mente abierta y en usar el sentido común. A continuación, algunas posibles fuentes de información:

- **Tu esposa.** Si tu esposa tiene experiencia en cuidar niños, ella es la mejor fuente de información a tu alcance. Y lo mejor de todo es que, como llevan a cabo juntos la crianza de los hijos, existe una situación ideal para compartir toda la enseñanza y los consejos acumulados. Mantén la mente abierta y aprende todo lo que te sea posible.

- **Amistades y familiares.** Una de las mejores formas de aprender sobre los niños es pasar tiempo con ellos. Como todavía nadie ha establecido un servicio de alquiler de niños, recomiendo que te juntes con tus hermanos, otros parientes o amistades que ya tienen hijos. Tu propio clan puede resultar ideal; las amistades cercanas pueden ser aún mejor. El objetivo es adquirir experiencia directa de los expertos. Puedes aprender a darles la comida, a cambiarles los pañales, a crearles un ambiente seguro y a jugar con ellos. Una buena amistad te ofrecerá con gusto su opinión y probablemente esté dispuesta/o a escucharte.

∞ **Libros.** En este país existe un sinfín de libros sobre la crianza de los hijos. Puedes encontrar cientos de ellos sobre la primera infancia y montones sobre otros temas. Tienes para escoger. Una advertencia: en esta cuestión, al igual que en otros casos, no supongas que aprender de un libro equivale a adquirir conocimiento práctico. Te recomiendo concentrarte en algún buen estudio sobre el desarrollo infantil en vez de repasar apresuradamente un manual en específico sobre cuidados y alimentación.

∞ **Videos y discos compactos.** Existen buenos materiales que se especializan en el arte de criar hijos.

∞ **Clases.** Una buena clase sobre la crianza de los hijos puede resultar de un valor incalculable, especialmente para los nuevos padres. La escuela para adultos o la universidad comunitaria de tu localidad tal vez ofrezca estos cursos. Las clases pueden concentrarse específicamente en los bebés, los niños que empiezan a andar, los niños de edad preescolar y los adolescentes. La información que ofrecen los profesores puede ser de valor; la compañía y los consejos del grupo de padres resultarán aun más útiles.

**Toma las cosas como se presenten.** Todos los padres se tropiezan con rachas difíciles durante los años de la crianza de los hijos. Relájate—eso forma parte de ser padre o madre. Una de las cosas que mejor hacen los muchachos (¡y con frecuencia!) es menoscabar nuestras expectativas. Si quieres que todo resulte de acuerdo a tus planes, con seguridad te sentirás frustrado. La mejor estrategia: no empujes el río, porque él fluye solo.

Un hombre me describió sus experiencias de la siguiente manera: "Antes de tener hijos, le dije a una amiga mía, madre de tres adolescentes, que yo ponía en duda mi capacidad de seguir la corriente. Ella me contestó, 'Bueno, si no sabes hacerlo todavía, tus hijos te van a enseñar'. Y así ha sido".

Por lo tanto, aprende sin falta todo lo que puedas con antelación, planea bien y haz todo lo posible para que la vida familiar sea organizada. A la misma vez, debes estar dispuesto a descartar tus suposiciones e improvisar. Este consejo se aplica a todo, desde los planes para el fin de semana, a las vacaciones, a la vida en general. La crianza de los hijos es, más que todo, impredecible. No esperes lo contrario.

**Acepta la imperfección.** No existe ningún padre ni ninguna madre que no se equivoque. Tú también te vas a equivocar. Al igual que la mayor parte de los hombres estadounidenses, te vas a sentir muy mal debido a ello sencillamente porque nuestra cultura enseña que los hombres deben ser superiores, competentes y estar siempre en control. Relájate. La crianza de los hijos es para todos una etapa llena de errores. Tus hijos sobrevivirán, te perdonarán y seguirán desarrollándose a pesar de todo. Olvídate de las expectativas culturales sobre destreza y sutileza. Sencillamente, ama a tus hijos, haz tu mejor labor, acepta las imperfecciones de la vida cotidiana, y prosigue.

**¡Anímate!** Lo último en orden, pero no en importancia, es que no te olvides de reír. La crianza de tus hijos pudiera muy bien ser lo más importante que hagas en tu vida, pero no tienes que comportarte siempre con seriedad. Acepta lo divertido y espontáneo en la crianza de los hijos—sin duda que ellos lo harán. Poder mantener el sentido del humor te ayudará a sobrevivir muchas crisis.

## Tarea #4
## Esposas, denles a sus esposos tiempo y espacio para crecer

Si tú eres como muchas mujeres, quizás consideres que una de las tareas más difíciles del matrimonio y la crianza de los hijos es observar cómo tu marido se desarrolla en su papel de padre. La mayoría de los hombres en Estados Unidos tienen muy poca experiencia en lo que se refiere al cuidado de niños hasta que nacen sus propios hijos; el resultado de esto es que muy a menudo las esposas se sienten frustradas por la ignorancia y la torpeza de sus esposos a este respecto. En otros casos, las mujeres, sencillamente, no se ponen de acuerdo con sus esposos acerca de cómo llevar a cabo determinadas tareas de la crianza. Eso es normal. Pero si te hallas ante una de estas situaciones, vale la pena que trates de encontrarle una solución y que actúes con delicadeza para que no frustres las buenas intenciones y las habilidades en desarrollo de tu esposo.

**Dale a tu esposo tiempo para crecer.** La paternidad, al igual que la maternidad, produce un enorme cambio. Es absolutamente comprensible si tu esposo se siente confundido o ambivalente. La confusión y la ambivalencia no son, por fuerza, una señal de que él no tiene la mejor intención de ser un buen padre. Dale tiempo a tu esposo para que pueda reflexionar sobre sus sentimientos. Hablen. Manténgase abiertos a las emociones que cada uno de ustedes sentirá durante sus años de crianza de los hijos.

Al final, muchos hombres se dedican con pasión a sus hijos. Un hombre al que conozco expresa sus sentimientos de esta manera: "Quería casarme, pero en realidad nunca quise tener hijos. Con el paso de los años, Sandy y yo conversamos sobre esa posibilidad y le dimos vueltas y vueltas. Es que yo, sencillamente, me imaginaba que los hijos sólo eran una carga, y pensaba que no sería un buen padre. Finalmente, dije, está bien, tendremos un hijo, pero sólo uno. Y yo no estaba seguro de qué clase de padre iba a ser. Pero desde el momento en que Sandy dio a luz, todo cambió. El bebé salió y me miró y me derretí. Me enamoré locamente. Desde ese mismo momento supe que haría cualquier cosa por mi hija. Y lo haré. Y lo mismo con nuestro hijo, quien nació tres años después. He tenido que aprender en la marcha, pero no me quejo. Mis hijos son maestros maravillosos".

Estos dos últimos aspectos son esenciales.

En primer lugar, gran parte de la paternidad se aprende en la marcha. Muchos hombres que conozco se sorprenden de esto. En una sociedad en la cual los hombres a menudo piensan que ellos deberían saberlo todo, muchos se asombran —y, en cierto sentido, se sienten aliviados— cuando descubren que no hay nada de malo en aprender en la práctica.

En segundo lugar, una gran cantidad de hombres (¡y no digamos de mujeres!) se sorprenden de con cuánta frecuencia sus propios hijos les ofrecen sugerencias o indicaciones importantes. A menudo los niños les dicen veladamente a sus padres lo que necesitan—y ésta es otra razón por la cual no es necesario que lo sepas todo. Estos dos aspectos resaltan el hecho de que muchas tareas de la crianza de los hijos son habilidades adquiridas. Si los hombres no han tenido muchas oportunidades anteriores de aprender sobre el cuidado infantil, eso no significa que no puedan aprender lo que es necesario. Hasta el nuevo papá más inseguro puede ser un estudiante aventajado.

**Dale a tu esposo *espacio* para crecer.** Tu esposo y tu hija/o tendrán su propia relación, y ésta, inevitablemente, será diferente de la tuya con tu hija/o. Ya esté tu esposo familiarizado con el cuidado infantil, o si no tiene ninguna experiencia, no importa, dale espacio suficiente para que él mismo descubra cómo atender adecuadamente al niño o la niña. Si constantemente criticas lo que hace o su forma de hacerlo, quizás frustres su buena voluntad de participar en las tareas que hay que hacer. Un padre llamado Juan me dijo, "Yo me ocupo muchísimo del cuidado de mis hijos, pero cada vez que visto a mi hija o le preparo una comida, viene mi esposa y lo hace otra vez. Le pone a Samantha otro vestido o le prepara un plato diferente. Al final, siento como si yo no hiciera nada bien—como si mi labor no estuviera al nivel de lo que ella espera. Me deprime cuando veo que me esfuerzo tanto para nada". En estos casos existe el peligro de que el esposo, sencillamente, deje de participar en la crianza. Es lamentable para todas las personas involucradas que se llegue a ese punto, pero no es de extrañar que suceda. Como las madres y los padres a menudo tienen distintos estilos de crianza, es importante que los cónyuges se den el uno al otro suficiente espacio para hacer las cosas cada uno a su modo.

**Mira las cosas a largo plazo.** Convertirse en una madre o un padre diestro es un proceso largo para ambos. Muchos hombres se enfrentan a mensajes culturales contradictorios antes de decidir el tipo y el nivel de participación que desean aportar como padres de sus hijos. Además, hay consideraciones prácticas (como el hecho de que el padre es el principal sostén económico de la familia, si ése es el caso) que pueden complicar la habilidad del esposo para ocuparse de los niños de la forma en que le gustaría hacerlo. Todas estas cuestiones ejercen una presión sobre ambos padres. ¿Cómo deben responder? Sólo las dos personas que son parte del matrimonio pueden dar respuesta a esa pregunta. Mi recomendación se aplica a la mayor parte de las parejas: dediquen el tiempo que puedan —y ofrézcanse mutuamente el tiempo que cada uno de ustedes necesite— a desarrollar sus habilidades de crianza de los hijos y a convertirse en padre o madre. Este esfuerzo conjunto les será de gran utilidad a largo plazo.

## Tarea #5
### Cultiven su relación

La base de la vida familiar es el matrimonio de los padres. Si esa base es inestable o está tensa, esta inseguridad puede poner en peligro el bienestar de los hijos. Esta situación puede conducir a un dilema: por un lado, es necesario que los padres se concentren en sus hijos, pero concentrarse en los hijos *hasta el punto de excluir el matrimonio* puede frustrar los mejores esfuerzos de la pareja. El nivel de intimidad, de cooperación, de amor y de respeto que los cónyuges comparten influirá poderosamente en la satisfacción que sientan respecto a todo. La relativa estabilidad y el afecto de su matrimonio también influirán en el modo en que sus hijos establezcan sus propias relaciones íntimas en el futuro. En breve, que desarrollar sus relaciones como marido y mujer es una de las formas para desarrollar a sus propios hijos.

Durante los años de la crianza, es fácil olvidar que ustedes no son solamente Mami y Papi. A veces una mujer puede involucrarse de tal forma en la crianza de sus hijos que llega a ignorar las necesidades de su marido. En ocasiones, el hombre está tan metido de lleno en su papel de sostén de la familia que no le presta atención a su esposa. En esta época en que vivimos, en la que es tan complejo el equilibrio de los papeles que desempeñan los cónyuges en la casa y el trabajo, puede que tanto el padre como la madre trabajen y críen a los hijos, lo cual es bueno, pero puede que también ambos se ignoren entre sí.

Mi recomendación: no se ignoren mutuamente como marido y mujer. Sí, es esencial que se ocupen de sus hijos de una manera total y amorosa, pero no los conviertan en el centro de sus vidas de tal forma que se lleguen a olvidar de su propio matrimonio.

**Tómense el tiempo para ser una pareja.** La relación de ustedes como esposo y esposa es la fundación de la su familia. Todo lo demás surge de esa relación. El trabajo y la crianza de los hijos exigen la mayor parte de sus energías, pero deberían reservar al menos un poco de su tiempo para sustentarse uno al otro como pareja. Préstense atención mutua. Escúchense con detenimiento. Lean el lenguaje de su compañero/a. (Un hombre al que conozco me dijo, "No me di cuenta de que mi mujer era infeliz en nuestro matrimonio hasta que me pidió el divorcio".) Por desgracia, las pequeñas cosas hacen un montón. Si tu cónyuge se queja de algunos de estos aspectos menores, pero importantes, piensa en que pueden estar acumulándose y formando algo grande. Todo el mundo necesita sentirse importante, cuidado y apreciado.

Trata de reservar un poco de tiempo para pasarla bien. Quizás pienses que no pueden permitirse el lujo de pagarle a una chica para que les cuide los niños, o una salida de noche, pero tampoco pueden permitirse el lujo de que su matrimonio se deteriore. Compartan tanto las ocasiones divertidas como las valiosas, pero agotadora, tareas de la crianza. Y si se les hace difícil pasar un tiempo juntos, es necesario que hablen sobre ese asunto. ¿Por qué les resulta engorroso pasar un tiempo juntos? ¿Qué problemas tienen, tanto personales como de pareja, que les impiden relajarse y disfrutar de la compañía mutua? ¿Se trata de un problema externo —tal vez algo relacionado a las finanzas o al trabajo— o es algo afectivo o espiritual? Traten de detectar qué es lo que está causando el problema. Discutan esas dificultades antes de que las tensiones dañen su relación.

**No se conviertan *sólo* en padres.** Cuando nace un niño —sobre todo si se trata del primer hijo o hija— algunas mujeres suelen dedicarles mucha menos atención a sus esposos, y quizás se olviden de que sus maridos también necesitan tiempo y cariño. En cierta forma esto es comprensible, ya que la nueva mamá se siente muy estresada mientras lidia con las tareas de cuidar a su nuevo bebé. Pero es lamentable que se ignore al esposo o que no se le preste atención. Esto puede conducir a ignorar el matrimonio—lo cual es siempre un gran error. También a veces existe el peligro de los celos, ya que el marido puede empezar a sentir que el niño es ahora lo único que importa en el mundo de su mujer. Es casi como si existiera un triángulo romántico en el que el bebé es el amante.

Mi consejo sobre esta situación: recomiendo que el esposo sea considerado ante la situación de su esposa y ante todas las tareas que ella tiene ahora a su cargo; al mismo tiempo, la esposa debe ser considerada con el papel que desempeña el esposo. Es necesario que ambos cónyuges mantengan un equilibrio.

**Busca el tiempo para la intimidad física.** Muchas parejas se quejan de que cuando tienen hijos, el romance y la pasión desaparecen de sus vidas. Uno de los dos cónyuges, o ambos, se siente demasiado cansado para hacer el amor. Sobre todo durante los primeros meses después del nacimiento del bebé, cuando muchas madres dan el pecho a su hijo, a algunas mujeres no les llaman la atención las relaciones sexuales. Este desinterés y esta fatiga son comunes, normales y, por lo general, pasajeros. Sin embargo, también otras muchas parejas descubren que, incluso cuando la crianza parece menos agotadora y tienen menos obligaciones, una vida sexual activa pasa a ocupar uno de los últimos lugares en su lista de prioridades. Si eso sucede, la pareja debería, por lo menos, sentarse a discutir francamente sobre esa situación. Los cónyuges quizás sean capaces, o no, de cambiar de inmediato algunas de esas circunstancias, pero la mayoría de las personas se sentirán más tranquilas si pueden expresar abiertamente sus pensamientos y sentimientos. Hablar sobre un tema puede ayudar a evitar los malentendidos. Algunos cónyuges se preocuparán, por ejemplo, de que la disminución de sus relaciones íntimas sea una muestra de que su pareja ya no siente ninguna atracción sexual por ella o él, y por eso casi siempre es reconfortante saber que la situación es producto únicamente de la fatiga física. Además, es posible que esas conversaciones conduzcan a que la pareja planifique pasar más tiempo juntos. Organícense. Reserven un tiempo lejos de los niños. Planifiquen pasar juntos momentos especiales de relajación. Celebren su relación de pareja.

**Dense gusto—juntos.** Finalmente, he aquí otras sugerencias más específicas para que ambos la pasen bien y se presten atención mutuamente; es cierto que son actividades menores, pero que pueden influir en el resultado:

- ∾ Separen un tiempo para un merienda nocturna juntos, o para tomarse una copa de vino y conversar privadamente como marido y mujer.

- ∾ Salgan a pasear juntos al parque.

- ∾ Dense masajes en la espalda el uno al otro.

- ∾ Asistan a un grupo de apoyo para padres de manera que puedan comparar sus experiencias con las de otros padres e intercambiar ideas con ellos.

- ∾ Escuchen música juntos luego que los chicos se hayan ido a dormir.

- ∾ Encarguen comida y disfruten juntos de una cena en casa para que ninguno de los dos tenga que cocinar.

- ∾ Contraten a una persona que ayude al padre o a la madre con sus obligaciones y le permita sentirse más desahogada/o.

- ∾ Hagan un intercambio para cuidar a los niños con algún otro padre o madre de su barriada para que ustedes puedan pasar más tiempo juntos.

- ∾ Salgan en una cita de enamorados—no tiene que ser por la noche, pero que sí sea en un tiempo especial en que los niños queden bajo la supervisión de uno de los abuelos o de una chica que cuida niños. (Idealmente, debe tratarse de una ocasión romántica, como por ejemplo una cena a la luz de velas.)

## Tarea #6
## Cultiven su propio crecimiento y madurez

Muchas tradiciones espirituales enseñan directa o indirectamente que la informalidad de la vida familiar no excluye que pueda lograrse una madurez y un crecimiento profundos; por el contrario, los aspectos prácticos y actuales del matrimonio y de la crianza de los hijos contribuyen a que éstos sean fuerzas poderosas del desarrollo espiritual. Este concepto está presente en el cristianismo, el judaísmo, el hinduismo y el budismo, entre otras tradiciones. En especial el hinduismo es muy explícito respecto a cómo la vida familiar es, sobre todo, una práctica espiritual.

Algunas tradiciones llaman a esto "el camino del dueño de la casa." El dueño de la casa rechaza tanto el camino de las ambiciones mundanas (la riqueza, la fama y los placeres sensuales como fines en sí mismos) y el camino de la renunciación (el ascetismo, la rechazo de todos los bienes materiales). En vez de eso, el dueño de la casa toma una ruta intermedia que acepta tanto la realidad de la carne (las relaciones sexuales, la concepción de los hijos y su crianza, y la naturaleza de la vida terrena normal) y la realidad del espíritu (la oración, la meditación y otras disciplinas). Las tareas cotidianas y el ritmo del matrimonio y de la paternidad son elementos esenciales del camino del dueño de la casa. Este camino es, al mismo tiempo, un fin en sí mismo —la tarea de darles a tu cónyuge y a tus hijos lo que necesitan para prosperar— y un medio para emprender una búsqueda individual: la búsqueda del desinterés personal. Al concentrarte en las necesidades de tu familia, trasciendes tus propios deseos individuales, y esto abre tu corazón y tu mente a un nivel superior de compresión. Es precisamente el servir a los demás lo que te hace avanzar hacia la sabiduría y la madurez.

Decidas o no considerar la paternidad o la maternidad como el camino del dueño de la casa, ¿de qué modos puedes combinar las tareas de la crianza de los hijos con la espiritualidad? No se me ocurren muchas preguntas que merezcan respuestas más personales, pero de todos modos he aquí algunas sugerencias:

**Prácticas religiosas formales.** Una gran cantidad de personas considera que la participación en prácticas religiosas formales es una parte fundamental de la espiritualidad de la familia. Ser miembro de una iglesia o de un templo se convierte en el eje alrededor del cual gira toda la vida familiar. Si esta situación te conviene para lo que quieres lograr, te insto a que participes en ella de una forma que sirva verdaderamente a las necesidades de tu familia. Las actividades de la iglesia o la sinagoga pueden brindarte el apoyo, los recursos, la compañía y el consuelo que pocas otras cosas en nuestra vida terrena te pueden dar.

**Otros caminos.** He aquí otras actividades que pudieran tener dimensiones espirituales que te resultarán útiles para superar el estrés y la tensión:

- Practicar ejercicios y actividades físicas al aire libre.
- Bailar, cantar o tocar un instrumento musical, pintar o practicar algún otro arte.
- Hacer excursionismo, nadar, correr o cualesquiera otros deportes
- Rezar y meditar

**Busca un aliado.** No tienes que recorrer sola/o este camino. Independientemente de lo convencida/o que estés acerca de que puedes desenvolverte sin ayuda por la vida, casi seguro que lo harás mejor si tienes compañía en el viaje. Este aliado es, idealmente, tu cónyuge. Si un esposo y su esposa tienen un estrecho lazo afectivo, se brindarán mutuamente un apoyo y un afecto inapreciable mientras se ocupan de su familia. Pero por supuesto que esta alianza no es siempre posible. Además, hasta los cónyuges que son amigos íntimos y compañeros fiables pudieran tener otros aliados a medida que se enfrentan a las dificultades de la crianza. Un aliado de este tipo puede ser un/a amigo/a, un familiar, un consejero, un sicoterapeuta o un miembro del clero. Sea quien sea, es importante que esta persona escuche sin juzgar. Busca a alguien en quien puedas confiar.

**Lleva un diario.** También puedes anotar en un diario lo que sientes respecto a la vida familiar, y examinar esos sentimientos. Lo única regla de este método es que no puedes censurar lo que escribes. Tus sentimientos no son correctos o incorrectos, ni buenos o malos. Sencillamente, *son*. Es importante que expreses tus sentimientos sin censurarlos, y un diario es un medio excelente para lograrlo.

¿Cómo podrías hacerlo? Lo único que tienes que hacer es empezar. No importa cómo sea este tipo de diario en especial: ya sea corriente o elegante, el estilo no viene al caso; lo que importa es el proceso de escribirlo. Sencillamente, escribe lo que sientes—a diario, si es posible. Sé franca/o y honesta/o contigo misma/o. Tal vez te sientas avergonzada/o de algunos sentimientos, o quizás te den temor o pena. No hay nada malo en eso, si acaso sucede. Por ejemplo, muchos padres se sienten enojados o frustrados con sus hijos. No vas a lastimar a nadie si plasmas estos sentimientos sobre el papel, y expresar estos sentimientos te ayudará a sanar y a sentirte mejor. Permítete sentir lo que sientes. La acción de escribir en sí misma te ayudará, ya que es una forma segura y útil de darle rienda suelta a tus frustraciones, y a largo plazo quizás te ayude a adquirir un sentido de perspectiva acerca de tus experiencias.

Una advertencia: *asegúrate de que este diario es privado*. Aunque es común sentir emociones "negativas" acerca de la familia, aun así lo que escribes pudiera lastimar los sentimientos de tu cónyuge o de tus hijos si éstos llegaran a descubrir el diario. Asegúrate de que lo guardas en un sitio apartado donde los demás no tienen acceso.

El objetivo de llevar un diario es ponerte en contacto con tus sentimientos. Una sugerencia: trata de evitar todos los "yo debería". Hazte las siguientes preguntas:

ⓦ ¿Qué es lo que siento *realmente?*

ⓦ ¿Qué es lo que temo *realmente?*

ⓦ ¿Qué es lo que necesito *realmente?*

ⓦ ¿Qué es lo que deseo *realmente?*

Si te sigues diciendo, "Yo debería . . . Yo debería . . . ," eso significa que hay un problema. Porque cuando tomas acción con respecto a los *"yo debería"*, es que casi siempre has perdido el contacto con lo que realmente sientes y necesitas. Si puedes ser totalmente honesta/o contigo misma/o, será más probable que te pongas en contacto con lo que verdaderamente sientes.

**Grupos de apoyo.** Hay muchos grupos de apoyo para padres y madres. Busca en tu periódico local listas de grupos, seminarios y talleres. Algunos de ellos son patrocinados por organizaciones como Parents Without Partners (Padres sin Pareja), Jewish Children and Family Services (Servicios Judíos para Niños y Familias), United Way y Catholic Family Services (Servicios Católicos a Familias). Tu universidad comunitaria también puede recomendar buenos grupos de apoyo.

¿Deberías pensar en unirte a un grupo de apoyo? Sólo tú puedes contestar esa pregunta. Muchas personas se alejan de esta opción; no se sienten a gusto al hablar de asuntos familiares delante de un grupo. Pero en general la mayoría de los grupos de apoyo no son intimidatorios; sus participantes por general no hacen juicios de los demás. El objetivo es, simplemente, discutir problemas de familia, compartir historias personales que a otras personas puedan parecerles interesante, y considerar opciones o adquirir habilidades que puedan hacer más fáciles y menos estresantes los años de la crianza de los hijos.

## Tarea #7
## Piensen en renovar los votos conyugales

Muchas parejas llegan a una etapa en la que sienten que su relación se ha anquilosado o que ha perdido toda inspiración. Ya ninguno de los dos integrantes quiere continuar ocupándose de su matrimonio. Éste es un lamentable estado de estancamiento afectivo que puede evitarse. De hecho, las parejas pueden tomar la decisión de renovar su compromiso. Cuando existe un elemento de fe en el matrimonio —cuando cada integrante de la pareja es fiel y amoroso hacia su compañera/o debido a que han hecho un compromiso para toda la vida—, casi siempre existe en ambos una disponibilidad absoluta para hacer que la relación funcione. Los dos se han hecho esa promesa entre sí, esa alianza ante Dios, de ser fiel el uno con el otro.

El compromiso y la fe que describo es el núcleo fundamental de lo que sucede en los encuentros de renovación matrimonial. A las personas que pasan por el encuentro se les estimula a que hagan todo lo posible en este tipo de renovación—que usen cualquier medio que tengan a su disposición para lograr que la llama se encienda nuevamente. Lo que una vez era importante en la relación, puede volver a ser importante una vez más. Me da la impresión de que todas las personas que participan en estos encuentros matrimoniales expresan más o menos lo mismo: "Habíamos perdido el rumbo en nuestro matrimonio, y no nos prestábamos atención el uno al otro". Y la mayoría de ellos dice que el encuentro o retiro los ayuda a comenzar a prestarse atención mutua nuevamente.

Estos encuentros tratan todos los temas básicos que hemos tocado en este libro. Los cónyuges necesitan formularse entre ellos y a ellos mismos unas cuantas preguntas esenciales, algunas de ellas difíciles:

- ¿Respeto a mi cónyuge?

- ¿Me comunico con mi cónyuge?

- ¿Paso tiempo junto a mi cónyuge?

- ¿Cultivo la relación con mi cónyuge?

- ¿Cómo trato a mi cónyuge desde el punto de vista sexual?

- ¿Tenemos otros problemas —tales como líos con los suegros, de dinero, y cosas por el estilo— que interfieran en nuestra relación?

Ninguno de estos problemas existen por sí solos. Todos los problemas de relaciones suelen estar interrelacionados. Las parejas que tienen dificultades financieras por lo general también tienen dificultades en su vida sexual. La comunicación afecta la satisfacción sexual y viceversa. Las parejas que están pasando por problemas con sus suegros por lo general también tienen problemas de comunicaciones o sexuales, u otros tipos de complicaciones. La intimidad influye en todo en nuestras vidas, y muy pocas parejas son capaces de separar un asunto del otro. Son contadas las parejas que pueden decir, "Nuestra relación en la cama es maravillosa, pero en todo lo demás es un desastre". Los problemas casi siempre están generalizados.

¿Cómo es un encuentro de renovación matrimonial? Debido a que numerosas religiones diferentes organizan docenas y docenas de encuentros, se hace difícil hablar de todos bajo los mismos términos. Pero ésta es una breve reseña:

La mayoría de los encuentros comienzan con una o más charlas ofrecidas por profesionales entrenados: sicólogos, terapeutas conyugales u otros. Y estas charlas le dan un "centro" al proceso. Pero también tiene lugar un diálogo entre cada pareja, e inclusive a veces entre un grupo de parejas. Puede que se reúnan cinco, seis o más parejas en un salón junto con el mediador, y allí todos discuten los temas que los preocupan.

Los detalles de los programas varían, pero casi todas las religiones ofrecen ahora retiros y encuentros conyugales. Entre los beneficios de los encuentros está el perfeccionamiento de las habilidades de comunicación, el saber que otras parejas enfrentan problemas parecidos a los tuyos y una mayor intimidad con tu cónyuge.

En la Guía de Recursos que está al final de este libro encontrarás una lista de organizaciones que patrocinan encuentros conyugales.

## A TU ALCANCE

"Madurar es en parte darse cuenta de que, si bien no se puede alcanzar la intimidad y la omnisciencia y el poder totales," escribe la erudita estadounidense Sisela Bok, "la autotrascendencia, el crecimiento y las relaciones estrechas con otras personas sí están a tu alcance" [*Secrets*, 1983]. Esta declaración es un resumen bastante preciso de lo que he tratado de plantear en el Camino Siete. El crecimiento y la madurez no constituyen un destino al que llegarás; son un proceso por el que pasarás, un viaje que darás. La intimidad, la omnisciencia y el poder totales no son capacidades humanas. Pero algo notable sí está a nuestro alcance: la autotrascendencia, el crecimiento y las relaciones estrechas con otras personas.

Aunque los hombres y las mujeres pueden escoger muchos caminos diferentes al emprender su viaje hacia el crecimiento y la madurez, creo que el que seleccionan por lo general y el más accesible es el camino del matrimonio y los hijos. ¿Un camino fácil? No, por supuesto que no. Compartir tu vida con un cónyuge y con hijos es complicado, desafiante y a menudo difícil. Pero la vida en familia es uno de los dones más extraordinarios y hermosos que Dios nos ha proporcionado—un viaje que te permite, al mismo tiempo, dedicarte a los demás y, al hacerlo, llegar a ser más plenamente tú misma/o.

# Conclusión

Al comienzo de este libro, mencioné que en mis diversas funciones como sacerdote, presentador de programas de radio y televisión, y columnista, muchas personas se me acercaban con preocupaciones y preguntas acerca de las expectativas, las costumbres, los roles, los cambios, las decisiones y los sucesos de la vida diaria que constituyen sus relaciones. Hombres y mujeres luchan con estos temas porque son aspectos genuinos y recurrentes de la vida verdadera y del amor verdadero. Aunque el cine y los medios expresen lo contrario, las buenas relaciones no consisten sobre todo en romance y sexualidad desordenada; más bien, son un resultado a largo plazo de generosidad, paciencia y compromiso mutuos. Tengo la esperanza de que este libro te haya ayudado a entender mejor los Siete Caminos que yo considero como los medios fundamentales para tener buenas relaciones.

Me gustaría finalizar con algunos pensamientos y afirmaciones acerca de cada uno de estos Caminos.

## EL PRIMER CAMINO: CONSTRUYAN CIMIENTOS SÓLIDOS

La vida verdadera les presenta a todas las parejas una multitud de tareas y desafíos que los cónyuges deben enfrentar a medida que comparten sus años en pareja. Es fácil sentirse intimidados, hasta abrumados, por todos los cambios que tienen lugar cuando un hombre y una mujer aprenden a vivir el uno con el otro (y por el otro). Pero si son capaces de establecer cimientos sólidos desde el principio, pueden forjar el resto de la relación con mayor confianza en el futuro. Según mi opinión, el paso más importante que pueden dar para alcanzar el amor verdadero es que cada uno de ustedes deje entrar al otro totalmente y de todo corazón en su centro sagrado—el núcleo más profundo de tu ser.

## EL SEGUNDO CAMINO: RESPÉTENSE MUTUAMENTE

¿Cómo pueden los integrantes de una pareja amarse verdaderamente si no se respetan? Eso, sencillamente, no es posible. Sin embargo, el respeto, como tantas otras dimensiones en una buena relación, es un proceso a largo plazo, no un suceso excepcional. El respeto en una relación es la buena voluntad de ambos de entenderse el uno al otro, su habilidad de aceptar el equilibrio entre lo bueno y lo malo de las cualidades personales de cada uno, y su compromiso de buscar un acuerdo en las diferencias cotidianas que surjan entre ustedes.

## EL TERCER CAMINO: ACLAREN SUS EXPECTATIVAS

Como afirma un dicho popular: "la realidad está sobrevalorada". Tal vez sí; tal vez no. Pero la realidad más inmediata es lo que tenemos aquí en la tierra—frente a nosotros y en este momento. Si esperas algo diferente —algo más fácil, algo más sofisticado—, te vas a desilusionar. Todos somos seres humanos limitados y con faltas. Si un hombre y una mujer esperan perfección cuando forman una relación, sus expectativas pudieran convertirse en una carga que los aplastará a los dos. Una táctica mejor: aclaren sus expectativas —idealmente, mediante la comunicación estrecha entre ambos—, de manera que puedan luchar por alcanzar el amor verdadero a través de ideas compartidas y no de ilusiones diferentes.

## EL CUARTO CAMINO: SEAN HONESTOS

Como el respeto, la honestidad es una cualidad que es indispensable poseer y poner en acción para tener relaciones sólidas. ¿Cómo puede ser verdadera tu relación si está basada en falsedades? ¿Cómo pueden confiar en el complejo proceso de forjar una vida en común si lo que dicen y lo que hacen no es digno de confianza? Aunque yo creo que la mayor violación de la honestidad en una relación ocurre cuando los cónyuges son infieles, otras traiciones de la confianza también pueden dañar lazos que, por otra parte, son muy fuertes. La honestidad debe honrar al centro sagrado: un compromiso de ser plenamente quien eres y de hablar con absoluta honestidad a la persona a quien más amas.

## EL QUINTO CAMINO: COMUNÍQUENSE EFECTIVAMENTE Y AFECTIVAMENTE

La comunicación es, en muchos sentidos, el aspecto práctico del amor verdadero. Es la forma específica en que, momento a momento, se enfrentan juntos a la vida, resuelven los problemas que se les presentan, encuentran un terreno en común y expresan el amor que sienten el uno por el otro. Los consejeros conyugales dicen a menudo que la mayoría de las dificultades en las relaciones provienen de problemas de comunicación. No me extraña— ¡una relación reúne a dos seres humanos completamente distintos! Para unirse han tenido que pasar por encima del espacio inimaginable que los separa. Pero si pueden hablarse claramente, si pueden escucharse cuidadosamente, si pueden pensar con mente abierta, tú y tu pareja pueden salvar ese inmenso espacio de separación de una forma que pocos otros tipos de relaciones pueden lograr.

## EL SEXTO CAMINO: APRENDAN A ACEPTAR SUS DIFERENCIAS

Esto nos lleva al tema de las diferencias. Las relaciones —y el matrimonio primero que todas— son actos de absoluta confianza. Confianza en que las dos personas puedan aceptarse con sus faltas y todo lo demás. Confianza en que cada uno *inspirará* cambios en el otro sin necesidad de *exigir* cambios. Confianza en que vivirán como dos seres individuales, al tiempo que como un solo ser en una unión sagrada. La vida verdadera significa que habrá inevitables diferencias entre tú y tu cónyuge; el amor verdadero significa que encontrarán formas de compartir, crecer y soñar juntos.

# EL SÉPTIMO CAMINO: COMPROMÉTANSE A CRECER Y A MADURAR

En uno de los pasajes más famosos y bellos de la Biblia, San Pablo escribe: "Al final, hay tres cosas que perduran: la fe, la esperanza, el amor, y el más grande de éstos es el amor". El amor conyugal es, a su vez, una de las expresiones más profundas y genuinas de la fe, la esperanza y el amor. Los años que los integrantes de una pareja pasan juntos en la tierra debieran ser motivo de gran celebración. No tienes que alcanzar la perfección en tu matrimonio. Pero sí crecer y madurar a medida que ambos comparten la fe, la esperanza y el amor—ésos son objetivos que vale la pena lograr durante el tiempo que pasarán juntos.

¡Les deseo salud, paz y que Dios bendiga su amor en esta vida!

# Guía de Recursos

Una fuente típica de frustraciones en muchas relaciones es la creencia de que los integrantes de la pareja tienen que resolver solos todos sus problemas. En realidad, hay numerosas fuentes cuyo objetivo específico es ayudar a las parejas a hacer frente a sus problemas. Mi recomendación: si tienes dificultades en tu relación, busca ayuda. Localizar esos recursos quizás sólo requiera unas cuantas llamadas telefónicas, o algunas sesiones frente a tu computadora, pero el esfuerzo será mucho más fácil y productivo que sufrir en silencio.

Con este objetivo he escrito esta sección de *Siete Caminos*, para poner a tu disposición posibles recursos. Los he ordenado cuidadosamente, pero fíjate en que algunas agencias coinciden en ciertos servicios; así que revisa toda la lista para asegurarte de que no pasas por alto ninguna buena fuente de ayuda. Nota también que algunos recursos son centros de intercambio de información u organizaciones que agrupan a otras, y no ofrecen servicios directamente. No te brindan servicios directos a ti, pero pueden dirigirte hacia las agencias o grupos específicos que ofrecen esos servicios en tu comunidad.

La Guía de Recursos contiene tres secciones:

- Organizaciones y asociaciones
- Información en línea (a través de la Internet)
- Lecturas adicionales

## I. ORGANIZACIONES Y ASOCIACIONES

Muchas organizaciones brindan información útil sobre temas y problemas específicos que pueden afectar a parejas y familias. Estas organizaciones por lo general se concentran en un problema o un grupo de problemas y no en asuntos más generales. He aquí una muestra, presentada en orden alfabético por categoría general:

### Abuso de alcohol y drogas

American Council for Drug Education *(Concejo Estadounidense para la Educación sobre las Drogas)*
164 W. 74th Street
New York, NY 10023
212.758.8060
800.488.DRUG

National Council on Alcoholism, Inc. *(Concejo Nacional sobre Alcoholismo, Inc.)*
12 West 21st Street
New York, NY 10010
212.206.6770

Cocaine Anonymous *(Cocainómanos Anónimos)*
3740 Overland Avenue, Suite G
Los Angeles, CA 90034
213.559.5833
800.347.8998

Narcotics Anonymous *(Narcóticos Anónimos)*
P.O. Box 9999
Van Nuys, CA 91409
818.780.3951

National Clearinghouse for Alcohol and Drug Information *(Centro de Información Nacional sobre Alcohol y Drogas)*
P.O. Box 2345
Rockville, MD 20847-2345
301.468.2600 ó 800.729.6686

National Council on Alcoholism and Drug Dependence *(Concejo Nacional sobre la Dependencia del Alcohol y las Drogas)*
12 W. 21st Street, 7th Floor
New York, NY 10010
800.622.2255

Center for Substance Abuse Treatment *(Centro para el Tratamiento del Abuso de Sustancias)*
Information and Treatment Referral Hotline *(Línea Caliente de Referencia para Información y Tratamiento)*
11426-28 Rockville Pike, Suite 410
Rockville, MD 20852
800.662.HELP

## Abuso infantil

American Professional Society on the Abuse of Children *(Sociedad Profesional Estadounidense sobre el Abuso Infantil)*
407 So. Dearborn Street, Ste. 1300
Chicago, IL 60605-1111
312.554.0166

National Committee for the Prevention of Child Abuse *(Comité Nacional para la Prevención del Abuso Infantil)*
P.O. Box 2866
Chicago, IL 60690
312.663.3520

## Cuidado infantil

National Association of Child Care Resource and Referral Agencies *(Asociación Nacional de Recursos y Agencias de Referencia para el Cuidado Infantil)*
1319 F Street, N.W., Suite 810
Washington, DC 20004-1106
202.393-5501

National Child Care Association *(Asociación Nacional para el Cuidado Infantil)*
1029 Railroad Street, N.W.
Conyers, GA 30207-5275
800.543.7161

## Problemas educativos

Work and Family Life *(Trabajo y Vida Familiar)*
6211 West Howard Street.
Chicago, IL 60648.
Bank Street College
800.727.7243


## Problemas de salud

American Academy of Pediatrics *(Academia Estadounidense de Pediatría)*
141 Northwest Point Boulevard
P.O. Box 927
Elkgrove Village, IL 60009-0927
847.228.5005 ó 800.433.9016

American Cancer Society *(Sociedad Estadounidense del Cáncer)*
1599 Clifton Road, N.E.
Atlanta, GA 30329
404.320.3333 ó 800.ACS.2345

American Heart Association *(Asociación Estadounidense del Corazón)*
7272 Greenville Avenue
Dallas, TX 75231-4596
214.373.6300 ó 800.242.1793

Cancer Care, Inc. *(Atención al Cáncer, Inc.)*
1180 Avenue of the Americas
New York, NY 10036
212.221.3300

Cancer Information Service *(Servicio de Información sobre el Cáncer)*
Office of Cancer Communication *(Oficina de Comunicación sobre el Cáncer)*
NCI, Bldg. 31, 10A07
9000 Rockville Pike
Bethesda, MD 20890
800.4.CANCER

## Pérdida de seres queridos

Accord Aftercare Services *(Servicios de Cuidados Posteriores Accord)*
1930 Bishop Lane, Suite 947
Louisville, KY 40218
800.346.3087

Center for Death Education and Research *(Centro para la Educación e Investigación sobre la Muerte)*
Department of Sociology
909 Social Science Building
267 19th Avenue South
University of Minnesota
Minneapolis, MN 55455-0412

The Compassionate Friends *(Los Amigos Compasivos)*
P.O. Box 3696
Oak Brook, IL 60522-3696
708.990.0010

## Matrimonio y relaciones

Academy of Family Mediators *(Academia de Mediadores Familiares)*
4 Militia Drive
Lexington, MA 02173
617.674.2663

American Association for Marriage and Family Therapy *(Asociación Estadounidense para Terapia Matrimonial y Familiar)*
1133 15th Street, N.W., Suite 300
Washington, DC 20005
202.452.0109

Association for Marriage and Family Therapy *(Asociación para Terapia Matrimonial y Familiar)*
800.374.2638.

Worldwide Marriage Encounter, Inc. *(Encuentro Matrimonial Mundial, Inc.)*
2210 East Highland Avenue, Suite 106
San Bernardino, CA 92404-4666
909.863.9963
E-Mail: office@wwme.org

LifePartners *(Compañeros de Vida)*
6770 Eagle Ridge Road
Penngrove, CA 94951-9728
707.792.6700 ó 800-DREAM-4-2

Counselingcatholics.com
13550 Kendall Drive Suite 130
Miami, Florida 33186
305.559-4546

## Problemas de salud mental

American Association of Psychiatric Services for Children *(Asociación Estadounidense de Servicios Siquiátricos para Niños)*
1200-C Scottsville Road
Rochester, NY 14624
716.236.6910

## Generación Sandwich / Atención a personas de la tercera edad

American Senior Citizens Association *(Asociación Estadounidense de Ciudadanos de la Tercera Edad)*
P.O. Box 41
Fayetteville, NC 28302
919.323.3641

Children of Aging Parents *(Hijos de Padres de la Tercera Edad)*
Woodbourne Office Campus, Suite 302A
1609 Woodbourne Road
Levittown, PA 19057-1511
215.945.6900 ó 800.CAPS.294

## Autoayuda

National Self-Help Clearinghouse *(Centro Nacional de Información sobre Autoayuda)*
Graduate School and University Center
City University of New York
25 West 42nd Street, Suite 620
New York, NY 10036

## Madres o padres que crían solos a sus hijos

Parents Without Partners *(Madres y Padres sin Parejas)*
401 North Michigan Avenue
Chicago, IL 60611-4267
800.637.7974

## Madrastras y padrastros

Step Family Association for America *(Asociación Estadounidense de Familias con Madrastras o Padrastros)*
800.735.0329

## Estrés

Parental Stress Line *(Línea para Madres y Padres con Estrés)*
800.632.8188

## Violencia

National Domestic Violence Hotline *(Línea Caliente Nacional de Violencia Doméstica)*
800.799.SAFE

National Organization for Victim Assistance *(Organización Nacional de Ayuda a las Víctimas)*
1757 Park Road, N.W.
Washington, DC 20010
202.232.6682

## II. INFORMACIÓN EN LÍNEA

Como en otros aspectos de la vida contemporánea, los servicios en línea por computadora han aumentado tus opciones para obtener información sobre cualquiera de los temas listados previamente. Ésa es la buena noticia. La mala noticia es que las fuentes de información cambian con frecuencia y cuando menos se espera. Aunque lo que doy a continuación es una lista de recursos en línea que puede resultar útil a muchas parejas, recuerda que cualquier lista de recursos cambia con el tiempo.

He aquí una panorámica de la información en línea y de cómo puede ayudarte a lidiar con los problemas de tu relación. Las categorías están en orden alfabético.

**Padres**

*http://megamach.portage.net/~rborelli/dads.html*
Un sitio dedicado a los nuevos padres que ofrece sugerencias, apoyo y consejos sobre la paternidad.

*www.fathersworld.com*
Una comunidad virtual para los hombres que están interesados en temas de paternidad, entre ellos cómo equilibrar el trabajo y la familia.

*www.slowlane.com*
El recurso en línea para los padres que se ocupan de las tareas domésticas.

**Planificación financiera**

*http://lifenet.com/*
Un sitio que tiene calculadoras interactivas e información adicional para orientarte durante los sucesos financieros importantes de tu vida.

*htp://update.wsj.com/*
Información actualizada constantemente sobre mercados bursátiles, negocios e inversiones, provista por el periódico *The Wall Street Journal*.

*www.wife.org*
Un sitio Web de planificación financiera para mujeres, patrocinado por el Instituto Femenino para la Educación Financiera.

**Pérdida de seres queridos**

*www.growthhouse.org*
Este sitio tiene información detallada sobre cómo enfrentar la pérdida de un ser querido en la familia, ayuda para niños enfermos o que atraviesan una penosa situación, consejos para mujeres que han tenido un aborto espontáneo o que han dado a luz un bebé muerto, y recursos para las personas que han sufrido la muerte de un ser querido.

**Matrimonio y relaciones**

*www.wwme.org*
Worldwide Marriage Encounter, Inc., ayuda a las parejas para que sus relaciones íntimas sean más satisfactorias y para que desarrollen su relación de manera más responsable.

*www.retrouvaille.org*
Un recurso espiritual para parejas que están decididas a renovar su matrimonio.

*www.lifepartners.com*
Se brinda adiestramiento a parejas que necesitan ayuda para renovar sus relaciones.

*www.counselingcatholics.com*
Un servicio de orientación disponible en la Internet.

## Temas sobre la crianza de los hijos

*www.abcparenting.com*
Es básicamente un buscador de sitios Web sobre temas relativos a la crianza de los hijos: embarazo, crianza y vida familiar.

*www.familyeducation.com*
Este sitio, que fue establecido por la Red de Educación Familiar (Family Education Network), brinda información sobre educación, con énfasis específico en varios temas tan diversos como comportamiento de los niños entre uno y dos años de edad, enseñanza en el hogar y discapacidades de aprendizaje.

*www.parenthoodweb.com*
Una biblioteca de artículos que tratan numerosos temas, entre ellos embarazo, productos para los niños y consejos de expertos.

*http://iquest.com/~jsm/moms/index.html*
Un sitio que trata sobre las necesidades de las mamás que no trabajan fuera del hogar.

*www.parent.net*
Información para padres y madres sobre una amplia variedad de temas.

*www.parents.com*
Información sobre la crianza de los hijos proveniente de las revistas *Parents, Child, Family Circle* y *McCall's*.

*www.parentsoup.com*
Información, artículos y grupos de discusión en línea.

*www.parentsplace.com*
Una comunidad de "padres que ayudan a otros padres" que brinda consejos, medios interactivos y conocimientos de primera mano de verdaderos padres y madres; algunos de los temas son: infertilidad, enfermedades y pérdida de un ser querido.

*www.parentzone.com*
Un compendio de información sobre salud, mascotas caseras, mejoras del hogar, etapas del desarrollo e interacción de los padres.

*www.wholefamily.com*
Las ideas de un sicólogo clínico acerca de temas relativos al matrimonio, los adolescentes y la crianza de los hijos.

## Violencia

*www.fvpf.org/fund/*
Información sobre violencia doméstica, prevención y reformas de políticas públicas.

## III. LECTURAS ADICIONALES

Cualquier librería grande contiene ahora cientos, si no miles, de libros acerca del matrimonio y las relaciones. He aquí una selección de libros clásicos y actuales sobre relaciones en los que se trata la mayoría de los temas discutidos en este libro:

### Comunicación entre los cónyuges

Tannen, *You Just Don't Understand: Women and Men in Conversation*. New York: Ballantine, 1990.
Wallenstein, Judith. *The Good Marriage: How and Why Love Lasts*. New York: Houghton Mifflin, 1995.

### Conflictos con los hijos

Brazelton, T. Berry. *Touchpoints: The Essential Reference*. New York: Addison-Wesley, 1992.
Crary, Elizabeth. *Without Spanking or Spoiling*. Seattle: Parenting Press, 1979.
Coles, Robert. *The Moral Life of Children*. New York: Atlantic Monthly Press, 1986.

Dotson, Fitzhugh. *How to Discipline With Love: From Crib to College*. New York: New American Library, 1982.

Dreikurs, R. *Logical Consequences: A New Approach to Discipline*. New York: Dutton, 1990.

Faber, Adele y otros. *How to Talk So Kids Will Listen*. New York: Avon Books, 1991.

Frayberg, Selma. *The Magic Years: Understanding and Handling the Problems of Early Childhood*. New York: Fireside, 1996.

Ginott, Haim G. *Between Parent and Teenager*. New York: Avon Books, 1969.

Schulman, Michael y Eva Mekler. Bringing Up a Moral Child. New York: Doubleday, 1994.

Scull, Charles. *Fathers, Sons and Daughters*. Los Angeles: Jeremy Tarcher, 1992.

Winnicott, D.W. *Thinking about Children*. New York: Perseus Press, 1998.


## Divorcio

Blau, Melinda. *Families Apart, Ten Keys to Successful Co-Parenting*. New York: Putnam Books, 1993.

Fassel, Diane. *Growing up Divorced*. New York: Pocket Books, Simon and Schuster, 1991.

Gardner, Richard. *Boys and Girls Book about Divorce*. New York: Bantam Young Readers, 1985.

Kaufman, Taube S. *The Combined Family: A Guide to Creating Successful Step Relationships*. New York: Plenum Publishing Corp., 1993.

Marguilis Sam. *Getting Divorced without Ruining Your Life*. New York: Fireside, 1992.

Neuman, M. Gary. *Helping Your Kids Cope with Divorce: The Sandcastles Way*. New York: Times Books, 1998.

Wallerstein, Judith S. y Sandra Blakeslee. *Second Chances: Men, Women and Children a Decade after Divorce*. New York: Ticknor and Fields, 1989.


## Drogas, alcohol y tabaco

Garner, Alan. *It's O.K. to Say No to Drugs: A Parent/Child Manual for the Protection of Children*. New York: Tom Doherty Associates, 1987.

Departamento de Justicia de Estados Unidos. *Drugs of Abuse*. Drug Enforcement Administration, 1988.

## Padres

Brott, Armin A. *The New Father: A Dad's Guide to the Toddler Years.* New York: Abbeville Press, 1998.

Lamb, Michael, editor. *The Role of the Father in Child Development.* New York: John Wiley & Sons, 1976.

Louv, Richard. *Father Love.* New York: Pocket Books, 1993.

Osherson, S. *Finding Our Fathers: The Unfinished Business of Manhood.* New York: Free Press, 1986.

Pruett, Kyle. *The Nurturing Father.* New York: Warner Books, 1987.

Scull, Charles. *Fathers, Sons and Daughters.* Los Angeles: Jeremy Tarcher, 1992.

Secunda, Victoria. *Women and Their Fathers: The Sexual and Romantic Impact of the First Man in Your Life.* New York: Delta, 1992.

Sullivan, S. Adams. The Father's Almanac. New York: Doubleday, 1992.

Williams, Gene B. *The New Father's Panic Book: Everything a Dad Needs to Know to Welcome His Bundle of Joy.* New York: Avon, 1997.


## Cómo combinar el trabajo y la vida personal

Dappen, Andy. *Shattering the Two Income Myth.* Mountlake Terrace, Wash.: Brier Books, 1997.

Hochschild, Arlie. *The Second Shift.* New York: Avon, 1997.

Hochschild, Arlie. *The Time Bind: When Work Becomes Home and Home Becomes Work.* New York: Owl Books, 1998.

Houston, Victoria. *Making It Work,* Chicago and New York: Contemporary Books, 1990.

Middleman-Bowfin, Gene. *Mothers Who Work: Strategies For Coping,* New York, Ballantine Books, 1983.

Oldes, Sally. *The Working Parents' Survival Guide.* New York: Bantam Books, 1983.

Shreaves, Anita. *Remaking Motherhood,* New York, Ballantine Books, 1988.


## Pérdida de seres queridos

Bowlby, John. *Attachment and Loss.* Vol. 3: *Loss.* New York: Basic Books, 1980.

Edelman, Hope. *Motherless Daughters: The Legacy of Loss.* Reading, Mass.: Addison-Wesley, 1994.

Grollman, Earl. *Living When a Loved One Has Died.* Boston: Beacon Press, 1974.

Krementz, Jill. *How It Feels When a Parent Dies.* New York: Alfred A. Knopf, 1981.

Kübler-Ross, Elisabeth. *On Death and Dying.* New York: Macmillan Publishing Co., 1969.

LeShan, Eda. *Learning to Say Good-by*. New York: Avon, 1976.

Myers, Edward. *When Parents Die: A Guide for Adults*. New York: Penguin Books, 1997.

Raphael, Beverley. *The Anatomy of Bereavement*. New York: Basic Books, 1983.


## Madres

Bassoff, Evelyn. *Between Mothers and Sons: The Making of Vital and Loving Men*. New York: Dutton, 1994.

Bernard, Jessie. *The Future of Motherhood*. New York: Penguin, 1974.

Chodorow, Nancy. *The Reproduction of Mothering*. Berkeley, Cal.: University of California Press, 1978.

Kelly, Marguerite, y otros. *The Mother's Almanac*. New York: Doubleday, 1975.

Lerner, Harriet. *The Mother Dance, How Children Change Your Life*. New York: HarperCollins, 1998.

Towle, Alexandra. *Mothers*. New York: Simon & Schuster, 1998.


## Estilos de crianza

Brazelton, T. Berry. *On Becoming A Family*. New York: Delacorte Press/ Seymour Lawrence, 1981.

Galinsky, Ellen. *The Six Stages of Parenthood*. Reading, Mass.: Addison Wesley Press, 1987.

Satir, Virginia. *The New People Making*. Mountainview, California: Science and Behavior Books, 1988.


## Las madres y los padres como compañeros

Galinsky, Ellen. *Six Stages of Parenthood*. New York, 1987: Addison, Wesley Publishing Company.

Samalin, Nancy. *Loving Your Child is Not Enough*, New York: Penguin, 1989.

———. *Love and Anger: The Parental Dilemma*, New York: Penguin, 1992.

Satir, Virginia. *The New People Making*. Mountainview, Calif.: Science and Behavior Books, 1988.

Steinberg, Lawrence, *Crossing Paths: How Your Child's Adolescence Triggers Your Own Crises*. New York: Simon and Schuster, 1994.

## Padres o madres que crían solos a sus hijos

Wayman, Anne. *Successful Single Parenting*. Deephaven, Minn.: Meadowbrook, 1987.


## Madrastras y padrastros

Burns, C. *Stepmotherhood*. New York: Times Books, 1985.
Diamond, Susan. *Helping Children of Divorce*. New York: Schocken, 1985.
Eckler, James. *Step-by-Stepparenting*. While Hall, Vir.: Betterway, 1988.
Kaufman, Taube S. *The Combined Family: A Guide to Creating Successful Step-Relationships*. New York: Plenum Press, 1993.
Rosen, M. *Stepfathering*. New York: Ballantine Books, 1987.


## Estrés

Carlson, Richard. *Don't Sweat the Small Stuff*. New York: Hyperion Books, 1997.
Chopra, Deepak. *The Seven Spiritual Laws for Parents*. New York: Crown Publishers, 1997.
Covey, Stephen. *The Seven Habits of Highly Effective People*. New York: Fireside, Simon and Schuster, 1989.
Ginsberg, Susan. *Family Wisdom*. New York: Columbia University Press, 1996.
Houston, Victoria. *Making it Work*. Chicago and New York: Contemporary Books, 1990.
Pillsbury, Linda. *Survival Tips for Working Moms*. Gendale, Calif.: Perspective Publishing, 1994.
Saltzman, Amy. *Downshifting*. New York: Harper Collins, 1991.


## Crianza de los hijos en el siglo XXI

Jones, Charles, Lorne Tepperman y Suzanna Wilson. *The Futures of the Family*. New York: Prentice-Hall, Simon and Schuster, 1995.
Pipher, Mary. *The Shelter of Each Other: Rebuilding our Families*. New York: Grosset/Putnam Books, 1996.
Rank, Mark Robert y Edward L. Kain. *Diversity and Change in Families: Patterns, Prospects and Policies*. New York: Prentice-Hall, 1995.
Wright-Edelman, Marion. *The Measure of Our Success: A Letter to My Children and Yours*. New York: HarperCollins, 1993.

## Violencia

Curran, Daniel et al. *Social Problems, Society in Crisis.* New York: Simon & Schuster and Co., 1996.

Miedzian, Myriam. *Boys Will Be Boys: Breaking the Link between Masculinity and Violence.* New York: Anchor, 1991.

## Transiciones del trabajo a la casa

Brazleton, T. Berry. *Working and Caring,* Addison-Wesley Press, 1985.

Hewlitt, Sylvia Anne. *When the Bough Breaks: The Cost of Neglecting Our Children.* New York: Basic Books, 1991.

Hochschild, Arlie. *The Time Bind: When Work Becomes Home and Home Becomes Work.* New York: Owl Books, 1998.

Hochschild, Arlie, con Anne Machung. *The Second Shift: Working Parents and the Revolution at Home.* New York: Viking Penguin, 1989.